JN048357

Light Emerging

by Barbara Ann Brennan

バーバラ・アン・ブレナン

王由衣 訳

河出書房新社

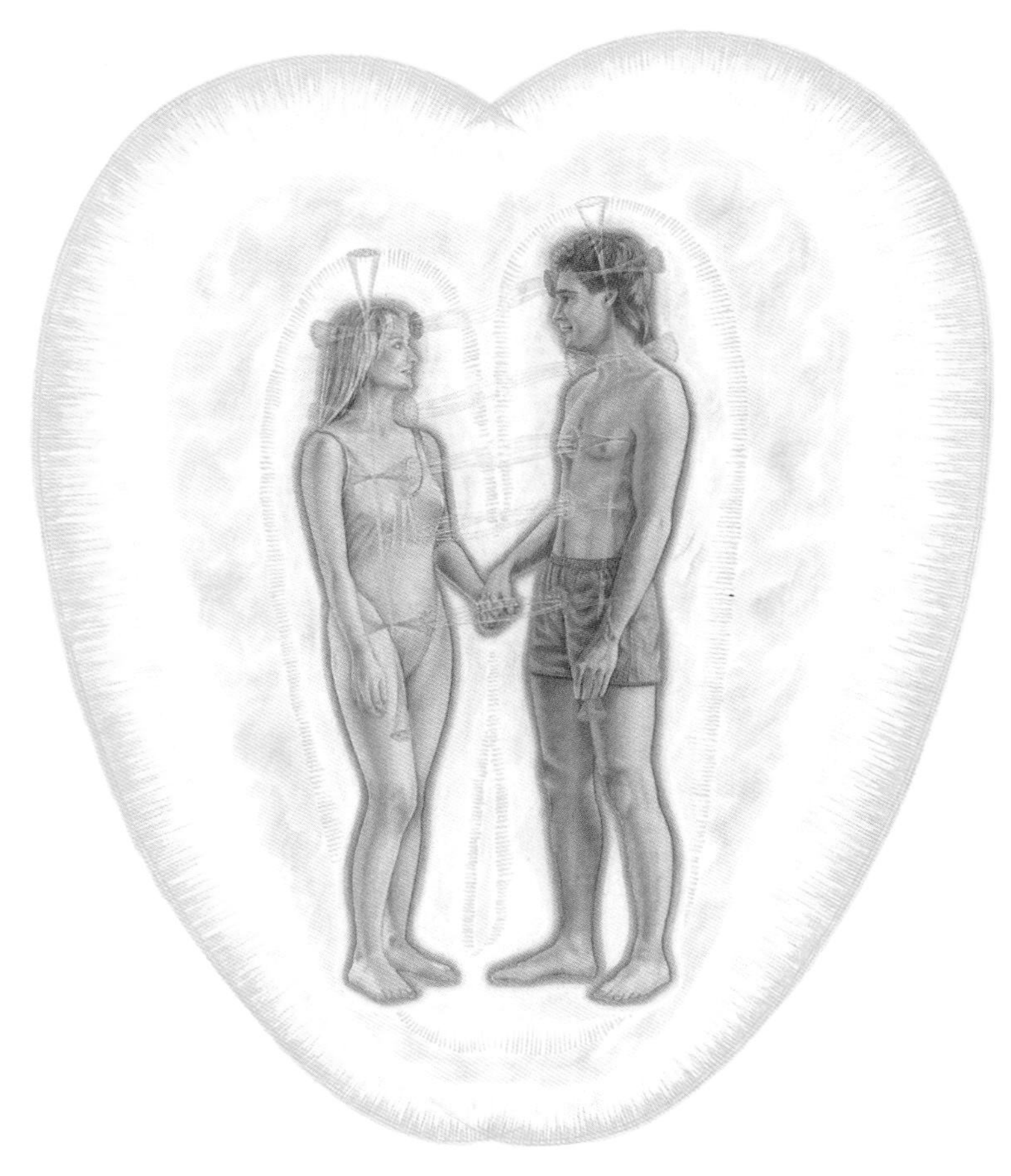

図14-1　恋愛中のカップルのHEF

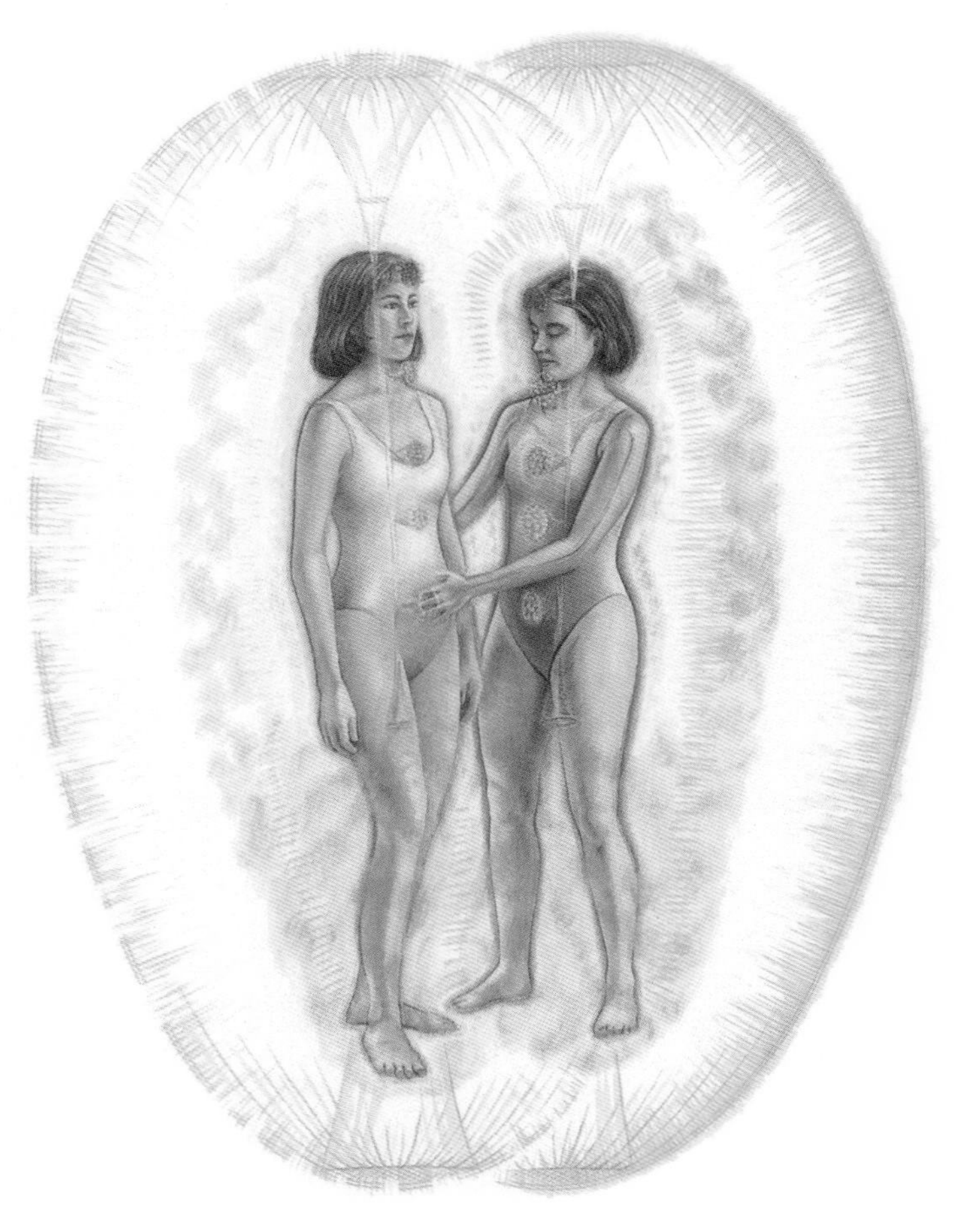

図15-8　スキツォイド防衛にヒーリングをもたらす対応

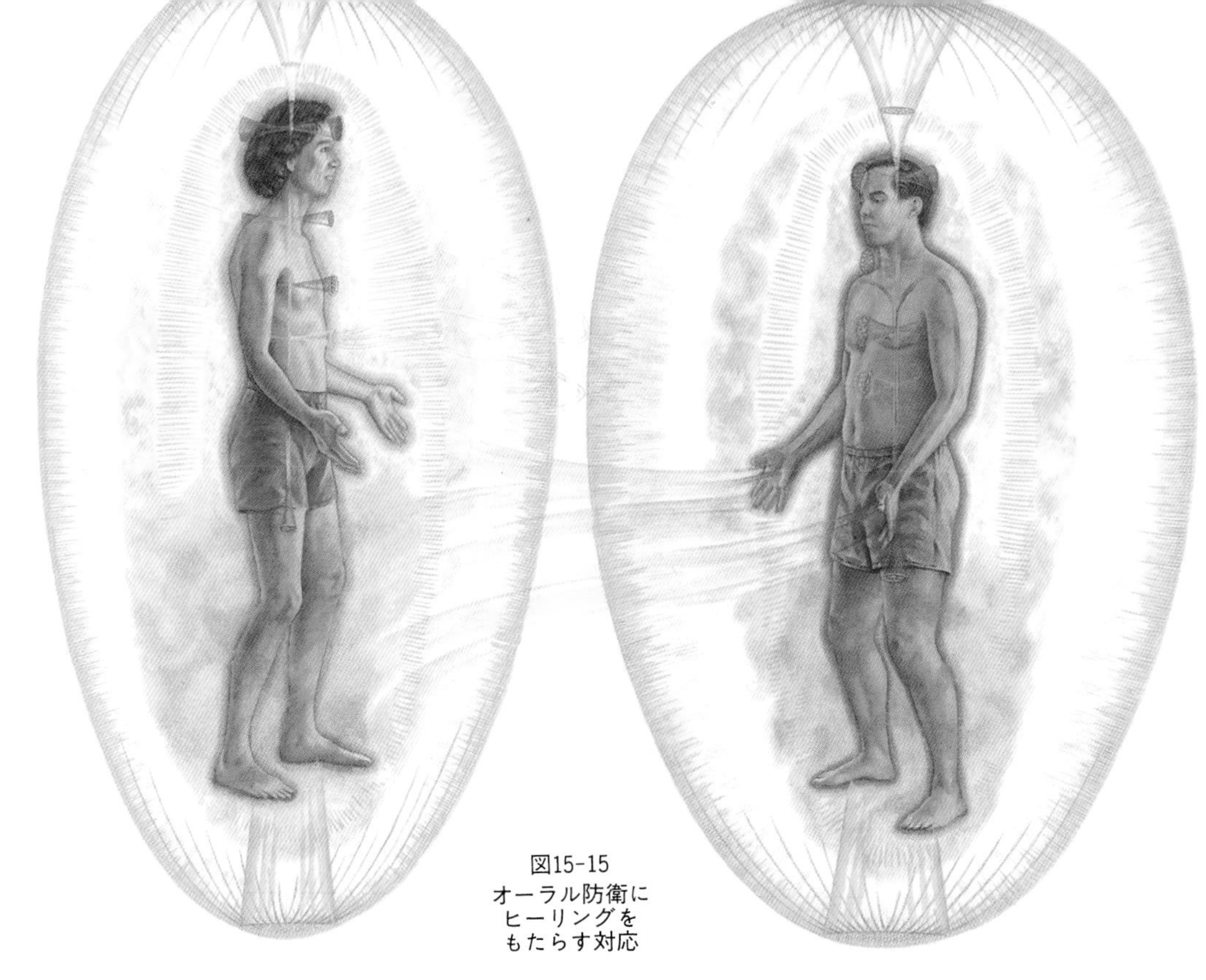

図15-15
オーラル防衛に
ヒーリングを
もたらす対応

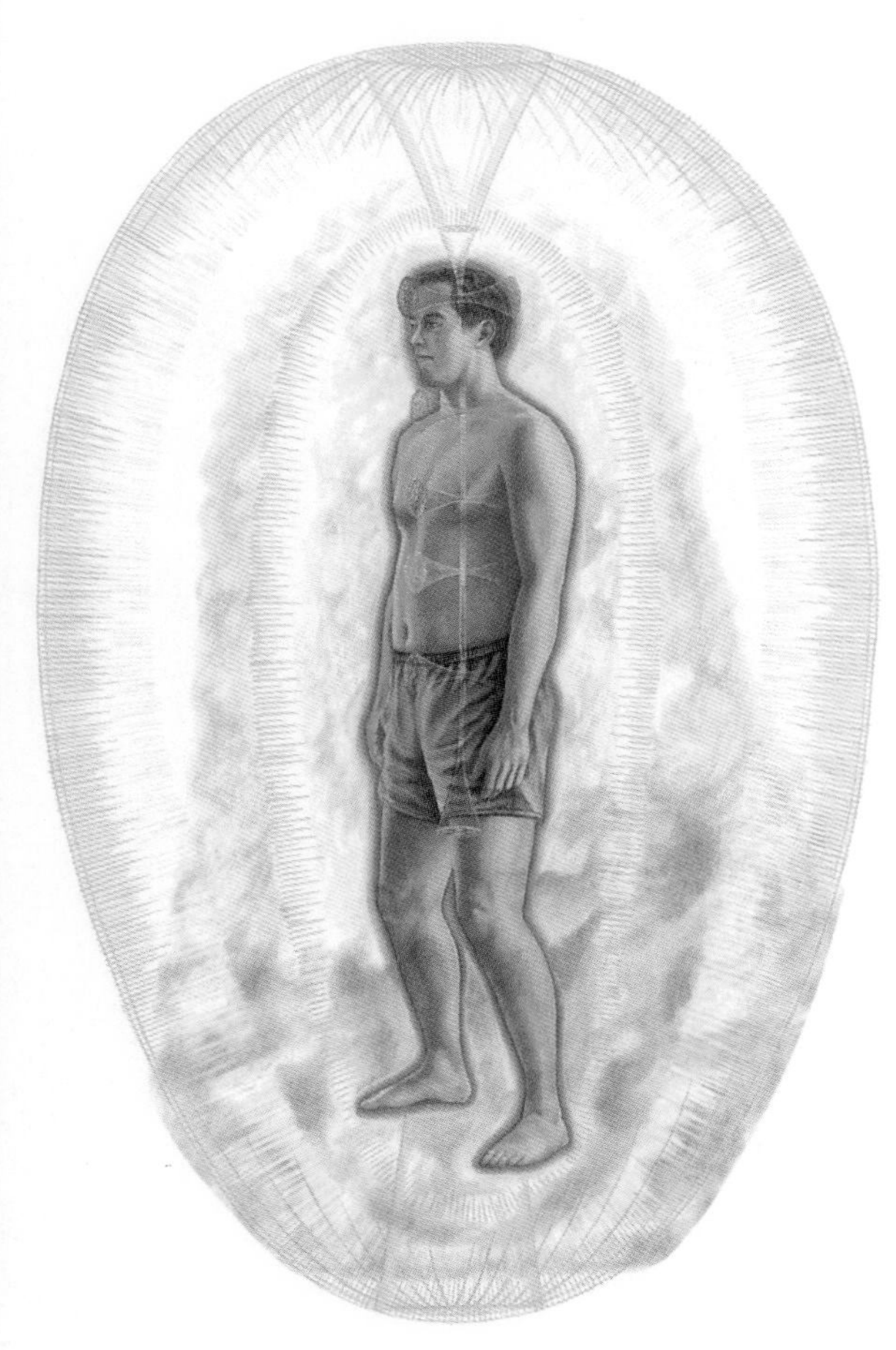

ヒーリングをもたらす対応

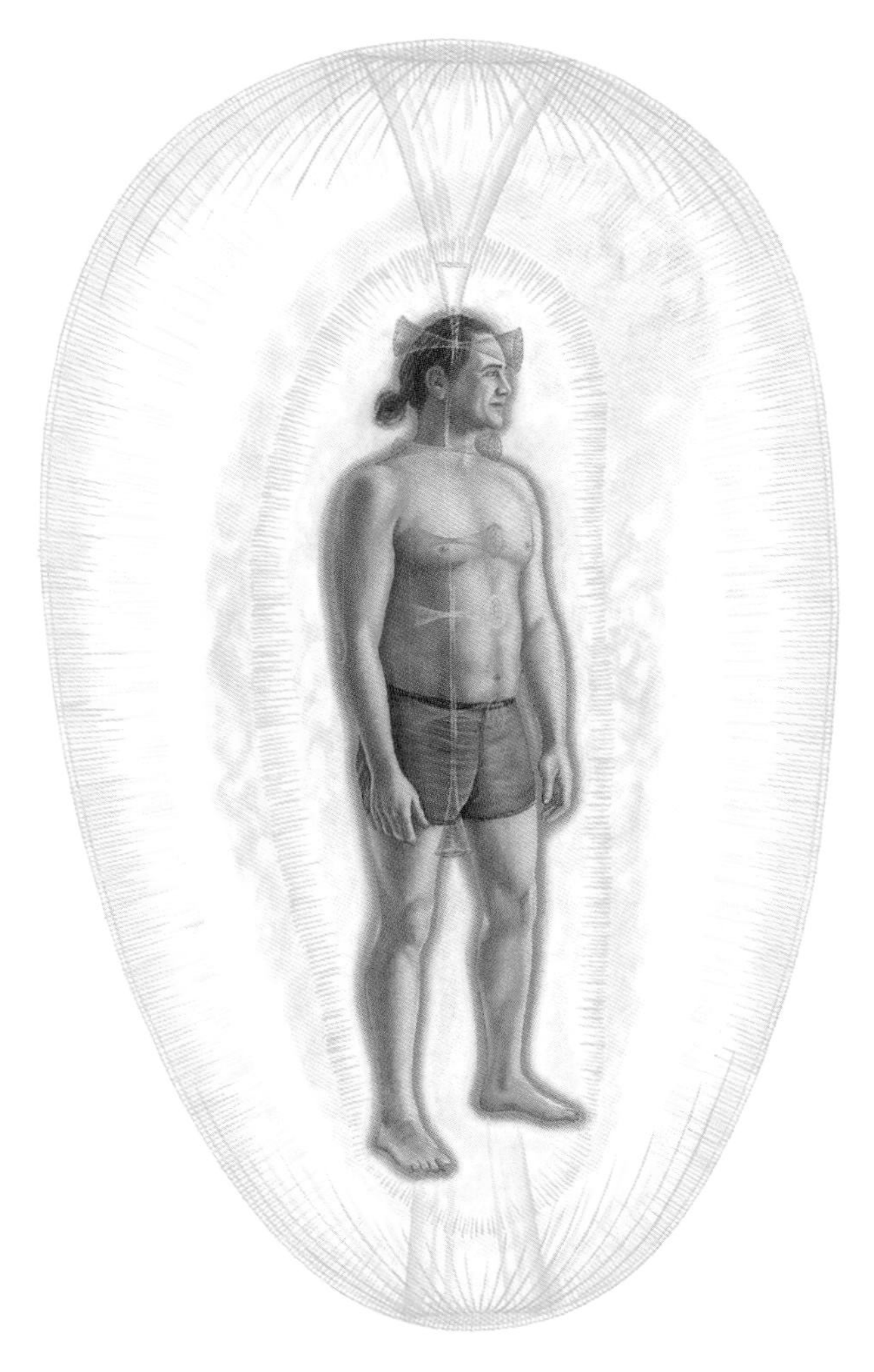

図15-22　サイコパス防衛に

ヒーリングをもたらす対応

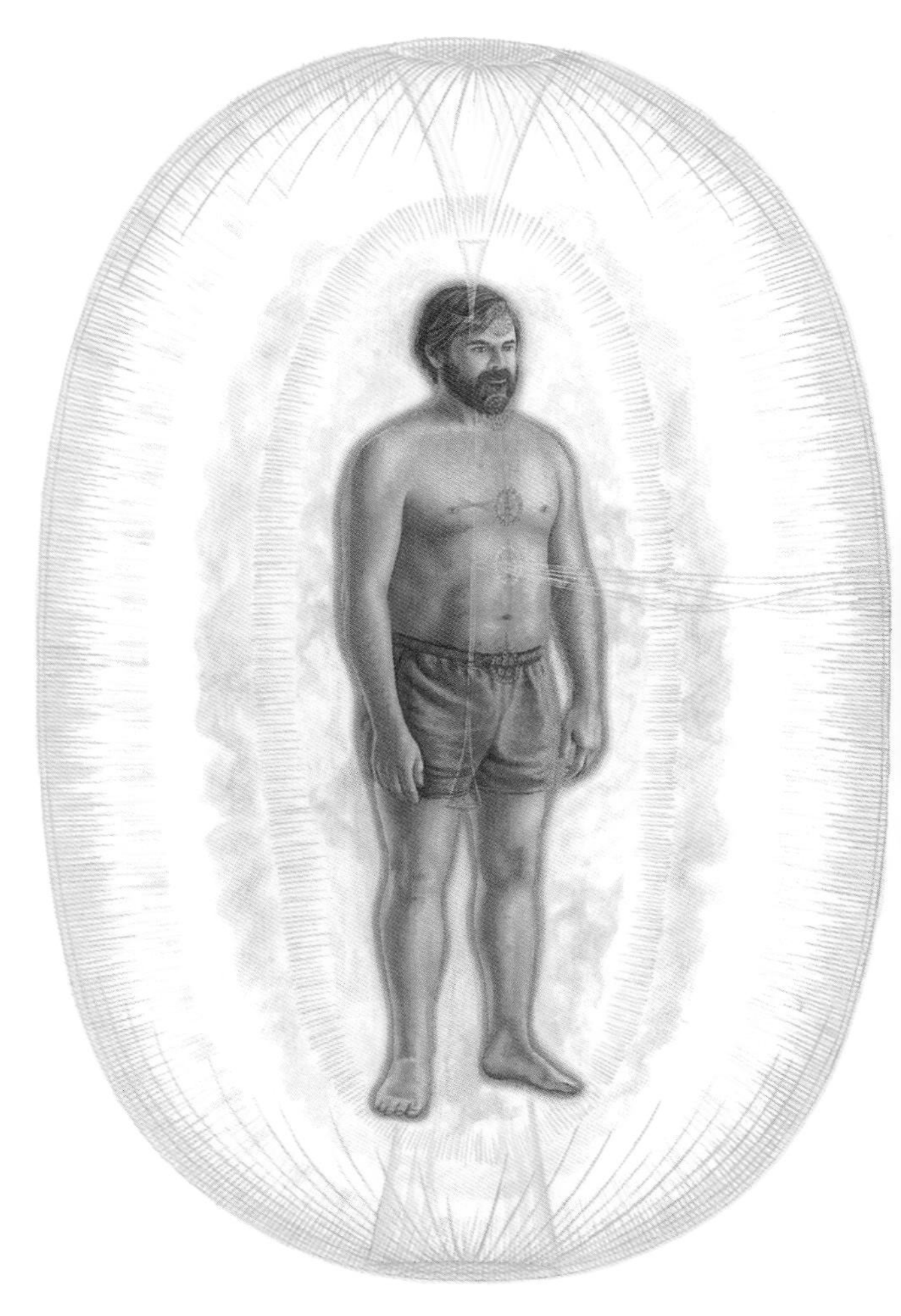

図15-29　マゾキスト防衛に

図15-36　リジッド防衛にヒーリングをもたらす対応

図15-39
シンクロナイズした
コミュニオン状態にある二人の
HEF

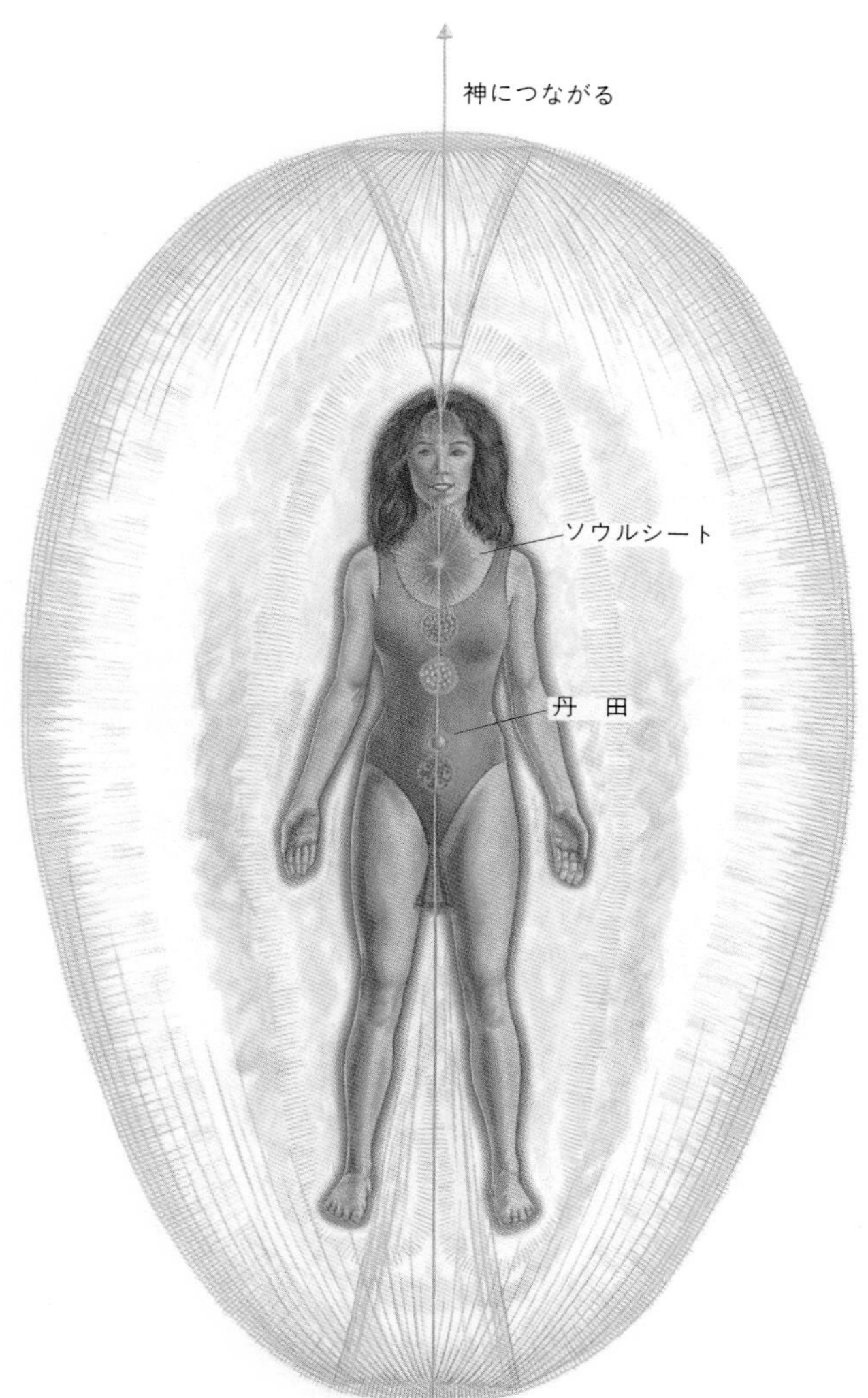

図17-1　健康な人のハラ

図18-1　コアスター

図18-2　何人もの人がいるところのコアスターレベルを見る

癒しの光——自己ヒーリングへの旅（下）

目次

第5部　ヒーリングと人間関係

本文イラスト　トマス・J・シュナイダー
ジョーン・タータグリア

上巻・目次

第5部　ヒーリングと人間関係

「ふりかえってみれば、してはならないことをしてしまったことより、したかったのにしなかったことの方が悔やまれる」。

——マルコム・フォーブズ

第5部のはじめに　人間関係は健康にも大きく影響する

健康とヒューマンエネルギーフィールド（HEF）について教えるうちに、私は、人間やそれ以外のものとの「関係」が健康にどれほど重要であるかをますます感じるようになった。まさしく、「関係」は健康の中心だ。なにもかもが関連し、つながっている。なにも孤立しているものはなく、なにも孤独のうちに行なうことはできない。思考さえも他者から自由ではない。人が感じる、考える、行なうことはすべて、人間と人間の、あるいは地球または宇宙との関係に基づいている。科学分野ではよく知られているように、あらゆる出来事は必ずほかのすべての出来事と関係がある。すべての出来事は関連している。人間はまるでホログラフィーのようにほかのあらゆるもの、あらゆる出来事につながっている。したがって健康と幸せも、つねに、あらゆるものと関係がある。

ヒーリングの中で関係について探求し始めて、私はあらゆる病気の原因はつねに人間関係と結びついていることをみつけた。人間関係を中心に置いて行なうヒーリングが私の仕事の中心テーマとなった。以下の三つの章では、人間関係がどのように健康に影響し、人間関係とHEFというコンテクストに基づいたヒーリングが人生と肉体をどんなにすばらしく充実したものにかえることができるかを説明する。

13章　健全な人間関係を築く

より明確な自己認識を持つにつれて、自己についての理解をほかの人間との関係にもあてはめることができるようになる。自分自身について使うのと同じ「なぜできないかという言い訳」を人間関係でも使っているのに気づくだろう。人生で自分が望む結果を手にできない言い訳をとり除く方法を先の章（12章《上巻》）で示した。こんどは同じことを人間関係についても学ぼう。そのための簡単な方法は、「契約」の概念を使うことだ。

人と人は口には出されない契約を結んでいる

人間関係はすべて「契約」としてみることができる。この契約は、人間関係における適切な行動パターンの範囲を定め維持する「境界（バウンダリ）」を創りだす。人間関係の契約は言葉にはされない、そして通常は無意識の同意に基づいて、たがいの行動、言ってよいことと悪いこと、してよいこととそうでないことなどを定める。契約は二人の人間の間で交わされることもあれば、グループ間で交わされて社会的な規範とされることもある。

ここでは主に二人の人間の間の契約をとりあげる。しかしここで述べることはすべて個人と集団にも集団どうしの間にも、集団の大きさにかかわらずあてはまる。個人と地球、人類と地球についても同様だ。これについてはこの章の終りに簡単にとりあげる。

健康でポジティブな人間関係は相互的なもので、明確に確立された契約として、親しい者どうしがたがいに正直に支えあい気遣いあうことが含まれている。のびのびとした自由、創造性、自己表現、たがいに対する健全な気配りと気遣いがある。このようなポジティブな契約は、たがいの人間としての成長を促す。一方、不健全な影響を与えあう関係はネガティブで不健康な契約を通して創りだされ、たがいを制限し、罠にはめ、利用し、支配し、恫喝さえする。創造性、自己表現、個人の自由、自然な人間としての成長を阻む。

人は皆ポジティブな契約もネガティブな契約も結ぶ。ほとんどの場合、契約は無意識のうちに自動的に働く。人生の中でスムーズに流れ、満ち足りて感じられる部分は、他者とポジティブな契約を結んでいる部分であり、それはたがいの信頼に基づいている。たとえば、ほかの人と協力してスムーズに働き仕事を完遂できたという経験があれば、その基にあったのはポジティブな契約で、そこには明晰な思考、喜んで働く気持ち、協力関係が目的の完遂に最も有効であることがうたわれている。こうした契約はポジティブな、世界はこのような相互関係を支えてくれる場所であるという信頼に基づいている。

人生の問題の生じている部分では、ネガティブな契約が創りだされている。真実について限られた視点しか持たずに生きるうちに、そのような視点を維持する特定の態度、人生に対する見方、生き方が身につく。そしてこれに沿ってネガティブな心理的契約を形づくり、自分の限られた現実の見方を反映する形で他人が行動するように図る。このような契約の主な存在理由は望まない感情や経験を避けることで、ネガティブな契約は生命エネルギーを凍結し、同時に創造エネルギーの大部分も凍りつかせる。

ネガティブな契約の裏には、人生で経験することへの恐ればかりでなく世界についてのネガティブな思い込みもある。通常この思い込みは無意識のものであり、子供時代の精神的トラウマに起源を持つ。たとえば父親にひどく虐待されたか体罰を受けた女の子は「男性は残酷だ」と信じて育つかもしれない。人生早期の男性（父親）についての経験がそう教えたのだ。そのため大人になっても、ネガティブな予測をするせいで男性を避けたり、男性との人間関係をうまく処理できなかったりする。男性を近づけないようなネガティブな契約をいくつも用意するかもしれないし、逆に残酷な性格の男性と恋愛関係に入るかもしれない。その経験は「男性は残酷だ」という思い込みを証明する。

契約はいったん成立すると効力を発揮し、あくまでも維持される。ネガティブな契約は履行されるたびに、それが支える人生や現実についてのネガティブな態度を強めるのに一役買う。ネガティブな思い込みは強くなって、新たにネガティブな経験が加わるたびに人生を限られたものにしてゆく。そのたびに対応するＨＥＦ（ヒューマンエネルギーフィールド）のパターンもさらに歪められてゆく。つまり、ネガティブな契約はネガティブな思考や思い込みを強化する。

エネルギーレベルでは、ネガティブな思い込みに対応するエネルギー意識体はＨＥＦの第七レベルの停滞と歪みとして現れる。この歪みはじわじわと下のレベルに伝播されてゆく。人間関係に対応する第四レベルでは、歪みは、本人のエネルギーの停滞やブロックとして、あるいはＨＥＦどうしのネガティブな相互作用として現れる。このようにしてネガティブな思い込みの体系を映す第七レベルのＨＥＦの歪みは第四レベルに転移され、人間関係におけるネガティブな契約として現れる。その契約が実行に移されるたびに、第四レベルの歪みも大きくなる。歪みはさらに下のレベルに伝播され続け、最終的に肉体に達して不快さや病気という形をとる。

ポジティブな契約もネガティブな契約もホログラフィー的に機能するので、人は習慣的に同じパターンの契約を多くの人と結ぶ。ヒーリングの過程では、ネガティブな契約をすべてみつけだし解消してゆく必要がある。HEF中の人間関係のネガティブな形またはパターンがヒーリングやパーソナルプロセス［訳注：セラピーなどを通しての心理面での自己ヒーリング］を通して浄化されると、心理面でのネガティブな人生の見方やネガティブな思い込み、そしてそのようなものがもたらす行動や行動パターンが解消され、ポジティブなものにとってかわられる。

ネガティブな契約とはどのようなものか

まず、どのようにしてネガティブな契約が生じるかを探り、契約の形式を検証し、どうしたら解消できるかをみつける。次に、配偶者または恋人、友人、ヘルスケアの専門家などとポジティブな契約を結ぶ方法を学ぶ。

典型的なネガティブな契約は、子供時代の両親との関係から始まる。特に家庭内に問題がある場合に、これがあてはまる。ギャリーのケースをみてみよう。彼が子供の頃、母親は働かなければならず、家に帰ってきた時には疲れきっておりお金の心配で頭がいっぱいだった。当然、息子に必要なものを与えることはできない。それでギャリーは母の注意を引くためにあらゆることをする。うまくゆく方法を一つみつけると、有効な限り使い続ける。手伝いをしたり、母が気分の悪い時に面倒をみたりすると気を引けることがわかる。無意識のうちに、気を引くことと愛を受けることを混同する。こうして、「ママに愛してもらうためにはママの面倒をみなければならない」というメッセージが心に刻まれる。これはもちろん、親と子の本来の関係とは逆だ。無意識のうちにギャリーは母の面倒をみないと母の愛を得られないと結論を出し、愛には代価があると学ぶ。これが繰り返され習慣となって大人になるまで続き、不健全にまたおおげさに女性の面倒をみるという形をとる。女性との人間関係では、相手が妻であれ同僚であれ部下であれ、このような形で面倒をみてしまうのだ。心の奥深くで、そうすることが愛を得るために必要だと信じている。もちろんこの理屈は無意識のレベルに隠されている。彼が気づいているのは、女性との関係ではいつも自分は負わなくてもよい責任を負わされ、利用されつくすということだ。やがて女性との人間関係を苦労にみあわないものとして避け始める。こうして、女性からの愛を必要とする、絶望する、憤慨する、そして自分自身に閉じこもるという悪循環に陥る。時には自分を孤立させてしまうことさえある。

図13―1の表（次ページ）は、ギャリーのネガティブな契約がたどった段階を明確にするのに役立つ。この契約において、「面倒をみる」とは度を越して面倒をみることだ。相手は大人でそのような面倒見は不要であるにもかかわらず、まるで子供のように面倒をみる。一番目の欄は「もし自分が～すれば／しなければ」。これは無意識のうちに、欲しいものを得るためにとらなければならないと信じている行動である。この場合、彼は母ないしほかの女性の面倒をみなければならないと信じている。しかもまるで相手が子供であるかのように全面的に面倒をみてやり、相手の人生についていっさいの責任をとろうとする。最初の欄には「ママの面倒をみれば」と入る。

二番目は「相手は～する／しない」、つまりその行為を実行すると得られるはずの結果だ。この場合、彼は母ないしほかの女性の愛が得られると信じているので、「自分を愛してくれる」と入れる。

三番目は「無意識の思い込み」で、欲しいものを得るために必要なことだと無意識のうちに思い込んでいる内容が入る。ここでは「ママに愛してもらうためには、ママの面倒をみなければならない」。

ネガティブな思い込み	影響を受ける人生のほかの領域	本当の代価
人間関係はエネルギーを吸い取るばかりで、自分のニーズはまったく満たされない。	ほかの形でも愛に代価を払っている。たとえば、お金や贈物を与える、自分の時間を割く。	こんな重荷はもうたくさんだ。人間関係は避けよう。代価が高すぎる。

四番目の「さしあたっての代価」欄には、その誤った思い込みのためにギャリーが払わなければならないさしあたっての代価が入る。ママやそのほか身近な女性の面倒をみなければならないうえに、そのようなやり方では相手の愛を得ることさえない。つまり「ママの面倒をみてるのに、ママの愛がもらえない」。

五番目の「ネガティブな思い込み」欄には、こうした経験を通して「証明」された、より範囲の広い無意識のネガティブな思い込みが入る。ギャリーの場合は、「人間関係はエネルギーを吸い取るばかりで、自分のニーズはまったく満たされない」。

六番目の欄「影響を受ける人生のほかの領域」には、このネガティブな思い込みが人生のほかの領域にホログラフィーのように働いて与える影響を入れる。この場合は「ほかの形でも愛に代価を払っている。たとえば、お金や贈物を与える、自分の時間を割く」。

最後の欄の「本当の代価」には、個人的、心理的レベルでこの無意識の思い込みに支払う代価が入る。この思い込みはギャリーの人生に長期にわたって影響を及ぼす。どれほど差しだしても、そもそも得ようとした愛を買うことはできない。うまく気を引いたことやほめられたことはあっても、愛だけは絶対にもらうことがない。これは失望、幻滅、そして人間関係に対する非常な怒りをもたらす。そこでこう結論を出す。「こんな重荷はもうたくさんだ。人間関係は避けよう。代価が高すぎる」。

図13-1　ギャリーの

相手の名前：

もし自分が～すれば（しなければ）	相手は～する（しない）	無意識の思い込み	さしあたっての代価
ママの面倒をみれば	自分を愛してくれる。	ママに愛してもらうためには、ママの面倒をみなければならない。	ママの面倒をみてるのに、ママの愛がもらえない。

この時点でギャリーは非常に不幸だ。気持ちは、不当に重荷を負わされているという思いややるかたない憤懣や孤立したいという気分の間を揺れ動く。過度に他者の面倒をみる状態と、人間関係から孤立する状態の間を往復するという悪循環に何年も陥ったままでいることもありうる。

この悪循環から抜けだすには、自己のネガティブな思い込みに挑戦し、恐れている結果に直面しなければならない。無意識の思い込みによって支配されている行動を覆さなければならない。このような行動パターンを長く続けすぎると、ついに頭にきて、こんな「親切な」男性であることをやめ、母、妻、同僚、部下、姉妹、友人、その他誰でも、関わりのあるあらゆる女性の面倒を度を越してみるのをやめるかもしれない。おそらく、関わってくる女性は一人だけではあるまい。知りあったほとんどの女性が彼の面倒見の対象になっているだろう。行動の切りかえはその内のたった一人から始まるかもしれない。もし変化を起こすことに成功すれば、ネガティブな思い込みにも、それに影響を受けて生じたあらゆる領域での行動にも、トランスフォーメーション（変容）をもたらすことができる。その結果にギャリーはきっと驚かされるだろう。

こんどは図13—2を使い、旧来のネガティブな契約を破棄して健全な関係を母やほかの女性と築くステップをみよう。一番目の欄「もし自分が～すればノしなければ」には、図13—1の同じ欄と反対の行動が入る。この場合は「もしママの面倒をみなければ」。

解消すると得られるポジティブな結果

影響を受ける人生のほかの領域	自分にとってのポジティブな結果	ほかの人にとってのポジティブな結果
もう愛を買う必要はない。	さらに多くの愛を与えかつ受け取り、満ち足りた人間関係を築く。	ママは自分の二本の足で立つようになる。奉仕ではなく愛を得る。

二番目の欄「相手は～する／しない」には、自分が反対の行動をとった場合に起こると恐れている結果が入る。この場合、「ママは自分を愛してくれない」。

ギャリーの母ははじめは文句を言うかもしれない。いっそう彼を必要とするようにふるまい、昔のように面倒をみてほしいと求めるかもしれない。ギャリーは、母が自分から去っていったり病気になったりするのではないかと恐れるかもしれない。しばらくの間罪悪感も感じるだろうが、たいていは非現実的なものだ。というのも、彼がやってきたような過度の面倒見は母親が実際に必要とするものではないからだ。なお、相手が病気である時にはもちろん、ある種の面倒見が健全なものか否かの定義は異なってくる（次の「家族や友人との間に健全な関係を築く」の項参照）。長期的にみればすべてはうまくゆくだろう。昔の不健全なやり方で面倒をみなくとも、母はやはりギャリーを愛していることがわかるだろう。

三番目の欄にはネガティブな契約の破棄の「実際の結果」としてどれほどうまくいったかを記入する。この場合は「ママはそれでも自分を愛している。ママの愛を買う必要はない！」。

はじめギャリーはこれが現実だと信じられず、しばらくの間本当かどうか試してみるかもしれない。不健全な面倒見と健全な面倒見の間をいったりきたりするかもしれない。そしてこの二つの違いを学ぶにつれ、新しい世界が開けるのを経験する。自分の人生を調整してゆくうちに、母がそれでも自分

図13-2　ギャリーのネガティブな契約を

相手の名前：＿＿＿＿＿＿＿＿

もし自分が～すれば（しなければ）	相手は～する（しない）	実際の結果	ポジティブな信条
ママの面倒をみなければ	ママは自分を愛してくれない。	ママはそれでも自分を愛している。ママの愛を買う必要はない！	自分は愛に価する。愛に代価はない。

を愛しているのがわかるだろう。前のように不健全な形で面倒をみなくなっても母が愛してくれているので、今では彼の人生経験は新しいポジティブな信条を支持する。これを四番目の「ポジティブな信条」に記入する。ギャリーが理解したことは「自分は愛に価する。愛に代価はない」。

ギャリーは、たとえなにをしようとも誰かに自分を愛させることはできないことを理解する。愛は愛を知る人から自然に流れだす。愛は生命の贈物だ。その時に解放が始まり、人生のほかのすべての領域へと雪ダルマ式にふくれあがってゆく。どの領域においても自分は愛に価する。愛は買うことができず、その必要もない。これが五番目の「影響を受ける人生のほかの領域」の欄に記される。「もう愛を買う必要はない」。

ギャリーは人生のどの領域でも愛を買うのをやめた。自分が愛されるに価すると知ったからだ。自分を孤立させる必要ももうない。自由に人間関係を築ける。もうそれが重荷になることはないからだ。そして人間関係にまつわるニーズを満たすことができる。過度に面倒をみては憤懣を抱き母親との関係から身を引くという悪循環から抜けだして、今では自由に愛を与えることができる。彼とまわりの女性の間に美しい愛が流れだす。六番目の「自分にとってのポジティブな結果」の欄は、重荷から解放されたギャリーにとっての結果、「さらに多くの愛を与えかつ受け取り、満ち足りた人間関係を築く」となる。

これはギャリーの人生に関わる女性たちに即座にすばらしい影響を及ぼす。

彼はもう不健全なやり方で女性の面倒をみたりしない。おかげで自由に愛を与えられる。相手の女性たちは、自己の力をとりもどして自分で自分の面倒をみられるかどうか試されることになる。また、愛をもらうかわりに面倒をみてもらうのではなく、愛そのものを得る。彼女たちは、自分の方のネガティブな契約も解消してギャリーとの関係を健全な形で続けてゆくか、あるいは関係を打ち切るか、どちらでも選ぶことができる。七番目の欄は「ほかの人にとってのポジティブな結果」だ。このケースであれば、ギャリーの母親はおそらく自分自身の内に真の愛をみつけるだろう。つまり「ママは自分の二本の足で立つようになる。奉仕ではなく愛を得る」。これはほかの女性たちにもあてはまる。

こうしてみごとにすべての人によい結果がもたらされることになる。この表はもちろん、父親が一家の稼ぎ手で同時に子供の養育の責任も負っていた家庭で育った女性にもそのまま応用できる。

健全な人間関係を築くために

多くの親しい人々との関係をかえる必要がでてくるだろう。ヒーリングが進むうちに、特に友人関係は、おそらくほかの人間関係よりも大きくかわるだろう。ネガティブな契約がどのようなものかみわけることを学べば、それを解消または破棄して新しい契約を成立させるのはずっとやさしくなる。これを意識的に行なうほど、ネガティブな契約をまたも結びだす可能性も少なくなる。

ある人に対して自分がいつも同じ役割を演じたり、同じ形でふるまってしまうのに気づいたことがあるだろうか。これはネガティブな契約の最初の印だ。一方、いっしょにいればまったくありのままの自分でいることができる、という人たちもいる。なにも隠す必要がなく、なにかを信じてもらう必要もない。こちらの気に入らないことでも、正直に語ってくれるとわかっている。これはポジティブな契約の印である。

ネガティブな契約をみつけるエクササイズ

自分の人間関係をチェックするには、図13―1と同じ図13―3のような表（次ページ）をつくる。この表で自分のネガティブな契約がわかる。古くからの関係でも新しいものでも調べられる。特に難しいと感じている、問題のある関係から始めるとよい。心地よくなく、自分で気に入らない形でふるまってしまいがちな関係だ。おそらくその人といる時には、そのようにふるまってしまうことに気づかないだろう。しかしその人が帰ったあとで、なにか落ち着かない、あるいは嫌な気分になる。なにが悪いのかわからないが、とにかくなにかがおかしいと感じる。そのような人といる時の自分と心地よく感じられる別の人といる時の自分がどんなふうに違っているか、ふりかえってみよう。どこが違うだろう。その違っている部分が、相手から自分が欲しいものを得るためにとらなければならないと無意識に信じている行動だ。この偽りの行動を一番目の欄「もし自分が〜すれば（しなければ）」に書き込む。

自分がどうしてそのような行動をとるかをみつけるには、行動の裏にある感情をみつけなければならない。それはたいてい恐れだ。自己のネガティブな思い込みに従って行動しないと相手がなにをする（またはしてくれない）と恐れているのだろうか。この恐れをみつけるには、自分がその相手といるのを想像する。そして、自分がしなければならないと考えるのと反対の行動をとってみる。相手はどう対応してくるだろうか。この想像上の相手の対応を二番目の欄「相手は〜する（しない）」に書き入れる。

これで、自分が偽りの行動をとるのをやめると、この欄に書き入れた行動を相手がとると恐れているのがわかった。つまり、自分の偽りの行動の目的は相手をコントロールすることだ。望むことを相手にしてもらうために自分がしなければならないと信じている内容を二番目の欄は示す。三番目の欄は「無

契約をみつけるための表

	ネガティブな思い込み	影響を受ける人生のほかの領域	本当の代価

意識の思い込み」で、双方がネガティブな契約に従い続けると即座に出てくる結果を示す。「自分が〜すれば／しなければ（偽りの行動をとると）、相手は〜する／しない（想像されるリアクション）」。

たとえば、その人に反対したりその人と意見を異にしたりその人に挑戦したりするのが怖いとする。「もし自分が〜（名前）さんに異をとなえなければ、〜さんは自分を支持してくれる」。あるいは「もし自分が〜（名前）さんに異をとなえれば、〜さんは自分を支持してくれない。あるいは、こちらの足元をすくうようなことを、きっと人前で言う」。

別の例を挙げるなら、自分は病気なのに、配偶者に自分のニーズを満たしてくれるよう頼むのは恥ずかしいと思っているか恐れているとする。いつも面倒をみる側だったのに、立場が逆になってしまった。相手は自分にさっさと治っていつものようになってほしがっているが、自分にはさしせまったニーズがある。このような場合は「もし自分が〜（必要とすることやもの）を頼まないですませれば、相手は自分に優しいままだ」、あるいは「もし自分が〜（必要とすることやもの）を頼むと、相手は腹を立てるだろう」となる。

次の欄には、その結果支払う代価を書き入れる。偽りの行動が与える影響、自然なままの自分でないことがもたらす影響はどのようなものだろう。自分はどのように自己の表現を遮っているのか。どのように真の自分ではないのか。気づいたことを四番目の「さしあたっての代価」に書き入れる。

図13-3　自分のネガティブな

相手の名前：＿＿＿＿＿＿＿＿＿＿

もし自分が～すれば（しなければ）	相手は～する（しない）	無意識の思い込み	さしあたっての代価	

はじめの例ならば「～（名前）さんに異をとなえなければ、自己の真実を語らないことになるし、自分が信じるとおりに行動しないことになる。真の自己を表現しないことになる。そして自己の真実に忠実に生きれば生まれる力を創りだせない。～（名前）さんに異をとなえなければ、異をとなえ返されることはないが、自己の内でなにをかえなければならないかをみつける機会を自分に与えないことになる」となる。あとの例では「病気なのに自分のニーズを満たそうとしなければ、病気は悪化するかもしれない」だ。

人生はこのような形で欠けたものとなるため、自分を偽りの見方、感じ方で見たり感じたりし始める。自分は真の自己以下のものだと信じ始める。偽りの行動が自己表現を制限すると、その限られた自己だけが自分だと思い込む。こうなった時、自分についてどう思うだろう。この行動はどのように自分の創造性、人生経験、人生の目的を阻害しているだろうか。

はじめの例が自分にもあてはまると感じる人なら、自分を臆病だと思っているかもしれない。自分は臆病だから自分の創造性を表現しない、なぜならそのせいで誰かに異をとなえることになったら、その人が人前で自分を辱めたり攻撃したりするかもしれないと恐れているからだ、と思っている。そして、自己の創造性を表現せず、人生の夢に形をとらせない。二番目の例が自分にあてはまると感じる人なら、病気になんかなった自分にうんざりしているかもしれないし、皆の負担になっていると感じているかもしれない。その結果、世の中は制限された自己、偽りの自己を支持するものだと信じるようになる。どのようなネガティブな思い込みのせいで、この世の中ではここに挙げたような制限をした方がよいと感じるようになるのだろうか。五番目の欄には、自分がこの偽りの行動をとるたびに育てることになる「ネガティブな思い込み」をリストアップする。

はじめの例では、これは「自己の真実と創造性を表現することは危険であり、世間から攻撃される」。二番目の例なら「私がなにかを必要としたり病気だったりすると、人は腹を立てる。私は決して病気になってはいけない。ニーズを感じるのは危険なことだ」。

ネガティブな思い込みは人生のあらゆる領域で邪魔をし、ホログラフィーのように影響を及ぼす。「影響を受ける人生のほかの領域」をすべて六番目の欄に記入しよう。

はじめの例にあてはまる人は、多くの場合にさまざまなやり方でなにかに挑むのを避ける。自分に挑戦することを避けているかもしれない。自分の創造性が摩擦を起こしそうになったら、いつでもどこでもブロックするだろう。あとの例にあてはまる人なら、人生のほかの領域でもたいてい、あるいは必ず、自分のニーズを満たさずにすませているのではないか。

このような行動の代価は、四番目の欄に挙げたようなさしあたってのものだけではない。本当の代価は、このネガティブな契約ないし思い込みが人生のあらゆる領域で自己を制限し、先へ進むのを妨げることなのだ。この「本当の代価」を七番目の欄に書き入れる。

代価は、はじめの例なら「挑まれることのない、したがって停滞し退屈で満たされない人生」、あとの例なら「満たされないニーズと欠乏だらけの人生」だろう。こういう人は自己の真のニーズがなにかさえも知らず、他人のニーズも理解できないのではないだろうか。

ネガティブな契約を解消しようとすると、友人のみせる反応やさしあたっての結果はかならずしも心地よいものではないかもしれない。しかし長期的にはきっと望ましい結果を生みだす。図13―4（図13―2と同じ表、次ページ）を使って、ネガティブな契約を解消するとどうなるかを示そう。

一番目の欄は「もし自分が～すれば／しなければ」。二番目の欄には「相手は～する／しない」、つまりネガティブな契約に沿って行動しないとこうなるという、恐れて避けようとしている結果を記入する。

図13―3で挙げた例であれば、はじめの例では「～（名前）さんに反対すると、相手は自分を支持してくれないか、人前で辱めようとする」で、あとの例では「自分が～（必要なことやもの）を求めると相手は腹を立てる」となる。

さてこんどは清算をする番だ。旧来の生き方からの借金を新しい自己の在り方に繰り越したくはないだろう。借金の代償がどのようなものであるかを知れば驚くにちがいない。これまでの偽りの行動のかわりに、試しに「本当の行動」をとってその結果をみてみよう。本当の行動というのは偽りの行動と正反対のものかもしれないが、かならずしもそうとは限らない。もっとよいものがみつかることもある。三番目の欄「実際の結果」に本当の行動をとってみた結果を記入する。

はじめの例では、本当の行動は偽りの行動の反対のものだろう。異をとなえるのを恐れている相手に異をとなえてみるのだ。直接相手の意見に反対するような自分の意見をなにか述べてみる。戦いに臨むような態度をとる必要はない。ネガティブなエネルギーを加えることなく単に自分の意見を述べる。相手は種々さまざまに対応してくるだろう。反論を返してきて、そこから活気のある議論を交わすことになるかもしれない。たがいに相手の意見を聞き、自分が伝えたいことを伝える方法を工夫するなど、おおいに学ぶことがある議論になるかもしれない。状況は、インナーチャイルド（内面の子供）が信じて

すると得られるポジティブな結果

	影響を受ける人生のほかの領域	自分にとってのポジティブな結果	ほかの人にとってのポジティブな結果

いるような白か黒かというようなものではないとわかるだろう。相手が実際に自分を皆の前で辱めるような行動に出たら、それに対してさらに挑戦するべきだ。自分自身にとって真実であることを語り続けて心をオープンに保つ限り、多くのことを学ぶだろうし自己の力を感じるだろう。このような形で自己に挑戦するだけでも、創造性が解放されてゆく。また相手との関係を通して学ぶことができる。したがって「実際の結果」は「〜（名前）さんに反対しても安全でいられるばかりか、なにかを学ぶこともできる」となる。

この例では、恐れているのは相手からの反論だけではない。反論をしたことで相手を怒らせ、人前で辱められる可能性にも直面する。ここで、現実とネガティブな思い込みの体系に基づいて自分が投影した現実とを区別する必要がでてくる。

あとの例では、病気の時に自分のニーズを満たしてほしいと頼んでみれば、きっと相手が想像していたのとは異なった対応の仕方をするのに驚かされるだろう。相手はとても気を遣ってくれるかもしれない。なにをしてほしいのかを時に思いださせる必要があるかもしれないが、逆にこちらがほかに必要としていることに即座に気を配ってくれるかもしれない。長いこと病気が続くと、相手がいらいらし始めることもあるだろう。しかし話しあえばたがいに解決策をみつけることができるはずだ。そうして自己のニーズを異なる形で知り、理解し始めることができ、やがてそれは人間としてのあたりまえのニーズであると気づくだろう。したがって「実際の結果」は「求めれば、ニ

図13-4　ネガティブな契約を解消

相手の名前：＿＿＿＿＿＿＿＿

もし自分が～すれば（しなければ）	相手は～する（しない）	実際の結果	ポジティブな信条

ーズは満たされる」になる。

四番目の欄には新しい行動を通して得られる「ポジティブな信条」が入る。はじめの例ならこれは「この世界は真実を受け入れてくれる場所だ。真実を語るのは安全なことであり、力をもたらして創造性を拓く」。あとの例では「自分のニーズは人間としての自然なニーズである。私は自分のニーズを知り、助けを求めてそれを満たすことができる。この世界ではニーズを持つのは自然なことであり、ニーズは満たしてもらえる」。

五番目の欄には「影響を受ける人生のほかの領域」を記入する。新しい行動を通して得られたポジティブな信条は人生のあらゆる領域に影響を及ぼすだろう。はじめの例では、これまで反対したことのなかった人に反対意見を述べだすと、自己の人生のあらゆる部分とそれに関わる人たちにも、それまでになかった形で挑戦し始めることになるだろう。自分自身にも挑戦して、人生のあらゆる面で自己の真実を生き、いっそう創造性を発揮しようとするのではないか。あとの例では、単に必要なものを求めるだけでなく、自分が欲しいと感じるものを求めるようになる。またこの二つを区別できるようになり、そしてそれをきっと人生のあらゆる領域で行なうようになる。

六番目の「自分にとってのポジティブな結果」の欄には書くことがたくさん出てくるだろう。はじめの例なら、新たな挑戦をさらに続けることでいっそう自信がついて、より自由に、創造性を発揮して生きられるようになる。あとの例なら、自己の真のニーズとそれを満たす方法を学ぶことで、人生にさらに滋養と満ち足りた思いをみいだす。また自分の欲しいものを知り、どうやってそれを手に入れるかを学ぶ。

最後の欄には「ほかの人にとってのポジティブな結果」が入る。自分が行動をかえたことで、ほかの人はどのように利益を受けただろうか。はじめの例では、自分に次いで最初に利益を受けるのは、反対意見を述べられる相手かもしれない。相手が望むなら、この経験から相手も自分自身について多くを学んで成長することができる。家族もまた、自分が得たいっそうのパワーと創造性によって利益を受けるだろう。自己の真実に忠実に生きる例を示され、そう生きてはどうかと挑まれるからだ。もちろん、家族の習慣的行動パターンにも挑戦は及ぶだろう。

あとの例では、ニーズを満たす助けを求められた相手は、愛を与える能力を示す機会を与えられたことになる。そして自分がどれだけ与え愛することができるかをみつめ、自己の内にあるさらに深い愛をみつける必要に迫られるかもしれない。また病人にケアを与えかつ受けることを通して、よりよく意志を伝えあう方法を学ぶだろう。またこちらをモデルとして、自分自身のニーズを認め満たす方法、自分の欲しいものを求めてゆく方法も学ぶことになる。

ネガティブな契約を解消するとどのようなメリットがあるか

このようにネガティブな契約を解消してゆくと、さらに自由、創造性、パワーがもたらされる。そしていっそう心やすらかになる。自分自身を解放して新しい在り方へと移行すれば、ポジティブな信条体系が活性化され、やがて人生全体にホログラフィーのように広がってゆく。ネガティブな契約を解消することでもたらされるポジティブな影響の大きさに、きっとずいぶん驚かされるだろう。その影響は自分だけでなく相手にも及ぶ。このような契約を解消すると膨大な創造エネルギーが解放されるので、人生のほかの部分に使うことができるようになる。これは自己のヒーリングの過程でおおいに役立つ。また相手の人生にも自由な創造エネルギーをもたらすだろう。

ある相手は、旧来の契約をそのまま維持したがるかもしれない。こちら側がそれを維持しなければ、その相手との友情は契約とともに解消されることになるかもしれない。そのような友人は、似たようなネガティブな契約を結べる別の相手をみつけるだろう。去るにまかせ、神に委ねるしかない。その友人自身も、本人に準備ができた時にこのような人生の変化に直面するだろう。どちらがよい、悪いということではない。誰もが自分のペースで変化を迎え成長する自由を持っているのだから。このようなことが、恋人や配偶者のようなずっと親密な人との関係にも起きるかもしれない。もちろん、このような関係を失うことははるかにつらいが、人がどんどんかわってゆく時にはそのような別れも起こりうる。

その場合、古い友情や愛する人を失うことを嘆く気持ちが起きたら、きっと助けになるから思いだそう。どんな人間関係からも愛と成長が生みだされるし、また、友情や愛情関係が残すのはつねに愛なのだ。ネガティブなものだけが解けて消える。痛みや歪みは時間とともに、またいろいろと学んでゆくにつれて解消する。生みだされた愛は必ず残り、決して失われることがない。昔の友が自らの人生で必要な変化を経験した時に再会し、友情の火がふたたびともることもありうる。愛はかわらずにあるだろう。

病気になってヒーリングの過程を通過してゆくと、友人や愛する人との数々のネガティブな契約にトランスフォーメーションをもたらすことになるだろう。たがいの契約をポジティブなものにかえることに同意する相手とは、ともにヒーリングの段階を通って成長してゆくことができる。七つの段階をそれぞれ通過してトランスフォーメーションを経験してゆけば(8章《上巻》参照)、関わってくる人々を導いて癒しの過程全体をより高い視点からみられるようにすることにもなる。自分が深い人生の変化を経験する時、まわりの人々の人生もかわってゆく。

ヘルスケア専門家とポジティブな契約を結ぶために

ポジティブな契約を自分のヘルスケア専門家との間にも創りだすことはとても大切だ。そうしたポジティブな契約の目的は、自己のニーズを明確にしてそれを満たすのを助けてくれるふさわしい資格のある人をみつけ、信頼できる安全な環境を細心の注意を払って創りだすことだ。そのような環境にあれば、自分がなすべきことをして、あとはヒーリングの過程と自分が選んだヘルスケア専門家の知恵と助けに身を委ねることができる。専門家を選ぶ際にはどんなに注意を払っても払いすぎるということはない。というのは、ヒーリングの過程でやがて、ただ信じ、身を委ね、信頼と希望に拠ってのみ生きることが必要になる時がくるからだ。必ず自分に最も適した専門家を選びだし、癒しにふさわしい場と状況を創りだすこと。

ヘルスケア専門家とヒーリング関係に入る前に、前の項の人間関係についてのエクササイズを行なうよう勧める。自分が陥りやすいネガティブな契約のパターンがわかるだろう。そのような契約を、いつものように無意識のうちにヘルケア専門家との間にも結んでしまうかもしれない。このエクササイズをしておけば以下の内容も理解しやすくなる。この章および12章（上巻）の知識を使って、以下の重要な意味を持つ質問をガイドラインとして、ポジティブなヒーリング関係を自分のヒーラー、医師、その他必要になるかもしれない方面の専門家との間に成立させよう。目的は、できる限り最高の患者・ヒーラー・医師のチームを創りだすことだ。このガイドラインは栄養士、心理療法士、その他のヘルスケア専門家にも適用できる。

病気が重すぎて自分でやれない場合は誰かに助けてもらおう。あるいはまた家族などの看護をしている人は、本人の病気が自分でできないほど重いのであれば、病人についての知識に基づいてかわりにやってみよう。大変役に立つはずだ。

12章図12―1（上巻）を使って、以下の質問に答える。

どのような思い込みや信条の体系から行動しているか、ニーズはどのようなものかを明確に自覚するために自分自身についてチェックすること

自分の望む結果はどのようなものだろう？

自分の「なぜ望む結果が得られないのかという言い訳」はどのようなものだろう？　その望んでいる結果をまだ得ていないのはなぜだろうか？

避けてきた恐れ、直面しなくてはならない恐れはどのようなものだろう？

その恐れは、どのようなネガティブな思い込みの体系に基づいているのだろうか？

他者とのネガティブな契約の半分は必ず自分の方のネガティブな思い込みの体系に基づいている。この質問に答えて挙げた思い込みの体系には馴染みがあることに気づくだろう。おそらく人生のあちこちの領域で使っているはずだ。この章に載っているネガティブな契約を探る二つのエクササイズを実行した時、その思い込みの体系におそらくぶつかっているだろう。図13―3で挙げた二つの例が自分にもあてはまると感じたかもしれない。この二例はヒーリング関係を創りだす参考になる。はじめの例では、同意しない相手に異論をとなえるのは危険だとする。これは、この宇宙は真実や真実を求める道程を支持してくれないというネガティブな思い込みに基づいている。これをもっと個人に即していいかえると、「私の真実と創造性を表現すると危険だ」となる。

このネガティブな思い込みがヘルスケア専門家に頼む際に自分の内で働いていれば、自分が信じるところを主張するのは難しいだろう。自分や自分のヒーリングの道程に対して専門家がとる態度や視点が気に入らなくとも、異議を申し立てられないだろう。専門家のたてたプランに疑いを感じてもそれを表に出せないし、自己のヒーリングのための独創的なアイディアも口に出さないだろう。ところが、このような心配、疑い、独創的なアイディアがヒーリング過程の鍵となるかもしれないのだ。

ヒーリングの進行に従って自己の認識を深め、各段階ごとに自己の真実をみつけてゆきたいと望むなら、そのような形でヒーリングを進めることに協力的な専門家が必要になる。「こうしなさい」と指示するだけの専門家ではだめだ。ヒーリングプランを机の上に広げ、それについてオープンに話しあってくれる人をみつけなければならない。どのような選択が可能で、その結果はどのようなものであるかを、可能な限り話してくれる専門家が必要だ。今では実に多くの医師がオープンにこういった情報を与えてくれる。

プランが自分に適したものかどうかをみわけ、適切でないものには異議をとなえる。これをずっとたやすく行なうために、明確に認識しておこう。この宇宙は真実および真実をみつける道程を支え、問題の解決に創造性を発揮するのを励ましてくれる場所だ。このポジティブな真実の中に自己をしっかりと置くことができれば、それだけはっきりと必要な決断を下すことができる。

あとの例が自分にあてはまると思うならば、こちらのネガティブな思い込みは「自分がなにかを必要としたり病気だったりすると、人は腹を立てる。私は決して病気になってはいけない。なにかを必要とするのは危険だ」である。

明らかにこれはヒーリングの過程もヘルスケア専門家と健全な関係を築くこともおおいに妨げる。専門家にはこちらのニーズをすべてみつけだすほどの時間的な余裕はない。かりに時間があったとしても、そんなことは不可能だ。そもそも、自分には大人としての本当のニーズがあり、病気であればそのニーズはより大きなものになることを理解しておくのは自分の責任だ。そのニーズを満たすために助けを得るのはまったく理にかなっている。自分にはニーズを満たさずにすませる傾向があるとわかっているなら、次のようなポジティブな信条をしっかりと自己の中に確立するように努めよう。すなわち、誰もが人間としての自然なニーズを持ち、それを満たすことができる世界に自分は住んでいる。そうである以上、ヘルスケア専門家に対しても自分のニーズを満たすよう頼んでよいし、恥ずかしいと感じられるような場合でも頼んでみるべきだ。もしその専門家にそれを満たすことができなかったら、あるいはその専門家がそのニーズを不適当だとみなすのなら、まだニーズを満たす道のりは完了していない。満たしてくれることのできる人をみつけるまで探し続けるべきだ。

生命に関わる病気にかかっていると、自己に必要なものを求め、同時に体に非常な負担のかかる治療法にあえて取り組むのはとても難しい。自分の動機について明確に知っている必要がある。たとえば、誰でも化学療法や放射線療法は避けたい。しかしその療法に反対する動機は、自分が必要とするものを求め、また自分に適した方法で自分を癒すという自己の真実に根ざしているだろうか。それとも、不快な治療法を避けて病状を否認する状態にとどまろうとしているのだろうか。多くの人がこの疑問に直面する。簡単には答えられないだろう。自分がどのような思い込みや信条の体系から行動する傾向があるかを知っておくと、このような時にとても役立つ。

もし自分が周囲の言いなりになる傾向があるなら、多分、治療を始めるべきだろう。一方、誰に対してもなにに対しても異議をとなえる傾向があるなら、それはおそらく「他人は信用できない」というネガティブな思い込みの体系からきている。そのような思い込みからとる行動はヒーリングを妨害する。大切なのは、自分の行動が愛からきているのかそれとも恐れからきているのかを問うことだ。愛からきているのではないとすれば、自分の行動を考え直す時だ。

「ヘルスケア専門家とのゲーム」と私が呼ぶものがあり、これを人はさまざまな形で行なう。自分の医師またはヒーラーに、人間以上の存在であって、少しの間違いもなく、自分の健康についていっさいの責任を負ってくれることを期待する人は多い。たとえば、自己のニーズについてのネガティブな思い込みの体系の裏には、医師またはヒーラーはすべてを知っていて自分の面倒をなにもかもみてくれなければならないという思いがある。人には皆、母の胎内に帰りたがっている部分がどこかにある。胎内にいた時はすべてのニーズが自動的に、頼まなくても満たされた。しかしこれは現実の世界ではない。誰にも限界というものがある。誰もが人間なのだ。

ヘルスケア専門家の知識にも限りがあるのを忘れてはいけない。医学の知識には限界がある。科学的にはとても進んでいるが、それでも、この宇宙について知りうる知識のほんの一部にすぎない。西洋医学は、特定の知識の枠組みの中で可能な限りのことを学ぼうとしている人々によって形成され、今なお形成途上にある体系にすぎない。ヒーリングについても同じだ。ヒーリングは医学の知識に隣接する一つの知識の道であり、そしてヒーリング自体にもさまざまな道筋がある。医学もヒーリングも、その肉体に生まれてきた本人の責任を引き受けることはそもそもできない。自己の肉体についての責任はつねに本人にある。これまでもそうだったし、これからもそれはかわらない。

ヒーリングスクールの教師をしてきて、私はよくこんな学生にぶつかる。私がHEF（ヒューマンエネルギーフィールド）をリーディングしたり体の中を見たりできるので、一部の学生は、クラスに出席していれば私が自動的に彼らの健康についてあらゆることをリーディングできるはずだと考える。中には定期健康診断で異常がみつかって、私があらかじめそれを指摘しなかったと怒りをぶつけてきた学生すら何人かいた。しかしいったん当初のショックを乗り越えると、このような学生も、自分で自分の問題について知るのを実は避けてきたのだと気づく。この回避をもたらすのはたいてい人間の持つ制約に対する恐怖だ。人という存在はかよわい肉体の内に生きている。

そうではあっても、長期的にみれば、自然な形で意識的に自分の体に注意を払えばそのぶん、バランスシステムからのメッセージに従って日常的に体を健康に保つことができる。これは大きな力を与えてくれる。バランスシステムを通して、肉体という自己の住みかで起きていることにつねに敏感でいることができるので、これに注意している人がまっさきに異変に気づく。人は皆体の中に住んでいるのだから。

自己のバランスシステムに注意を払うかどうかによって、大きな違いが出てくる。たとえば、前に挙げた腰痛のヒーリングについての例がある。患者は健康によいおやつを小量持ち歩いて適切な血糖値を維持し、腰をふたたび傷めないようにする必要があった。これはこの患者の場合とても有効で、自分の体で刻一刻なにが起こっているかずっとよく気づくようになった。瞬間瞬間の自己のニーズにいつも対応し続けることで、腰を癒すことができた。同じ頃に同じ問題で治療を行なっていた女性の患者があったが、彼女は自分の肉体に対して細やかな注意を払い続けようとしなかったし、血糖値を維持するために必要なものを必要な時に食べることもしなかった。そして腰を傷め続けた。この女性は、腰の問題に対処する実効ある手段をとることができるようになる前に、自己責任というもっと深いレベルの問題に対処する必要があったのだ。

この章で述べたエクササイズを行なって自分が他者との間に結ぶネガティブな契約のパターンをみつけたら、同じものをヘルスケア専門家との間にも結んではいないかどうかチェックできる。ここに挙げた例を検討し、さらに以下の四つの質問を自分にしよう。

自分はどのようなネガティブな契約を過去に結んできただろう？　それを無意識のうちにヘルケア専門家との間にも結びそうだろうか？

自分は今なら、どのようなポジティブな信条体系に基づいて行動することができるだろうか？（専門家を選ぶ際には、これを支えてくれるような人を選ぶべきである）。

望む結果を得るために、ヒーラー、医師、その他の専門家にどのようなことを求めているのか？

このポジティブな信条を表現するためにいつでも使える簡単なアファメーションには、どのようなものがあるだろう？（たとえば「健康」、「創造性」、「平和」、「真実」、「求めよ」、「チャレンジ」、「豊かさ」、「喜び」、「愛」といった一語でもよい。これをいつでも好きな時にとなえる。もっと厳密にやりたいなら、一時間に一回または朝起きた時か夜寝る前に数回、その言葉を頭の中でとなえる。ちゃんとしたメディテーション形式でやることもできる。背筋をのばして静かに座って行なうこと。あるいはベッドに横になって、自分に意味のある一語か二語の言葉に集中するだけでもよい）。

これで自分がなにを必要とするかがわかったので、それを12章（上巻）で選んだ各種のヘルスケア専門家に適用する。それぞれの専門家と想像上の契約を結び、受け取りたいものを明確にする。情報をさらに集めながらこれを続けよう。契約の内容は、ヒーラーに対するものと医師に対するものとではかなり違う。契約をする前に5章と6章（ともに上巻）を読み返す。病気になる前にやっておけば、病気になった時に行なうのがずっとやさしくなることを思いだそう。健康管理の予防策として今行なっておくとよい。そうすればもし病気になっても、専門家とヒーリング関係を結ぶのがずっと容易になる。現状を明確にするのに助けが必要なら、自分のやっていることに理解のある人にすすんで助けを求めよう。

ほとんどの専門家は治療を開始する前に患者と面接したりすることはないので、最初の診察またはヒーリングセッションまで自分の考えを伝えることはできないだろう。最初の診察かセッションの時、時間の前半を使ってこれを行なうようにする。ヒーリングのあとでは遅すぎる。ASC（変性意識状態）になっていて、おそらくあまり話をするのは適当ではないだろう。

ポジティブな契約を結ぶためにヘルスケア専門家についてチェックすること

この専門家は、自分が必要な種類の情報を、必要とするだけ詳しく与えてくれるだろうか？（可能な選択肢をいくつか挙げてくれる人であることを確認する）。

なにができるか、できないかについて明確で正直に答えてくれる人だろうか？

どのような信条体系から行動している人だろうか？　それは自分が採りたい信条と似ているだろうか？（答えるのが難しければ、とりあえずおいておく。じきに明らかになってくる）。

望ましい結果について双方で合意しているだろうか？

この専門家はこちらに何を期待しているのだろうか？　ヒーリングの過程でこちら側が果たすべき責任はどのようなものだろう？

ヒーリングチームを組んだら、行なう必要のあることについて誰かにスケジュールをたててもらう。やることはたくさんあり、助けも必要だ。たとえば診察や治療に付き添ってもらう、食事療法に必要な買い物をしてもらうなど。ヒーリングの環境を創りあげる手伝いを友人に頼もう。独りになる時間も忘れずに設ける。自分自身についてもっとよく知る、自分だけの時間だ。

地球にもヒーリングをもたらすために

自己のヒーリングと地球のヒーリングの関係はホログラフィー的である。多くの人は、今日地球上に存在する非常な痛みについて心を痛めている。それを創りだすのに自分がどう手を貸したのか、そして個人的にどうすればそれを癒すのを助けられるかを知りたいと望んでいる。この章のはじめに述べたように、個人との関係について言えることはすべて地球との関係にもあてはまる。人類全体では、ネガティブな契約は地球の扱い方にあらわれている。個人的レベルでは、他者との人間関係に存在しているネガティブな契約は、ホログラフィーのように自分と地球との関係にも投影されている。

HEF（ヒューマンエネルギーフィールド）の第四レベルで、人は地球と結びつきを持ち、人間どうしでするのと同じように関係を結ぶ。HEFという視点からみれば地球は生きた生命体であり、人間はその体の一部である。この考えはM－3形而上学において意味をなす。すべての物質は心ないし意識から創りだされるから、意識が地球の物質的「体」も創った。物質的地球は、つまり人間の体と同じように、それを創った心から生じた。そして人間の意識がHEFを媒介として体に結びついているように、地球にも意識があり、そのエネルギーフィールドを通して物質レベルの地球に結びついている。地球のオーラの一部は、科学者には地球の磁場の一部、磁気圏とヴァン・アレン帯として知られている。オーロラの美しい色を見たことがある人も多いだろうが、人間のHEFにとても似て見える。

人間の肉体は地球の一部なので、人間は地球にホログラフィーのような仕組みで結びついている。人はそこから生まれる。地球は我々の母なのだ。アメリカインディアンはこの結びつきを讃え、人間が地球のおかげをこうむっていることを謙虚に認め、その事実に敬意を払ってきた。

現代ではアメリカ人の多くが、自らが地球のおかげをこうむる立場にあることや地球の上に住むすべての生命と結びついていることを忘れたがっている。人はまるで地球を所有するかのようにふるまい、実際、自分はその一部を所有していると信じている。「そりゃまるで、犬の上に住んでる二匹のノミが、どっちがその犬を所有してるかと言い争っているようなもんだ」。映画『クロコダイル・ダンディー』の主人公がこう言った時、私はそのとおりだと思った。人が地球を乱暴に扱うのは、往々にして個人的な内面の痛みのせいだ。ネガティブな思い込みがその痛みを繰り返し創りだしている。集団意識のレベルで言うならば、人類は自らをこの痛みに押しとどめ、そして人類全体で地球を乱暴に扱っている。

ホログラフィー理論は、一人が行なうことはすべて、あらゆるものに影響すると教える。だから我々もなんらかの形で、今日地球の上で起こっていることに責任があるのだ。結局、大宇宙の中の小宇宙は大宇宙に直接結びついていて、小宇宙の出来事は大宇宙に即座に影響を及ぼす。このような考えにほとんどの人は圧倒される。地球全体の問題など考えなくとも、自分の人生だけでも充分な問題を抱え込んでいるのだから。多くの人は人類全体が直面している問題から、その膨大さゆえに顔を背ける。

このような問題に対処しようと、ある時誰かがヘヨアンに「世界の平和のために私になにができるでしょうか」と訊ねた。それに対して私を通してチャネリングされた答は、人がどのように問題を創りだすかを明確にしただけでなく、その大きさに圧倒されて顔を背けることなく自分の分の責任をとる方法を教えてくれた。

ヘヨアンが言っているのは基本的に、人はネガティブな思い込みの体系を抱え、それによって人生に苦痛を創りだし、同時にその思い込みの体系を人類の集団無意識の中に保持するのに手を貸しているということだ。そこから人類の苦痛が生まれる。

以下にチャネリングされたヘヨアンの答と、自分が奉仕できる分野をだんだんにみつけてゆく方法を記す。

世界の平和のために私になにができるでしょうか』――ヘヨアンからのチャネリング

「『世界の平和のために私になにができるでしょうか』というのはすばらしい質問です。もっと多くの人が自分自身に対してこのような問いかけをするようにと望みます。より多くの人々が世界市民としての責任を持つことが、ますます必要になってきています。その最初のステップは、自分自身をより広い視点からみて考えること。そしてそこから自分の決断と行動を行なうことです。

私たちの視点からみれば、人はすべて、地球とそこに存在するものの共同創造者です。ですから、地球上に今このようにあるものを創りだしているのも、あなた方です。自己の人生経験を創りだすのもすべて自分です。そこに痛みがあるならば、まさに自分でそうしたのです。これはあなたが悪いということではなく、ただ単に、学びにやってきたレッスンをまだ学んでいないということなのです。必要なレッスンを学ばなかった結果、そのような状況を創りだしもすれば、同時にレッスンを学ぶために必要な道具と指示書きを得もするのです。

このような視点から世界の状況をみてください。まず自分について問いなさい。『この状況は私にとってなにを意味するのだろう。（世界は自己の鏡ですが、その）世界が私に語ろうとしていること、私が学ぶ必要のあることはなんだろう。私が創りだすのに手を貸した痛みとはどのようなものだろうか。それについてなにをする必要があり、私に個人的にできることはどんなことだろう。より大きな状況に私は個人的にどのように手を貸しているのだろうか』。

ある人は『私のせいじゃない』と言うかもしれません。あるいは他人を責めさえするかもしれません、『政治家が悪いんだ』と。あるいは特定の国や民族を責めるかもしれません。しかしその政治家に投票した、あるいは選挙で棄権したのは、あなたです。自分と異なった姿をした人々に対する偏見を自己の内に抱えているのは、あなたなのです。そしてこのような態度を、まったく見知らぬ人にも、知っている人たちにもとるのです。他者に対して行なうこの一般化と決め込みは、自動的に、またしばしば無意識のうちに、自分自身に対しても行なっているのです。これは自己の内に非常な苦痛をもたらします。自分が他人についてネガティブな言葉を口にしたなら、こう自分に問いなさい。それが自分について言われたとしたら、どんな気がするだろうかと。

人間の魂の内に抱かれる憧憬は、国境、言語、宗教信条によって限られることはありません。しかしこうした区別に従って、魂はレッスンを受けるべき適切な教室（あるいは遊び場）を探すのです。この多様さによってこそ、地球はこんなにもすばらしい転生の場となっているのです。国が創られたのは多様さと面白さを生に与えるためであって、戦場となるためではないのです。まことに、このような多様な環境のために、地球では繰り返し転生を行なっても決して退屈することはないのです。

しかしなにが起こってしまったのでしょう。あなたが学ぼうとして持って生まれてきたものが、まさに問題を起こしているのです。基本的に人は分割された現実を信じているため、地上に繰り返しもどってくることになるのです。現実が分割されたものだと信じることは、恐れをもたらします。つまり、もともと恐れを溶かしさるために地上にやってきたのですが、その溶かしさるべき恐れを通して、さらに恐れをもたらしているのです。ですから、こう自分に問いなさい。『具体的に私が恐れているのはなんだろう。自分の人生では？　世界規模では？』。この二つは実際には同じ恐れであることに気づくでしょう。そしてそれはまさにほとんどすべての人間が同じように持っている恐れであり、そこから人間は行動するということにも。この共通の恐れがつまり、世界における葛藤の原因なのです。

人は皆、喪うこと、病になること、死ぬこと、自由がないことを恐れます。また、人生でいったん大切なものを得ると、誰かがそれを自分から奪うのではないかと恐れます。しかし私はこう言います。それを奪うことができる唯一の人間は自分だけなのだと。

恐れによって自己の自由を奪うのに比例して、人は他人の自由を奪おうとするのです。病気を自己の体に創りだす人ほど他人が病気でいるのにも平気で、助けを与えずにそばに立っていられるのです。自己の人生の肉体面、感情面、知性面、スピリチュアル面において自己を育まずにいるのに比例して、他人がこうした面で欠乏しているのをみすごすことができるのです。それればかりか、連れのあることを喜んでいます。自分自身に対して行なうことは、他人に対しても行なっているのです。

ですから、世界平和を最初に創り始める場所はあなたの家庭です。家庭に、仕事場に、地域に調和を創りだし、それを国境を越えて広げるのです。自分の子供を空腹のままにしておくでしょうか。そうではないのならばなぜ近所の、アフリカの、インドの子供たちを空腹のままにしておくのでしょう。ここまでと線を引いたところがすなわち、あなた自身の、あなたの自分というものの定義の、あなたの愛の、あなたの力の限界なのです。

私は、あなた方一人一人が自分の時間とエネルギーの十パーセントを、世界平和のための個人的プロジェクトに費やすよう勧めます。教育、政治活動、コミュニケーションなどの分野になるかもしれませんし、あるいは単に強いきずなを感じる活動への献金という形をとるかもしれません。それを、自分がこの状況を創りだすのを手伝ったのだという視点だけに基づいて行なうのです。だから癒し手となり、共同創造者として自分に可能な力を使って癒すのだと。『そうするべきだから』ではなく、『そうしたいから』世界平和のために働くのです。恐れや罪悪感から働くのではなく、自己の仕事を正す創造者の視点から働くのです。自分はなにをするにも無力だという視点でアプローチしてはいけません。決して真実ではないからです。あなたはあらゆる経験の共同創造者であり、それには世界の状況も含まれるのです。自分が創造したものが気に入らないなら、不完全な創造物から学べることをみつけ、別の、より適切なものをふたたび創造するのです。

あなたが貧困を恐れるなら、その恐れからくる行動、自分の貧困を防ごうとする行動が、世界規模で貧困を創りだすのを助けるのです。あなたの恐れが、人類の集団意識の中で貧困の存在を信じる部分を維持させるのです。この集団レベルの思い込みがもたらす反動として、誰もがもっとたくさん手に入れ、自分のためにとっておこうとします。この貪欲さが経済的な獲得競争へとつながり、さらに世界資源の枯渇をもたらし、そこからさらに物質世界に貧困が創りだされて維持されるのです。

友よ、こう考えてください。自分が最も厭い嫌うものこそ自分が創りだすものなのだと。ですから、自分の貧困についての思い込みや自分にとってのその意味を探るのはもちろん、自分の時間の十パーセントを世界の貧困に対処するのに使うのです。世界にとっての解決策は、個人にとっての解決策と同じものです。

貪欲さは、まだ充分ではないという恐れに基づいています。貪欲さとみえるものは本当は、貧困に対する恐れです。そしてこの恐れが実際にはむしろ貧困を創りだし、地球資源の破壊をもたらし、自己の存在そのものを脅かすのです。最終的には、貧困に対する恐れとは自己の実存的恐怖を覆い隠すものであり、貪欲さは深いレベルの実存的恐怖という頼りない土台の上に成り立っているのです。

貪欲さというものについて話しましょう。貪欲さという言葉を自分自身にあてはめたくはないでしょうから、表現をもう少しやわらげましょう。自己の内面を見ると、そこに『欲しいもの』がたくさんあります。自分の欲しいもののリストをつくってごらんなさい。たいていのものは自分に安全だと感じさせるためのものだとわかるでしょう。しかしその欲しいものを手に入れることでは、安全だと感じることは決してできないのです。こんどは自分に訊ねてみましょう。『この内で、ポジティブな信条体系に基づいて実現したいと願う、自分のより高い意識に沿うものはどれだろう。ネガティブな思い込みの体系から、自分に安全だと感じさせるために実現したがっているのはどれだろうか』と。

このようにしてリストの項目を分類します。次にポジティブなもののリストを見て、こう問いなさい。『私が実現したいと望むものはそれぞれ、どのように世界と自分に役立つのだろうか』。それが終わったら、ネガティブなもののリストの項目を見て、こう問いなさい。『どのような恐れを私はなだめようとしているのだろう。また、どのようにして？　この欲求に基づいて行動したら、どのような影響を世界に与えるだろうか』。すでにおわかりのように、基本的に人は恐れから行動し、それによって世界に存在する恐れを肯定しているのです。リストの項目を検討していけば、項目のあるものは分類し直す必要がでてくるかもしれません。

このエクササイズを行なうことで、自分が自己の人生経験を創りだすということだけでなく、世界の状況についてどれほど責任があるかということもいっそうよく理解できるでしょう。あなたにはとても責任が、そして影響力があるのです。

ですから、あなた自身の思い込みや信条の体系が自分の人間関係と世界の状況に与える直接的な影響に気づいてください。この影響はパワフルで直接的ですから、あなたはそのどちらもかえることができるのです。そのために自己のネガティブな思い込みの体系をみつけだし、それを、愛、心配り、信頼を世界に投影するようなものにかえましょう。あなたに平和と愛が訪れますように」。

ヘヨアンからの宿題

1　自分が個人的に恐れていることと、世界レベルで恐れていることをそれぞれリストアップしなさい。
　この二種類の恐れが類似していることをみてとりなさい。

2　自分が欲しいと思うものをリストアップしなさい。そしてネガティブな思い込みからくる恐れをなだめるためのもの（ネガティブな欲求）と、ポジティブな信条からくるもの（ポジティブな欲求）に分けなさい。

3　そのネガティブな欲求の裏にある恐れをみつけなさい。ポジティブな欲求の裏にあるより高い意識をみつけなさい。

4　この二種類の欲求からそれぞれなにをあなたは自分の人生に創りだしてきたでしょうか？　そうして創りだした個人的状況と世界的状況との間にはどのような類似があるでしょうか？　その類似している部分があなたがこの世界に創りだすのに手を貸してきたもので、ポジティブなものもネガティブなものも両方あります。

5　世界の平和のための「自分の十パーセント」を（自己の恐れが創りだしたネガティブなものに対処する一助として）捧げたいのはどのような分野でしょう？

恐れを鎮めたいという欲求を浄化する

飢えを恐れて大食にはしる人をみてみよう。過食するだけでなく、食べ物を貯め込んでいるかもしれない。このような人は、人類の集団的無意識の中に飢餓への恐れを維持しておくのに手を貸している。このような人が自己の問題に取り組む時、この人の「十パーセント」は世界中で飢えている人々に食べ物を送るのを手伝うという形をとることもあるだろう。

私の友人マークはこの例だった。最初に会った時、彼は太りすぎていた。彼の背景について私はなにも知らなかったが、自分の体重とそれが引き起こす健康上の問題を心配しているのは知っていた。特にぐまた同じように太るのだった。体重の問題を解決できるようになる前に、より深いレベルでの問題を突き詰める必要があった。そこでヒーラーを訪れて過食をやめるために助けを求めることにした。そのヒーリングに私も与り、それについて書いてもよいという承諾も得た。

マークがまず発見したのは、自己の内の飢えに対する恐れだった。とにかく空腹感を覚えることに耐えられないのだ。これには自分でも驚いたし、その恐れがどこからきているのかもわからなかった。少なくともこの人生ではひどい飢えに苦しんだことはなかった。原因を探し求め、両親が自分の誕生時にひどい経済的困難に陥っていたのをみつけた。一九三〇年代後半の大恐慌の時のことだ。その頃両親はつねに次の食事を食卓にのせられるかどうかを心配していたものの、実際には家族の誰も飢えに苦しむことはなかった。マークは飢えを恐れる原因をみつけた。家族から受け継いでいたのだ。実際には決して飢えることはなかったにもかかわらず。小さい頃に彼は、この飢えと呼ばれる未知のなにかは、恐れなければならないものだと学んだ。彼の幼い心は幻想と現実を区別できなかった。そして子供としての解決策は、決して自分を空腹にさせないことだった。それには成功したが、その結果体重が増えた。

マークのヒーリングは、飢えの恐怖に耐えるエクササイズをすることから始まった。そのためにバランスのよい食事をとるようにし、一日中食べ続ける習慣をやめた。食習慣を向上させたらすぐにエネルギーレベルが上がり、自分の体により意識的に気づくようになった。このヒーリングが単なるダイエットと違っていたのは、彼の動機が単に体重を減らすことよりも深いものだったことだ。やがて自己の内的世界の探索となった。

恐れがあまりに強く感じられた時には、おやつを食べた。このように彼は自分に優しくヒーリングを進めた。飢えという経験を探索してゆくうちに、空腹を感じることと内面の空虚さを感じることとを区別できるようになり始めたのに気づいた。内面の空虚さを感じるのを楽しむようにさえなったのは、それが自己の内面に大きな空間をつくりだしてくれるのを知ったからだ。心やすらぐ、どんな形もとらない生そのものだった。時々新しいなにかが、形のない内面の生から現れる。そしてしばしば高度のスピリチュアルな陶酔感を経験した。

やがて、内面の空虚さから別のものが上がってき始めた。ある日、静かな気分でメディテーションをしていると、餓死の恐怖が内から上がってきて、すさまじい力で彼を襲った。突然、自分が餓死を経験しつつあるのに気づいた。別の時代に、今とは別の体で別の人生を生きているのだ。恐怖にかられてメディテーションを中断し、その次のヒーリングセッションでなにが起こったかをヒーラーに話した。そのヒーリングでヒーラーとマークは時間を遡り、意識に上がってきた過去生の経験をたどった。ヒーラーは彼のＨＥＦ（ヒューマンエネルギーフィールド）から、その経験が残したエネルギーレベルの残滓をとり除いた。彼はひどい飢餓のあった時代に生きるという経験をした。権力を誤用することでこの飢饉を引き起こすのに実際に一役買い、やがて自分を含め多くの人々が飢えで家族や本人の生命を失った。

もちろん、マークが過去生でこのようなことを実際に経験したと証明することはできない。しかし非常に組織だった研究によって、このような過去生経験を支持する証拠も提出されている。たとえばヴァージニア大学のイアン・スティーヴンソン教授は、幼い子供の過去生記憶を確認する研究を行なっている。いずれにしろここで大切なのは、ヒーリングで過去生経験を浄化することがマークのＨＥＦに与えた効果である。まず、空腹と飢餓の恐れがなくなった。それから彼の人生は大きくかわり始めた。

マークはこう言った。

「ＨＥＦが浄化されたら、ようやく、自分の恐れはこれから起こる出来事ではなく、すでに起こってしまった出来事からきているのだと理解できた。それから、そんなことがまた起こるのを食い止めたいというものすごい欲求にかられた。昔犯した過ちを知って、もう一度やり直したいと感じたんだ。食事を体に心地よく滋養を与える方法だとみなせるようになって、自由になったし真の自己であることもできるようになった。自分が地上にやりにきた仕事ができるようになったんだよ。それは、世界で今起きている本物の飢餓を食い止めることなんだ」。

マークはもう飢えの恐れに捕われることはない。今では内面の空虚さについてのメディテーションを皆に教えて自己発見の道程とさせている。この内面の空虚さを経験することは人生の必要かつすばらしい要素であり、より大きな自己理解やすべての生命と結ばれているという認識に導いてくれると信じている。体重は三十キロ近く減った。今は国際的な飢饉救済組織で働いている。

14章　HEFとHEFは「調和誘導」と「バイオプラズマ」と「光のコード」を使ってやりとりをする

HSP（ハイアーセンスパーセプション、超感覚的知覚）を開くと得られる体験の中でも最も興味深いものの一つに、人と人とがたがいに接する時のHEF（ヒューマンエネルギーフィールド）どうしのやりとりを観察するという恩恵がある。HEFの第四レベルでは、人と人の関係がすべて、バイオプラズマのディスプレイに現れる。バイオプラズマとは生きて動く、たえず変化し続ける色のついた液体状の光だ。バイオプラズマどうしが応答しあう様は人間関係について非常に多くのことを示してくれるが、私も詳細な観察を始めるまではそのようなことにまったく気づかずにいた。バイオプラズマのディスプレイは、心理学や社会学の理論ではまだ知られていないような形で人々がたがいに結びついていることを明かしてくれる。生命どうしはこれまで理解されていたレベルをはるかに超えてたがいに影響を与えあっている。

人がいくら自分は独立しており自分独りで行動していると考えていても、実は決してそうではない。このことを多くの人が改めて学び始めている。昔の部族社会では、たがいにどれほど影響を与えあっているかを人は知っていた。ところが二十世紀初頭に、近代文明によって誤った自由の感覚が与えられた。今では衛星から見た地球の姿や近代的な通信テクノロジーを通して、たがいに影響を与えあうとはどういうことなのかを理解する視野が広がりつつある。個人の行動が組みあわされてパワフルな力となり地球の表情をかえつつあるのを我々は目撃している。ある国で行なわれたことが即座にすべての国に影響することもあるのを目撃している。たとえば世界の銀行システムに、株式市場に、武器の流通に、地球の汚染にみている。現在平均的アメリカ人は国際的な出来事に関心を持っているが、このような関心はテレビの夜のニュースで見たといった普通の行動で呼び起こされており、人々が自分は地球全体にホログラフィーのように結びついているのだと感じ始めていることを示している。

人が考えることや言葉にすること、行なうことは生命エネルギーフィールドを通してホログラフィーのように作用して、ほかのあらゆる人たちに影響を与える。ほとんどの人はこのことの深い意味を意識していない。しかし気づき始めている人も多い。たいていの人が気づく方法は遠い昔とかわらない。たとえば、一九八九年十月十七日、多くの人が「なにかひどいことが起こる」という虫の知らせにテレビをつけた。その知らせは正しかった。アメリカ史上二番目の規模の地震がサンフランシスコを襲ったところだったのだ。このような虫の知らせを、世界のどこかで大規模な災害が起きるたびに多くの人が感じている。別のケースでは、心が軽く自由になるような気がして人々は「なにかすばらしいことが起きる」と感じる。たとえば、ベルリンの壁が崩れさった時、我々は自由のために立ち上がったベルリン市民との結びつきを感じた。

こうした結びつきを感じるのはテレビで見たからというだけではなく、エネルギーレベルでHEFの第四レベルを通して、世界中の人々に結びついているからだ。我々は自由を大切に胸に抱く人々に共鳴する。第四レベルで自己の意識を開くことは、文字どおり他人を「感じる」こと、相手の存在を感じとり、その人の感情、希望、喜び、恐れ、憧憬などの深いレベルの真実を自分のもののように感じることを意味する。第四レベルでは個人の境界は物質世界とは大変異なっている。これがなにを意味するか考えてみよう。

第四レベルでは、エネルギー意識体はそのエネルギー意識体自身が自分はこうであると信じている形をとる。どのようだと信じているのかは、振動周波数とエネルギーの内容による。第四レベルのエネルギーがよく似ている人どうしは、たがいに同じ人間であるかのように感じる。というのは相手が感じることを正確に感じることができるからだ。「これは私の感情？　それともあなたの？」という状態になる。

しかし第四レベルのエネルギーが異なると、同じ人間であるとは感じない。こちらは独自の感情を持っていてそれが向こうのとは違うからだ。第四レベルでは、人は確立された個であろうとしてほかの人間との融合一体化と分離との間を往復する。

第四レベルで展開する生のいとなみにおいて、人はたがいに歩み寄りコミュニオン（魂の一体感）のうちに融合する。このコミュニオンを経験することで、人はまた個々の存在へと歩みだすことができる。個人化した存在となることではじめて、かけがえのない自己の内面の神聖さを知ることができる。内面の神聖さをより深く知るほど、さらに深いコミュニオンを経験することが可能になる。この円環をなす自己認識にさらに目覚めてゆく過程を通して、愛が創りだされる。

第四レベルのこのプロセスを物質世界の規準で理解しようとすると、大混乱を招く。物質世界では個人の境界は皮膚によって明確に区切られている。しかし第四レベルにおける現実は物質レベルのそれと大変異なっている。この違いについて2章（上巻）では科学的視点に拠ってとりあげたので、ここではスピリチュアルな視点に拠って説明しよう。ＨＥＦの第四レベルにおける生が物質世界となぜこのように異なった展開をするのかを理解するために、その土台となるこのレベルの創造過程を探索してみよう。以下のように第四レベルは創られる。存在のコアからの創造の力が、HEFの上位のレベルから順に下位のレベルへと投影される。第四レベルを通過してさらに下のレベルを通り、最終的に物質世界に到る。この力は第四レベルに到った時点で二つに分かれ、二元論的分離が発生して「関係」が生まれる。つまり第四レベルにおいてはじめて、人は二元的存在になる。このレベルは物質世界とスピリチュアルな世界の掛け橋であり、他者との関係を通してこの掛け橋は体験される。この掛け橋がなかったら、物質世界とスピリチュアルな世界は切り離され分離されているとみえるだろう。

HEFの第五、第六、第七レベルは人間のスピリチュアルな面に対応し、ここでは二元性が経験されることはない。二元性の主な役割は、自己と他者との違いを模索し、自己の境界をはっきりさせることである。創造の力が第四レベルからその下に、そして物質世界へと下りてゆくにつれ、自己の境界はいっそう明確になる。二元性が最初に形をとるのは第四レベルにおいてであり、ある時は自分はほかの人と同じであると感じ、またある時にはほかの人とは違うのだと感じる二つの感覚の間を行き来するうちに生じる。

第四レベルのすぐ下は知性のレベルだ。ここでは、人は明晰な思考を通して自分の本当の姿を考える。「私は考える、ゆえに私は存在する。私はあなたと違う形で考える、ゆえに私は私であり、あなたはあなたである」。第二レベルにおいては、二元性はまた異なる形で表現される。「私は自分について感じる、ゆえに私は私である。私はあなたとは異なる形で自分自身について感じる、ゆえに我々は異なっている。それぞれ別の人間である」。第一レベルにおいては二元性はこう表現される。「私は自己を感覚的に感じる。私は自己の肉体を感じ、あなたの肉体を感じる。それぞれ違って感じられる、ゆえに私はあなたと異なる」。物質レベルでは、皮膚が人間の形を定めるから、人は鏡を見て「そうだ、これが私だ」と言う。

しかし疑問を感じるかもしれない。なぜこのように区別し個を確立することが重要なのか、そもそもすべての人間は最終的に一体であるというのに、と。二元論的世界では、自己の意識を個として確立することを、他者と対等な関係を結ぶことを通して学ぶ。二元論的世界に下りてくることによってのみ、自己の意識を目覚めさせて確立した個へ導くことができる。二元性は自己をみつめる鏡を与えてくれるのであり、二元性なしには自らの確立した個を識別できない。この事実の重要性はどんなに強調しても強調しすぎることはない。

スティリアノス・アッテシリスはキプロスに住む世界的に著名なヒーラーで、クリアコス・マルキデスの著書『ストロヴォロスの賢者』に出てくる「ダスカロス」として知られている。彼独自の神学を教える中で、アッテシリスは天使が地上に下り人間となることを使って二元論を説明している。彼によれば、人間界へ下りて経験する二元性と自由意志を通してのみ意識の認識は可能となる。人は本来すべて大天使であり、「人間のイデア」を通して二元的世界に生まれ、そこで内面の神聖さを目覚めさせ、意識を進化させることを目指してきたという。大天使や天使は人間のように個として確立されておらず、個人としての自己意識を持たず個人性もない。天使にとっての自由意志は自動的に神の意志であり、自由意志というものは存在しない。いいかえれば、個として確立されない存在にあっては「選択」という概念は存在しない。一方人間は、この惑星で生と死を巡り終えた後にはより高い世界へとトランセンダンス（超越）してゆくことのできるすぐれてスピリチュアルな力を持ちながら、同時に個人性を持つ存在であるのだという。

個を確立する過程は、第四レベルの二元性を通ってさらに物質世界の二元性へと深く下りてゆく形をとる。非常に長期間にわたる創造の道のりであり、物質次元においては何世紀にもわたって続く。次にそれはより高い次元の生命経験へと移行し、無限に続いてゆくようにみえる。

多くの人が二元論的世界と人間関係の難しさについて文句を言うが、人間関係こそは魂の成長と発達の核心である。第四レベルは人間のスピリチュアルな面と物質的な面の掛け橋だ。この天と地上の掛け橋は他者との関係によって築かれる。人間関係を通してこそ、人は自己の全てを実現することができる。過去には、どこかの山奥にこもって瞑想するのがスピリチュアルなことだと考えられた。しかし今ではそれはあてはまらない。一度山にこもって神を知ったなら、そこで学んだことを人々の間に持ち帰らなければ、自己のスピリチュアルな部分を実現することにならないのだ。そして、山の中で一人で過ごすより人間関係の中で生きる方がはるかに難しい。

多くの人が第四レベルという掛け橋で道に迷うが、これは「人に与え、同時に自分も受け取る」という自己のニーズを満たすような人間関係を創りだす方法を知らないからだ。人間関係を通して、学んだことが試される。自己と他者のニーズをともに満たすような人間関係を創りだすことで、個人的自己（HEFの第一、第二、第三レベル）を、対人的自己（HEF第四レベル）を通し、トランセンダンス（超越）を知る統合的自己（HEF第五、第六、第七レベル）と結ぶことができる。第四レベルでは、自己の中、たがいの中に神を認めることを通して自己、他者、そして神についてより深く知ることを学ぶ。

人がほかの個人や集団、動物、植物、鉱物、そして地球との間に関係を結ぶ時、それに対応するすべてのエネルギーは第四レベルにある。このレベルで、あらゆる生命に対する愛が生みだされ表現される。HEF第四レベルは愛の掛け橋なのだ。二人の人間がたがいに働きかけあうと、HEFの第四レベルは実にさまざまな動きをみせる。

第四レベルでHSPが開くと、関係で結ばれた世界が目に入り始める。第四レベルにおけるHEFどうしのやりとりには三つの手段が使われる。一つは調和誘導で、一人のＨＥＦの周波数を別の人のＨＥＦに共鳴効果によって誘導する。次の最も目立つものは色のついた液体状のエネルギー、すなわちバイオプラズマで、これが両者のＨＥＦの間を流れる。もう一つは光のコード（紐状のエネルギー）で、これは両者のチャクラとチャクラを結んでいる。

いずれもポジティブにもネガティブにも影響を与える。ポジティブなものはＨＥＦをチャージし滋養を与える。ポジティブなやりとりを多く経験するほど、人生はより豊かで、満ち足りた、幸せなものになる。ところがネガティブなものは、ＨＥＦに損傷を与えたり病気をもたらしたりすることもある。

調和誘導によるＨＥＦとＨＥＦのコミュニケーション

ＨＥＦ（ヒューマンエネルギーフィールド）間で行なわれるコミュニケーションの主な手段の一つは、たがいのＨＥＦのパルス（脈動）の速さ［訳注：すなわち周波数］に影響を与えあうというものである。一人のＨＥＦのパルス数がもう一人のパルス数に影響し変化を引き起こす。ちょうど音叉と同じように、普通、強い方のＨＥＦが他方に影響を与える。これが多くの人々がグル（精神的導師）を求めて遠くまで出かけ、その足元に座りたがる理由だ。グルとは、人生の多くの時間を瞑想に費やし、ＨＥＦの周波数を高め、大きさを増し、パワーを増強してきた人であることが多い。グルのＨＥＦ内に座ると弟子のＨＥＦの周波数も高められ、すばらしい気分になる。これはもちろん、弟子の心理的プロセスも刺激することになる。というのは、ＨＥＦを流れるエネルギー量が増加されて滞っていたエネルギーのブロックが解放されるので、それに対処することを迫られるからだ。

調和誘導は人間関係における重要な要素である。自分のＨＥＦが配偶者のものより強く、そしてパルスが速ければ、配偶者のHEFにより速いパルスをもたらす。もし自分のHEFがパルスは相手より遅いのに相手より強ければ（すなわち、相手よりエネルギーに満ちていれば）、配偶者のパルスを低下させる。人は自分のHEFの単位時間あたりのパルス数が一定の範囲内に収まっているのを好む。カップルはたいていほとんど同じ範囲にマッチさせている。自分の範囲外にある配偶者をついてパルスを速めたり遅くしたりさせることもあるかもしれない。

パルス数が極端に違うとコミュニケーションを交わすのは難しい。親しい人間関係のためにはHEFのカップリング（結合）が必要だ。つまり、同じ周波数帯で脈動するか調和誘導を使って双方のHEFをシンクロナイズ（同調）させる能力が、コミュニオン（魂の一体感）を望むなら必要になる。

両者の周波数帯が違っていたり調和誘導でシンクロナイズすることができなかったりする場合、コミュニケーションは非常に難しい。たがいにまったく理解できず、壁に向かって話しかけてでもいるように感じられる。こちらのパルスは相手にどんな影響も与えず、話しかける言葉は雲の中に消えてしまうようだ。パルスは相手のHEFに吸収されていかなる変化も引き起こさないか、鏡のようにはね返される。頭上を通りすぎてゆくようならば、こちらのパルスの周波数が高すぎるために、相手のHEFがついてこられずにいるのだ。情報交換のためには、一方のHEFが他方に影響を与える力がなくてはならない。もちろん、自分のHEFを意図的に他者のHEFから遮断することも多々あり、鏡、壁、雲、あるいは濃い霧となってコミュニケーションを阻む。人は皆、時々これを行なって相手を締めだす。

二人の人間の間にコミュニケーションが成立する時、HEFはたがいに美しく反響しあう。一方のHEFのパルスが相手に変化を引き起こし、それはさらにこちらのHEFに新しい変化を生みだす。この過程はポジティブなフィードバックの環をなして続き、双方のHEFに新しい色と周波数を創りだして二人に非常な喜びをもたらす。このようなコミュニケーションからは両者とも多くのことを学べる。

調和誘導を通してHEFに入ってくるパルスが自分の好きなものでないと感知すると、ただちにその関係は心地悪いものと感じとられる。時には二人のHEFがたがいに衝突しあい、ハイピッチのきしるような音をたてることすらある。まるでマイクを間違ってスピーカーに近づけすぎた時のエコー音のようだ。このようなエネルギーフィールドどうしのやりとりは非常に不快に感じられ、対処がとても難しい。反感、不快感、恐れ、嫌悪感などとして意識に記録される。このような相手はただただ好きになれない。どちらかが人間としてかわらなければずっとこのままだ。どちらかがかわれば、それに応じてHEFも変化する。

バイオプラズマのストリーマーによるHEFとHEFのコミュニケーション

二人の人間が接すると必ず、バイオプラズマのものすごい流れが二人の間を流れる。好きな相手どうしの時には非常な量のエネルギーが交換される。このバイオプラズマのストリーマー（流れ）の中のエネルギー意識体は、交わされるコミュニケーションのタイプに対応する。ストリーマーの色や形は働きかけの性質を示す。心地よいコミュニケーションではストリーマーはスムーズに流れ、柔らかく明るい色で、エネルギーの交換に合わせてダンスをしているようだ。一方のHEF（ヒューマンエネルギーフィールド）からのストリーマーが相手のHEFへとのびて触れ、色、感覚、エネルギーを注ぎ込む。通常の人間関係ではたくさんの異なる種類のエネルギー意識体のストリーマーが交換されるが、それにはあらゆる色と形がある。色の一般的効果は図9―2（9章《上巻》）にあるとおりで、ストリーマーが明るく明晰であるほど、エネルギー意識体もポジティブでパワフルで明晰だ。このようなコミュニケーションでは多くを与えあうことができ、たがいのニーズが満たされて満ち足りた感じを覚える。

第四レベルのハートチャクラ（第四チャクラ）は薔薇色をしている。たがいのやりとりに愛がたくさん含まれていれば、甘い薔薇色のエネルギーが柔らかな波となって流れる。二人が恋をしている場合には、ハートチャクラは大変活発になり、より多くの薔薇色をHEFに流して（図14―1《巻頭カラーページ》参照）、じきに二人のHEFは薔薇色のエネルギーで溢れだす。恋人たちは美しい薔薇色のエネルギーの雲をまわりに創りだし、その近くにいる人も素敵な気分になる。誰もが恋人たちを愛するものだ。そばにいると自分のハートチャクラも開き始め、より多くの薔薇色の光をとり入れて、やがて同じ色の雲をこしらえ始める。恋人たちの間に情熱があれば、薔薇色にオレンジ色が交じり刺激的な効果がある。パルスの波はより速く打ち、波のピークは高い。

見ていて最もおかしいのは、二人の人間がたがいに相手とコミュニケーションをとっていないふりをする場合だ。この二人は相手を見ないようにしたり、相手がそこにいるのに気づかないふりさえするかもしれない。しかし色のついた大量のバイオプラズマが二人の間を流れ、それぞれのHEFは明るくきらめいて応える。これは初めて会った二人がたがいに強く魅きつけられた場合、また深い関係にありながらそれを隠してそしらぬ顔をしている場合にも起こる。このような二人はたがいの関係をおおっぴらに認めないかもしれないが、HSP（超感覚的知覚）の発達した観察者は秘密に与るのだ。

二人が嫌いあっている場合には通常、たがいにエネルギーを交換しないように努める。しかし時にうまくゆかず、二人の間に摩擦が積もる。そして高電圧ギャップが電気のスパークによって突然放出された時のように、たがいに激しく非難しあう。時にあまりにパワフルで、実際に稲妻のように見える。激しいやりとりではエネルギーの流れは鋭く尖り、暗い色で、相手のHEFを槍や矢のように貫く。たとえば、怒りは先が尖り、暗い赤で、相手のHEFを侵略して貫く。嫉妬は暗い灰緑で、ぬるぬる、ねばねばする。一方がこっそりと相手からなにかを得ようとしていると、ストリーマーはねっとりとした触手のようで、相手のＨＥＦをつかみ、エネルギーを吸い取る。あるいは堅くて鋭く、相手のＨＥＦに釣針のようにひっかかりそこにとどまる。どのような形もありうる。第四レベルでは、エネルギー意識体がとる形はその意識体が自らそうだと信じるとおりのものだからだ。

ネガティブな働きかけは実際に槍、矢、短剣などのように感じられ、ＨＥＦを裂くこともある。ぬるぬるした触手のようにエネルギーを吸引し、盗みとり、絞りとることもある。あるいは寄生虫の鉤のように引っ掛けられ、相手のＨＥＦを引きずり下ろす。受ける側がこのような感じを覚えるのは、それが実際に行なわれていることだからである。

病気の時、家族や親しい人との関係に現れるバイオプラズマのストリーマー

ＨＥＦ（ヒューマンエネルギーフィールド）間に病気の時によく見られるバイオプラズマのストリーマーがある。病人はエネルギーのニーズに関して二重の問題を抱えている。病気と戦うのに余分のエネルギーが必要であるという問題と、しかし通常量のエネルギーさえ自分では代謝するのが難しい状態にあるという問題だ。これはチャクラが正常に機能していないためで、それがそもそも病気になった原因だ。病人のＨＥＦは弱っている。ここで、エネルギーは高い方から低い方へ流れることを思いだそう。一人が病気でもう一人が健康な時には、たいてい健康な人から病人の方に多くの健康なバイオプラズマが流れる。これは自然に起こる。

さらに、病人がなにかを必要とする時には、ストリーマーを健康な人のＨＥＦにのばして必要なエネルギーの補給を受ける。これはそのようなことを直接頼むかどうかに関わりなく起こる自然な現象であり、無意識に行なわれる。家族生活にみられるギブアンドテイクの一部だ。家族内でのエネルギーの交換は病人に病気と戦う強さを与えてくれる。子供やペットを含めた家族の全員が病気の者に生命エネル

ギーを与える。これが家族が共有するホログラフィー的な結びつきの利点の一つである。このようにエネルギー的に支えられることで、病人はより速やかに回復できる。

ヒーリングの過程で、病人は最初はほかの者からエネルギーを受け取る必要があるが、じきに自分でエネルギーを代謝することを学ぶ。そして最終的にはふたたびその家庭全体に対してエネルギーを供給できるようになる。この過程には多くのバリエーションがあるが、二つの典型的な例を挙げよう。

実際に病気になる前からすでに何年もの間ほかの者からエネルギーを吸い取ってきていたという病人の例がある。しかし回復してきたら適切な時期に、必要なエネルギーすべてを自分で代謝することを学ぶ必要がある。ヒーリングの一環としておのずと、異常のあったチャクラも修復されて適切に機能するようになり、すべての必要な生命エネルギーを供給できるようになるだろう。

逆の例は、多量のエネルギーを家族全員に与えていた人間が病気になったというもので、こんどは大量のエネルギーを受け取ることが必要になる。はじめは本人も家族もとても大変だ。なにしろ役割が逆になるのだから。病人は最初はエネルギーを受け取ることができず、練習が必要かもしれない。そこで家族が愛に満ちた世話を通して、病人がエネルギーを受け取る練習をするのを助けてやることが必要になる。時には少し押しつける必要さえあるかもしれない。一方、病人が最もエネルギーを必要とする状態にあっても、家族はまだ習慣的にその人間からエネルギーを吸い取ろうとする場合もあるかもしれない。病人の家庭でこれが起きているのをみたら、病人を注意深く守らなければならない。このような時にエネルギーを奪われると、健康にネガティブな影響が及ぶこともある。

病気が長期にわたると、家族は精神的な疲労を直接自分のHEFに感じ始める。これは自分のためにエネルギーを代謝するほかに、病気中の家族のためにも余分のエネルギーを代謝しているからだ。そのような場合、おそらく自分になにが起こっているかわからず、ただ疲れ、怒りっぽくなり、時に病人の世話をしたくないと感じる。病人のいる家庭では、配偶者を含め家族全員がそれぞれ、病人の世話を離れて自分自身のエネルギーを回復する時間をとることが欠かせない。さもないと腹立ちや腹立ちへの罪悪感が積もって、やがて鬱状態、過労、肉体の不調や病気さえ引き起こすかもしれない。

家族の全員が自分自身のエネルギーを充実させる方法をみつける必要がある。メディテーション、好きな趣味、スポーツ、創作活動、健康な友人と時間を過ごすこと、その他の息抜きをするとよい。一日二十四時間家で病気の家族のそばにいることは、自分にとっても病人にとっても最悪である。やがて全員が病気になってしまうだろう。健康な人はほかの健康な人と交わり、創造性を育むようなエネルギーの交換をする必要がある。創造性の特に豊かな人がほかの同じような仲間と時間を過ごすことを好むのは、いっしょにいると高い周波数の創造力に満ちたエネルギーを大量に発生させて交換できるからだ。このようなエネルギー交換はそれぞれの創造力を解き放ってくれる。

公衆を対象とした仕事に就いている人にのばされるバイオプラズマのストリーマー

教育や公演も、学生や観客にエネルギー意識体を分かち与え、理解の新たなレベルへと導き上げる仕事に数えられる。大量のバイオプラズマが、教師や壇上の公演者と学生や観客の間を流れる。特にヒーリングの教師はクラス全体のエネルギーを支え、学生の集団エネルギー意識体をもちあげて啓発し、新しい経験と理解に導かなければならない。またヒーリング技術を教える間、その技術に対応するエネルギーを保持できなければならない。

たとえばＨＥＦ（ヒューマンエネルギーフィールド）第四レベルのヒーリングのエクササイズを指導している時には、私はそのレベルのエネルギーを保持しなくてはならない。さもなければ学生は学ぶことができない。第三レベル（知性のレベル）にエネルギーを保持しながら第四レベルのヒーリングを教えようとすれば、学生はそれを真似する。つまり第三レベルでヒーリングを行なうばかりで、第四レベルを保持できない。「自分ではできないことでも、教えることだけはできる」という諺は成り立たない。教師はその技術を知っているだけでなく、それを教えると同時に実際にそれを行なえなければならない。これはさらに難しい。

同様のバイオプラズマ現象は、一方の人間が他方からなにかを求めようとするあらゆる状況で起こる。依頼が強要を伴えば、それに関わるバイオプラズマの流れはエネルギーを吸い取る。純粋の依頼であとは相手にまかせるようであれば、エネルギーを吸い取ることはない。ヒーリングスクールの例を続ければ、学生が教師と個人的に話したいと決めて、相手が忙しかろうがなんだろうが構わず実行する気であると、その学生はエネルギーのストリーマーを投げつけて教師のHEFを捕まえる。時にはこれを教室に入る前にやることさえある。あるいは教室の後ろの席からこれをやり、HEFのストリーマーがこしらえた通り道にずっと沿って教室を歩いてくる。教師は別の人間とこみいった話しをしている最中だったとしても、おそらく学生がストリーマーを引っ掛けたその瞬間にその意図に気づくだろう。

公に知られるような仕事をしている人なら誰でも、公衆やファンのストリーマーを経験している。このような場合、多数の人が同時にストリーマーを結びつけようとしてくるため、それによる精神的疲労は手に負えないものとなる。これを行なう人間の数が多いほど、疲労は重くなる。HEFの第四レベルには、物質世界で経験されるような空間や距離は存在しないので、こうしたストリーマーの結びつきは世界のどこにいても起こりうる。そのすべてに愛を込めて接しようとすれば負担は多大なものとなる。あまつさえこのストリーマーはなにがしかの思い込みや要求、望みなども含んでいる。それゆえ練習が必要だ。有名人も疲れると愛に満ちたポジティブな形で人に接するのは難しくなる。これが、公共の目にさらされる人が皆非常なプライバシーを必要とする理由の一つである。そのような人のニーズはただ一人になり、自分自身を感じとってエネルギーを回復することだ。

バイオプラズマのストリーマーと燃えつき症候

以上述べたことは、セラピスト（心理療法士）やヒーラーなどの、より個人的な形で人を助ける仕事に携わる人すべてにもあてはまる。このような人は、自己のHEF（ヒューマンエネルギーフィールド）を健康で活力がありバランスもとれた状態に保ち、しかもそれを、低エネルギーで低周波数のストリーマーがまわりからのびてきて、つねに自分のエネルギーを吸い取り引きずり下ろすような環境で行なわねばならない。そのためにセラピーやヒーリングの仕事がとても難しいものになっている。こうした仕事に従事する人は、しっかりセルフケアを行なわなければならない。自己のHEFをふたたび活性化し自分自身をリニューアルする項目を毎日の生活のスケジュールに組み入れなければ、やがて燃えつきてしまう。それでこうした専門家たちには燃えつき症候に陥る人が多い。この分野の仕事に従事すると余分のセルフケアが必要となることに、たいてい気づいていないからだ。

バイオプラズマのストリーマーは物体にものばされる

ストリーマーは命を持たない物体と結びつく時にも生じる。人間の行動はすべてまず思考と感情で形成されるため、実行に移される前にHEF（ヒューマンエネルギーフィールド）に見える。つまり物質レベルで実行される前に、エネルギーレベルで形をとっている。行動がなにか対象のあるものなら、まずHEF第四レベルのストリーマーによって表現される。たとえば電話をしようと思った瞬間、エネルギー意識体のストリーマーが電話にのびる。それから実際に手をのばして電話をとる。この現象は一日中続く。このようにしてある物体に結びつくと、エネルギー意識体の一部が物体に残される。ある物体を使うほどにより多くのエネルギーが吸収され、その物体にいっそうの結びつきを感じるようになる。

バイオプラズマのストリーマーを介して物質に残されるエネルギー意識体のタイプは、自分がその物体についてどう感じるかによりかかわる。その物が好きなら、愛が注ぎ込まれている。嫌いなら、嫌悪の感情エネルギーが注ぎ込まれている。電話をとる時に機嫌が悪ければ、その感情の一部は電話に残る。機嫌がよくても同じだ。人が物体に自分のエネルギーを注ぎ続けると、そのような性質のエネルギーが蓄積されてゆく。その物体はやがて同じ性質のエネルギーを接触した人すべてに与えるようになる。

ヒーラーはこの原理を使って物体をチャージする。たとえば布やクリスタル（水晶）などにヒーリングエネルギーを入れて、患者に送る。布やクリスタルはヒーラーからのヒーリングエネルギーを患者に伝え、患者はそれを吸収する。さらにヒーラーは遠距離からその物体をチャージし続けることができる。つまりその物体は患者にとってのヒーリングエネルギーの源であり続ける。

これが、お守りや呪符が効果を発揮する基本原理である。シャーマンや魔術師は特定の物体にパワーを与える方法を、自分のエネルギー意識体を物体に転移させるための非常に明晰で有効な集中の仕方を学ぶことで身につけている。物体には、どのような種類のエネルギー意識体でも注ぎ込むことができる。

このエネルギー意識体は感情と思考からなる。単なる思考エネルギーではないので、よく使用される「ソートフォーム（思考体）」という用語は私は使わず、「サイコノエティックフォーム（感情思考体）」と呼ぶ。「サイコ」は感情を、「ノエティック」は頭の働き、思考を意味する。各サイコノエティックフォームは、含まれる感情と思考に対応した形をとる。

このために諸々の儀式があったし、現在もある。儀式には特定の形式、習慣、手順が決められ、定期的に繰り返される。また一定の行動と言葉（呪文など）が含まれ、それを繰り返しながら特定の物体に心を集中する。儀式で重要なのは特定の感情を自由に生じさせる能力だ。それによって思考が感情のパワーで満たされる。つまり儀式とは、特定のエネルギー意識体あるいは感情思考体を持ったバイオプラズマを特定の目的のために自在に再創出する方法である。儀式は意識的な創造行為であり、個人がこれを繰り返すたびに、新たなエネルギー意識体が感情思考体の原型に追加されるのだが、原型はその儀式が最初にとり行なわれる時に創りだされる。儀式は何世代にもわたり繰り返されているので、長期間に積み上げられてきた非常にパワフルな思考体にアクセスすることができる。儀式を行なうたびに、人は原型となる感情思考体のパワーにホログラフィー的に結びつき、同時にその儀式で創りだされた思考体によって、中心となる物体のパワーを再強化する。

創造のビジュアライゼーションも同じ原理で働く。創りだしたいものに集中することで、まず感情思考体を創る。やがてそれが自動的に物質世界へ下りてゆき形をとる。これは人生のあらゆる瞬間に絶えず行なわれている。ただ人がそれに気づいていないだけだ。このことに意識的に気づくほど、人生になにを創りだすかを意識的に選べるようになる。

チャクラとチャクラを結ぶ光のコード

もう一つのタイプの、人が接しあう時に生じるＨＥＦ（ヒューマンエネルギーフィールド）どうしのコミュニケーションの手段は、光のコード（紐状のエネルギー）だ。このコードは人と人のチャクラを結びつける。こうしたコードによる結びつきはすべて同じチャクラどうしの間で起こる。つまり第一チャクラどうし、第二チャクラどうし、第三チャクラどうしが結ばれるという具合である。

ヒーラーとして仕事をしていて私が最初に気づいたコードは、第三チャクラどうしを結ぶものだった。アメリカ人の場合、人生を生きてゆく時にこのコードに最も損傷を受けるようで、患者のほとんどすべてがこのコードに損傷があった。それで最初に気づいたのである。はじめの頃はコードの重要性がわからなかった。聞いたこともなかったからだ。ただほとんどの患者のヒーリングにおいて、第三チャクラの中に埋まったコードを掘りだす必要を感じるのに気づいた。コードは空中にぶら下がっていることもあった。やがてこのようなコードの先が、患者が関係を持っている人々に結びついているのに気づいた。

スピリチュアルガイドはこのコードのもつれをほどき、傷んだ箇所を修復し、そして多くの場合、患者と相手の結びつきを強めるよう指示した。またコードによっては、患者のチャクラを通りさらに奥の層を通り抜けてコアスターに根づかせるように指示された。その時ヘヨアンはこう言った。

「今行なっているのは、『この宇宙における自分の本当の姿』(体前部第三チャクラの心理機能)のコードを患者の存在のコア深くに根づかせることなのです。こうすることで不健康でもつれた関係が手放されます」。

やがて、患者たちからコードのヒーリングが彼らの人間関係にもたらしたすばらしい効果を聞かされるようになった。患者自身がかわるだけでなく、相手にも変化が起こるという。その時から私は人間関係におけるコードの力と、それを直接ヒーリングすることが人間関係と人生に与えるパワフルな効果に気づくようになった。じきに、すべてのチャクラのコードを観察し、それにヒーリングを行なうようになった。

コードはHEFの第四レベルおよびその上のレベルに結びついているので、物理的な三次元の空間、時間の制約を受けない。実際、コードによる結びつきにはこの世界での人生が始まる前に生じたものも多い。死後も存在し続け、肉体を去ってアストラル(星気)界やさらに上のスピリチュアルな世界にいる故人にも結びついている。いったん結ばれると、こうしたコードによる結びつきが切れることはない。コードは決して消滅しない。物質世界を越えているのだ。肉体が死んでも人間の第四レベル以上のＨＥＦには大きな変化は起こらない。ただもう肉体とは結びついていないだけだ。だからコードによる結びつきが死後も残ることは、驚くに価しない。

ヘヨアンはコードには五つの主要なタイプがあると言う。

- 魂コード——魂が、神との原初の結びつき、およびスピリチュアルな世界の自己に存在しているモナドとの結びつきを保つコード。
- 過去生コード——地球またはそれ以外の場所での過去生経験からのコード。
- 遺伝コード——肉体の両親と結びつくことで獲得されるコード。
- 親子間の人間関係コード——両親との人間関係を通して築かれるコード。
- あらゆる人どうしの人間関係コード——その他の人間との関係を通して築かれるコード

魂コードは、人をいつも神や魂の故郷と結びつけている。このコードを通して、人は守護天使や自分のスピリチュアルガイドとも結びついている。

過去生コードは、この人生以前に結びついたことのある人々を思いだすのに役立つ。人に会った時に、昔から知っているという感じを受けることがある。最初は言葉にするのが難しいが、本当のものだと感じられる結びつきを感じる。たがいに同じものが好きだったり、同じ憧憬を抱いていたりするのに気づき、やがてその憧憬を満たすために協力して働いているのだと知る。いっしょに過ごした過去生の断片を思いだすこともあるかもしれないし、完全な記憶が甦ることもあるだろう。

ただしここで過去生現象についての警告を掲げておく。過去生の記憶はとても扱いが難しい。自分がネガティブな行動の言い訳にこれを使っているのに気づいたら、気をつけること。おそらく間違った筋道に入り込んでいる。誰かに対して否定的感情を感じるのを過去生での相手の行ないのせいにしたり、あるいは過去生において自分の方が相手より偉かったと信じたり（たとえば「今は向こうが上の立場だが、過去生では自分の方が上だった」あるいは「今は自分が弟子だが、過去生では自分の方が先生だった」など）、あるいは社会的に許容されない行動（浮気など）を行なう口実に使用したりしているならば、過去生を誤って解釈、援用して、さらにカルマを積み上げていることになる。自分が人生で今なにか問題を抱えているとしたら、まず間違いなく過去生でも同じものを抱えていた。ただこの生においてはそれが昔ほど深刻ではないだけだ。というのはその間に経験したいくつかの転生を通して、いくぶんかは賢明になっているからだ。

過去生コードには地球だけでなく、それ以外の場所で経験した過去生からのものもある。我々は過去に人間として地球に生まれただけでなく、ほかの生命形態としてあるいは宇宙のほかの場所で生きてきた経験も持つ。ある人は今もその結びつきを感じることができる。人々がそのような可能性を意識に受け入れ始めているからだ。多くの人が星を見上げ、それが自分の故郷だと感じる。

遺伝コード

遺伝コードはまず、「受胎が起こる前」に母と子供のハートチャクラの深い部分に結びつけられる。私は、生まれる予定の子供の魂が母になる女性のまわりを漂っているのを見ることがある。このコードを結びつける努力は、転生を希望する魂、つまり子供の方から行なわれる。母親が意識の深いレベルで妊娠を恐れているとハートチャクラの深い部分が開かれず、母と子のきずなを形成できない。このコードで結ばれるまで妊娠は起こらない。これは女性の不妊の一因となる。これが原因で妊娠できない場合、女性は自己の恐れに直面できるよう祈り、瞑想するとよい。やがて恐れが意識の表面にあがってくるのでこれに取り組むことが可能になり、そして自己のハートの深い部分を開くことができるようになるだろう。ハートチャクラがこのように開かれることで胸線が活性化されて、卵巣と下垂体を中心に内分泌系のバランスが整えられ、受胎が可能になる。

これをさらに高い解像度でよく観察すると、母親のハートチャクラから卵子へ、そして父親のハートチャクラから精子へとつながっているコードが見える。卵子と精子がいっしょになると、こうしたコードは両親どうしの間、さらに受胎される子供との間を結ぶ。このように、夫婦は子供を通してもたがいに結びついている。

まず母親のハートチャクラを通して遺伝コードの結びつきができあがると、次にほかのすべてのチャクラを通る遺伝コードが結びつく。こうして、人はすべてのチャクラを通して両親と結びついているし、逆に、親もすべてのチャクラを通して子供たちと結びついている。同じようにして人は兄弟とも結びついている。この結びつきは祖父母、おば、おじ、いとこなどにも及ぶ。さらにすべての血統をたどって、はるか昔の偉大な遺伝的生命の樹へと連なる。偉大な光のコードのネットワークが構成され、すべての人を地球上初の人類へと結びつけている。この偉大な生命のネットワークが存在するのは三次元空間の外である。このようにして人は、地球に生まれたすべての人間と親密に結ばれている。そして同じく、進化論が正しいとすれば、地球に生まれ住んだすべての生命とも結ばれている。こうした最初の誕生時のコードを通して、人はHEF(ヒューマンエネルギーフィールド)レベルの遺伝的な遺産を受け継ぐ。

私はまた、先天的障害、遺伝的な特定の病気への罹患率の高さ、ミアズマ(瘴気)などがある場合、遺伝コードに問題があることに気づいている。たとえば、第四チャクラの遺伝コードに問題を持って生まれた子供は、心臓中壁に欠損を抱えて生まれることがある。

親子間の人間関係コード

親子間の人間関係コードはすべてのチャクラ間に結ばれている。子供が生みの親の元にとどまるかどうかに関わらず結びついたままである。子供が養子に出されると、新しい親子関係コードが新しい両親との間にも築かれる。しかし子供が胎内にいる間、お産の途中とその直後に結ばれた遺伝コードと最初の親子関係コードは残り、これを通して生みの親は子供が成長しても影響を与え続ける。

各チャクラはそれぞれ異なる心理的機能に関係しているが、それぞれのチャクラからのびるコードもそれに対応した機能を持つ。その機能は、人間およびそれ以外の存在との「関係」に関連する。

- 第一チャクラからのコードは大地深くへものびており、この肉体の中で地球とまたほかの人間と関係を持って生きてゆくという意志の安定性に関係する。
- 第二チャクラからのびるコードは、官能と性的関係において生の豊かさを楽しむことに関係する。
- 第三チャクラからのびるコードは、人間関係において明晰で適切な形で自己と他人のケアをすることに関係する。
- 第四チャクラからのびるコードは、人間関係において愛することおよび愛と意志の精妙なバランスに関係する［訳注：第四チャクラは体の前と後ろにあり、体の前にあるものは愛に、体の背中側にあるものは意志に対応する。その両者のバランスを意味する。たいていの人はどちらか一方が開いていて他方があまり機能していない］。
- 第五チャクラからのびるコードは、人間関係に働く高い意志への確かな信頼に関係する。また音、言葉、音楽、シンボルを介した誠実なコミュニケーションにおける発信や受信に関係する。

・第六チャクラからのびるコードは、考えを交換し刺激しあうなかでさらに高いコンセプトをみつけると得られる陶酔感に関係する。この時、その相手に対する無条件の愛を経験する。また、愛する者を美しい光と愛の存在として認めることのできる喜びに関係する。さらに、スピリチュアルな視点に拠って愛することのできる能力にも関係する。キリストや釈迦のような多くの信仰に生きた人物が行なったことだ。

・第七チャクラからのびるコードは、より高い精神的領域とも結びついており、神、宇宙、ほかの人間との関係において、神の神聖な理性の内に存在することができる力に関係する。また他者との関係の内に存在する完璧なパターンを理解する能力に関係する。さらに、関係を結ぶなかで物質世界とスピリチュアルな世界を統合する能力にも関係する。

こうしたコードの状態は、各人の親との関係について物語る。子供が成長の段階を経て成熟するにつれ、コードもまた成熟してゆく。人間関係について新たに学ぶたびに、より強く弾力的になってゆく。コードは、その子供が築いてゆく人間関係の性質を反映する。また人間関係がどのように確立されているか、それが健全なものであるかどうかを反映する。子供の時につくられたパターンは一生を通して繰り返され、健全な人間関係を結ぶ能力に影響する。母親との関係はすべての女性との関係の原型となり、父親との関係はすべての男性との関係の原型となる。これが、親しい人間関係においては、両親との関係とよく似た関係を創りだしがちな理由の一つだ。

チャクラの左側から出るコードはつねに女性に、右側のコードはつねに男性に結びつく。つまりチャクラのどちら側に問題があるかを知ることで、ヒーラーは即座にその問題のそもそもの原因が父親との関係にあるのか母親との関係にあるのかをみわけることができる。現在の人間関係上の問題が、たとえば自分の子供、あるいは友人や同僚との間で起こっているものであったとしても、その原型は問題を経験している相手と同じ性の親との関係にある［訳注：たとえば妻、女性の友人、同僚、恋人との関係の原型は子供の頃の母親との関係にあり、夫、男性の友人、同僚、恋人との関係は父親との関係が原型となっている。これは自己の性別には関係ない］。

人間関係を結ぶたびに新しいコードを創ることになる。このコードは関係が変化し成長するにつれて変化し成長する。コードがチャクラ間を結べるのは、双方が同意している場合に限られる。不健康にもつれた関係も、独立した個人どうしの健全な関係も、たがいの合意のもとに結ばれているのだ。その関係が満ち足りて強固なものであるほど、コードもエネルギーに満ちて強いものになる。同一の関係においてコミュニケーションが頻繁になされれば、さらに多数のコードが結ばれる。またたくさんの人間関係を経験するほど、さらに多数のコードが創りだされる。

コードの状態は、対応する人間関係の性質と結びつきの状態を示す。あるものは健全で、あるものはあまり健全ではない。独立した個人どうしの健全な関係では、コードは明るく、生き生きと脈動し、柔軟だ。親密さや相互の信頼と理解を維持する役に立ち、同時に関係を自由で柔軟なものにする。

たがいに不健康に影響を与えあっているような人間関係では、コードは暗く、不健康で、停滞しており、重くてぬらぬらしている。あるいは、硬くて光がなく、もろい。このようなコードは関係を過度に影響されやすいものにして、柔軟性と独自性を排除するよう働く。不健康なコードで誰かに縛りつけられているとそれだけ、自然な行動ではなく習慣的パターンで対応する可能性が高くなる。

不健康な関係では人はコードを誤用する。関係を停滞させたり、変化を妨げたり、つきあいを緩慢で退屈なものにとどめるのに使う。このようなコードは太く、濃く、重く、どんよりとしており、二人の関係は押さえつけられた苛立ちや怒りにはまりこんでいるだろう。一方が相手からこっそりなにかを得ようとしている、たとえば面倒をみてもらおうとしていながらそれを認めようとしない場合、長いべとべとする触手のようなコードを繰りだす。これが相手の第三チャクラにとりつき、エネルギーを吸い取る。あるいは相手にからみついたり、鉤のようにひっかかったりして、支配しようとする。もろくて硬い柔軟性のないコード、エネルギー不足で弱く薄いコードはそれぞれ、関係がそのような性質であることを示す。

人間関係が健康的になってくると、コードは明るくなり、エネルギーがチャージされる。柔軟で弾力的になる。健全な人間関係であれば、コードはさまざまな美しい色に彩られてとても美しい。

以上述べてきたように、各チャクラからコードがのびており、コードはそれぞれ特定の領域における他者との関係を示す。その領域において誰かと人生の経験を共にするたびに、新しいコードが育つ。誰かと七つのチャクラすべての領域において関係を持てば、コードは七つのチャクラ全部を結びつけるようにのばされる。長期にわたる親密な関係ではたくさんのコードが築き上げられ、全チャクラを通して二人を結んでいる。このようにして人は深く親密な関係を築き、精神的に結ばれる。相手が地上のどこにいても、最後に会ったのがどれだけ前であっても関係ない。たとえば母親は、子供がどこにいても、最後に子供に会った時からどれだけ経っていようとも、子供のことがわかるものである。

人生のトラウマとコード

人生で最も苦痛を感じる経験の一つは、遺棄、離婚、死などによって愛する人を失うことだ。コードはたいていひどい損傷をこうした経験から受ける。このような経験をしたある人の体の前面にあるチャクラがすべて裂けて開き、コードが宙に漂っているのを私は見たことがある。このようなトラウマ（精神的外傷）の経験は、「引き裂かれる思い」、「自分の大切な半分が欠けている感じ」などと表現される。多くの人は混乱し、どうしたらよいかわからなくなる。

紛糾した離婚の場合、別れたがっている方はできるだけ多くのコードを引きちぎって去ろうとするため、相手を困惑に陥れると同時に自分のＨＥＦ（ヒューマンエネルギーフィールド）にも多大な苦痛と荒廃を創りだす。こうなると、双方が苦しみ、人生の多くの領域が自分から切り離されてしまったように感じる。そのような領域はそれまでずっと配偶者と深く分かちあってきたものだからだ。損傷を受けたコードには長年の二人の関係のコードのみならず夫婦がいっしょに行なってきたさまざまな活動に関係するコードも含まれる。このような無理なやり方で離婚した人はしばしば、強烈な行動によってもたらされた痛手の反動から新しい恋愛関係に入って、痛手を癒そうとする。不幸なことに、えてして前の配偶者と同じような相手と同じようなネガティブな関係をふたたび築くことになる。人間関係コードを癒していないからだ。無理な離婚によって多くのコードが損傷を受けると、長く結婚していた夫婦の場合には、双方が新しい生活を軌道にのせることができるようになるまでに少なくとも五年、時には七年もかかるのを私はみている。その期間はコードの損傷とそれが癒えた程度によりかかわる。もちろん、コードを直接ヒーリングできるヒーラーならその期間を非常に短縮できる。

このような現象に関して人々が理解していないことは、どのような別れにおいても、あるコードは消滅するがそのほかのコードは残るということだ。一方のパートナーが去ると残された方になにが起きるかは、その人がどれだけその別れに対して心の準備があり、どれだけ旧来の不健全な関係を手放すことができるかによる。不健康なコードは変化に抵抗して現状を維持しようとし、健康なコードはかわるにまかせる。健康なコードは、二人の間になにが起きても結びついたままである。いったん二人の人間が愛しあったら愛はつねに残るのであり、その愛のコードも残るのである。

コードの異常

第一チャクラのコードの異常

第一チャクラからのコードは大地深くへものびており、この肉体の中で地球とまたほかの人間と関係を持って生きてゆくという意志の安定性に関係する。

このコードの発達が不全であったり損傷を受けていたりする理由のうち、私がこれまでみてきた主なものは以下のとおりである。

- 子供の魂が肉体に生まれるのをためらった。
- 出産時の外傷によって大地と結びつく能力が損なわれた。
- 幼い頃の環境が肉体にとって苛酷であったために、大地と結びつく能力が阻害されて大地の奥へのびるコードが正常に発育しなかった。
- 幼い頃に生命の危険を感じるような肉体的虐待に遭い、肉体を去ろうとして大地につながるコードを外した。
- 両親が大地と結びついていなかったので、子供はそれを真似た。
- 事故で尾骨が損傷し、第一チャクラの内部とコードが損傷した。

第一チャクラのコードが損傷を受けると、物質世界に生きて活動する意志に問題が生じる。大地へのグラウンディングが難しくなり、肉体レベルで他人と結びつくことも難しい。たとえばスポーツやエクササイズ、自然や大地の恵みを楽しむことができない。この損傷による主な障害は、グラウンディングができないことと密度の濃い大地のエネルギーを吸収できないことだ。したがってＨＥＦ（ヒューマンエネルギーフィールド）全体が弱くて激しい肉体活動を維持できず、結果として肉体自体も弱い。

この場合、大地との結びつきが欠けているせいで、物質世界で生きること自体に対する非常な恐怖がある。たとえば肉体の中にいること自体が恐ろしい。これは、自分が敵意に満ちたまわりの物質世界から孤立していると感じることからくる。このような人は、肉体という苦しい檻に閉じ込められているように感じる。恐ろしく苦痛に満ちた拷問、なにか自分が過去にしでかした罪への罰であると感じる。そしてその罪がなんであるのかみつけようとする。それを償うことができさえすればこの苦しみから解放されると考えるのだ。決して身の安全を感じることがない。

このような人は、メディテーションによってエネルギー意識体をできるだけ頭頂に集めると、安全なな逃避先にいるように感じられるかもしれない。もちろん常時そんな状態でいることはできないし、そして残念ながらこれは最も悪い対処法なのだ。というのは大地と結びつくコードを弱めるだけだからだ。長期的にみれば、メディテーションはこのような人が物質世界に対処するのをいっそう難しくする。

第一チャクラのコードが損傷を受けているとよく患う病気

実際、このコードが弱まるとＨＥＦと肉体も弱まる。最終的には、すべての病気は直接ないし間接的にこのコードに関係している。このコードの弱さは最初に肉体エネルギーの欠如として現れ、次におそらく副腎に現れる。やがてガン、エイズ、慢性関節リュウマチのような自己免疫疾患にかかるかもしれない。通常、病気がどのような形をとるかはほかのチャクラとコードの状態が大きく関係している。

ヒーリングの例とその効果

私が第一チャクラのコードに最もよく行なったヒーリングは多分、尾骨を骨折した人、あるいは幼い頃のトラウマにより大地から切り離された人に対するものだろう。ヒーラーとして働いていた間、私はしばしば患者の第一チャクラを再形成し、新しいコードを大地の奥深くまでつなげた。このようなヒーリングは、免疫系の再活性化、肉体の強化や肉体エネルギーの倍増などをもたらす。特に覚えているのは、エプスタイン＝バー・ウィルスに感染して回復できないでいたある女性の患者である。彼女の第一、第二、第三チャクラは正常に機能していなかった。ほかのヒーラーにかかっていたが、そのヒーラーは第三チャクラだけを治療し続けていた。それはある程度まで助けにはなったが、病状は定期的に再発した。私が第二チャクラと特に第一チャクラを修復してコードを大地の深くにまで結びつけると、患者は完全に回復し、再発することはなかった。

第二チャクラのコードの異常

このチャクラからのびるコードは、官能と性的関係において生の豊かさを楽しむことに関係する。自己の官能とセクシャリティへの関わりがすっきりしているほど、健康なコードが創られる。また夫婦や恋人間で性的に相性がよいほど、性関係は充実し、コードもより健康で強く美しい。このコードの異常はすべて人生のこうした領域における問題として経験される。あるいは自己の官能とセクシャリティに問題を感じていれば、性関係のある相手と第二チャクラどうしの間に築くコードにもその問題が現れる。

誰かと性関係を持つたびにさらにコードが創りだされ、それは残りの人生を通しその相手と結びついたまま残る。時にこれは、多くの相手と性関係を持つ人に混乱を引き起こす。そういった関係が健全なものでない場合は特にあてはまる。そのコードを浄化しきれいにすることで、結びつきのポジティブな面を残しネガティブな面を癒すことはできるが、結びつきが完全に消えてしまうことはない。

このコードの発達が不全であったり損傷を受けていたりする理由のうち、私がこれまでみてきた主なものは以下のとおりだ。

- 過去生で官能やセクシャリティに問題があり、それをこの生に持ち越してきた。
- 子供の頃に育った環境で、官能やセクシャリティが全般的に無視されていたか、卑しいものとみなされていた。
- 子供の頃、官能やセクシャリティを表現することを両親または身近な大人によって露骨に拒絶された。
- 子供時代に性的虐待を受けた。
- レイプまたは性的凌辱を受けた（相手は異性であることも同性であることもある）。
- 幼い頃に性器に乱暴な医療処置を施された。
- 性交渉の相手から不当に扱われた。

第二チャクラのコードが損傷を受けているとよく患う病気

私がみてきた第二チャクラのコードの損傷が引き起こす問題には以下のようなものがある。

- 性的虐待からくるセクシャリティの抑圧

・変態嗜好（あらゆるタイプの性的虐待から）
・不感症
・不妊
・特定の相手に対する性的不能
・前立腺ガン
・膣の感染症
・膣ガン
・卵巣の感染症
・骨盤炎症
・同性から繰り返しレイプされたことによる同性愛嗜好

ただし最後の項目は同性愛自体が病気であることを意味するのではない。ヘヨアンはこう言う。

「人はたいてい人生の使命を持って生まれてくるのであり、肉体を含むすべての物質的要素はその使命に最も役立つように選ばれています。その際、男性でも女性でも、異性に対して性的魅力を感じないような肉体を選択することがままあり、その理由は単に、そのような人生経験をその個人の特定の人生においては必要としなかったからです。スピリチュアルな世界の方から、人がどのように自己のセクシャリティを表現するかについてこうでなければならないと判断することはないのであって、目指すべきゴールはセクシャリティを愛と真実と知恵と勇気を込めて表現することです。

同性愛には二通りあります。自由な選択により人生環境を創りだした結果として到るものと、過去のカルマから引き起こされたトラウマに起因するものです。(ここで、カルマとは罰ではないことを忘れてはなりません。むしろ過去の行動からはね返ってくる影響なのです。あらゆる行動は原因となってある結果を引き起こし、それはやがて自己に返ってきます。時にはそれまでにいくつかの転生を経ることもあります)。ある意味で、「どちらの同性愛も同じです。というのはどちらも人生の使命を成就するのに必要な環境を創りだすからです。二番目の場合、トラウマにはヒーリングが必要ですが、それはヒーリングを行なえば自動的に異性愛に転じるという意味ではありません。そうではなく、ゴールはその個人が自己の全体性に達することです」。

なおここで指摘しておかねばならないが、コードの損傷のみがHEF(ヒューマンエネルギーフィールド)におけるこうした問題の唯一ないし一般的原因というわけではない。ただ、ここでは、コードが受けた損傷が主な原因となっている問題を抱えていた患者の例を挙げる。

ヒーリングの例とその効果

いくつかのケースで私は、内分泌系の通路をHEFレベルで再調整することで、女性の不妊の治療に成功している。また時には、過去の不健全な性関係からのコードがチャクラに埋まり込んでいて、現在性関係のある相手との間に健康なコードを結ぶことができないでいる場合もある。この場合にはまず古いコードを浄化しきれいにしたあとでなくては、新しく適切なコードを結ぶことはできない。現在の性関係のコードによる結びつきが修復されれば妊娠が可能になる。二人がともにヒーリングに協力的である時には多くの成功例があるのを私はみている。

一方、どちらかが協力的でなく、かつ両者がヒーリングを必要としている場合には、コードを結びつけてもうまくゆかない。たとえば、ある女性が不妊の治療にヒーリングにやってきた。彼女のＨＥＦは内分泌系のバランスが大変乱れ、エネルギーの通路にあちこちつながっていない部分があった。三回ほどのヒーリングでそれはすべて正常になり、患者は妊娠する準備ができた。

最後のセッションの終りに夫が迎えにやってきた。彼はヒーリング室にしばらくいたので、二人の第二チャクラどうしをつなぐコードが結びついていないのが見えた。私はそのコードを結びつけようとし始めた。しかし、彼のＨＥＦ、特に性器のあたりにはもっとこみいったヒーリングが必要なのがわかった。第一チャクラと第二チャクラ内部に深い傷があった。また彼の精子は非常に弱く、うまく卵子に入ることができないのもわかった。残念ながら彼は非常に疑い深くてヒーリングに少々敵意を持っており、関わりたがらなかった。本人がヒーリングを望まなかったので、私にできることはなにもなかった。私にわかったのは、病院でテストを受ければ精子の数が少ないのがみつかるということだった。

のちに、友人を通して、この夫婦は人工受精を試したがそれもうまくゆかなかったと聞いた。夫側のＨＥＦと肉体の弱さのためだ。私はこういった状況に出会うといつもとても悲しくなった。黙っているべきではなかったのかもしれない。猜疑心の溝に橋を掛けることができたかもしれない。しかし私は、本人の意見と選択を尊重する方をとった。

第三チャクラのコードの異常

第三チャクラからのびるコードは、人間関係において明晰で適切な形で自己と他人のケアをすることに関係する。子供の面倒をみるということは、入浴させる、着替えさせる、食事を与える、おやすみ前に物語を読んで聞かせる、寝かしつけるなど子供のあらゆるニーズを満たすために、必要な時にはつねに子供のそばにいてやることを意味する。子供をとても愛しているのに具体的にどう面倒をみたらよいのかを知らない親も最近はみられる一方、逆に、愛情は薄いのだが子供の面倒をみることはうまい親もいる。

人間関係のトラウマの中で、第三チャクラのコードはしばしばひどく損傷を受ける。通常このトラウマは、親からの親密な接触や慈しみに満ちた面倒見の欠如、あるいは逆に過度の支配からくる。いずれの場合も子供のリアクションは、自分と親の第三チャクラどうしを結ぶコードをちぎることである。慈しみの欠如からきたトラウマであれば、ちぎれたコードの先端は、そのコードをつなぐべき誰かを探すかのように宙に漂っている。過剰な支配からきたトラウマであれば、先端は本人の第三チャクラの中に埋め込まれる。これは子供が自己を保護する手段であるように思われる。コードを通して他人が自分を支配しようとするのを防いでいるのだろう。このようなトラウマを持つ人は、たいてい同じトラウマを、成長し人生を通り抜ける中で出会う別の人間関係でも経験する。

時間が経つうちにこのようなコードはもつれて第三チャクラの深くに埋め込まれ、このチャクラの機能を損なう。長期的にながめると以下のように進行する。

1　まず過度に支配的な親が非常に支配的なコードを子供の中へのばす。
2　子供は逃げようとしてそうしたコードをちぎる。
3　次に子供は自己との関係において混乱し、子供のコードはその子の第三チャクラの中でもつれる。
4　子供は他人とうまく結びつきを持つことができなくなる。コードが他人と結びつくには不健康すぎるものになってしまったからだ。

この過程を経験した人は両親と結びつきを持てず、ほかの人々とも結びつくのに困難を覚えながら生きている。両親は決して本当の自分を認めてくれなかった、理解してくれなかったと感じている。おそらく両親に対して非常な怒りを持ち、両親も自分と同じように人生を歩んでいる人間なのだと認めることができないだろう。

訓練されたヒーラーによるヒーリングでは、このようなコードを引っぱりだし、もつれを解いて浄化した後に健康な状態でふたたびつなぐことができる。ヒーリング後のコードは、患者が健全な人間関係を築く準備ができていれば、そのまま健康な状態を維持できる。一方、その準備ができていなければ、ネガティブな人間関係を通して再度損傷を受けることもある。しかしそうなる可能性は以前より少ない。というのは、いったんヒーリングを受けて健康なコードの感触を経験すると、健全な人間関係とはどのようなものかという手応えがわかるからだ。おそらくそれ以前の人生では、健全な人間関係の感触というものを経験したことはなかったはずだ。

第三チャクラのコードが損傷を受けているとよく患う病気

最も一般的なものは第三チャクラ周辺の臓器の病気だ。チャクラの左側から出ているコードが折れていたり埋もれていたりするそもそもの原因は幼い頃の母親との関係にあり、低血糖症、糖尿病、膵臓ガン、消化不良、胃潰瘍などを引き起こす。

右側のコードが折れたり埋もれていたりするのは父親との関係に起因し、肝臓の機能低下や感染症、肝臓ガンなどを引き起こす。

ヒーリングの例とその効果

あるワークショップでヒーリングの実演をするにあたって、私はキャリーというヒーリングスクールの学生を選んだ。キャリーは長身で細身の美しい若い女性で、ボストンから来ていた。一年間のクラスを通してずっととても無口だったので、彼女がもっと自分自身を出せるようになるようヒーリングを行なうことにしたのだ。彼女の場合、コードが第三チャクラ深くに埋まっているのが見えた。コードの一方の端は第三チャクラ内部の中心部と結びつき、母親と結ばれているべきもう一方の端もチャクラ内に埋まっていた。私は埋もれたコードをチャクラの左側から浄化し、母親の第三チャクラの左側につなげた［訳注：この場合、母親はその場にいる必要はない］。埋もれてもつれていたコードの束の先端を引っぱりだした時、彼女は深呼吸し、背のびをした。自分の体に新たに感じられた空間を表現したのだ。

次にコードを浄化し、その後、漂っているコードの先端を彼女自身の第三チャクラからハラレベルを通してコアスター深くにつないだ。つまりコードをキャリーの存在のコア（核）深くに改めて結びつけたのだ。このコードは面倒見関係を示しており、これでキャリーの自分自身および他者へのケアは自分の存在のコアから発するようになる。

次に残りのコードを母親の第三チャクラの左側につなぎ直した。母親は物理的にその場にいたわけではないので、これは遠隔ヒーリングと同じ形で行なわれた。これでキャリーはまったく新たな母親とのきずなを得た。

このタイプのヒーリングの結果は驚くべきものだ。私がヒーリングを行なった人たちの結果はたいてい同じようなものだった。人間関係が劇的にかわるのだ。通常、ヒーリングが終わる頃には、親に対してこれまでと違う態度で接することができるようになったと感じる。そして自分自身がどんなにかわったか、さらに親までどんなにかわったかに気づいて驚かされることになる。

キャリーの場合、彼女の母親との関係が変化しただけでなく、母親の彼女に対する接し方もかわった。

ヒーリング後に最初に母親に会った時、母親は彼女を喜んで迎え、キャリーがいつも母に望んでいた形で彼女を認めてくれた。母から切り離されていると長年感じていたのが、母がついに自分を母が望むような自分ではなく、ありのままの自分としてみてくれていると感じた。以来、二人の関係は発展し続けている。

人間関係のもつれの原因は、時にコードのねじれた結びつきにある。HEF（ヒューマンエネルギーフィールド）が示していることは往々にして、患者が問題の原因だと考えるものと正反対である。ある患者が問題は父親との関係からきているとずっと考えていたとしても、実際にははじめから母親との関係からきていたりする。多くの女性は男性との関係に問題を抱え、その関係から自分が必要とするものを得ていないと感じている。しかし彼女たちのHEFを見ると、第三チャクラの左側のコードがちぎれてもつれており、問題の根は母親との関係にあったことがわかる。

たとえばジョイスという患者は、幼い頃に自分が必要なものを母親から得られなかった。これは非常に苦痛で恐ろしい経験だった。子供の視点からみれば母親は生命を与え維持する存在であり、その母親が自己のニーズを満たしてくれないのは生命を脅かすことに思えたのだ。この脅威を感じないようにするために、第三チャクラから出て母親と結びついていたコードを引きちぎり、母親から受け取る必要のあったものを父親に求め始めた。こうして彼女のすべてのニーズは、第三チャクラから父親に結びつけられたコードを通して求められることになった。父親はできる限りのことをしてくれたが、しょせん母親にはなれない。

後にも、同じ関係が再現される。大人になったジョイスは、男性に母親がするような形で自分の面倒をみてもらおうとする。しかし決してうまくゆかない。それで彼女は「自分は男性関係に問題がある」と感じる。確かにそうにはちがいないので、セラピーでそのことに取り組む。「男性から自己のニーズを満たしてもらうことを学ぶため」というきわめて論理的理由で、彼女は男性のセラピストを選ぶ。この時点では女性との関係に大きな問題は経験していない。というのは女性に対してはそもそもあまり期待しないからで、なにかを受け取るために女性のところへ行くことは、それがたとえヒーリングやセラピーであっても、まずない。

こうした状況が続くと、ジョイスの状態は一見よくなっているようでも、実際には決してあまりよくならない。セラピストに感情転移した状態にとどまり、「よい子」であり続け、さらによい子になろうとさえする［訳注：感情の転移現象を通して、男性セラピストを無意識のうちに自分を可愛がってくれた父親と同一視するのである］。男性セラピストを畏敬し、褒めちぎり、彼のためならなんでもする。困ったことに、時にはセラピストの方も無意識にこれを楽しんでいて、なにが起きているのかの全体像をつかんでいなかったりする。

賢明なヒーラーには、女性の患者が女性との関係に取り組むなら、女性のセラピストないし心理療法の訓練を受けている女性ヒーラー（もしくは双方）のところへ行かなくては問題を癒すことができないとわかっている。母親との結びつきを断ち切った時に同時に自己から切り離した実存的恐怖に直面しなければならないのだ。それを経てはじめて、人生において女性はたくさんのことを与えてくれることができるし、自分が男性に求め続けているニーズの多くは男性によっては満たされないのだと理解し始める。ヒーラーはちぎられた母親とのコードのもつれを解き、修復してふたたびつなぐことができる。これは母親との関係を劇的に変化させ、関係はそれが凍りついた過去の時点から改めて育ち始める。

私がグレイスというヒーリングスクールの一年生にヒーリングの実演をした時、親子コードの浄化がどれほど強力な効果を持つかが示された。グレイスのケースでは、第一チャクラのコード、それから第三チャクラのコードをヒーリングした。それから六箇月して、ハート（第四）チャクラをヒーリングする時がきた。これは、ヒーリングの過程はしかるべき段階を経て進行してゆくことをよく示している。グレイスは細身で金髪、物静かな優しい性格で、設計事務所で財務管理と帳簿整理の仕事をしていた。ヒーリングは四十五分ほど続いた。

まず第一チャクラを開き、コードを大地深くにグラウンディングさせた。それから左足のエーテル体（第一レベル）を再形成した。私のＨＳＰ（超感覚的知覚）によればそうする必要があった（あとでグレイスはそちらの足の方が弱かったとコメントした）。それから左足を上る膀胱系の経絡を浄化し、次に第二チャクラを浄化し再形成した。

それから残りの時間のほとんどを第三チャクラに費やした。コードは非常に傷んでいた。もつれをほどき、浄化した。あるものは非常に奥深くに入り込んで、ＶＰＣ（バーティカルパワーカレント、垂直パワー流）に巻きついていた。スピリチュアルガイドたちが古いコードをとりだして新しいものをつけ直したが、私はそれまでそんなことはみたことがなかった。ガイドたちは第三チャクラに補綴用のパーツをはめたが、ちょうどバドミントンのシャトルのように見えた。ガイドたちはこれは三箇月で溶けてなくなると言った。

六箇月後、私はグレイスと電話で話し、ヒーリングの結果について訊いた。以下は彼女の答である。

「コードにヒーリングを受けてから、両親との関係はかわりました。あのヒーリングのあと第一チャクラはとてもオープンで、これまでになくグラウンディングできるようになりました。家に帰ると母が私を抱きしめ、愛情溢れる目でみつめました。そんなことはこれまでなかったんです。母の私に対する愛はすごくかわりました。母は以前は決して愛情をあからさまに表現することはなかったのですが、その週末はずっと私と過ごしたがりました。私は草の上に座り、母は庭仕事をしながらヒーリングについて質問し続けました。私に対して、これまでになく心を開いてくれました。

同じことは父についても起こり、とても深い愛を感じるようになりました。父は自己表現というものをしない人ですが、それもかわりました。夏の間中こうした変化を感じていましたが、一つには私自身、これまでほど防衛的にふるまわなくなったせいもあると思います。私も両親の感情を刺激せず、両親も私の感情を刺激しませんでした。それから、これまでたがいの間にあった親密さと感じられたものの多くは、実際にはおたがいの感情を刺激しあうパターンであったことに気づきました。コードの新しい結びつきのおかげで、夏中、このパターンはもう完全になくなったと感じられました。

チャクラは五箇月ほど安定していましたが、十二月になってまたゆらぎ始めています。デスクワークが多くて、非常なプレッシャーもあったりしたものですから。エクササイズもしていないんです」。

グレイスはまた、第三チャクラがふたたびゆらぎ始めてから両親との関係もいくぶん「冬眠状態」になっていると言った。ヒーリングの前ほどではないが、それでも表立って愛を表現することがずっと少なくなっていた。

それで私はグレイスを電話を通してリーディングした。第一チャクラはヒーリング直後ほどオープンではないが、以前よりずっと強くなっていた。第三チャクラはいくぶんゆらぎをみせていたが、それは中心部に詰まった暗赤色のエネルギーが停滞しているせいだった。私は彼女にそれを自分でヒーリングする方法をいくつか教えた。また両親との関係がさらに深まりつつあったので、グレイスは彼女と両親を結んでいるハートチャクラのコードを浄化、修復し、強いものにする必要があった。彼女はこれを実行し、両親との関係はいっそう深いレベルの親密さを持つようになった。

第四チャクラのコードの異常

第四（ハート）チャクラからのびるコードは、人間関係において愛することおよび愛と意志の精妙なバランスに関係する［訳注：64ページ参照］。ハートチャクラ間を結ぶコードは「心の琴線」と呼ばれる。私が治療してきたほとんどの人は、このコードになんらかの問題があった。第四チャクラのコードは不健全な愛情関係を経験すると損傷を受ける。不健康なパターンは子供時代に始まり、成長の過程を通じて繰り返される。その問題はどんなものであれ、トラウマが繰り返されるたびに大きくなってゆく。

第四チャクラのコードが損傷を受けているとよく患う病気

第四チャクラが損傷を受ける最も一般的な原因は、私がみてきた患者や学生の中では、恋愛関係で傷つけられることだ。それが原因で引き起こされる病気は、心臓痛、心悸亢進、心房細動、心臓組織への損傷などで、やがて心臓発作を起こすこともある。

ヒーリングの例とその効果

一九九一年の夏、私は入門ワークショップのある参加者に、上級ヒーリング技術の実演を行なわせてくれるかどうか訊ね、彼女は同意した。ワークショップを始めてまもなく、私は彼女のハート（第四）チャクラと亡くなった父親のハートチャクラを結んでいるコードが非常に傷んでいるのに気づいた。ほとんどはチャクラの奥深くでからまり、一部は先がちぎれて宙に浮いていた。また過去生の経験が残した感情思考体がいくつかハートチャクラに残っているのも見えた。そのためハートチャクラは均等な時計まわりの動きができずにふらふら揺れていた。

エスターは彼女の選んだ仮名で、聖書の登場人物エステルにちなむ。エスターは中西部に住み、弁護士でフリーのライターでもあった。

一九七六年、法律学校在学中にエスターは僧房弁に異常があると診断された。医師によれば軽い異常なので日常生活に支障がない限り薬は飲まなくてもよいとのことだった。今から二年ほど前、激しい運動をやり始めたところ問題が出てきた。エスターはこう説明する。

「心臓がおかしなふうに打ちだして、三十分以上止まりませんでした。それから心臓の専門家のところに行くと『これは僧房弁の異常ではなく心房細動です』と診断され、体の向きによって起きる珍しいタイプであると言われました。左側を下にして横になると起きるんです。症状は二つあって、脈が速くなることと、時々脈が飛ぶことでした。医師はラノキシンを処方しました。心臓の打ち方に異常があると、塞栓症から心臓発作が起こるかもしれないので、そのリスクを防ぐためでした」。

エスターのヒーリングでは、大部分の時間をハートチャクラに使った。まず停滞していたエネルギーを浄化した。それから傷んだコードを引っぱりだしてもつれをほどき、浄化とチャージをして強め、父親のハートチャクラにつなげた。それが終わると、過去生から残っていたものがHEF（ヒューマンエネルギーフィールド）第四レベルとハートチャクラに形をとり始めた。私は長く鋭い槍状の物体を彼女の心臓の左側からとりだした。HSP（超感覚的知覚）で見ると、彼女はある過去生で揉め事から裏切られて突き殺されたようだ。また二つの非常に重く厚い盾が心臓を覆っており、これは古代の女神信仰の時代にそこに置かれたものだった。その時代、巫女になるためには、人生を女神に捧げ男性といっさい関係を持たないと誓う必要があった。盾には古代の文字が刻まれていた。このような盾は儀式を行なってハートの上に置かれ、巫女が男と恋に陥るのを防ぐ役割をした。それをとりだすと、続いて中世の鎧のように見えるものも外すことができた。

このような過去生からのオブジェクト（物体）はHEF内に未解決の感情思考体として残り、現在の生に影響を与え続ける。エスターには槍の影響で心が裏切られるのではないかと心配する傾向があり、また盾のせいで男性と関係を持つのをためらいがちだった。鎧はジャンヌ・ダルクと受難に対する強い精神的な結びつきを示していた。

こうしたオブジェクトがとり除かれると、すばらしい光がエスターの胸から顕れた。患者の胸がこれほど美しい光を放つのを見たことはそれまでなかった。ヒーリングのあと、エスターは薬をやめてよいかと訊いた。私はいくつかの理由で「ノー」と答えた。第一に私には「やめてよい」と言う権限はない。それは医師が決めることだ。次に、私はヒーラーとしてもう仕事をしていなかったので、彼女の病状のフォローアップをするつもりはなかった。あとからわかったのだが、エスターは結局自分の判断で薬をやめていた。

五箇月後、私は彼女のヒーリングの経験について、またその後どんなことが起こっているかについて訊ねた。

エスター「いちばんはっきり覚えているのは、盾が外されるにつれて体が軽くなっていくのを感じたことです。それまで重いという感覚は意識していなかったんですけれど。ジャンヌ・ダルクとの結びつきという指摘で腑に落ちることがたくさんありました。なぜって私には大義のために自分を受難に追い込む傾向があったから。友達もみんな私のことを、真剣に社会問題に取り組んでいると言ってくれるでしょう。いろいろな大義のために活発に活動しているんですが、時にはちょっと一歩下がってみる必要があるほど、ものごとに激しく巻き込まれすぎる。共依存症的と言えるかもしれません［訳注：共依存症は他者に対する過度の責任感という症状を呈することがあるとされる］。わざと自分をそんな状況に放り込んで、自分の状態を悪化させる時もあるんです。私は平和活動家で、弁護士でもあり、民権関係の裁判に積極的に関わっていました。引き受けるケースはほとんど不利なものばかりで、特に仕事場でセクシャルハラスメントや性差別を受けた女性が依頼人のことが多かった。アニタ・ヒルのような人ですね。私はフェミニストなんです。

あのヒーリングのあと、心臓の問題は九十五パーセントなくなりました。まだ時々、ちょっと、心房細動というんじゃないんだけど、脈が飛ぶことがあります。そうなった時には右手をハートチャクラに当て、時計まわりに回転させるんです。そうするとエネルギーフィールド（HEF）が調節されるみたいです。チャクラがふらふらしていると言われたのを思いだして、それを想像しながら、落ち着かせ、正常な時計まわりのパターンにもどします。あまり頻繁に起こるわけじゃないんですが、でも時々起こります。問題はそれだけです。

私は二週間近くかけて心臓薬を少しずつ減らし、二週間後にはすっかりやめました。いちばんうれしかったのは、診断を受けてから数箇月は、薬を服用していた時でも、左を下にして横になることができなかったのが、ヒーリングのあとではできるようになったこと。最初は心臓が戸惑っているようだったけれど、じきに慣れて正常になり、今もそのままです。体の左を下にすると心臓が、ほんの三秒か四秒の間ですが、そんな時にはどういうふうにしていたかを思いだしているみたい。でもすぐ終わります。ほかにどう表現したらいいかわからないわ、ちょっと変だけれど」。

バーバラ「それは、その間あなたが心臓といっしょにいるということよ。あなたの意識を心臓のところにもっていっているのでしょう。そうして新しいパターンを心臓に与えてやっているのね」。

エスター「そうです。心臓といっしょにそこにいるんです。そして心臓に、もう私のことでおかしくなる必要はないのよと安心させてやっている感じかしら。これが効くんです。

とってもうれしかったのは、ある朝目が覚めて、左を下にして寝ているのに気づいた時。つまり夜寝ている間に寝返りをうったのに、心拍が飛ばなかったの。それまでは心拍が飛ぶとすぐに目が覚めて、反対に寝返るまですごく嫌な感じだったんです。でも今では寝ている間に左を下にしても朝までまったく大丈夫なんです。ほんとに生まれかわったみたい」。

バーバラ「それはすごいわ！」。

エスター「本当にとってもうれしかったわ。でもちょっぴり不満になってきたのは、こんなすばらしいヒーリングを受けたのだから完全に治っていいはずなのにと感じるからです。まったく完全にどんな症状もなくなってほしかった。それで、しばらくの間はフラストレーションを感じてました、九十五パーセントしかなくなってないって……。だってあんなにすごい奇跡のようなヒーリングを受けて、あなたはまるでシャーマンのように過去生からのいろんなものをとりだしてくれて、あんなに体が軽く感じたのに。ヒーリングの翌日に自分のハートチャクラをダウジングして大きさを測ったんですけど、胸いっぱいに広がっていたんです。とても大きくて、それはすばらしい感じだった。なのにわずかな異常のパターンがまるで幽霊みたいにまだ残っている。夫は私が自分に厳しすぎると言います。多分また私の受難コンプレックスかもしれない。

でも今は、本当にたくさんのことを学びました。感覚的に感じる自分の姿と自分の肉体の姿の関係についても。ＨＥＦはとてもすぐれたコミュニケーションの道具だということについても。それが最大のレッスンです。この経験全体が本当にためになりました。なにより、毎日の生活の中で自分のヒーリングとエネルギーに責任を持つべきだということ。時々、ちゃんと自分のエネルギー管理をしないことがありました。ストレスが積もりすぎたり、疲れすぎてしまったり。そんな時はこの幽霊のようなパターンを感じだす。すると心臓がこう言うんです、『また受難者の真似をやってるぞ。関わりすぎている。熱中しすぎている。巻き込まれすぎてる。もっとペースを落とせ』って。

ワークショップで聞いた、体が教えてくれることや病気が教えてくれることについてのお話は忘れません。そんな体からのメッセージがまだサーモスタットか警報として必要なんだと思います。これで意味が通るかしら?」。

バーバラ「すばらしいわ。それがおそらくその幽霊のようなパターンがまだ残っている理由ね。自分を守るためにあなたにはまだそれが必要だから」。

エスター「ええ」。

バーバラ「そしていつかそれも、なくなるかもしれない。体がもっと微妙な形でメッセージを送るだけで、たとえば休むべきだと感じただけで、自動的に休むことができるようになれば」。

エスター「今はまだ、エネルギーをやたらにまき散らし始めた時に警告してくれるものが必要なんですね。そうすればもうここで立ち止まり、焦点を合わせ直してHEFを中心にもってきて、ハートチャクラのヒーリングに取り組まなくちゃならないとわかる。そのための道具はもう持っているんですもの。

エネルギーをまき散らし始める前に気づくようになるよう努力しています。起こる前に予測できれば、警報は不要になりますから。そうすれば症状もきっと全部なくなると思います」。

バーバラ「お父さんとの関係に変化はあったかしら?」。

エスター「あら、それは面白い質問だわ。あのヒーリングを受けた頃、私は四月に始めた共依存症［訳注：家族に起因する生活・問題解決の機能不全］のセラピーグループに参加していました。初めての経験でしたが、家族関係で幼い頃に経験した問題に取り組み、支えあうものです。そしてあのヒーリングの直後に、それまでで最も重要な問題に取り組むことができました。私の場合、母との関係がよくなく、ずっとその問題について苦闘してきました。でも父のことには触れないできました。父の問題は私には触れるのが怖いような、かっときてしまうものだった。あのヒーリングを受けるまでは、問題をつきめて父に怒りを覚えるなんて勇気がなかったんです。自分が母のせいにしていた問題のあるものは、本当は父が原因だったことに気づきました。それで父の問題は父のものと認めて、母をもっと同情的にみることができるようになりました。アル中で女たらしで自分勝手な父と結婚して、母がどれほど苦しんできたか。そのことについて父をまともにみつめ、それから少し父を許せる気持ちになりました。ですから、ほんと、父との関係は確かに変化したわ！」。

第五チャクラのコードの異常

第五チャクラからのびるコードは、人間関係に働く高い意志への確かな信頼に関係する。また音、言葉、音楽、シンボルを介した誠実なコミュニケーションにおける発信や受信に関係する。コミュニケーションと高い意志の関係は非常に興味深い。喉のチャクラが開いてよく機能している時、人はその瞬間における自己の真実を語ることができる。その真実は自動的に高い意志にかなったものとなる。「はじめに言葉ありき、言葉は神なりき」、すなわち、言葉は形あるものとなった。人が話すことは物質世界において形あるものとなる。たがいを結ぶコードが健康であると、語りあう真実が人間関係にもたらすポジティブなものはその関係の高い意志にかなっている。こうして人は人間関係本来の目的を達成することができる。

第五チャクラのコードが機能していないと、人間関係についての高い意志の真実を語る方法がわからない。関係本来の目的を完遂するのも難しく、関係自体が苦痛なものになる。

すべての人間関係は、なにかを学ぶために結ばれる。その高い意志は必ずそこから学ぶべきことに関係している。ある人間関係は単にカルマを成就させるために結ばれる。カルマとはほかの生から持ち越されてきたまだ学び終えていないレッスンであり、未完了の経験である。過去にあるレッスンを学ぶことを意図しながら完了しなかった場合、別の人生に持ち越される。誕生前に人はライフプラン（人生の計画）を立てるが、それには学ぶべきレッスンを含む主要な人間関係も入っている。両親と家族も選ぶ。では、配偶者もあらかじめ選んでくるのだろうか。ソウルメイト（魂のパートナー）は存在するのだろうか。

ヘヨアンは言う。

「偉大な知恵に満ちたこの宇宙において、特定の学習ないしカルマを完了させ、知恵を学ぼうと望む魂は実に多く、あなたのニーズに合致し、そして実際にあなたと出会える相手もたくさんいます。宇宙は人一人に対し一つの可能性しか与えないほど非能率的ではありません。しかしどのような場合でも、あなたが人生のこの時期における適切なパートナーに出会った時には、それと認めることができるものです。我々の視点からみれば、ある意味では、この時点においてこの惑星上に転生しているあらゆる人々があなたの『ソウルメイト』なのですが、あなたが人生にある大きな目的ないし使命を持って生まれてきている場合、特定の相手をパートナーとして持っている可能性は高いでしょう。そのようなパートナーの人生の使命は、あなたのそれと完全に編みあわされているのです。その意味で、二人はソウルメイトであるといえましょう。ソウルメイトは、エネルギーの振動やエネルギー交換のレベルや結びつきの深さや高い理想がぴったり合うという点から、たがいを認めあいます。またこの瞬間に、またこの先において、自分の本当の姿はどのようなもので、どこへ向かっているのかという点にも、それは反映されます。ひとたびレッスンを学びカルマを終えると、二人の関係はとりあえず静止状態に入るかもしれませんが、しかし人間関係には終りということはないのです。結ばれたきずなは永遠に残るからです。あるいは、その後もともに新しいレッスンを学ぶため、この人生を通していっしょに歩むことを選択する場合もあるでしょう。そうするかどうかはまったく各自の自由です。我々の視点からみれば、別れというものは存在しないのです。

別の視点からみてみましょう。これまでの過去生において何度いっしょだったかという視点です。以前いっしょだったことがあるなら、相手を自分自身として認めることができます。いっしょであった回数が多いほど、相手をよりいっそう深く自分自身として認めることになるでしょう。おそらくある瞬間、たがいにいくつもの生をともに過ごしたことが思いだされ、たがいが魂の双子であると信じることもあるでしょう。魂は、一度結びつけられればつねに結ばれているのであり、結ばれる回数が多ければ、たがいの経験と知恵、意識と個人性を統合するレベルは似たものになるのです。

人間関係は物質世界を越えて存続し、一方が物質世界を去っても続きます。たがいが物質世界にいた時とあまりかわらないのです。これは神との関係についてもあてはまり、人間の恋愛関係は神聖なるものとの結びつきに最も近いでしょう。恋愛においては神聖なるものを相手の個人性の内に経験するからで、神との関係がどれほど甘美なものになりうるかという、いわばプロローグなのです。神との関係においては神と一つになる前にさまざまな一体化を経験することになりますが、人間どうしの恋愛はその最初のステップなのです。人の経験するエロスや美や相手を認めた驚きは、決して失われることがありません」。

第五チャクラのコードが損傷を受けるのは、人間関係において、真実と高い意志に反するような苛酷な扱いを経験した場合だ。過去生で裏切ったり裏切られたりした経験から損傷を持ち越すこともある。また子供時代のつらい経験で傷めることもある。たとえば、子供が真実を語っているのに両親やほかの大人が信じなかった場合などだ。また自分の役割に責任をとらない両親によって損なわれることもある。たとえば、父親の役目の一つは子供を危害から守ることであるのに、父親が子供を守らず、逆に自己の不満を発散するために子供を乱暴に扱ったりすれば、父親は親子関係の高い意志を裏切っていることになる。この場合、子供は男性の権威者（目上の人間いっさい）を信用しなくなる。

第五チャクラのコードが損傷を受けているとよく患う病気

私が最もよく目にするのは、甲状腺機能低下、甲状腺腫、頸骨の歪み、肺の病気などだ。

ヒーリングの例とその効果

ロリーという女性患者は五十代前半で、それまでに長年セラピーで人生の問題の多くを解決してきていたが、甲状腺の機能低下に悩んで私のところへやって来た。さらに、人間関係が信用できないという重大な問題も抱えていた。ここでは過去に遡って彼女の人生を詳しく記述する。そうすれば、子供時代に発生した数々のチャクラコードの問題はどのような段階を経て浄化できるかを示せるからだ。ロリーの物語は普通の人の人生より劇的かもしれないが、彼女のチャクラコード自体は、同じような問題を抱えている大部分のいわゆる一般人と比べて特にひどいという状態ではなかった。大部分の人は多くのチャクラコードに問題がある。コードの存在を知らず、そのためコードを直接ヒーリングしない限り、そうした問題を癒すには非常な時間がかかる。ロリーは人生の大部分をコードについて知らずに過ごしたわけだが、ここではその視点に拠って解説する。

ロリーは保守的な中西部の農家という環境で育った。物静かで、友達は少なく、よく勉強し成績はよかった。母親に深い結びつきを感じず、母は兄と妹の方をよく可愛がった。彼女は父親に結びつきを感じ、父をあがめ、父のためならなんでもした。彼女の兄は父が望んだような形で息子としてふるまうのを拒んだが、彼女はそのかわりになろうとさえした。人形遊びはせず、工作が好きで、よく父の手伝いをした。妹に対して非常な嫉妬を感じていた。妹はいつも大切に可愛がられていたのに、自分は両親の手伝いに長時間働かなければならなかった。

こうした子供の頃の経験は、彼女のあちこちのチャクラから両親へとのびるコードに歪みをもたらした。

ロリーの第一チャクラのコードはきわめてよく大地と結びついていた。これは家族といっしょに農場で長時間働いたからだ。

第二チャクラでは母親につながる左側のコードが傷んでいた。母親から官能や性的喜びについて学ぶことができなかったからだ。母親は自分の人生においてこれを否定していた。また育った環境は性的なしつけが非常に厳しいところで、セックスは「我慢しなければならない義務的行為」であった。

第三チャクラのコードは面倒見に関するもので、父親とのコードはよく発達していたが、母親につながるコードは引きちぎられていた。父親はよく気を配ってロリーの面倒をみたが、母親との関係においては役割は逆になっていた。ロリーの方が母の面倒をみたのだ。母親から受けるべき慈愛のニーズを父親から受け取ろうとした。

第四チャクラのコードはハートの左側に一部埋め込まれていた。これは母親からハートを切り離していたからだ。父の愛を受けることについて母と競争したことに罪悪感を感じていた。

第五チャクラのコードは両側でからまっていた。これは自己のアイデンティティと真のニーズについて、長期にわたって非常に混乱していたからだ。家族の中には、自分が必要とするものを求めて自己のニーズを満たすという点でモデルになる人はいなかった。誰もそのやり方を知らなかったのだ。ほとんどの個人的ニーズは経済的事情のために無視されていた。

第六チャクラのコードは良好に発達していた。家庭内に思考の自由がかなりあったからだ。なにかについて知的なディスカッションが行なわれることこそほとんどなかったが、両親は知識におおいに敬意を払っていた。創造に結びつく思考のコードは、数は多くなかったが強く健康だった。

第七チャクラのコードも良好だった。母親との間にスピリチュアルな結びつきがあったからだ。母は聖書のたとえでいう「からし種に似ている［訳注：どんな種よりも小さいのに成長するとどの野菜よりも大きくなる］」信仰を持った女性だった。また父親の釣の相手をしながら、沈黙の価値を学んだ。これが父にとって瞑想し神を感じる手段だった。ロリーは母の信仰と父の実生活における瞑想方法を身につけ、第七チャクラでは両親と非常に強く結びつくことができた。

子供時代の生活とその結果発達させたコードのおかげで、ロリーはごく自然に、最も健康なコードに対応する領域に集中し始めた。つまり家の生活から徐々に身を引き、学校生活にエネルギーを注いだ。学校は自分で点数を稼げる、ティーンエイジャーとして認められ尊敬を得られる領域だった。とてもうまくいった。成績はよく、大学に進級できた。なにもかもが良好だった——男性とつきあい始めるまでは。男の子にとってロリーは、宿題を手伝ってくれる相手としては申し分なかった。しかしそこを越えて女性として相手に気を配る、あるいは恋人としてふるまうことが彼女にはできなかった。というのは、それを母親をモデルにして学ぶことができなかったからだ。

ロリーは二度結婚し、そのいずれでも自分のニーズを満たすことができなかった。自分にとって適切なものとも、自分を支えてくれるものとも信じられなかった。結婚している間中、自分のニーズを夫に対し伝えることに困難を覚えていた。

最初はずっと年上の夫と結婚した。彼女はまだとても若く、自分の面倒をみてくれる相手が欲しかったのだ。その頃、友達にこう言っていた。「この人は私に楽な人生を与えてくれるのよ」。相手のことはほとんど知らなかった。ただ独りでいることが怖かったのだ。結婚した翌週には落とし穴にはまったように感じ、小さなアパートの窓をみつめて過ごした。数箇月経つうちに自分と夫の間にほとんど共通点がないことに気づいた。夫はアマチュア無線機の前で何時間も座って過ごした。彼女は自分のキャリアに集中するようになった。それは人生でなにか意味のあることを成し遂げる方法だった。次の五年間でキャリアを築き、経済的に独立できるようになった。夫は非常に優しかったが、結婚生活は充実したものではなかった。性生活はないも同然で、友人も少なく、娯楽もなく、子供も生まれなかった。ロリーは子供は欲しくなかった。どうして育てたらよいか考えもつかなかったし、また育てたくもなかった。五年後、職場の男性と浮気をした。退屈で満たされない結婚から抜けだす手段だった。

最初の結婚のおかげで、ロリーは第六チャクラのコードをいっそう発達させ強めた。そのために経済的自立を獲得した。また夫が非常に愛情深かったので、自分のセクシャリティについても取り組むことができた。性関係に関するコードで、特にセックスを我慢すべき義務と感じさせていたものを少しずつほぐし、癒すことができた。セックスは特に面白くはなかったが、少なくとも義務と感じることはなくなった。

ロリーは浮気について非常な罪悪感を感じ、それをなんとかしようと二番目の男性と同棲を始めた。この関係には即座に問題が起こった。この頃には男性関係における自己のニーズを少しでも満たそうと必死になっていたが、自分ではそのことを理解していなかった。自分のニーズがなんであるかわからず、それを適当な形で表現することもできなかった。かわりに、自分とは全然違う相手とまたいっしょになった。ロリーは相手に対し、自分の面倒をみ、セックスを与えてくれるよう求め始めた。新しい夫はアル中の両親の家庭で育った男性だったが、彼女を虐待し始めた。彼女が要求すればするほど、夫は恐れ、さらに虐待にはしった。毎年虐待はひどくなり、ロリーはいっそう落ち込んでいった。どうしたらよいかわからず、自分が犠牲者にみえるような状況を自分で創りだしていることも知らなかった。仕事では成功していたが、家では惨めだった。

このような状況の中で、ロリーは非常に歪んだコードをこしらえていった。第二、第三、第四、第五チャクラが特にひどかった。苦しさのあまりついに助けを求めてセラピーを受け始め、多くの問題を解決するのに成功した。明確な自己の境界を築いてこれを守れば夫からの虐待を止められることも学んだ。境界を築く過程では第七チャクラのスピリチュアルな関係を使った。夫もそれを持っていたからだ。こうしてそれまでなかった安全さを感じるようになると、彼女の夫に対する愛情は深まり、多くのハートチャクラのコードが癒された。第六チャクラのコードの明晰さも保たれていた。しかし第二、第三、第五チャクラのコードを癒すには到らなかった。性的には夫とまったく相性が悪かった。夫は性的情熱を恐れ避けようとする一方、ロリーが知っていたセックスを得る唯一の方法は要求することだった。これは夫をさらに怖がらせ、やがて性生活は休止状態に入った。

彼女は自分で自分の面倒をみる方法を学ぶことができず、夫は彼女の要求に対処することができなかった。そのために彼女を避けたり拒んだりし続けた。ロリーの第三チャクラの左側が裂け始め、膵臓が弱まり、次に消化器官全体が弱まった。食べ物のアレルギーが出て、疲労と膨張感を防ぐのに特殊な食事にきりかえなければならなかった。第五チャクラはますます悪くなった。しばしば夫と喧嘩をし、夫はまた肉体的虐待をすると脅したものの実際には言葉で虐待し、残酷に扱い、極度に支配的にふるまった。

この時期、ローリーは個人および夫婦向けのセラピーやボディワークを受け続けた。大地へのグラウンディングは強まり、第一、第四、第六、第七のチャクラも強くなった。

非常な苦悩と深い内省を経験して、彼女はついに離婚することにした。二番目の結婚が終わる頃は、第一、第四、第六、第七チャクラのコードは良好に機能していた。しかし第二、第三、第五チャクラのコードはむしろ悪化していた。

独りになって、彼女はこの第二、第三、第五チャクラに取り組んだ。自分にそれだけの余裕を与えたので、自己のニーズをみつけることができた。そのニーズは満たされうると気づいたし、強引に要求するのではなく単に求めることも学んだ。それで第五チャクラが強くなった。子供の頃からいちばん問題のあったチャクラだ。また、よりうまく自分の面倒をみることができるようになって第三チャクラが強くなった。自己のセクシャリティについても、これまでなかったような自由な形で模索を始め、自分の性的機能はきわめて良好であるのをみつけた。第二チャクラのコードも癒され始めた。

二年後、彼女は三番目の夫と出会い結婚した。ハートの結びつきと性的結びつきを即座に感じた。この頃にはチャクラに対してかなり多くのヒーリングを行なってきていたので、こんどは自分とずっと相性のよい相手をみつけることができたのだ。相手はセクシャリティに問題がほとんどなく、面倒見のよいタイプだった。ローリーの第二チャクラは健康回復の途上にあった。夫は何年もかけて、彼女が前の結婚から引きずっていた性的な痛みを癒すのを手伝ってくれた。そしてそれまで彼女の知らなかった形で世話を焼いてくれた。彼にとっては自然なことだった。彼の家族はいつもそんなふうにたがいの世話を焼きあっていたからだ。ローリーは自分でもそれを身につけ始めた。そして自分の家族、特に母親と強いきずなを結び始めた。第三チャクラの母親につながるコードは癒え始めた。これを浄化し強めるにつれて、彼女はまた父親との関係も回復させた。そしてほかの身内や知人とも健康な第三チャクラコードを結び始めた。

ロリーが私のところへ来た頃には、これまで挙げてきた問題はほとんど解決されていた。しかしまだ首、あご、甲状腺にたくさんの問題があった。まだ異性との関係を信頼することができないでいた。夫を充分信用することができないので、自分がどのような形でも彼に頼っていると認めることができなかった。彼女のとった解決策は自分独りの足で立って決して他人に頼らないことだったが、それは人間関係の高い意志に身を委ねないことであり、また信頼のうちに他者との関係に導かれる状態を受け入れないことでもあった。

夫との関係が深まるにつれ、彼女はいっそうそうした状況に追い込まれた。しかし彼女の示した反応は、やはり、仕事に集中しオーバーワーク状態になることだった。こうして何年も働きすぎた結果、甲状腺が弱まり始めた。甲状腺は第五チャクラの真上にあるが、ここにあるコードは子供の頃からからまっていた。人間関係に対する不信は仕事にも影響し始めた。仕事を部下にまかせることができず、しばしば自分でやってしまった。私のところへ来た時には、毎週六十時間から八十時間働くことを二十年近く続けていた。仕事面ではとても成功しており、エネルギーに溢れていたが、肉体は消耗しつつあった。問題は、これまで築いてきた人間関係を高い意志に委ねられるかどうか、それを夫と自分の継続的な共同創造物であるとみなすことを学べるかどうかにあった。

第五チャクラをヒーリングしコードを浄化するにつれ、ロリーはかわり始めた。仕事を毎日五時か六時には終え、夫とテレビを見るようになった。家で過ごす時間を増やし、絵を描いたり、自分を満たしてくれるそのほかの楽しみに時間を使うようになった。夫と過ごす時間も増やし、夫の出張に同伴するようにさえなった［訳注：アメリカでは夫の出張に妻が同伴して土日を休暇がわりにいっしょに過ごすことも珍しくない」。夫も彼女の出張に同伴するようになった。自分自身を癒すにつれて、自分のニーズを満たさない他人や部下をそしる傾向が自分にあるのに気づいた。また怒りや責める気持ちなしに部下に仕事を伝えるのが難しいのにも気づいたが、その原因は自分が求めることを相手はしないだろうと思い込んでるせいだった。すべて第五チャクラの問題で、人間関係の高い意志に対する不信に包み込まれていた。

何度かのヒーリングの後、第五チャクラが浄化されると、甲状腺は小さくなり正常に機能し始めた。彼女は管理技術に長けた部下にコミュニケーションをまかせるようになった。まかされた人は自分の仕事にやる気を感じ、彼女の方ではその仕事ぶりを、自分のニーズを伝える方法を学ぶモデルにした。また友人とそれを練習し、言いたいことを言葉にする新しいやり方を試みた。これまでの人間関係全部をふりかえって、それぞれに働く高い意志をみること、またそこからなにを学んだかをみつけることが必要なのに気づいた。それによって現在の人間関係の中で安全だと感じられるようになるからだ。そのために毎日一時間、一年間にわたりメディテーションを続けた。今でもまだ続けており、大変な進歩を遂げている。人生のあらゆるものが新しい形でまとまり始め、ロリーはすべての人間関係をずっと信用するようになっている。

第六チャクラのコードの異常

第六チャクラからのびるコードは、考えを交換し刺激しあうなかでさらに高いコンセプトをみつけると得られる陶酔感に関係する。この時、その相手に対する無条件の愛を経験する。また、愛する者を美しい光と愛の存在として認めることのできる喜びに関係する。さらに、スピリチュアルな視点に拠って愛することのできる能力にも関係する。キリストや釈迦のような多くの信仰に生きた人物が行なったことだ。

このコードには、過去生で自分の信じない宗教を強制されることによって受けた損傷が持ち越されている場合もある。

第六チャクラのコードが損傷を受けているとよく患う病気

第六チャクラのコードの損傷は、頭痛、思考の混乱、精神分裂症のような脳の病気、学習困難などを引き起こすことがある。

ヒーリングの例とその効果

一九九二年二月の入門ワークショップで、第六チャクラのコードをヒーリングする機会があった。患者はアイーダという女性で、彼女はレクチャーの合間にやって来て自分と娘の失読症について訊ねた。彼女の第六チャクラとコードを調べると、たしかに右側が傷んでいた。また第六チャクラの中心と脳梁を結びつけているべきコードが全然つながっていなかった。HSP（超感覚的知覚）を使って時間を遡って調べると、損傷の一部は非常に幼い頃に受けており、さらに別の損傷が、彼女が娘を宿す二年ほど前に高熱を出して扁桃腺を摘出した時に生じていた。第六チャクラから父親に結びついているはずのコードもちぎられていた。父親が人生についての否定的考えをコードを通して押しつけようとし、それを拒むためにコードを引きちぎったのだ。私はヒーリングの実演を行なわせてくれるかと訊ね、彼女は同意した。

まずアイーダがグラウンディングするのを助け、弱い第一チャクラと第二チャクラを活発にさせた。

それから正常に機能していなかった第三チャクラにヒーリングを行ない、詰まっていた部分をそれぞれ浄化した。次にＶＰＣ（垂直パワー流）を背骨に沿って頭まで浄化した。覆いかぶさっていた暗い雲状のものを頭と肩からとりのけた。ずっと昔からそこにあったものだ。これをとりさると、彼女はずっと軽く自由になって、解放された感じだと言った。

経済状態が思わしくなかった父親は人生について悲観的で、それをアイーダに伝えようとした。しかし子供ながらにアイーダは、なにかについて結論を出す前にはその核心に迫ることが大切だと知っていた。父親が伝えようとした考えにはそれが欠けていた。ヘヨアンによれば、アイーダは子供の頃、第六チャクラから脳梁へのコードの通り道を切断した。父親から人生に対する悲観的態度を押しつけられると恐れたからだった。それ以来、幼い論理で、彼女はほかの人間から情報を受け取るのを嫌がるようになった。悲観的なものかもしれないと恐れたのだ。このために脳梁へのエネルギーの通り道が切断され、それが失読症を引き起こした。

これを説明しながら私は彼女のねじれたＶＰＣをまっすぐに直した。

ヘヨアンは彼女にこう説明した。

「誰でも、自己の転生において失読症を創りだすことができます。そのような選択をするのです。状況について知的な判断を下す前にものごとの核心に迫ることがとても大切だという知識を保つために、失読症を選択します。アメリカの学校教育の中でものごとの核心（ハート）に第一義を置こうとするのは、とても難しいことです。そのために、このような選択を行なった個人はとりあえず、ハートが欠けていると感じられる視点に拠って情報をとり入れる能力を手放します。自分が地上に生まれる必要性を認めてこの人生に転生を行なうに際して、自分の仕事は他人に対して知性よりもハートを第一にするよう教えることだとあなたは決めました。今、こうしてあなたの失読症が贈り物であることが明らかにされたので、このコードのヒーリングが始められます」。

私は第六、第七チャクラのコードにヒーリングを続け、ヘヨアンも続けた。

「チャクラの後ろ側に回っているコードはすべて過去の関係に対応するもので、現在の転生に積極的役割を果たしませんが、前にのびているコードはこの生に影響を与えます」。

私はコードを第六チャクラの内側から脳梁に結びつけ、それからそのチャクラの前から出ているコードをほどいて浄化した。そして父親とより深く結びつくことに同意するかどうか訊ねた。彼女は同意した。父親をテレパシーで呼ぶと、人生の重荷がもたらした重い心を抱き、さまざまな満たされない憧憬のために悲しんでいることがわかった。父親はテレパシーを通して「今は少しよくなっている」と言った。私は遠隔で彼の第六チャクラにヒーリングを行なってネガティブな考えの一部を解放し、頭脳をハートに結びつけた。この時点で、アイーダのチャクラの前面からのびていたコードが後ろ側に回った。ヘヨアンの説明によれば、

「この問題は今、後ろ側に回りました［訳注：もう過去のものである］」。

アイーダと父親の間で第六チャクラのコードが結ばれるにつれて、新しい関係が形成され始めた。次に私はアイーダの第六チャクラから父親につながるコードにヒーリングを行なった。人生の初期に父親

に対し非常な怒りを覚えたために、彼を自分のハートの中に受け入れようとしないのが見えた。彼女の言うには「父は死んでしまっていないのだというふりをしました」。

ヘヨアンは言った。

「時がたてば、父からの愛を受け取ることがなぜそんなに大切なのがかわかるはずです。ありのままに、またあなたが幼い頃に父親が表現した形で、そして今表現している形で、受け取ることが大切なのです。あなたはそれぞれの人のエッセンスを、その人が表現する形で受け入れなければなりません。過去にあなたはこう言いました。『お父さんの愛はあるべき形をとっていないので、私は受け入れない』。ここに大切なレッスンが含まれています。相手のエッセンスをどのように受け入れるかについてのレッスンです。これが、あなたが男性や配偶者と健全な関係を結ぶのを阻んでいるのです。その人たちはあなたの方の『こうあるべきだ』という考えに決して合わせることはできません」。

この時点でアイーダはコードを自分のハートに受け入れるのをやめたので、私は言った。「お父さんがそばに来たがっているけれど、かまいませんか？　お父さんはあなたのハートにありのまま、人間としてすべての弱さを持ったまま受け入れられたいのです。そう、お父さんをハートの中に入れてあげましょう。あなたのインナーチャイルド（内面の子供）はこう言っています。『きっと痛い、きっと痛い。だってお父さんはこんなにも長くハートの中にいなかったから』」。

コードがアイーダのハート深くと結びつくと、呼吸が深くなった。

「これまでにない感じでしょう？」私は言った。

「とても生き生きしてると感じるわ！」アイーダは叫んだ。

私はヒーリングを続け、ヘヨアンは語り続けた。

「このコードをソウルシート深くに結びつけ、それをこの人生における仕事に結びつけなさい。これは直接、人生の目的、すなわち、他者の真実を受け入れてそこに真なるものをみつけ、そして異なる個人と個人が話を交わすために掛け橋を築くことに結びついているからです。ハートを通してのみ可能なことであり、他者を自らのハートに受け入れることによって可能になります。自分に自分で考えることを許し、他者にも彼ら自身で考えるのを許すのです。この個々人の真実は、目に見える違いや二元論的な視点からみた意見の食い違いさえ越えて、隣りあって存在することができます。そしてまた、高いスピリチュアルの真実からみれば違いなどありません」。

ハラレベルでアイーダのコードをソウルシート（魂の座［訳注：胸の上部中央に位置する］）に結びつけ終えると、私はコアスターレベルに移って彼女のコアエッセンスを三六十度、部屋中に広げながら語りかけた。「自分の本当の姿を感じましょう。それはこの地球上の誰とも異なっているのです。光が体中を通り抜けるのを感じましょう。それは体の内側から、あなたのコアスターから来るのです」。

アイーダの光は会場の参加者の上に輝いた。彼女は自分が生き生きと輝いているのを感じ、誰の目にもそれが見えた。

ヒーリングを終えるにあたり、ヘヨアンは付け加えた。

「この特定のパターンは世代を通して受け継がれるものです。これは三つある失読症の一つにすぎません。やがてほかのものについても説明しましょう」。

ヒーリングを行なった場合、数箇月の間隔をおいてできるだけ長期にわたりフォローするのが好ましいと私は思う。長期的効果をみるためだ。アイーダのヒーリングは今から五箇月前だった。以下はヒーリングが父親との関係、そして失読症に与えた効果についてのアイーダの言葉である。

アイーダ「父との関係には非常な変化がありました。関係はずっと愛に満ちた、温かいものになっています。過去の問題の多くを許すことができたようで、父とのつながりをずっと強く感じます。ヒーリングの結果、間違いなくいくつかすばらしい経験をしました」。

バーバラ「お父さんがあなたに接する態度には変化はありましたか?」。

アイーダ「ええ。過去にはいつも、父は必要な時にそばにいてくれないと感じていました。今では私が少しでも必要とする時には、必ずいっしょにいて助け、支えてくれます。以前は私がなにか言っても、一週間、一箇月、一年過ぎても、私の言葉は父の耳に届かなかったんです。今では一言頼んだだけで、何時間かのうちにやってくれるんです。で、私はこう考えるんです、『まあ、これはたいしたかわりようだわ』って。こんなふうに、以前になかったような形で愛されていると感じます。それから、おたがいに言いたいことを伝えやすくなりました。父は自分の子供時代のことを私に語るようになりました。子供の頃に非常な虐待を受けたのだそうです。養父と母親の両方からぶたれ、母親もまた夫から虐待を受けていたうえに、アル中だったというのです。父の育った環境について聞いて理解すると、私やほかの子供たちに対する扱い方をそれまでより受け入れて許すことができるようになりました。非常な虐待と酷い扱いを受けたせいで、抑制できない非常な怒りが父の内面にあったのですね」。

バーバラ「すばらしいことだわ」。

アイーダ「それから失読症について。私の一部はとても整っていると感じるのですが、もっと混乱していると感じられる部分もあります。問題がずっと表面に近づいてきたみたいに、今までより気になるんです。自分の抱えている困難を以前より意識しています。自分が事態をかえていくことができるのもわかります。見たことのない新しい単語やよく知っている単語につまずくと、昔なら自分に腹を立てたのですが、今はもう少し自分に寛容になることができます」。

バーバラ「つまり、意識的に気づくようになったということね。以前もそうだったのかしら？」。

アイーダ「いいえ」。

バーバラ「それは興味深いわ。普通、変化の第一ステップは、かえたいと感じている自分の行動に意識的に気づくことだから」。

アイーダ「そうですね。自分がトランスフォーメーションに向かって動いているのを示す経験を何回もしています。自分が古い木の枝だというビジョンを見ました。腕や足が古くて乾いた木の枝なんです。眠っていなかったので、夢ではありません。それから光が自分の内にあってこの枝を若返らせ、新たに生命の火を灯してふたたび生育させ始めるのが感じられたんです。顔は自分のままなのですが、体は生き生きとしていました。つい最近まで、これはなんのことなのかわかりませんでした。私の人生はひとりでに整理されだしたようで、これまでほど子供たちにまとわりつかれることはなくなりました。娘は大学に通い始め、七月には夏季学校に出かけます。ほかの子供たちはすでに大学にいるし、私自身、また学校に通うことを考えています。新しい分野の勉強を始めたいんです。自分にはきっと多くのヒーリングを行なう力があると感じて。自分の内にとても強い確信があって、そうしたいんです。でもそこに踏み込むのは、ちょっと怖い気もします。神様のための仕事を喜んでやれるようになりたい。とりあえず伝染病の講座に登録しているのですが、なにかスピリチュアルガイドからアドバイスをもらえるでしょうか。これが私の人生の目的にかなっているかどうか」。

バーバラ「もちろん」。

ヘヨアンはこう言った。

「明らかに、伝染病は我々が話してきたことにつながっています」。

第七チャクラのコードの異常

第七チャクラからのびるコードは、より高い精神の領域とも結びついており、神、宇宙、ほかの人間との関係において、神の神聖な理性の内に存在することができる力に関係する。また他者との関係の内に存在する完璧なパターンを理解する能力に関係する。さらに、関係を結ぶなかで物質世界とスピリチュアルな世界を統合する能力にも関係する。

第七チャクラのコードが損傷を受けているとよく患う病気

第七チャクラのコードが損傷を受けると、肉体が成長過程で通常の発達を遂げることができなかったり、頭痛、鬱病、あるいは精神分裂病などの精神病を患ったりする。

ヒーリングの例とその効果

第七チャクラのコードは、人間として転生していない期間に魂が経験する他との関係に関係し、スピリチュアルな遺産へと結びついている。この遺産は時に、世界中の体系化された宗教によって受け入れられている神やスピリチュアルな存在、たとえばキリスト、釈迦、守護天使、スピリチュアルガイドなどと人との関係に関わっている。西洋文化圏で育った者には信じがたいような存在に結びついていることもある。

第七チャクラのコードが損傷を受けるのはしばしば誕生より前の、受胎時あるいは胎内にいる時である。その損傷はつねに、生まれようとする魂の意識を肉体に入れ転生の過程にのせるにあたっての困難に関連している。第七チャクラのコードが損傷を受けていると、スピリチュアルなものとの結びつきのないまま肉体の中に閉じ込められた状態に陥ったり、スピリチュアルな世界に閉じ込められ肉体に完全に入ることができない状態になったりする。

たとえば、発育障害のある子供は魂が肉体の中に完全に入ることができずにいる。そうすることに非常な恐れを抱いているようだ。私はこのような患者をヒーリングしたことはないので、先に肉体が損傷を受けたためその肉体に入れなかったのか、肉体に入ることを厭(いと)ったために肉体に障害が生じたのか私にはわからない。どちらもありうるだろう。多分原因は人によって、またもちろん本人の人生の使命によって、異なるのだろう。このような子供たちはまたとない教師であり、時には家族を助けるために志願してそのような形で転生してくる。私の知っているあるケースでは、あるヒーラーが発育障害のある子供を、数年間毎日ハンズオンヒーリングを行なうことで、正常な発育に導いた。

いわゆる健常者と考えられる人が肉体に完全に入りきらないで第七チャクラのコードに問題を抱えている場合、原因はたいてい一つしかない。スピリチュアルな結びつきを転生からの逃避に使い、今この地球に生きる人間としての人生に取り組むのを避けているせいだ。そのため、ひたすら意識を頭頂から頭の上へ移し続ける。これは恐怖が引き起こす防衛行為である。

この防衛行為はヒーリングスクールのたいていの学生にはおなじみのものだ。コードがヒーリングされて自己の恐れに取り組み始めるとこのような学生も理解するようになるのだが、今は人間であるから、自己の精神性を実現しようとすれば肉体を持った人間の視点に拠らなくては不可能なのだ。自分の生活を変革し、物質世界から逃避するのではなくそれをスピリチュアルなものにかえてゆくようになる。

第七チャクラのコードに関連する興味深い問題を、自分はほかの天体系から来たと信じる人々は抱えている。こうした人は自分が本当は人間ではなく、もっと進んだ文明、通常は太陽系の外から無理矢理ここに送られてきたと感じている。自分の「本当の」故郷に焦がれ、肉体に転生してとどまっているのをつらがる。HSP（超感覚的知覚）によれば、こうした人たちの第七チャクラのコードはその天体系につながり、その中にある惑星の進んだ文明から来た高度に進化した存在と結びついている。しばしば自らを「星の子供たち」と呼び、これまで地球に転生したことはなかったと主張する。このような場合、ヒーリングは異なるニュアンスを持つ。彼らの問題はたいてい、地球と結びつくことを拒むことで自分の故郷ともつながらずにいることだ。ほかの天体系へつながるコードを引きちぎってしまっているにもかかわらず、この肉体を去って「故郷」へ帰るのにそのちぎれたコードを経由しようとする（うまくゆくわけがない）。その結果、どんなものとも安定した形で結びつくことが難しくなっている。

このようにして、人間としての転生にも抵抗している。このような人々が肉体に入り地球と結びつくのを助ける最良の方法は、ちぎれたコードを修復し、その天体系とも結びつきを強めることである。そのためには、自分が望んで、愛のために、また自己の力において、ここへやって来たことを思いだす必要がある。そうすることで、そうしたコードを通して滋養を受け取ることができるようになる。完全な結びつきが確立されれば、しっかりとこの肉体に入って自己の人間らしさを受け入れるようになり、これ以前にも人間として生まれてきた可能性が大きいことも認めるようになる。「スターコード」をふたたびつないでやれば、こうした人は星に強く結びつき、その結びつきを通して滋養を受け取ることができる。

これは一部の読者にはまったく信じがたいことかもしれないが、私のモットーを思いだしてほしい。「真実か否かは問題ではない。効果があるかどうかだけが問題だ」。この種のヒーリングは実際に効果がある。たいてい、このようなヒーリングに伴うスピリチュアルガイドからのメッセージには、自分を特定の天体系や惑星に属する生命とだけみるのではなく、ホログラフィーのような仕組みで宇宙全体から生まれたとみるべきであることを患者に教える部分がある。人は皆あらゆるものとホログラフィーのような仕組みで結びついているので、理論的には、この地球に、またほかの星に生きたすべての生を、自分がそれを生きたかのように思いだすことができるはずだ。

私は第七チャクラのコードのヒーリングを何度も行なっている。このヒーリングもほかのすべてのコードに対するものと同じである。コードを浄化する。もつれをほどく。きれいにする。適切につなぎ直す。

私のクラスのある学生の場合、すべてのチャクラで、ある天体系の惑星上の存在にコードが結びついていた。ヒーリングでは、まず第七チャクラに対するヒーリングから始めて下のチャクラに下りてゆき、その学生が切ってしまっていたすべてのコードを修復してつなげた。彼女はそのあとでずっと気分がよくなり、それまでになくしっかりと体に入っていた。この原稿を書いている時点で、彼女はずっと強く体にグラウンディングしており、自分がどれだけそれを楽しんでいるかに驚いている。肉体の中にいることを前よりずっと安全だと感じているし、非常に元気である。

ほかに、鬱状態の患者を癒すのに第七チャクラのコードにヒーリングを行なった。ヒーリングを始めるまで患者は、人類全体との結びつきは感じていたが、今経験している人生は限られた、どこへも行きつくことのない無意味なものだと感じ、神との結びつきを感じていなかった。その結果、鬱状態に陥っていた。数回のセッションでコードを修復するにつれ、患者は、神を含めありとあらゆるものとの結びつきを感じ始めた。鬱状態は去り、彼は自己の人生とその意味を深いレベルで楽しみ始めた。自分の時間をどのように使いたいのか選択をするようになり、まもなく、彼の人生は大きくかわった。仕事に臨む姿勢もかえた。それまでは会計士だったが、プロのセラピストへの道を選択した。専門にしているのは、人々がそれぞれの人生を広い視野から理解してその人生でなにをしたいのかみつける手助けをすることだ。

この章をしめくくるにあたってここに集めた情報を改めてながめ、過去および現在の人間関係が健康とヒーリングに、そして自己の成長にこれほど重大な意味を持つものかと驚いている。現在「人は自己の真実を創りだす」というモットーがはやっていることからもわかるように、この問題を扱うにあたって多くのスピリチュアルグループに孤立主義へ傾く風潮が生まれている。ある人々は「どのようにして私は自己の真実を創りだすか」という問題に取り組むにあたって、ほかのすべての人間から自分を切り離している。しかし実際は、ホリズムの視点からみれば、各人の真実は他者の真実としっかりからみあっている。HEF（ヒューマンエネルギーフィールド）どうしの関係や結びつきを通して、また過去の人間関係の歴史を通して、そして遺伝コードを通して、編みあわされている。人間は肉体的には数百万年の進化の産物であり、同時にHEFどうしの結びつきの産物である。まちがいなく、HEFのコードは進化とともに発達してきた。その証拠に人間は関係を結ぶ能力を進化させ続けている。

我々は自己の真実と経験を創りだす。しかしその「我々」あるいは「私」とはなんだろう。ほかならぬ自己の真実を創るという概念のもとにトランスフォーメーションやヒーリングを行なう際の、最も事実に即したコンテクストはおそらく次のようなものだ。すなわち、人に病気をもたらすのは人間関係それ自体ではなく、人間関係に対する自己のエネルギー的および心理的リアクションである。HEF間のリアクションが関係する両者の合意なしに生じることはありえないが、とはいえこのリアクションはほぼ自動的に、また無意識のうちに、生じるのだ。

人間関係に対するネガティブなリアクションからやがてヒーリングのサイクルに入ってゆき、人はより深い内省に導かれて個人としての自己を確立するという過程を進む。それこそが、この章のはじめにも述べたように、HEF第四レベルにおける人生経験の第一の目的なのだ。

したがって広い視点からみれば、人は輪廻を通して自己成長しあるいは個人としての自己を確立する。人間関係へのネガティブなリアクションに起因する病気は、「自分の本当の姿」(真の自己)を「自分の本当ではない姿」(偽りの自己)から区別するのを助ける。有意義な人間関係であれば自分の本当の姿を教えてくれる。たとえつらいものだったり、病気をもたらすことさえあったりしても。自己について学び成長することがないようであれば、その人間関係は有意義ではない。

これは、苦痛に満ちた人間関係に甘んじるべきだという意味ではない。そのような人間関係の場合、たいてい、この人生で自分はもっとよい状況に価するしそれを創りだせると気づくこともレッスンの一部に含まれている。

自分について知り共依存[訳注:家族に起因する生活・問題解決の機能不全]状態を癒してゆけば、幸せのうちにスムーズに流れる人間関係を通して、自分についてさらに学ぶことができる。個人として確立した存在になってくれればそれだけ、健全な関係を結ぶことができるようになる。

15章　HEFとHEFのやりとりを観察する

愛が創りだされるのは、人々が出会い、コミュニオン（魂の一体感）のうちに融合し、ふたたび離れる時である。たちまちポジティブな効果があらわれ、人生にいっそうの喜びをもたらす。人と人が出会って衝突する時、人生のレッスンないしヒーリングのサイクルが始まる。たとえネガティブなものとして経験されても、やがてレッスンあるいはヒーリングのサイクルが完了すると、ポジティブなものへと還る。こうしたことはすべてHEF（ヒューマンエネルギーフィールド）に反映される。

14章で説明した三つの方法によって、人はたがいのHEFに影響を与えあう。影響のあるものはポジティブで、あるものはネガティブである。与えあう影響がポジティブであればその人たちの仲はうまくいっている。人と人はポジティブな関係をチャクラのコードを使って結ぶ。またバイオプラズマのストリーマー［訳注：帯状のエネルギーの流れ］を通してポジティブなエネルギーを交換する。調和誘導を通してたがいにパルスを高めあい、また明晰さと軽快さをもたらしあう。このような関係では、人はたがいに相手をありのままに受け入れ、自己の目的のために相手を操ることもない。こうしたたがいにポジティブな関係にあれば、相手がこちらを不当に扱うことも許さない。それぞれがしっかりと自分自身を保ちつつ、良好なコミュニケーションを交わすことができる。

HEFとHEFのネガティブなやりとり

人はまた、習慣的にネガティブに対応しあい、たがいを操ろうともする。人がこうしたことをする原因は通常恐れと無知だが、普通は自分のそのような行動に気づいていない。相手のHEF（ヒューマンエネルギーフィールド）のパルスが心地よくなければ、調和誘導を用いて自分と同じ周波数域に引っぱろうとする。バイオプラズマのストリーマーを使ってたがいに相手のHEFを押したり引いたりするし、エネルギーの流れを完全に止めることもある。またたがいを結んでいるコードを使って求めるものを手に入れる。たがいにコードを引っ掛けたり絡ませたりしあう。こうしたHEFレベルのやりとりはどれも通常無意識に行なわれるし、またたいていの人の目には見えない。しかしHSP（超感覚的知覚）を発達させれば、誰でもこれに気づいて感じとるすべを学ぶことができる。

こうしたやりとりの際に使われるエネルギーの流れには四つのモードしかない。押す、引く、止める、傍観する、である。一方が引けば、他方は引っぱり返すかもしれないし、流れを止めるかもしれない。一方が押せば、他方は押し返すかもしれないし、足を踏ん張って止めようとするかもしれない。

典型的な恋愛関係を例にとろう。彼女は彼から愛情を受け取りたい。そこでストリーマーをのばして彼から愛情を引きだそうとする。彼はしばらく放っておいてほしいと思っている。そこでエネルギーを彼女に乱暴にぶつけて向こうに行かせようとする。あるいはただHEFを「止める」モードにして、反応しないかもしれない。そうすれば彼女がなにをしてもこちらに通じない。

自分が他人とどのようにやりとりをするか考えてみよう。たとえば、誰かがエネルギーを自分に押しつけてきたら、押し返すだろうか。そのエネルギーを自分に引き込んでしまうだろうか。あるいは自分のエネルギーを止めるだろうか。それとも譲って、そのエネルギーが押し込まれるままに自分の中に流れ込むのを許すだろうか。アメリカ人はたいてい止めるか押し返す。

ＨＥＦどうしのやりとりをする際、誰でも自分の習慣的な型といえるものを創りだしてきている。このＨＥＦの一定の対応は、13章で説明したようなたがいの了解すなわち契約と同じく、無意識のうちに習慣的になされる。うまくゆく時もそうでない時もある。ある人のやり方は気にならなくても、別の人のやり方は不快だったりする。習慣的対応はすべて実はＨＥＦの防衛システムであり、想像上の危険な世界から自分を守るために使われている。他人の防衛システムをうまく「扱う」ことができる時もあるが、時には耐えがたく感じることもある。

他人のＨＥＦのネガティブな対応を建設的でヒーリングにつながるような形で扱う方法を学ばなければ、ネガティブなフィードバックの環がまわり始めることもある。どちらも防衛システムの歪みをエスカレートさせて、妄想と投影が完全に状況を乗っ取ってしまうかもしれない。そのような場合、非常な苦痛とダメージを与えあうことになるだろう。これは二人の間で個人的に起こることも、集団どうしの間で起こることもある。国どうしの間で起これば、戦争に到ることさえある。これを個人レベルで防ぐことを学べれば、やがて国のレベルでも防ぐことができるようになるだろう。

極度にネガティブで激しいやりとりはＨＥＦをひどく傷めるため、そのあと修復が必要になる。自動的に修復される場合もある。ちょうど体が自然に癒えるようなものだ。しかしＨＥＦの損傷や精神的な傷であるトラウマは、傷の深さによっては一生ＨＥＦに残ったり、次の生に持ち越されたりする。このような傷がＨＥＦに長く残るのは通常、それを直接経験するのを避け、ＨＥＦの深いところに押し込んでエネルギーブロックを用いて埋めてしまうからだ。深い傷は、たった一度のきわめて苛酷なやりとりから生まれることもあれば、習慣として繰り返されたネガティブなやりとりから形成されることもある。このような傷はすべて癒すことができる。ヒーリングあるいはセラピーなどによる心理的プロセスを通して癒される。

二十年にわたる私の観察結果によれば、HEFの重い損傷はすべて、ネガティブな人間関係によって創りだされる。現在の生で生じたものもあれば、過去生で生じたもので、現在の生で解決されなければさらに次の生に持ち越されるものもある。あるいは肉体がこうむったなんらかの外傷、たとえば自然災害や事故による怪我のせいで損傷が創りだされる場合もある。さらに、私が患者を通してみてきた限り、事故による怪我はほとんどすべて別の人間との激しいやりとりに対するリアクションが遅れて出てきたものであった。好ましいやりとりは健康の基であり、ネガティブなものは病気や怪我を創りだす。

たとえば、最近のワークショップで若いドイツ人の女性にヒーリングの実演を行なった際、彼女が数年前に左膝を痛めているのに気づいた。HSPの内部視［訳注：人体内部を知覚する能力］によって、膝蓋骨の裏で交差する腱の一方が引っぱられて少し裂け、弱くなっているのが見えた。その腱にヒーリングをしながら私はHSPで時間を遡って、どのようにこの怪我をしたのかを見た。彼女は自転車に乗っており、なにか低い障害物にぶつかって頭からハンドルの右側に落ちた。その障害物が目に入らなかったのは、少し前に若い男性と議論したことで頭がいっぱいだったためだった。翌日ヒーリングが終わり、彼女は私の得た情報が正確であることを確認した。

あらゆる病気にはネガティブな人間どうしの関係が関わっている。したがって、健康的で癒しをもたらすような交わり方をどちらも学ぶことがなによりも重要となる。この章では、典型的なエネルギーレベルの防衛システムパターンとそれに対するネガティブな対応をとりあげる。こうしたものがやがてH

ＨＥＦにも健康状態にも異変をもたらすのだ。さらに、それぞれの防衛システムにポジティブに対応する方法も示す。ポジティブな対応はすべての人に健康をもたらす。

性格構造と防衛システム

バイオエナジェティクスで用いる五つの基本性格構造をフレームワークとして使って、私の観察結果をまとめ、誰もが程度の差こそあれ習慣にしている典型的なエネルギーレベルの防衛パターンを以下に示す。読者は、ある防衛パターンは非常に自分にあてはまり、ほかのものはあまりあてはまらないと感じるだろう。実はたいていの人はどのパターンにもある程度あてはまるのである。

「性格構造」とは、多くのボディサイコセラピスト［訳注：心と肉体の統合を専門とする心理療法士］が肉体および精神のタイプを記述するのに使う言葉である。肉体形質は遺伝的に受け継がれるが、どのような発達の仕方をするのかは子供時代の環境に影響される。子供時代の経験や両親との関係が似ている人どうしは、たがいによく似た肉体を持つ。たがいによく似た肉体を持っている人たちの基本的なサイコダイナミクス［訳注：心理形質の動的表現］はよく似ている。これには子供時代の両親との関係だけでなく、人生がたいそうトラウマをもたらすものだと最初に感じて感情をブロックし始めた年齢も関わっている。感情をブロックするために子供はＨＥＦ（ヒューマンエネルギーフィールド）のエネルギーの流れをブロックし、エネルギーレベルの防衛システムを発達させる。このシステムはその後生涯にわたって、習慣化して継続される。胎内でのトラウマ経験は、口唇期、排泄訓練期、潜在期のトラウマとはまるで異なるパターンの防衛を形づくる。人もＨＥＦも成長の段階によってそれぞれ非常に異なっていることを考えれば当然のことだ。

私の視点からみれば、子供時代の環境と経験は、本人が過去生から持ち込む思い込みや信条の体系、およびスピリチュアルな世界での生活経験によって決定される。本人が現在の肉体に誕生するずっと前に始動させた種々の要因があり、それが原因となって人生の出来事が引き起こされる。ある人はこれを「カルマ」と呼び、「悪いカルマ」を前生での行ないに対する罰だと主張する。しかしカルマは罰ではない。原因と結果の法則によりもたらされるものである。単に、過去の行動の結果としてこの人生での状況や出来事がもたらされたというだけのことだ。

こうした出来事がどのように影響するのかは、自己のイメージ的結論（1章《上巻》参照）と思い込みの体系を通して本人がそれをどのように経験するのかに完全に基づいている。人は一般に、特定のイメージ的結論と思い込みの体系を転生しても持ち運び、人生経験を通して浄化され癒されるまで持ち続ける。そうした出来事が身に返ってくるたびに、その癒し方を学ぶ機会を得る。特定の状況に対しネガティブなイメージ的結論と思い込みの体系を持っていれば、その出来事は非常な苦痛として経験される。しでかしてしまったらしいなにかへの罰とさえ解釈するかもしれない。この人生で特に悪いことをした記憶がないのだから多分そのずっと前からのことなのだろう、というわけだ。

なにかについてのネガティブな思い込みがなければ、そのせいで自分に対する決めつけや耐えがたい苦痛がもたらされることもない。もちろん苦痛はあるだろうが、耐えがたいほどの苦痛とはならない。

ヘヨアンによれば、「人間が地上に生まれてくるのは自ら選択したためです」。「ここにいなければならない」のではない。「いつでも自分が決めた時に去ることができるし、そのことで裁かれることはありません」。

ある人々が特定の出来事を罰として経験する唯一の理由は、自分の思い込みの体系がそれを罰だと告げるからだ。たとえば、権力が伴う立場に回るのを避ける人がしばしば口にする理由は、過去生で権力を誤用したのでそれをとりあげられ、今はその罰として権力を許されていないというものだ。このような人が過去生で権力を誤用したというのは事実かもしれないし、その結果としてこの人生でしかじかの出来事が起こるかもしれない。しかしまさしくそのような出来事こそ、権力を正しく使うことを学ぶためにその人が必要とするものだ。宇宙はきわめて効率的で均衡のとれたところであって、罰など必要としない。むしろ、各人がニーズを満たすのにまさに必要とするレッスンを与えてくれる。

性格構造とはHEFの歪みと不調和のパターンが肉体にあらわれたものであり、ネガティブなイメージ的結論と思い込みの体系によりもたらされる。こうしたものはおそらく数々の転生を通じて定着してきた。別の言葉を使えば、性格構造はネガティブな思い込みとイメージ的結論によって精神とHEFと肉体にもたらされた。両親がもたらしたのではない。子供時代の環境と人間関係はネガティブなイメージ的結論と思い込みを前に押しだして結晶化させるが、このイメージ的結論と思い込みこそ、人がこの人生において癒そうと携えてきたものなのだ。これが特定の両親と環境を選んだそもそもの理由である。

バイオエナジェティクスで使用される五つの主要な性格構造は、スキッツォイド（分裂質）、オーラル（口唇質）、サイコパス（精神病質）、マゾキスト（マゾ質、被虐質）、リジッド（硬直質）である。これはフロイト系の精神分析で使用されるのとは異なる意味を持つ。ウィルヘルム・ライヒの弟子で後に共同研究者となった精神科医アレクサンダー・ローウェンが発展させた用語だ。ライヒ自身はフロイトの弟子であった。フロイト派の心理学を学んだ後、ライヒとローウェンは、フロイト心理学と肉体と生体（生物）エネルギーの間の関係についてさらに研究し、新しい用語を生みだした。私の前著『光の手』（河出書房新社）では、この五つの性格構造それぞれのHEFの構造をとりあげ、成長の各段階におけるHEFの発達についても説明した。ここでは別の視点に拠って、性格構造とそのエネルギーレベルの防衛システムをみてみよう。

「性格構造」とはなにを意味するのだろう。これについて学び始めた人はしばしば、自分を性格分類学（キャラクタロロジー）に基づいて定義し始める。ある人は「私はスキッォイドだ」と言い、別の人は「私はリジッドだ」と言う。自分が特定の性格分類に属することにプライドを感じる人さえある。しかし、ここで私がまず指摘しておきたいのは、性格構造は自分の本当の姿（真の自己）の定義ではないということだ。むしろそれは自分の姿ではないもの（偽の自己）を示してくれる地図だ。多くの場合、本人が自分の本当の姿はこうなのではないかと恐れているものを示している。性格構造は、自分がどのように自分の本当の姿を歪めているかを物語る。どのように自分の本当の姿から外れているかを示してくれている。各構造には特定の防衛パターンがあり、これが自分の本当の姿を歪め、その歪んだ形を外に現す。

防衛は非常にすばやく現れる。エネルギーレベルであまりにすばやく現れるので、頭で考えて止めることはできない。一定レベル以上のストレスを受けると、人は習慣的な防衛パターンに従って対応する。ここで各性格の防衛システムは非常に幼い頃に築かれたものであることを思いだそう。幼い頃、ほかに自己を守る方法がなかった時には非常に役立った。そして大人になった今も、自己の内の傷つきやすい子供を「敵意に満ちた世界」からかばっている。しかしその「敵意に満ちた世界」を創りあげてきたのは自分のネガティブな思い込みの体系とイメージ的結論だ。そして防衛システム自体も「敵意に満ちた世界」を創りあげるのに一役買う。というのは真実についての自分のネガティブな思い込みがあたかも真実であるかのように作動して、ネガティブな経験を自分に引きつけるからだ。

防衛システムを作動させるのは安全ではないという感覚で、なんらかの恐れによりもたらされる。それぞれの性格の防衛は特定の恐れと結びついた、基本となるテーマを抱えている。エネルギーレベルの防衛はその恐れに対するリアクションだ。ＨＥＦや肉体の弱さはエネルギーレベルの防衛が習慣にした歪みから直接もたらされる。防衛行動によって各性格は特定のパターンの生き方を創りだし、そして創りだされた人生経験はそもそもの恐れが「正しかった」と証明する。それぞれの性格構造の生き方はまた特定のネガティブな人間関係をもたらす。どの性格構造もコアスターのエッセンスを歪める。性格構造にはそれぞれ特定の、人間としての肉体的ニーズやスピリチュアルなニーズがある。性格構造からくる防衛を癒すのを助けるためには、その両方を満たす必要がある。

各性格構造のさまざまな面を図15—1に掲げる。詳しくは性格構造の各タイプを論じる以下の項でとりあげる。さらに関係を結ぶ際に相手に安全だと感じさせる方法も検討する。やがて相手は今までより安定した形で安全だと感じるようになって、多大な心理的、肉体的トラウマを人生にもたらす習慣的防衛パターンに対するヒーリングが成し遂げられる。忘れてならないのは、防衛に対するポジティブな対応は、相手も自分も現実に引きもどして可能な限り速やかにコミュニオンに入ることを目的とするということだ。防衛状態にある相手はこちらが向こうの歪んだ世界観に同意することを要求する。もしこれに同意すれば、相手の防衛を強めるだけである。もう一つ大切なのは、相手に防衛を通してこちらを利用させないこと。これを許すと相手の防衛を補強し、歪んだ世界観の幻の内にとどまるのを助けてしまう。

典型的なHEFの防衛パターンが、自分の中にも配偶者や恋人などとの関係にも、身のまわりのあらゆるところにみられるのに気づくだろう。自分や友人が複数の防衛の組合せを使うことにも気づく。自分がどの防衛をどのような割合で使うかを分析してみることもできる。たとえば「スキツォイド三十パーセント、オーラル十パーセント、サイコパス五パーセント、マゾキスト十五パーセント、リジッド四十パーセント」といった具合に。これは自分が各性格構造の主要テーマをこの割合で抱えていることを意味する。

防衛パターン

サイコパス	マゾキスト	リジッド
裏切り	侵犯と収奪	確かな存在感 否定された真の自己
信頼してまかせること	支配されること 自己を失うこと	不完全な世界
利用され裏切られた	自己の境界を侵犯された 辱められた	心理的真実、スピリチュアルな真実が否認された
他者をコントロールする	なにかを求めながら同時にそれを受け取ることに抵抗する	真実かどうかよりも適切かどうかによって行動する
敵意や裏切りを引きよせる	他者に左右される 自己と他者を区別できない	自己を経験できない 世界は意味のない場所となる
自己のエッセンスが悪いもの、あるいは邪悪なものではないかと恐れている	自己の個人化されたエッセンスと他人のエッセンスを区別できない	個人化されたエッセンスを経験できず、そんなものは存在しないと感じる
他者を信用すること 間違いを犯してもなお自分は安全なのだと実感すること	自由に自己を感じ、表現すること	人生に自己を注ぎ込むこと 真の自己を感じること
他者のコアエッセンスや高い意志を認め尊重すること	自己のコアエッセンスを自分のものと認め、自己の内に神を認めること	普遍的および個人化されたコアエッセンスを自己の内に感じること
しゃにむに未来へ突き進む	時間は停止していると感じる	時間の流れを、つねに硬直して機械的に前に向かうものとしてしか経験できない

図15-1　性格構造の

	スキツォイド	オーラル
主要テーマ	実存的恐怖	育まれること
恐れていること	人間の体の中に一人の個人として生きること	なにもかも充分には得られない
経験したこと	直接攻撃された	充分に満たされなかったみはなされた
防衛行動	エネルギーレベルで体を去る	人からエネルギーを吸い取る
防衛行動の結果	体が弱い	自分でエネルギーを代謝できない
コアエッセンスとの関係	普遍的エッセンスを感じることはできるが、エッセンスが個人化されるのを恐れる	個人化されたエッセンスを満足なものではないと感じる
人間的ニーズ	個人化すること 自分が人間である事実を受け入れること	自己を育むこと 自分は充分な人間なのだと知ること
スピリチュアルなニーズ	個人化されたエッセンスを経験すること	個人化されたエッセンスを自己の内にあるつきることのない源として経験すること
時間認識の歪み	普遍的な時間を経験している 時間を直線的に経験することや、物質世界で「現在」に存在することができない	時間は充分にあると感じたことがない

また人生のさまざまな段階において、特定の性格構造の主要テーマに取り組むことになるだろう。つまり、ある期間には特定の防衛をより頻繁に使い、しばらくしてこんどは別の性格構造のテーマに取り組み始めるといったことが起こる。これはごく正常なことだ。一般に、防衛のパターンは一生を通じてほぼ同じままだが、その防衛を用いる頻度が少なくなればそれだけ強制力を失って防衛は穏やかになり、かわりに自分の本当の姿がいっそう表現されるようになる。同じ防衛パターンを男性も女性も使うことも覚えておこう。

スキツォイド（分裂質）性格の防衛システム

スキツォイド性格が抱える主要テーマ

この性格構造の主要テーマは、実存的恐怖［訳注：人間として存在すること自体についての恐怖］である。このタイプはおそらく多くの過去生で肉体的な苦痛とトラウマを経験し、通常、なんらかの信条や信仰のために拷問にかけられて殺された経験を持つ。その拷問の苦痛に耐えるために、スキツォイド性格は肉体から逃避する方法をみつけだした。このような過去を持っているので、肉体に住むのは危険であり、恐ろしい経験であると今も信じている。またそもそも物質世界にいることにさほど興味がなく、ほかの人間ともあまり接触したがらない。ほかの人間からもたらされるのは直接的な敵意と予測している。そして時にまさしくそのような経験をする。実際はどうであれ、他人との関係は敵意に満ちたものと経験するようあらかじめプログラムされているのだ。たとえば母親が、子供と関係のないことに怒りを感じている時にたまたま揺りかごにいる子供に目を向けたとする。この性格構造を持って生まれてきた子供は、その母の怒りを自分自身に対して向けられた危険な殺人的怒りとして経験し、攻撃されていると感じる。実際には多分、大工が余分に代金を請求したというようなことに怒っていたのだろうが。

その一方で、このタイプは両親を選ぶ際に、人間は危険であるという自己の思い込みを反映する選択を行なう。ある両親は実際に子供に対して激怒したり虐待したりする。しかし最終的にスキッォイド型の性格を形成するのは子供の方での経験の仕方であって、実際の状況はかならずしも関係がない。ただし通常、実際の経験自体も苛酷なものであることは多い。

いずれの場合も、スキッォイド性格を持つ人はほかの人間を恐れ、他人と関係を持つことをつらいと感じる。両親との間に第三、第四チャクラのコードが健全な形で形成されていないせいで、ほかの人々と結びつきを持つためのモデルが存在しない。そして肉体に完全に転生すること、つまり意識とエネルギーをしっかりと肉体に根づかせることを恐れている。

スキッォイド性格が恐怖に対してとる防衛行動

スキッォイド性格が恐怖に対してとる防衛行動は、エネルギーレベルで肉体を去ることだ。まずエネルギー意識体を分裂させてねじ曲げ、それによってエネルギー意識体の大部分を頭頂から逃がす方法を身につけている。通常、頭頂の片側または後ろから逃がす。これを非常に幼い頃、時には胎内にいる頃から繰り返しているので、エネルギー体に習慣的ねじれと傾きがある。そのためにＨＥＦ（ヒューマンエネルギーフィールド）の境界がしっかりと形成されず、第七レベルの外殻はとても弱い。

スキッォイド防衛がもたらすネガティブな影響

この防衛行動の結果、物質世界はいっそう危険なものに感じられる。このタイプは非常に自己の境界が弱く、他人から容易に侵入される。肉体もねじれたＨＥＦ（ヒューマンエネルギーフィールド）に沿って形成され、おそらく背骨に歪みないし弱い部分がある。ＨＥＦの下位レベルはあまり強くないか未発達で、肉体は虚弱で繊細だ。長期的にはこの防衛は事態を悪化させる。自分はとても繊細で傷つきやすいから肉体を持って生きることは危険だ、という思い込みに沿った人生経験を創りだす。こうして悪循環に捕われている。

物質世界を恐れ、そこへ転生することを避けるため、スキッォイド性格の人はできるだけ長い時間を高いスピリチュアルな領域のぼんやりとした一体感の中で過ごす。そこでは個人として存在するという経験をすることはない。前に説明したように、物質世界での生は自己を映す鏡であり、人はそれによって自己の内に個人化された神聖さを認めることを学ぶ。つまりこのタイプは、物質世界を避けることで自らのコアを認識するのに必要な転生の個人化プロセスを避けようとする。そのため自分が普遍的な存在であることは感じているが、自己の内に個人化した神を知らない。あまりに多くの時間を高い領域で過ごすので、時間に対してもその領域での経験をあてはめる。そこではすべての時間が一度に経験される。つまり時間を「今この瞬間」として経験せず、また直線的に経験することもない。むしろ住みかは「すべての時間」にあるということをこのタイプはなんなく経験する。図15―2はこのタイプのエネルギーレベルで体を抜けだす型の防衛を示している。

スキッォイド防衛をみわけるには

この防衛を用いている人をみわけるのは簡単だ。目が虚ろで、自分の体の中にとどまるまいとしている。また、この人のまわりをとり巻く恐れも感じられるだろう。姿勢にねじれがあるのが見えるかもしれない。

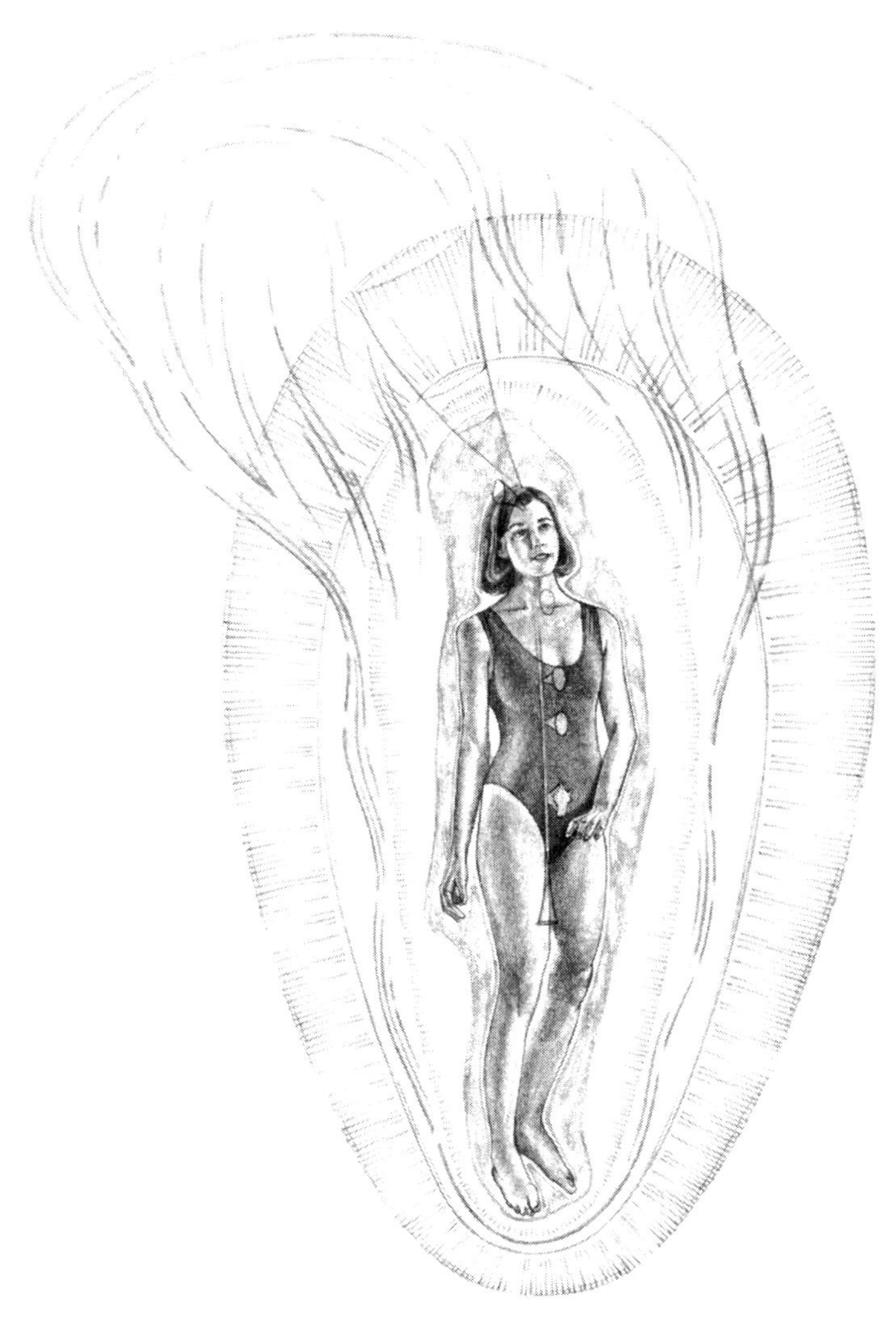

図15-2　防衛状態にあるスキツォイド性格のＨＥＦ

スキツォイド性格の人間的およびスピリチュアルなニーズ

地球上の物質世界で安全だと感じるというニーズ、人間関係でほかの人間と結びつくことを学ぶというニーズ、今この瞬間に、過去も未来もある存在として生きることを学ぶというニーズがある。スピリチュアルなレベルのニーズは、自らの内に神があり、その内なる神こそはほかにかけがえのない自己の神聖なエッセンスであると学ぶことだ。

スキツォイド防衛に対するこちらのHEFのネガティブな対応

相手がこのタイプの防衛に入った時に自分がとるネガティブな対応はどのようなものか検討してみよう。

スキツォイド性格の人と話している時に相手がエネルギーレベルで体を去ってしまったら、どうするだろう。自分に注意を払っていないと怒り、さらにエネルギーで「押す」だろうか。すると相手はさらに怖がってますます体から離れてゆくし、次に会った時に結びつくのがいっそう難しくなる。図15—3は、こちらが怒ってエネルギーで押すとなにが起こるか、そして相手がどうするかを示している。

それともみはなされたと感じ、相手をつかむだろうか。「引く」モードに入って引きよせようとするだろうか。すると相手はさらに遠ざかる。そうしたらどうするだろう。いっそう強く引っぱるのか。すると相手はもっと遠ざかる。そうしたらどうするだろう。なお強く引っぱるのか。図15—4は、相手をつかんで引っぱった時にこちらに起こることと、それに対してスキツォイド性格がどうするかを示している。

それとも「止める」モードに入ってエネルギーの流れを止めるだろうか。「止める」モードに入ると自分の内部深くに入り込んでしまうだろうか。それでは相手はどこか彼方にいて、自分はどこか深くにいることになる。そうなった時にたがいに相手がいなくてさみしいと感じないだろうか。あるいはエネルギーを止めながら、意識をそこにとどめて待っているだろうか。多分いらいらして、早く相手がもどってこないかと待ちながら。相手はもどってきはしない。どうなるかを図15—5が示している。

それとも否認して「傍観する」だろうか。事態を傍観し否認して、相手が自分の話を聞いているかのように会話を続け、時間を無駄にするだろうか。それで目的が達せられるだろうか。そうではないだろう。これが図15—6に示された状態である。

それとも自分も体を置いてどこかへ行ってしまい、誰も会話を行なっていない状態に入るだろうか。図15—7は両方がエネルギーレベルで体を去ってしまった状態を示している。これではまるで「体ここにあれども心ここにあらず」の人々の世界である。

多くの場合スキッツォイド性格は傲慢を装い、「私はあなたなんかよりずっと霊能があって進化しているスピリチュアルなんだ」と言わんばかりにふるまってこちらを威嚇し遠ざけようとする。これに対してどうするだろう。その言葉に同意して相手が自分より偉いと認め、接触をやめるだろうか。あるいは腹を立て相手につっかかるだろうか。相手の言葉を信用せず、とりあわないだろうか。とりあえずはやりすごしても、やはりこちらのＨＥＦ（ヒューマンエネルギーフィールド）を変化させる必要がある。スキッツォイド性格の人が安全だと感じてガードを解くのを助けたいのであれば、大地にしっかりと足を下ろしてコミュニケーションを開始しよう。そうすれば、その人といっしょにやりかけていたことをやりとげられるだろう。

どうすればスキツォイド防衛にポジティブでヒーリングをもたらすような対応ができるか

図15ー8（巻頭カラーページ）は、どのようにこちらのＨＥＦ（ヒューマンエネルギーフィールド）を調節すると、防衛状態にある相手と接触して相手に安全だと感じさせられるかを示している。こうすれば、自分と相手の双方をできるだけ速やかに恐れと防衛の状態から現実へ、そしてコミュニオンへと導きだせる。三つのＨＥＦ間のコミュニケーション手段（調和誘導、ストリーマー、コード）と四つのエネルギーの流れのモード（押す、引く、止める、傍観する）のさまざまなバリエーションを駆使して、スキツォイド防衛をとっている友人のために安全な空間を創りだそう。

第一のルールは、相手の境界をバイオプラズマのストリーマーで侵さないこと。このタイプのＨＥＦ第七レベルは壊れた卵の殻のようなものだと考えよう。少しでもストリーマーを送ればすぐ突き抜けてしまい、相手は間髪を入れずに体から抜けだす。第二に忘れてはならないのは、スキツォイド性格はエネルギー意識体をＨＥＦの上位のレベルに高い周波数で保っているということだ。したがって相手に届くには自分もＨＥＦの周波数を上げて、それを相手が調和誘導によって感じるようにする。

そのためには自分の意識を高いスピリチュアルな領域に集中する。自己の最も完璧で高いスピリチュアルな経験へと意識をもちあげるために、そうした経験を思い浮かべたり、見たり、感じとったり、聞いたり、嗅いだり、味わったりする。こうすることができて同時にストリーマーを送らずにいれば、相手は安全だと感じ始める。ストリーマーを送るのを防ぐには、意識を一度にあらゆる方向に向けて、自分のＨＥＦを卵の形に思い浮かべる。そのパルスを感じながら自己の境界を感じ、エネルギーを卵の中にとどめておく。なにか一つのものに心の焦点を合わせたり、外のなにかに意識を向けたりしてはいけない。

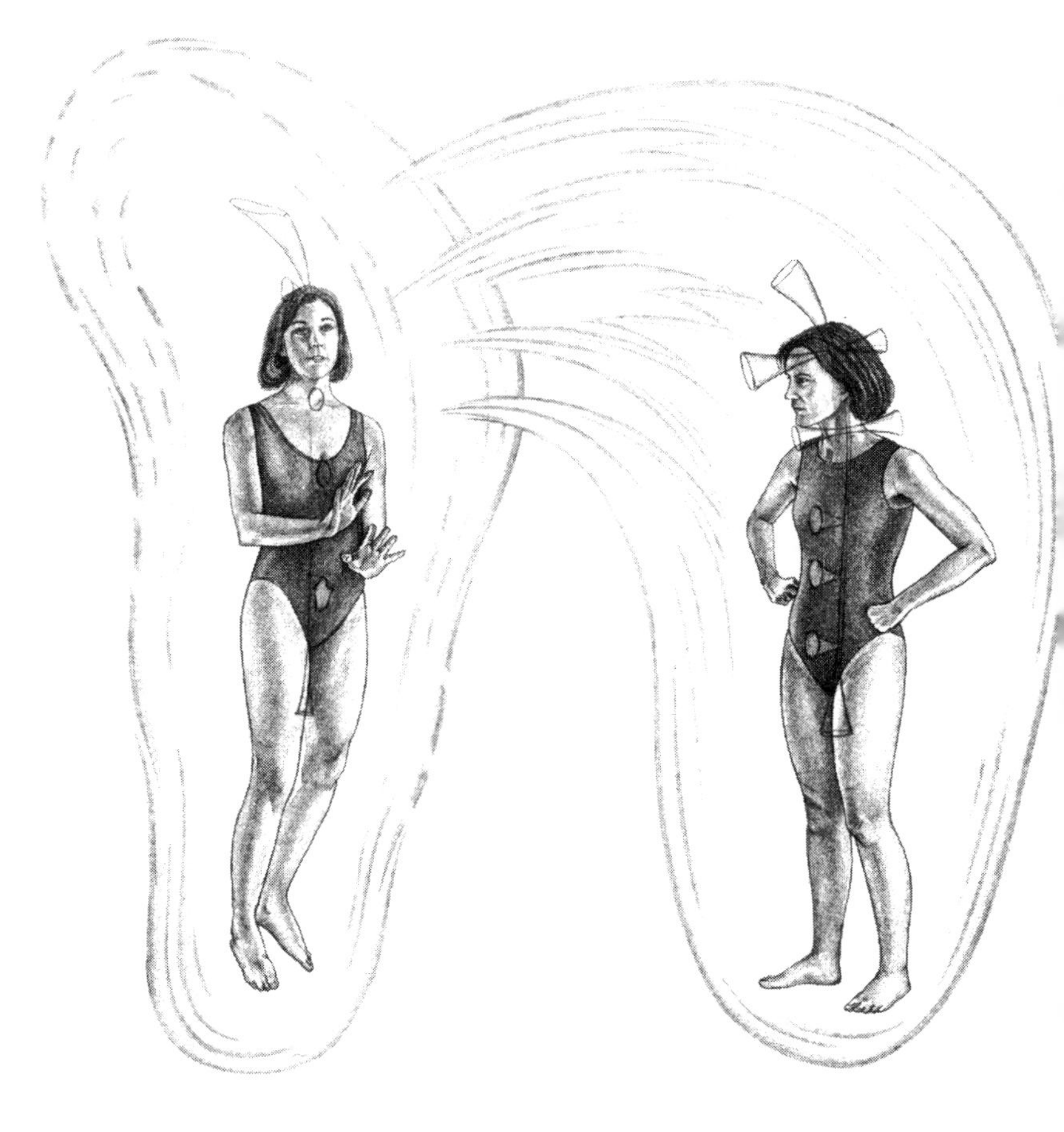

図15-3　スキツォイド防衛に対して「押す」

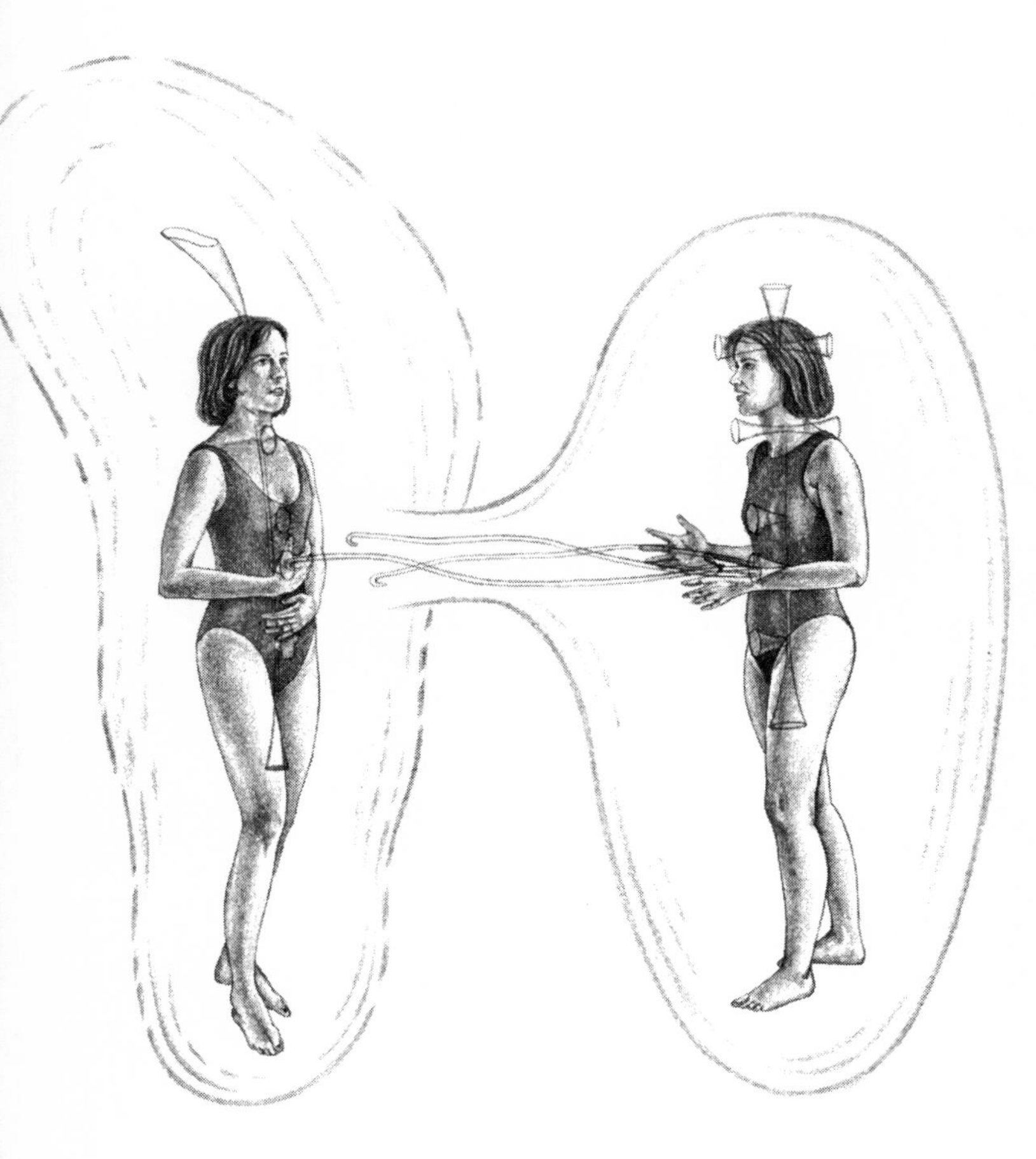

図15-4　スキツォイド防衛に対して「引く」

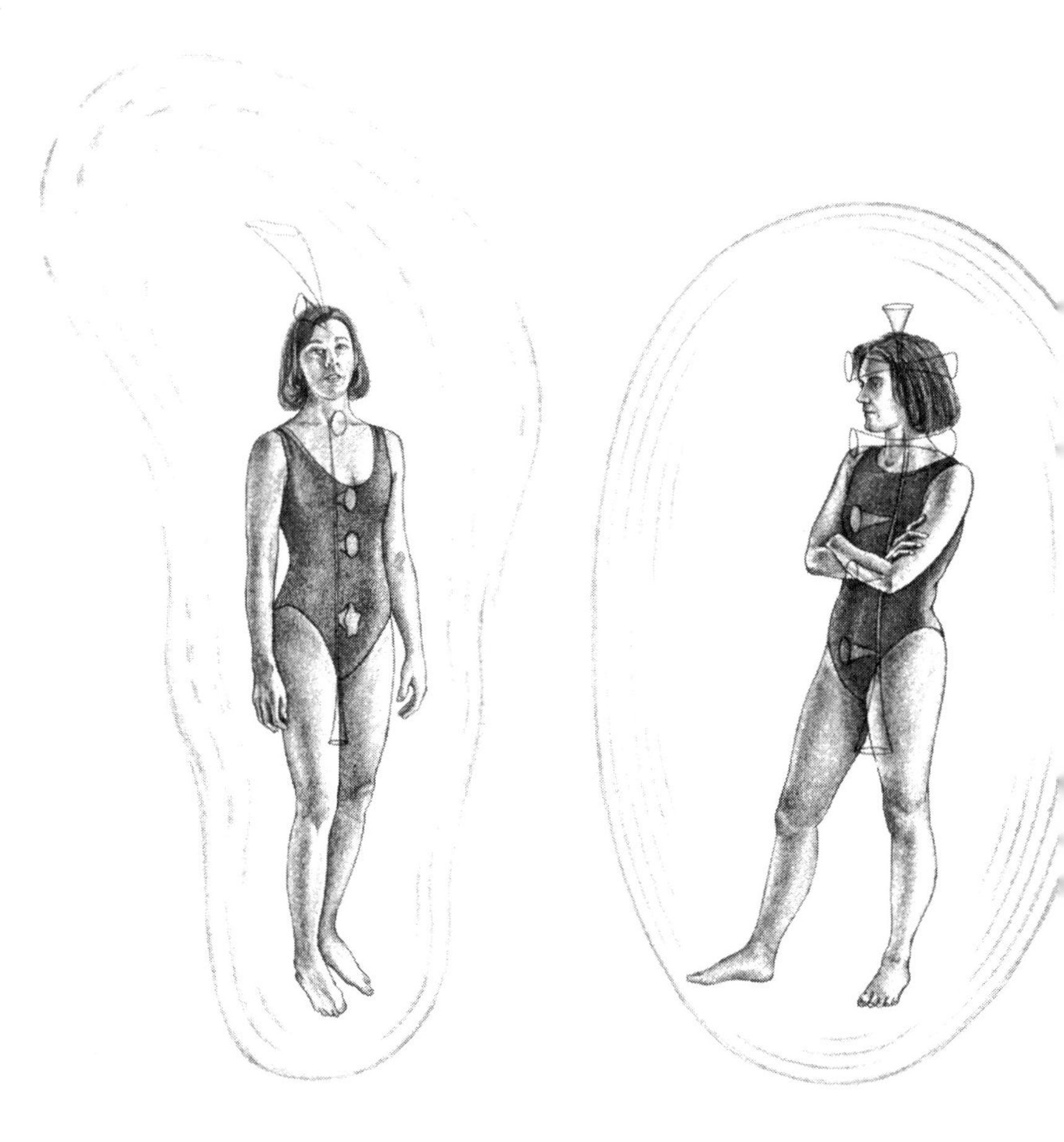

図15-5　スキツォイド防衛に対して「止める」

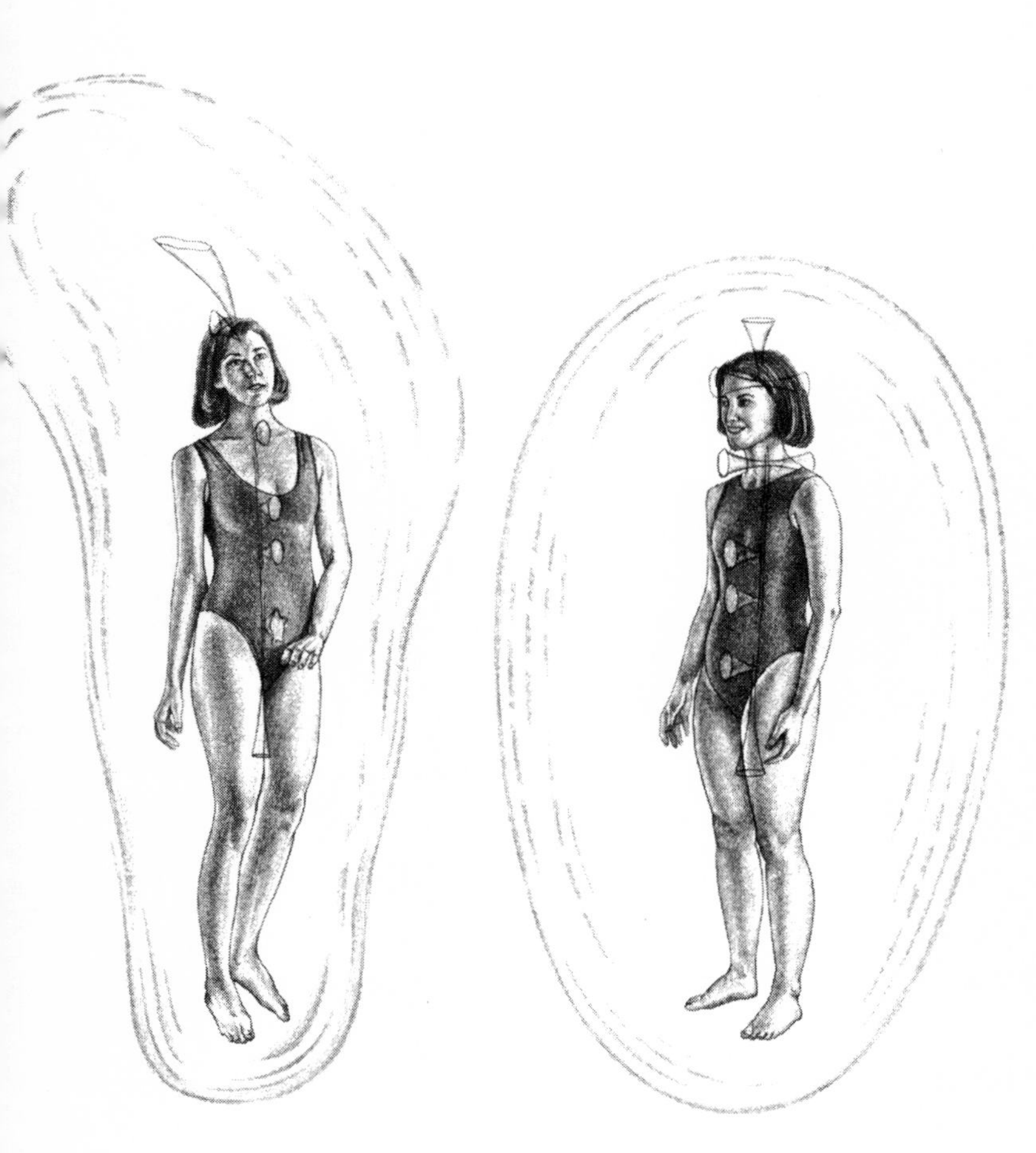

図15-6　スキツォイド防衛に対して否認して「傍観する」

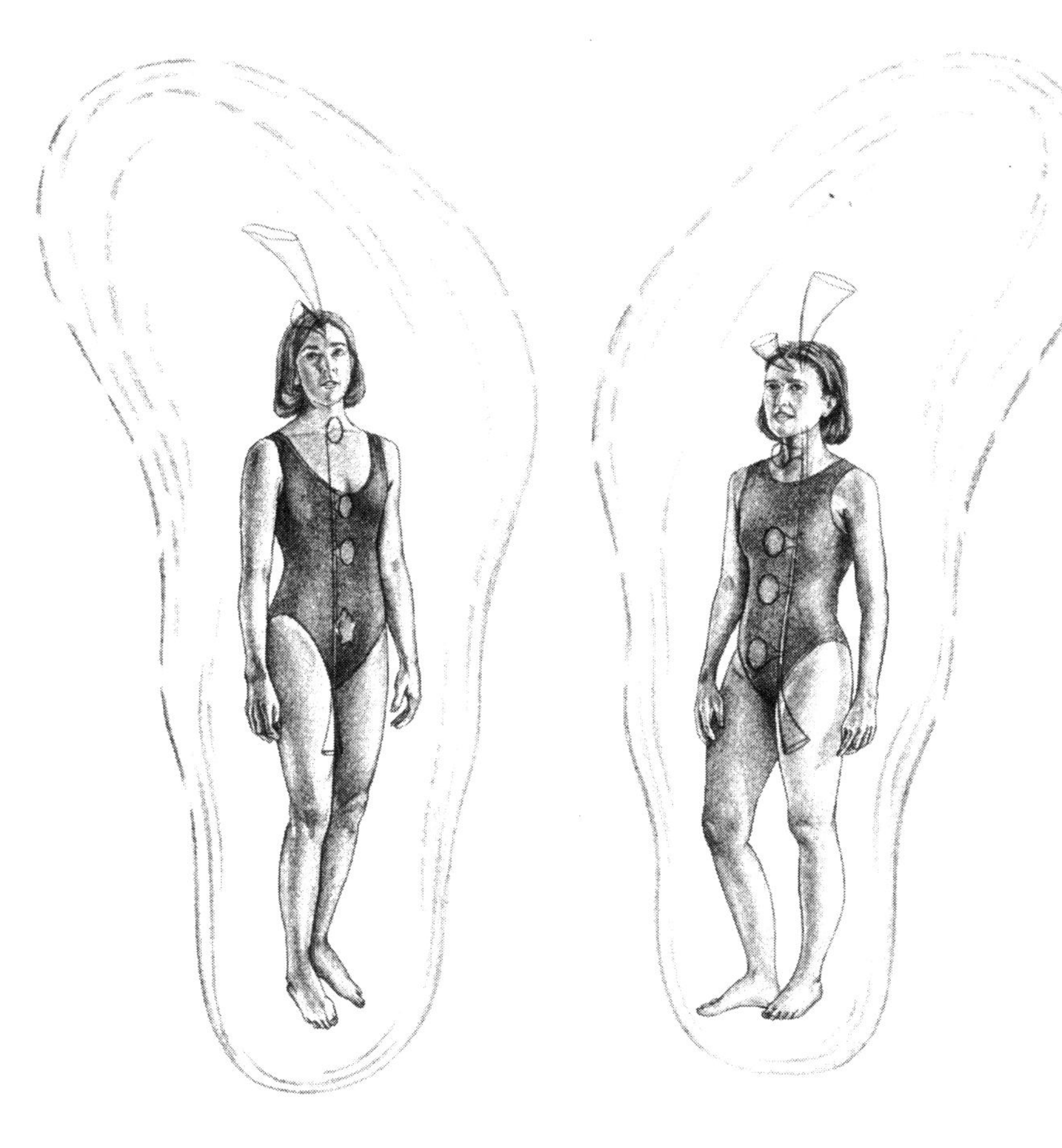

図15-7　スキツォイド防衛に対してエネルギーレベルで体を去る

この間、直接相手の顔を見たり視線を合わせたりすることはできないかもしれない。相手が脅威を受けたように感じるからだ。無理に視線を合わせる必要はない。いったんHEFをシンクロナイズさせ、調和誘導を通して相手に接触できたら、ゆっくりこちらの周波数を下げてゆく。これによって調和誘導を通し相手の周波数も下げさせることができる。そのためには全身をリラックスさせ、まず自分を落ち着かせる。そうすれば相手も落ち着く。木々の間をぬって美しい緑の草の上を歩いていると想像しよう。自分の周波数が調和のとれた地球の周波数へと導かれるだろう。

次のステップはずっと高度なHEFの制御が必要なので、できなかったとしても落胆してはいけない。これは高度なHEF制御が可能な読者向けのものだ。相手に安全だと感じさせることができたら、触れてもよいか許可を求める。相手が同意したら、立ったままわずかに膝を曲げてくれるよう頼む。次にゆっくりとこちらの右手を、相手の背中側の第二チャクラに当てる。この時必ず、手のエネルギーを穏やかに保ち、バイオストリーマーを送りださないこと。次に細心の注意を払いながら、手からバイオプラズマを流れださせる。意図を使って、このバイオプラズマを相手の体の中を通って大地へと導く。この流れが相手を大地に結びつける。それができたら、自分のハート（第四）チャクラと第三チャクラからのコードを相手のチャクラにつなげる。コードはこちらのチャクラの中心から出して、相手のチャクラの奥にまで届かせる必要があるだろう。というのも、相手はどうやってそれとつながればよいのか知らないからだ。

ポジティブでヒーリングをもたらすような対応をするとどうなるか

以上の全ステップまたは一部を実行できたら、相手が人間関係を安全なものと感じるようおおいに助けたことになる。大切なのは、スキツォイド防衛を用いる人は人間関係において、安全であるという感覚もハートチャクラおよび第三チャクラに健康なコードがつながっている時に感じられる人間どうしのきずなも経験したことがないのを忘れないことだ。

人と結びつくことを学ぶのがスキッツォイド性格にとってどうしても必要なわけは、人間関係を通してしか、最も深いスピリチュアルなニーズ、すなわち自己の個人性を神性として経験するというニーズを満たすことができないからである。このタイプは、すべてが一体となった状態で神を経験することはできるが、個人化された形では経験できない。したがって自己の内に個人化された神をみつける必要がある。そしてその方法は、ほかの人間との交わりを通してしか学べない。そのための安全な場をこちらがHEF（ヒューマンエネルギーフィールド）によって確保すると、相手をとても助けることになる。

こんど自分の配偶者や家族が目の前でエネルギーレベルで体を抜けだした時、最初はいつもの習慣的パターンで対応してしまっても仕方ない。多分あまりにもすばやいから止めることはできないだろう。しかし自分が習慣的パターンで対応しているのに気づいたらすぐ、原因は恐れであることを思いだそう。相手がエネルギーレベルで体を抜けだすのも、自分がそれに防衛で対応するのも、恐れのせいだ。まず自分の膝を軽く曲げる。大地にグラウンディングし、深呼吸をして、相手を助け始めよう（図15—8《巻頭カラーページ》参照）。友人は体にもどってきて、たがいにコミュニケーションを再開できるだろう。最初はとても難しいかもしれない。おそらく自分自身も自動的に防衛に入るからだ。しかし練習すればやさしくなり、時間とエネルギーを防衛に費やすかわりに、より満ち足りた人生とコミュニオン（魂の一体感）を経験するようになる。

自分自身がスキッツォイド防衛から抜けだすには

自分が体を去るのに気づいたら、まずその事実を認識する。次に原因は恐れだと認める。恐れをとりさるには、その時している行動をきりかえる必要がある。まず膝を軽く曲げ、深呼吸をする。目は開いておくこと。膝を曲げたまま頭の上に意識を向け、それから顔に、首に、胸にと下ろしてゆき、最後に足の裏に届かせる。足の裏を感じ、そのまま大地へと入ってゆく。「私は安全だ。私は今、ここにいる」とつぶやき続けよう。足の下にしっかりと大地が感じられるようになったら、会話の相手を感じるように努める。相手が温かく友好的で、自分につながりを結ぼうとしていると感じられたら、それに応じよう。自分のハートと太陽神経叢を相手に向かって開き、相手が温かい、人間味溢れる気持ちで自分に結びついてくるのにまかせればよい。

オーラル(口唇質)性格の防衛システム

オーラル性格が抱える主要テーマ

この性格構造の主要テーマは育まれることである。多くの過去生で物が充分でなかった経験をし、おそらく飢饉の時に餓死したり、わずかに残された食べ物を誰がもらうかでつらい選択をしなければならなかったりしている。完全に満たされたという経験がなく、人生ではなにも決して充分に得ることができないのではないかと恐れている。

このような思い込みを癒すために生まれてきているので、この人生でも、この思い込みをもたらすような環境を子供時代に自分に引きつける。人生の早期にみはなされる経験をしており、それがまた起こるのではないかと恐れるようになる。たいてい実際に両親に「みはなされる」経験をしている。経験はそれが実際どれほどのものであったかということよりも、それを当人がどのように受け取ったかということの方が影響を与える。

この性格構造が形成される典型的な例は、授乳を行なう時間が母親に充分になかったケースだ。お腹がいっぱいになる前に乳房から離された赤ん坊は、満たされ満足して自分から自然に口を離したという経験がない。授乳中、赤ん坊は母親と一体になる。母の胎内にもどったのとほぼ同じ状態だ。この一体感のなかで、赤ん坊は自分を母親として経験する。母を神として、そして自己を神として経験する。母の、神の、そして赤ん坊のエッセンスは一つである。赤ん坊が自己のコアエッセンスを感じるためには、まず母／神のエッセンスで満たされなければならない。やがて充分に満たされた時、自発的にそこから離れ、個人化し、自己の神聖なコアエッセンスを感じるようになる。授乳において満たされるという経験を通して、赤ん坊はこれを学ぶ。

母親が授乳に苦労したり、赤ん坊が満足する前に乳房から離したり、授乳を急いだり、気が短かったり、赤ん坊をせかしたりすると、ある意味で赤ん坊をみはなしたことになる。これが繰り返し起きれば赤ん坊は神経質になって乳を飲む速度が落ち、授乳時間は長引いて状態をいっそう悪くする。やがて赤ん坊は母が自分をみはなす前に母をみはなすことを学ぶ。しかしそれでは普遍なるもの（母のエッセンス）と一体になる経験が得られない。したがって個人化された自己のエッセンスも知らず、内なる神聖さの源である自己のエッセンスを明確で満ち足りたものとして経験することもない。むしろなにか弱くて不充分なものと感じる。

このような赤ん坊はまた、両親を自分からエネルギーを吸い取る存在として経験する。多分、実際に両親は吸い取ったはずだ。不幸なことに、母親あるいは二親が、自分と子供を結ぶ第三チャクラのコードを使って、子供に滋養を与えるのではなく奪った。またストリーマーをのばしてエネルギーを吸い取った。こうした親は親自身が、どうしたら大地に結びつくことができるのか学んだことがないのだ。

オーラル性格が恐怖に対してとる防衛行動

結果として、このタイプのとる防衛行動はほかからエネルギーを吸い取るというものになる。無意識に、いく通りかの方法で、吸い取る。たとえば、他人につなげた第三チャクラのコードを通してエネルギーを吸い取ろうとする。ちょうど両親がやったように。あるいは「吸い込むような目」を通して、視線を合わせてストリーマーをのばし、エネルギーを吸い取る。あるいは長く退屈な会話をとても小さな声で続ける。相手がもっとよく聞こうとして身を乗り出すと、つまりエネルギーレベルでストリーマーをのばすと、小声で話を続けながらストリーマーからエネルギーを吸う。図15―9はエネルギーを吸い取るという防衛を示す。

オーラル防衛がもたらすネガティブな影響

こうした防衛行動の結果、ますます物質世界は滋養を与えてくれないものに感じられる。実際には、このタイプは滋養を与えられるのを自分で拒んでいながら、それを知らずにいるのだが。自分のエネルギーシステムをほかからエネルギーを吸い取るために使うので、チャクラは通常の大きさに発達せず、当然自分のHEF（ヒューマンエネルギーフィールド）にエネルギーを注ぎ込むことができない。自分のチャクラもしくは内面の源からではなく、外部から注いでもらうことに意識を集中している。自己の内面の源にはアクセスできないか、弱すぎて充分でないと感じている。こうして、HEFはあいかわらず弱いまま他人のいわば消化ずみのエネルギーをあてにするというネガティブなフィードバックの環を創りだして、滋養不足を他人のエネルギーに頼って補う状態を続ける。このためほかの人はオーラル性格のそばにいるのを嫌う。そこで、みはなされるという思い込みは人々に避けられることで現実のもの

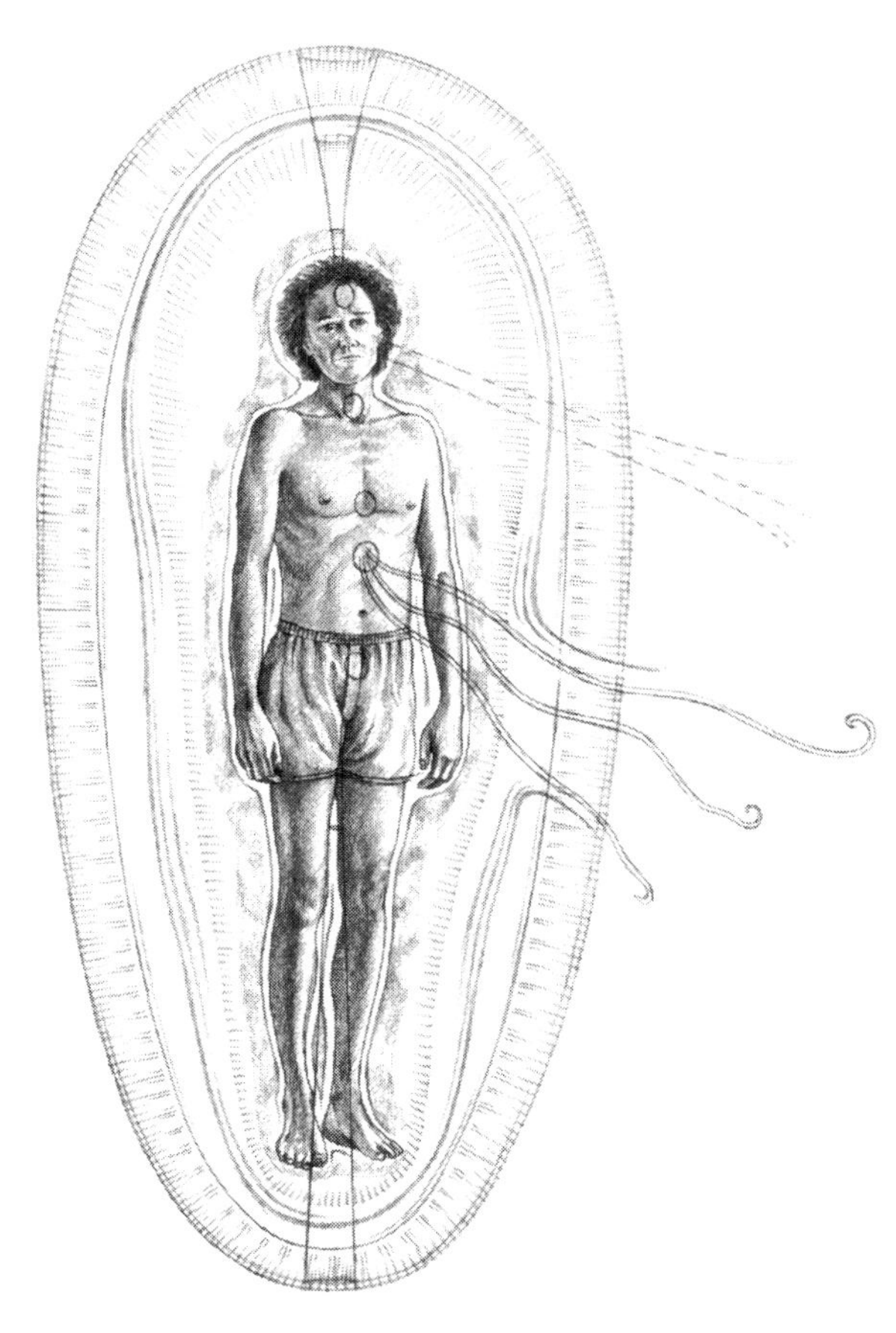

図15-9　防衛状態にあるオーラル性格のＨＥＦ

となる。このようにして、なにもかも決して充分には得られないという人生経験を自分で創りだす。悪循環に捕われているのである。

オーラル防衛をみわけるには

誰かが積極的にこの防衛を使っていれば簡単にみわけられる。自分は無力であるというふうにふるまって、大人にとっては普通でないような形でなにかをしてほしがったり、面倒をみてほしがったりするからだ。とても聞きとりにくい小声で話したり、視線を合わせるためにいろいろなことをしたりするだろう。しかし、その目の中に浮かべているのはいくじのない懇願で、「私のかわりにやってほしい。私の面倒をみてほしい。大人どうしの対等のギブアンドテイクなんてしたくない」と訴える。

オーラル性格の人間的およびスピリチュアルなニーズ

自分は完全に満たされたと満足する経験に対するニーズがあり、これは本人が満たさなければならない。どのようにしたら自分で満たせるかを学ぶというニーズもある。また、満ち足りたパワフルな生命の源が自分自身のコアスターの中に存在するのを経験するという、スピリチュアルなニーズがある。

オーラル防衛に対するこちらのHEFのネガティブな対応

このタイプの防衛に対する主な対応を、ふたたび四つのエネルギーモード（押す、引く、止める、傍観する）で説明する。

自分は無力なのだというふうにふるまい、ただひたすら受け取るばかりで返そうとしない人に対して、どう対応しているだろう。相手がこちらのエネルギーを吸い取り続けるのに怒って、エネルギーをネガティブな形で押しつけてやめさせようとするだろうか。腹を立て、相手を侮辱するかみくだしてエネルギーでひっぱたくだろうか。これは相手をさらに落ち込ませることになる。こちらがこのような対応をすると、相手は多分内面の力がつきていっそう無力になり、次に会った時に結びつくのがいっそう難しくなる。図15―10は、腹を立てて「押す」とこちらのHEF（ヒューマンエネルギーフィールド）になにが起こるか、またオーラル性格の人がその腹立ちに対してなにをするかを示している。

それとも、こちらもみはなされたと感じて相手にしがみつき、こちらも「引く」だろうか。すると相手はいっそう強く引いてこちらを吸い取りつくすか、さもなければ内面の力がつきてしまう。そうしたらどうするだろう。さらに強く引こうとするだろうか。図15―11は、こちらが相手をつかんで引っぱった場合に起こることを示している。

それとも「止める」モードにしてエネルギーの流れを止め、自分自身の中にこもって、相手がこちらのエネルギーを吸い取ろうとするし、こちらは奥に引っ込んでしまっていることになる。これではたがいにさみしく感じないだろうか。あるいはエネルギーを「止める」モードにしつつもそこにい続けて、おそらくはいらいらしながら、ひたすら相手が吸うのをやめるのを待つだろうか。相手がやめるはずはない。エネルギーを止めてそれ以上吸い取られないようにするだろうか。あるいは耳を傾けるのをやめて相手をみはなすだろうか。その結果は図15―12に示されている。

それとも否認して「傍観する」だろうか。ひたすら事態を傍観し否認して、会話を続けるだろうか。まるで表面に起こっていることだけが現実だというように。それでは疲れるのではないだろうか。あるいは相手の面倒をみようとするのだろうか。相手が第三チャクラのコードをつないでこちらのエネルギーを吸い取るのを許すのか。そうすると、多分エネルギーが吸い取られるのを感じるだろう。またはエネルギーをどんどんストリーマーを通して注いでやるだろうか。相手が巧みに要求してくるままに。あるいは相手の方に身を乗り出してもっとよく相手の声を聞こうとするのだろうか。面倒見の行為として。相手の無力そうな目がこちらのエネルギーを吸い取るのを許すことで結果的に、「私は自分ではエネルギーを持っていないけれどあなたは分けてやれるほどいっぱい持っている」という相手の主張に同意してしまうのだろうか。自己陶酔に陥ってはいないだろうか。それで相手を助けていることになるのだろうか。実は違う。相手が子供の頃から繰り返してきたやり口を続けるのを助けているだけだ。解決策にはならない。図15―13にはオーラル防衛とそれに対する現実を否認して「傍観する」対応が示されている。

それとも相手を避けることでみはなすだろうか。あるいは体からエネルギーを抜けださせて、吸い取るべきエネルギーが体に残っていないようにするのだろうか。すると相手はみはなされたと思い、いっそう強くエネルギーを吸い取るか、さもなければ感情的に崩れ落ちて諦める。現実は最も恐れていたとおりだったと証明されたのであるから。図15―14はこの防衛の組合せを示す。

どうすればオーラル防衛にポジティブでヒーリングをもたらすような対応ができるか

図15―15（巻頭カラーページ）には、こちらのエネルギーを調整してオーラル防衛に入っている相手に安全だと感じさせる方法が示されている。こうすれば相手に真実満たされたと感じる経験をさせて、さらに自分だけでもやれるではないかと教えてやれる。

第一のルールは、相手に習慣的パターンでこちらのエネルギーを吸い取るのを許さないこと。そのためには第三チャクラからのコードをこちらにつながせない。直接相手の正面に立たずに隣りあって立ち、強くしっかりとしたスクリーン（覆い）を自己の第三チャクラ上に思い浮かべて、相手がコードをつなぐのを防ぐ。視線を合わせないようにし、また相手の求めに応じて無意識にストリーマーをのばさないこと。しかしストリーマーで相手のＨＥＦ（ヒューマンエネルギーフィールド）を満たすテクニックは役に立つし、また簡単にできる。ただリラックスして、美しい色のエネルギーのストリーマーが自分の手から溢れて相手の第三チャクラに流れ込むのを思い浮かべる。相手の体に触れずに行なうこと。こうしながら、相手を自分の足で大地にしっかりと立つよう励まし、相手が強い足としっかりとした内面の生命の源を持っていること、自分で自分を満たすことができることを伝える。こうすれば、チャージ不足をもたらしている習慣的防衛を強化することなく、充分満たされたという経験をさせることができる。

　ここで、この防衛に関連する別の問題にぶつかる。オーラル防衛を用いる人たちがエネルギーを受け取る主な方法は、自分がコントロールする吸引である。つまり吸い取るのがエネルギーの受け取り方をコントロールする方法なのだ。これ以外の形でエネルギーを与えられると「止める」モードに入ってしまい、あまりたくさん受け取ることができない。しばらくするとまた少しエネルギーが流れ込むのを許す。それからそれが充分でないと感じたり、あるいは時間がかかりすぎるとあせったりして、再度「止める」モードに入る。つまりこちらが向こうをみはなす前にこちらをみはなそうとするのだが、実際にはこの行為によって自分で自分をみはなしているのである。この行きつもどりつは相手が満たされるまで続くので、長い時間がかかるかもしれない。しかしこちらが苛立つと相手は即座に「止める」モードに入り、いっそう時間がかかる。時間を敵と感じてそれと戦い始める。この戦いでこのタイプが充分な時間があると感じることは決してない。したがって与える方は、この過程が完了するまでとどまり、相手のためにそこにいてやってヒーリングを続けることができるかどうか試されることになる。

　相手のＨＥＦがかなりチャージされたら、自分の意識と意図を集中させて相手のＨＥＦ内のエネルギーを大地深くに下ろし、大地と強いきずなを結ばせる。相手の第一チャクラが開いてもっと多くのエネ

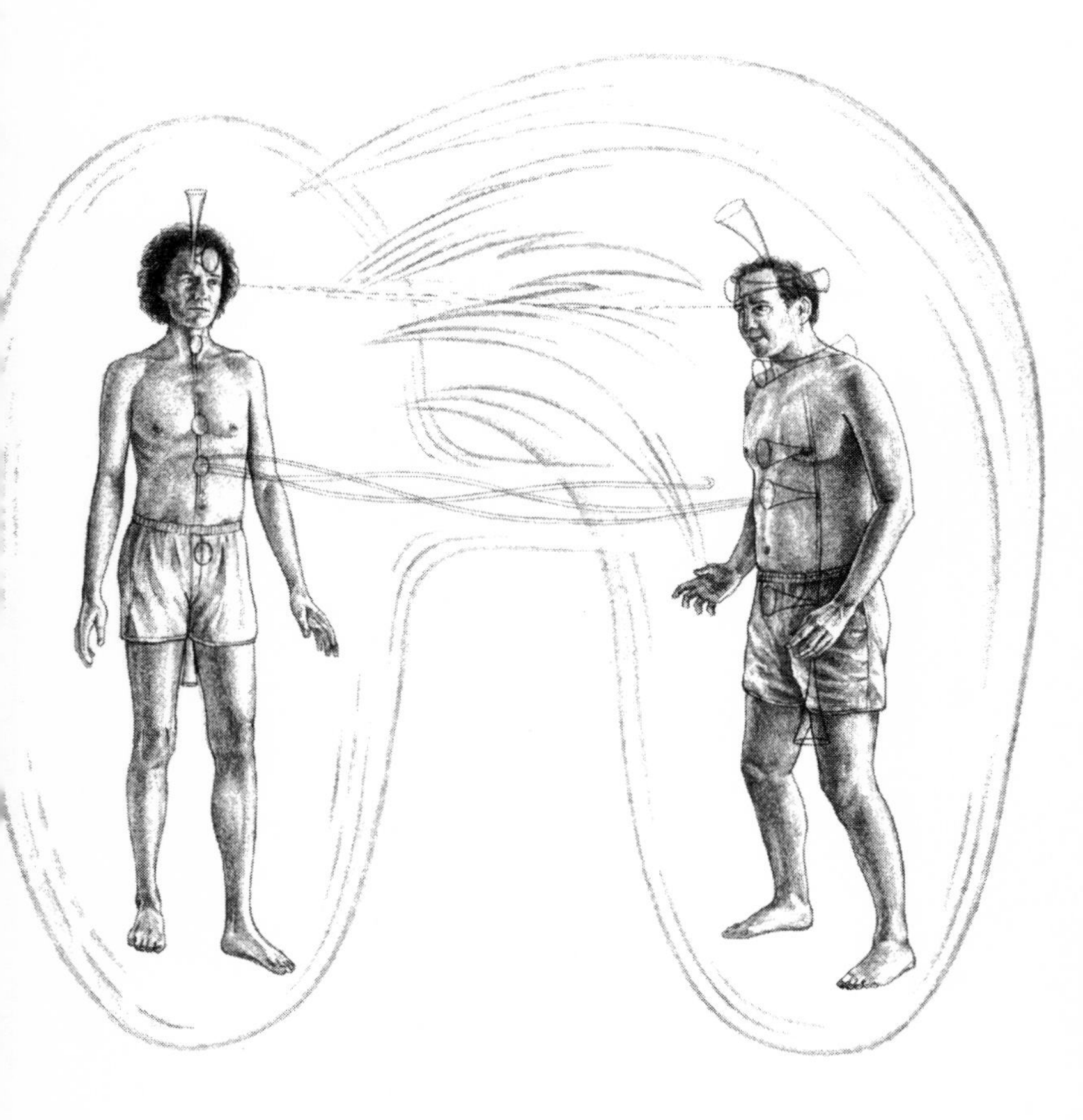

図15-10　オーラル防衛に対して「押す」

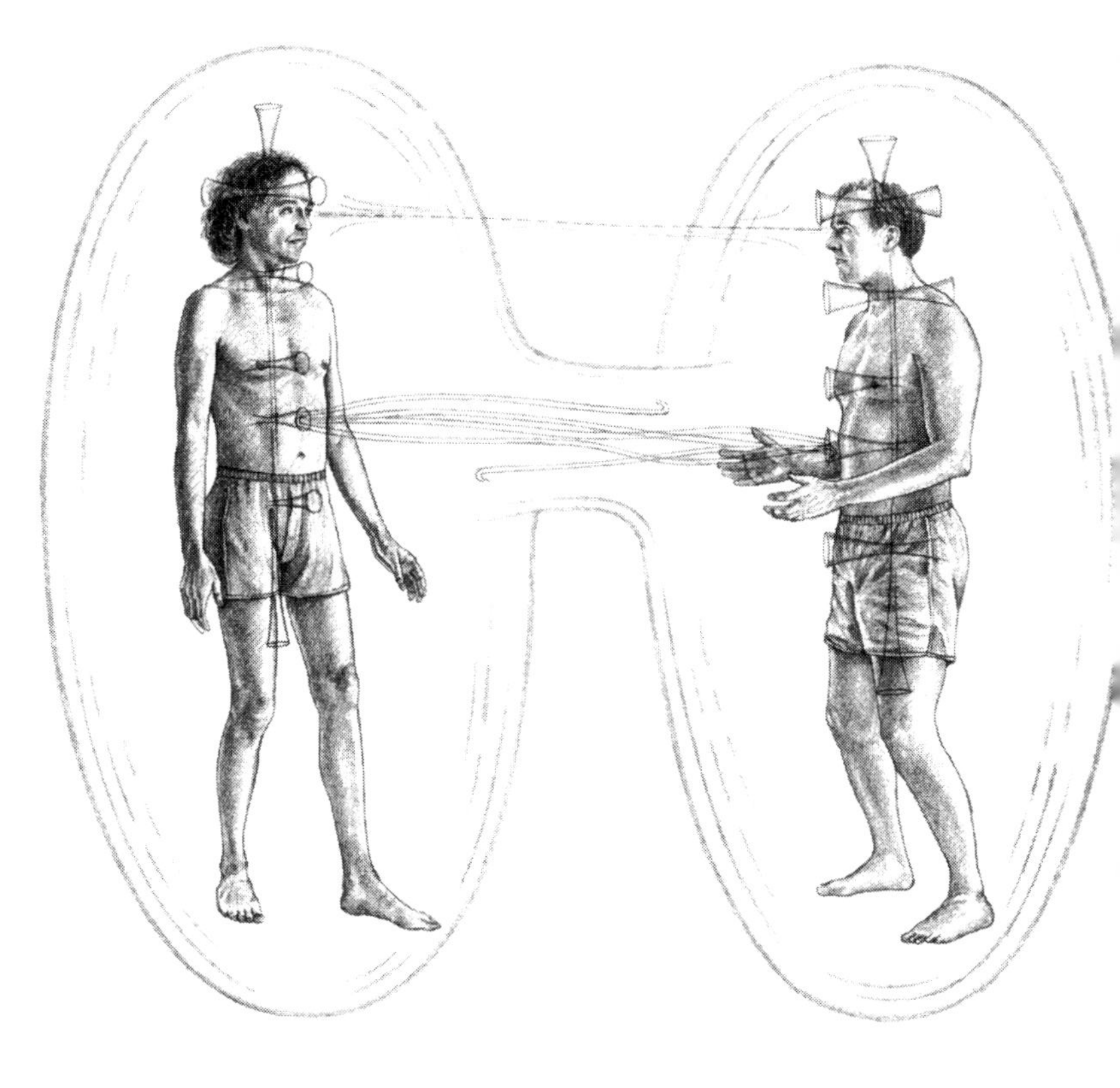

図15-11　オーラル防衛に対して「引く」

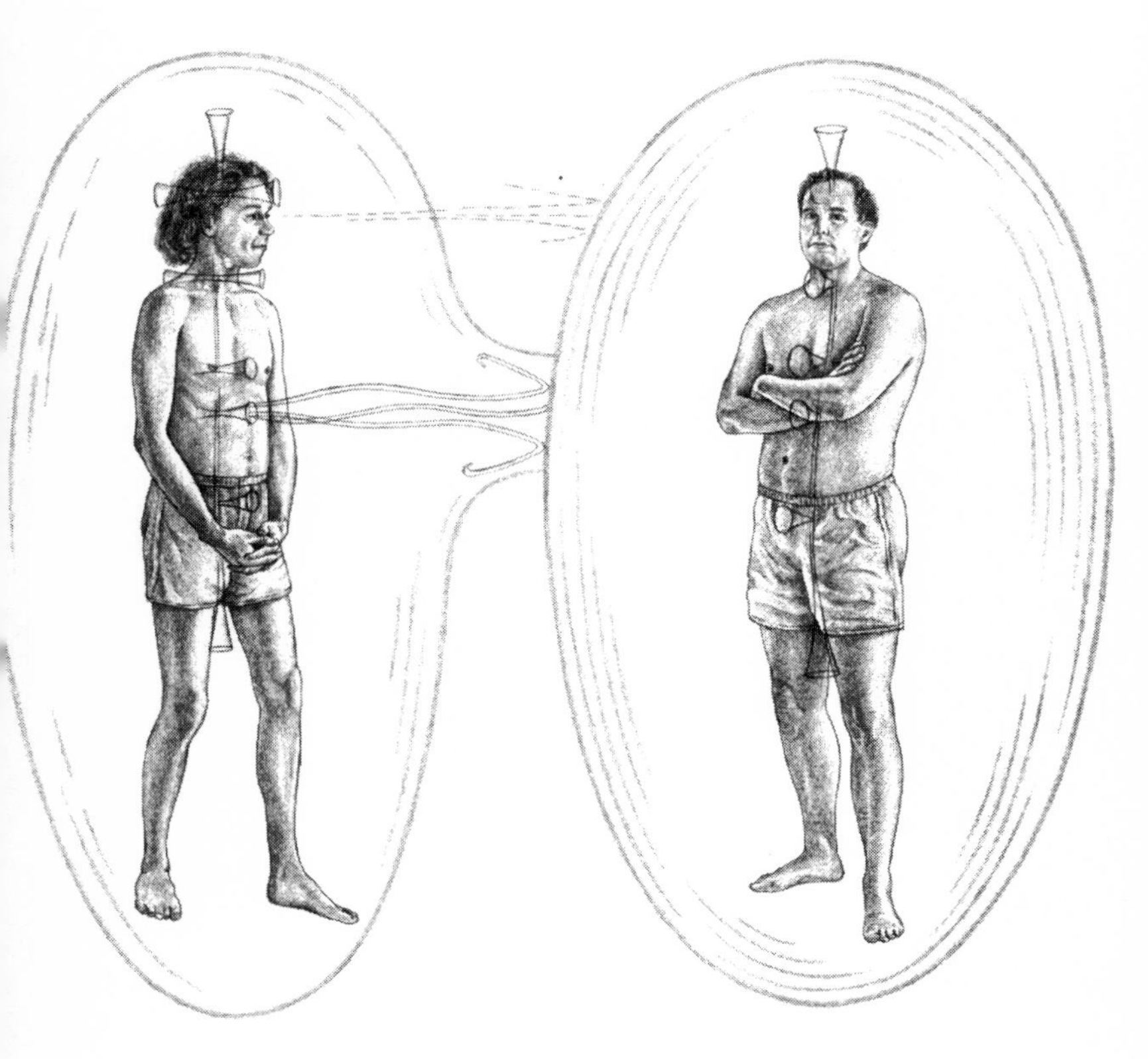

図15-12　オーラル防衛に対して「止める」

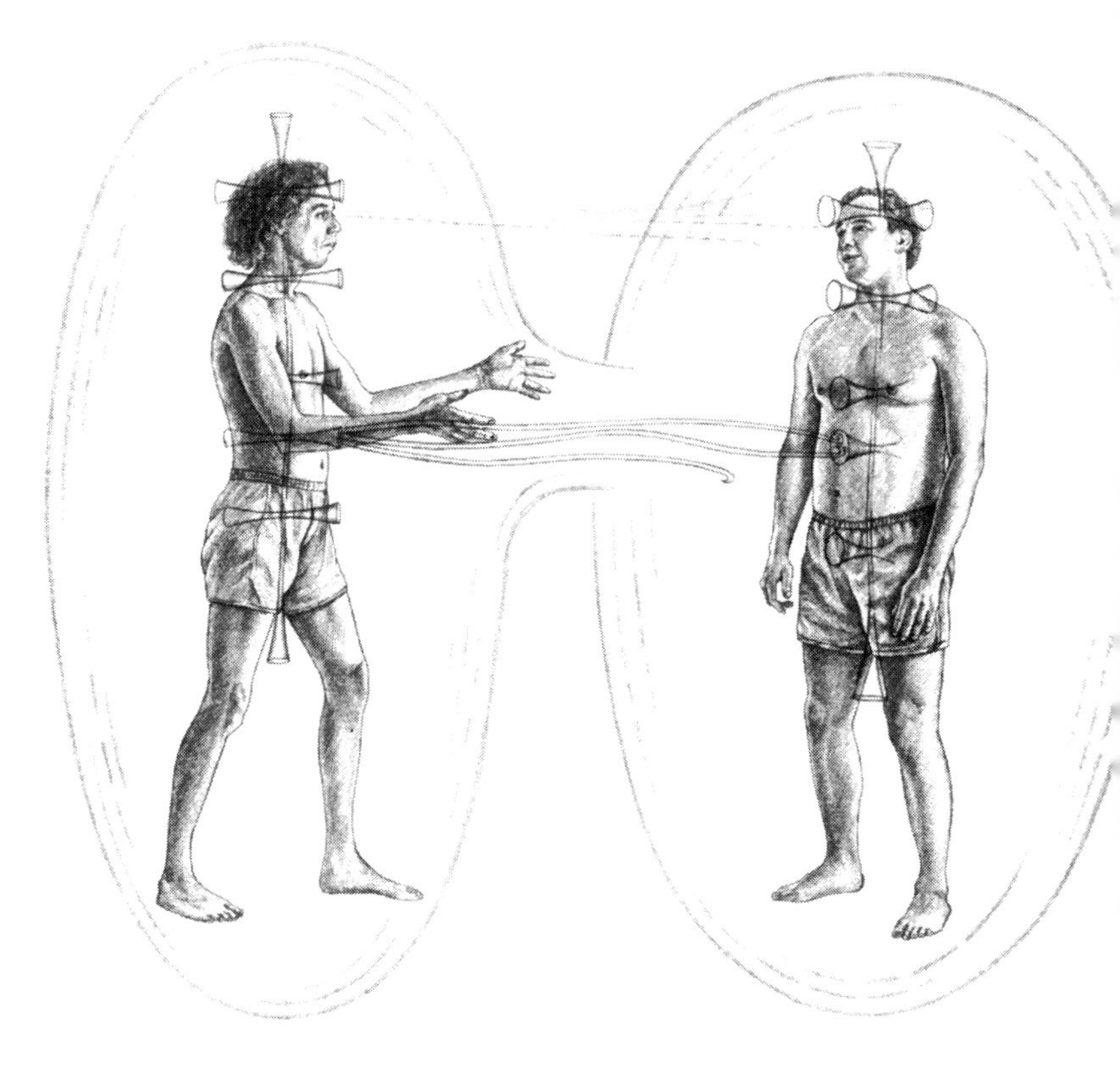

図15-13　オーラル防衛に対して否認して「傍観する」

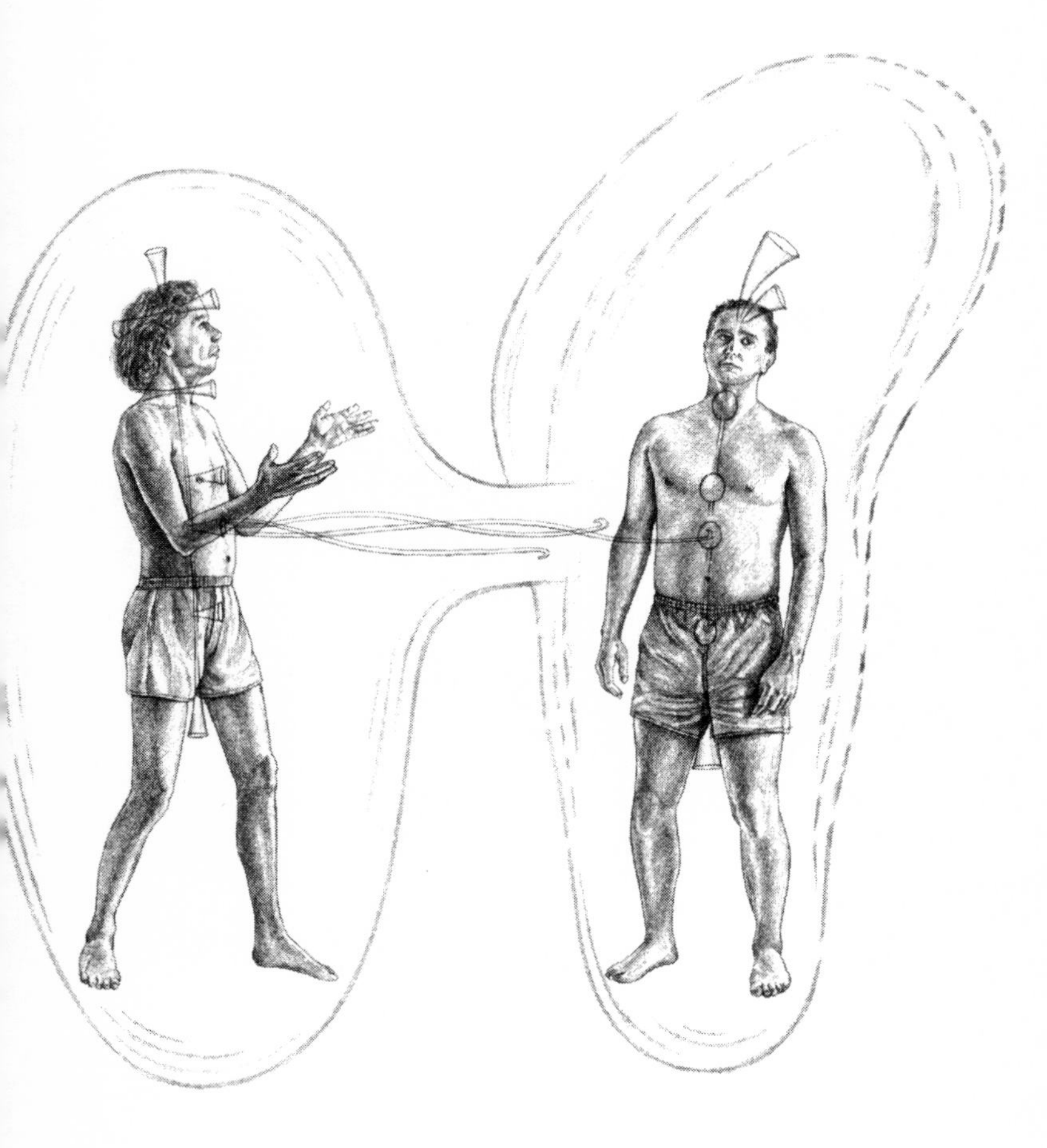

図15-14　オーラル防衛に対してエネルギーレベルで体を去る

ルギーが大地から上がってくる様子を思い浮かべる。これは自分のストリーマーとの結びつきを保ち続ければ難しいことではない。また相手の脚と足元に視線を合わせるとやりやすい。相手が大地にグラウンディングできたら、ちょうど掘抜き井戸には汲み上げなくとも水圧によって水が噴き出してくるように、エネルギーは自動的に流れ込む。吸い取る必要はなくなるだろう。こうなったら、ストリーマーからエネルギーを送るのをやめてストリーマーを離し、あとは本人に自力でエネルギーを入れさせる。

ポジティブでヒーリングをもたらすような対応をするとどうなるか

以上のステップまたはその一部を達成できれば、相手が自分で自分に滋養を満たし育む方法をみつけるのをおおいに助けたことになる。これはとても大切なことで、このタイプはヒーリングを進めてゆくと、充分に受け取れないという自分の恐れの下には自分は充分な者ではないという思い込みがあると気づくからだ。ごく幼い頃、オーラル性格は自己のエッセンスは充分なものではないと信じた。自分で自分を満たしてやれると学ぶのは、これで充分なのだと気づくのと同じことになる。いったんこれができれば、人間関係においてエネルギーを吸い取るという習慣的行動を伴わずに人と結びつくことを学べるようになるだろう。人間関係は、二人の対等な大人どうしの健康なエネルギーの交換へと変化する。また時間との関係もかわる。戦わなければならないもの、決して充分ではないものとして経験することはなくなり、人生にはあり余る時間があるのだと感じるようになる。

スピリチュアルなレベルでは、このタイプが成し遂げなければならないのは自己の内面に個人化した神の源を認めることだ。人間関係を通してのみ、自己のコアはほかの人のコアに負けずに明るく満たされていること、生命の源は時間を超越した自己の内面のエッセンスであることを学ぶことができる。

こんどオーラル性格の友人や家族が自分は無力であるという態度をみせたり、こちらのエネルギーを吸い取っていたりするのに気づいたら、相手は恐れているのだと思いだそう。自分は充分な者ではないのではないかと恐れており、自己のエッセンス自体が充分なものであると信じられないでいる。最初に相手の恐れに反応してしまったとしても、それは仕方がない。しかし相手の態度に対して自分も防衛状態に入っているのに気づいたら、深呼吸をしてリラックスする。そして膝を曲げ、大地深くにグラウンディングし、自己の中心から呼吸する。そして相手を助けよう。きっとできるはずだ。

自分自身がオーラル防衛から抜けだすには

自分が無力であると感じたり、責任を投げだすような形で他人になにかしてほしがっているのを感じたら、まず深呼吸してリラックスする。そして自分には必要なだけ時間があるのだと言いきかせる。膝を曲げ、大地深くにグラウンディングし、意識を自己のコアスターに集中する。ここには必要とされるいっさいのものの源がある。自分は無力ではない。なんでもできる。自分は神なのだ。この言葉を繰り返そう。「私は充分満たされている。私は充分満たされている」。

サイコパス（精神病質）性格の防衛システム

サイコパス性格が抱える主要テーマ

この性格構造の主要テーマは裏切りである。このタイプはおそらく多くの人生を戦士として過ごし、大義のために立ち上がり戦ってきた。個人的に多くの犠牲を払いながら戦っては勝利を収めてきた。自己の大義と自分自身は正しいと知っており、自分が正義の側にあると知っていた。それがそもそもこのタイプが勝利を収めるのに長けていた理由だ。大義は自己を正義の側に立たせ、敵を悪者にした。しかし最後に裏切られ、地位を追われ、殺された――おそらくは最も信頼した者の手によって。なぜかといえば、勝つということは敵を必要とするからだ。一方が正しいとなれば、ほかの誰かが間違っている。そう信じる者はしっかりと勝利を収める。

しかし国を治めるには異なる種類のリーダーシップが必要だ。チームワークと協力が必要となり、リーダーだけでなく誰もが善良であり、自分以外にも多くの人が正しいということを受け入れられなければならない。つまりこのタイプは過去において、戦士から王ないし女王になりきれなかった。そして今も戦士であり続け、もはやありもしない戦いに勝とうとしている。その結果、内面深くでは誰も信用していない。誰もが最終的に敵であり、それは最も身近にいる者でも同じことだと信じる。このタイプにとっては人生は戦場だ。

サイコパス性格が生まれることを選んだ家庭が次の戦場になる。最も親しい者が次の裏切り者になる。人生で何回も裏切られるという経験をしている。ごく幼い頃に一方または両方の親から裏切られている。幼い頃、勝つということがとても重要だった。家の中でも誰か（通常は両親の一方）が正しく、勝たねばならなかった。勝った方は正義の味方であることが証明され、負けた方は悪者になった。その家庭では通常、異性の親（本人が男の子なら母親、女の子なら父親）が配偶者との間に問題を抱え、本来ならその配偶者により満たされるべきニーズの多くを子供に転移していた。そして蠱惑的な態度を使って子供を操った。子供は「ママの大切な男の子」または「パパの素敵なお嬢さん」になり、微妙な形で、配偶者（つまりその子供と同性の親）よりどれほど優れているかを教え込まれた。こうして子供は異性の親、つまり正義の側につき、子供と同性の親は悪者にされた。そして年齢に不相応な責任を与えられ、早く大きくなるよう励まされた。このように扱われた子供は異性の親に対して自己のハートを与える。

ただしここでは性的なことは視野に入っていない。

もちろん子供が思春期になって性的に成長し始めると、すべての問題が表面化する。異性の親は、子供がつきあおうとするあらゆる異性に対し非常な嫉妬を示す。子供は性的感情など持つべきではなく、自分だけを愛するべきだと感じる。その結果、サイコパス防衛タイプにとって、セクシャリティとハートを同時に持つのはとても怖ろしいことになっている。異性の親を裏切ることであり、それでは自分自身が悪者になってしまうからだ。このタイプはこの領域で非常に傷つきやすい。自分と同性の人間には、自分のライバルである同性の親を思いださせられるので、恐れを感じる。

もちろん、本当に裏切ったのは異性の親の方だ。配偶者との問題を解決できずに、子供を利用し操って、自分の配偶者から得るべきニーズを満たしたのだから。こうしてふたたび、サイコパス性格は「大義」のために戦い(「異性の親=正義の味方」対「同性の親=悪者」)、勝利を収めた(正義の側の親の愛を勝ち取った)。そして最後には、奉じて戦ったはずの異性の親から裏切られる。というのはその親は配偶者(つまり悪者のはずの同性の親)のもとにとどまるか、そうでなければ新しい配偶者を得るからだ。

このタイプはしたがって多くの恐れを持ち、世界を戦場であるとみなし、戦う以外に道はないと感じている。最も親しい友人からの裏切りを恐れるので、友人を持つこと自体を恐れる。そして肩にのしかかる重荷に押しつぶされることを恐れている。

サイコパス性格が恐怖に対してとる防衛行動

こうした恐れを抱く結果このタイプがとる防衛行動は、エネルギーを上半身にもちあげ、より大きくなり、普通より早く成長しようとすることである。それによって早く大人としての責任を背負おうとするのだ。これはグラウンディングを弱め、安定感を奪う。ＨＥＦ（ヒューマンエネルギーフィールド）は上半身の方がはるかにチャージされている。さらにこの偏りを維持するため、エネルギーを体の背面に押しやって、意志の力を増強する。異性の親へのハートコードが裏切りで汚されているので、それを別の異性につなげることを恐れる。

人生とは正しいもののために戦うことだと信じているので、人生に対して攻撃的に立ち向かう。世界とは自分を攻撃するものだとみなしているので、エネルギーを体の背中側にある意志のチャクラにまわすと背中に沿って押し上げて、頭の後ろから頭上を越えて敵とみなした相手にぶつける。そのエネルギーは力強くて鋭い。「お前が悪者だ」と言う。図15―16はサイコパス防衛を示す。

サイコパス防衛がもたらすネガティブな影響

こうした防衛行動は物質世界をますます安全でない場所と感じさせる。実際に攻撃をしているのは本人なのだが、それに気づいていない。本人の攻撃的行動がまわりからの攻撃的対応を引きだし、このタイプは戦い続け裏切られたと思い続けることになる。なぜなら必ずいちばん親しい友人と戦うからだ。ＨＥＦ（ヒューマンエネルギーフィールド）はグラウンディングされていないので大地からの生命エネルギーを源とすることができず、足元が弱く支えがないと感じる。エネルギーを上体に集めることで第一チャクラと第二チャクラを弱め、自分をいっそう足元のぐらついた状態に追いやる。

第二チャクラがチャージ不足なので、性的、官能的な面でも問題を経験する。異性に対しては蠱惑的にふるまうが、長続きする恋愛関係を結べない。ハートとセクシャリティが同時に働かないからだ。異性にハートコードをつないだ時には、裏切りを覚悟する。男性なら女性は裏切るものだと思う。女性なら男性は裏切るものだと思う。実は相手が自分を裏切るよう自分で仕向けるのである。さもなければ自

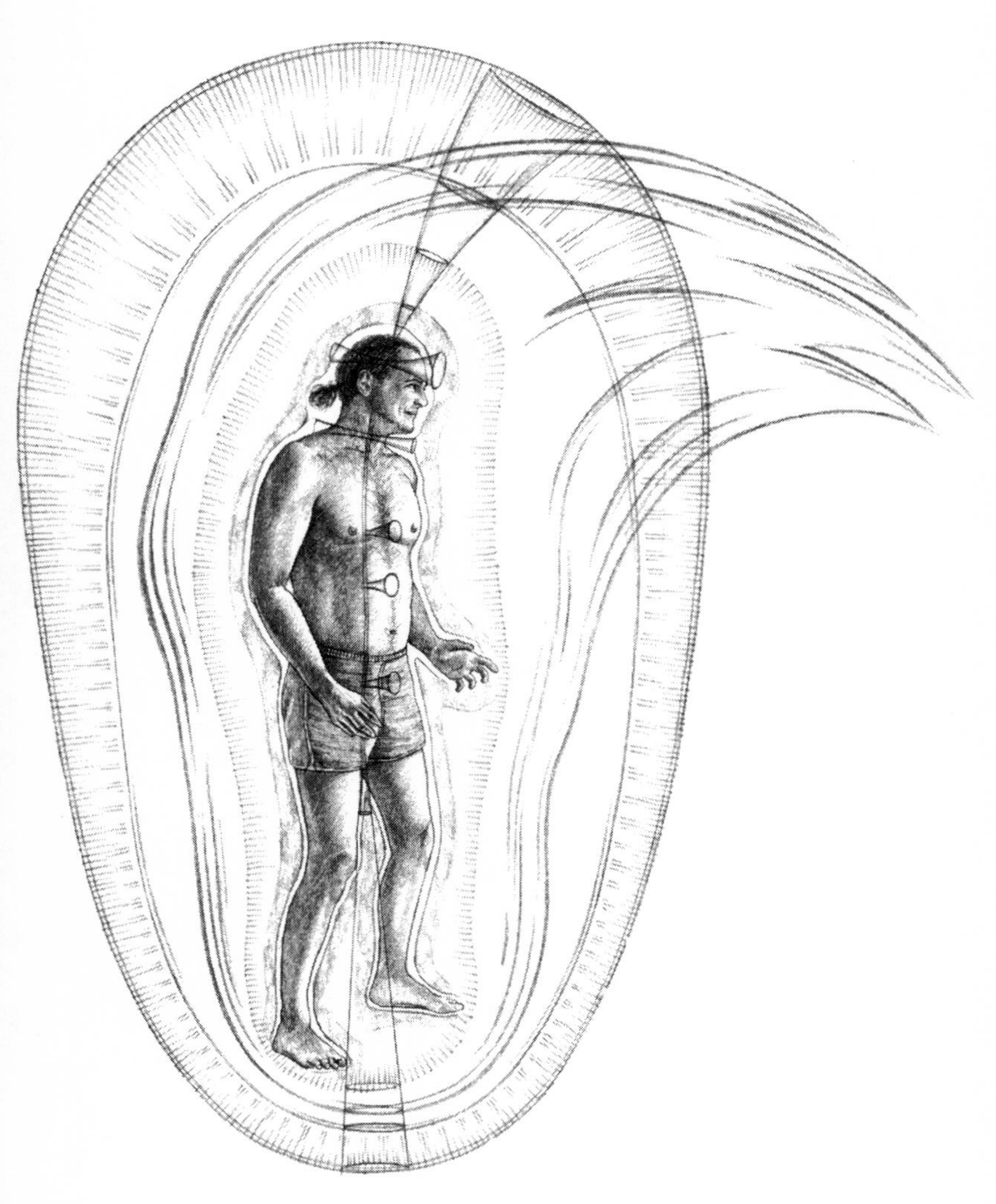

図15-16　防衛状態にあるサイコパス性格のＨＥＦ

分の方で先に裏切る。

このタイプは、より多くの人生経験を意識的にくぐるほど、なんとしても勝とうと奮闘するようになる。そして自分が正しいと証明しようとする。世界を善と悪に分け、自分は本当は悪の方ではないかと恐れている。自分が勝てば、自分は正しい。負ければ、悪であると証明されてしまう。それゆえに、つねにまわりに戦いを挑んでは勝って自分は正しいと感じようとしている。世界は自分が悪だと証明しようとしていると感じている。しかし最終的に勝つことはどうしてもできない。なぜならすべて自分で投影していることだからだ。

このタイプはまた自分で処理できる以上の仕事を背負い込む。これは幼い頃にそうするように教えられたからだ。大きな重荷を背負い、自分の個人的ニーズを満たすのを諦め、しゃにむに前進し、やがて誰かの裏切りをみつけてがっくり崩れる。不健全な量の責任を背負い込んでは長時間働くが、これは実は他人をコントロールする手段である。生きのびるためにはまわりの人間をコントロールしなければならないと信じているのだ。そうして通常肉体的には健康なために、倒れるまで働き続けるだろう。倒れる原因は多分心臓麻痺で、これはたび重なる裏切りを経験したためにハートチャクラのコードがどれだけもつれているかにもよる。重荷を背負っているせいで背中や腰、関節の問題に悩まされているかもしれない。

サイコパス性格は時間の中をしゃにむに前進する。やらねばならないとみなすことを全部やるだけの時間は決してない。立ち止まってその瞬間を味わうことはなく、決して来ることのない未来に生きている。自己のエッセンスを真実として経験し、大義のために行動している時にはその大義の普遍的法則を経験する。しかし、他人の神聖な個人性は経験することも信じることもできない。

このタイプの誤った考えによれば、人生の使命は偉大な大義のための戦いの先頭に立つことだ。あとでわかるように、これは真実ではない。

サイコパス防衛をみわけるには

相手がこの防衛を使っているかどうかを判断する最もよい方法は、こちらを口論や喧嘩に巻き込んでこちらが誤っていると証明しようとするかどうかみることだ。誤っているとするのみならず、誤っているからには悪者だという含みも匂わせる。しかしこちらが問題を抱えていると、いそいそと助けてくれる。自分は問題など持っていないからだ（このタイプの論理では「問題を抱えているのは悪者である。悪いばかりか邪悪である」）。たとえば、こちらがヒーラーであれば相手は喜んでヒーリングをさせてくれる。よりよいヒーラーになることを学ばせるために。そしてヒーリングが終わると頼まれもしないのに批評をする。

サイコパス性格の人間的およびスピリチュアルなニーズ

忘れてはならないのは、これはすべて仮面（マスク）だということだ。その下には非常な恐怖がある。サイコパス性格のニーズは、恐怖から解放されて真に安全であると感じること、他人をコントロールすることを自分が安全だと感じる手段にするのをやめること、自己と他者を信頼することと、地上は戦場ではないと学ぶことだ。地上とは他者とのコミュニオン（魂の一体感）を経験する場所であり、他者とは自己を反映する鏡なのだから。戦いを手放し、肩の重荷を下ろすこともこのタイプのニーズである。ひたすら未来に突き進むのをやめて、宇宙の神聖な表現、すなわち地上における今ありのままの人生に身をまかせることも、人間性の不完全さを受け入れ、その人間らしさの中に安らぎをみつけることもそうだ。自分に過ちを犯すのを許すことも、そして過ちを犯してもなお自分は安全で善良なのだと学ぶことも。これができれば、他者の中にも神聖さを認めることができる。

サイコパス防衛に対するこちらのＨＥＦのネガティブな対応

相手がこのタイプの防衛を行なった場合にこちらがとるかもしれないネガティブな対応を、ふたたび四つのエネルギーモードの視点からみてみよう。

相手から議論を仕掛けられ、向こうが正しくこちらが間違っているばかりかこちらが悪者であると証明しようとしてこられたらどうするだろう。サイコパス性格は攻撃的なエネルギーを頭の上から投げつけてくるという方法をとる。そのエネルギーは上からこちらを狙っている。そうされたら、怒って同じように反撃するだろうか。そうすると相手はさらにエスカレートして攻撃的になり、巧妙にあるいは険悪に対応する。向こうは追い詰められ命がけで戦う動物の心境であることを思いだそう。反撃されれば、ますますこちらを信用しなくなり、いっそうの恐怖を内面に感じる。そして勝つためにさらに必死で攻撃してくる。図15—17はこちらが怒ってエネルギーを「押す」と起こることを示している。

それともみはなされたと感じて相手にしがみつくだろうか。エネルギーを引っぱろうとするだろうか。すると相手はさらに攻撃的になり、こちらを突き離そうとする。そうなったらどうするだろう。いっそう強く「引く」だろうか。図15—18はこの状態を示す。

それとも「止める」モードにしてエネルギーの流れを止めてしまうだろうか。すると相手はエネルギーを届かせようといっそう強く攻撃してくる。「止める」モードに入って自分の内面深くに潜り込むだろうか。そうすると相手は上方にエネルギーを集め、こちらの頭上に覆いかぶさってくる。この形で安全だと感じられるだろうか。攻撃はなおも続く。うまいコンタクト方法があったらばと思わないだろうか。あるいは、そこにとどまったまま「止める」モードでひたすら待つだろうか。さっさと黙ってくれないかといらいらしながら。相手は黙りはしない。この結果を図15—19に示す。

それとも否認して「傍観する」だろうか。事態を傍観し否認して、会話やコンタクトが進行しているふりをして話を続けるだろうか。あるいは相手に勝たせて、自分が悪いと感じるだろうか。それで厭な気分にならないだろうか。相手を本当に助けることになるだろうか。そして相手は本当に勝ったことになるのだろうか。単に相手に、またもや自分は正しくて宇宙は戦場だと証明されたと思わせるだけではないだろうか。本来の目的は達成できたのだろうか。おそらくできていないだろう。図15—20を見よう。

それともエネルギーレベルで体を抜けだして、咎める対象がいない状態にしてしまうだろうか。しかし相手はさらに攻撃的になるばかりで、「話している時はこっちを見ろ！」、「怖がっているふりはやめろ、本当はどう感じてるかわかってるんだ！」などと叫ぶかもしれない。図15—21はこの組合せを示す。

どうすればサイコパス防衛にポジティブでヒーリングをもたらすような対応ができるか

念をおすと、ある防衛行動に対してポジティブでヒーリングをもたらすような対応をする目的は、自分も相手も現実に引きもどし、可能な限り速やかにコミュニオンに入ることである。サイコパス防衛は自己の歪んだ世界観に同意するよう要求するだろうが、それに応じてはいけない。相手の防衛を強めるだけだからだ。きわめて攻撃的に自分が正しいと主張する相手に対して、基本を守って対応するのは難しいだろう。しかしこのような相手と議論をすることはある意味で相手の世界観に同意することになる。というのは論をやはり戦わせるのだから。

図15—22（巻頭カラーページ）は、相手に安全だと感じさせ、グラウンディングするのを助けてコミュニオンに入る方法を示す。もちろん、相手が攻撃してくる時に即座にポジティブな形で対応するのは難しい。最初にネガティブな形で反応してしまったら、それがどんなものでも、深呼吸をし、膝を曲げ

る。忘れてならないのは、向こうはこちらを、自分を悪者と思っている攻撃者とみなしていることだ。この時点でストリーマーを送ったりすると攻撃と受け取られる。したがって大地にグラウンディングし、ストリーマーを自分のＨＥＦ（ヒューマンエネルギーフィールド）中に収める。そのためにはごく受動的になり、注意を自分自身に向けながら、相手の話に耳を傾ける。相手の目から視線をそらす必要があるかもしれない。こっちを見ろと相手が要求したら、言っていることをよく聞きたいからこうして集中しているのだと説明しよう。自分のエネルギーを大地深くにつなぎ、足と大地に意識を向けて下半身のＨＥＦを広く、上半身を小さくする。自分がそうしているのを思い浮かべる。また、感じる。そして見る。相手と競ってはならない。「競わない、競わない」とつぶやき続けよう。自分の体とＨＥＦがテフロンでできていると想像し、相手の攻撃的なエネルギーが滑って落ちるにまかせる。また薔薇色と緑色で自分のＨＥＦを満たす。

相手がこちらを咎める言葉は誇張されてはいるが、その中に真実の種子があるのに耳を傾けるよう努める。誇張は本当は隠された恐れを示しているのであって、こちらの極悪さや行動の是非を示すものではない。たとえ相手が言葉でそう主張していても。どのような点についても議論しないこと。ただそこにいて向こうの理屈に耳を傾け、ネガティブなエネルギーが向けられた時には受け流して地面に送る。相手は裏切りを恐れ、自己嫌悪に陥っており、かつそれを認めるのを拒んでいることを思いだす。相手が話し終わるまで待つ。こちらは裏切るつもりはないと話しかけ、態度で示す。たとえば、相手がいかに善良か、自分がどれだけ信用しているか、いっしょにいるのがどれだけ楽しいか、そしてそれを続けたいなどと話す。また相手がとりあげている状況についてもっと話してくれるよう頼むのもよい。そしてその状況や、そこでのこちらの役割をかえることを真剣に望んでいると知らせる。

次にこちらのＨＥＦのパルスの周波数を下げる。議論をしている時、ＨＥＦは周波数が高くて荒々し

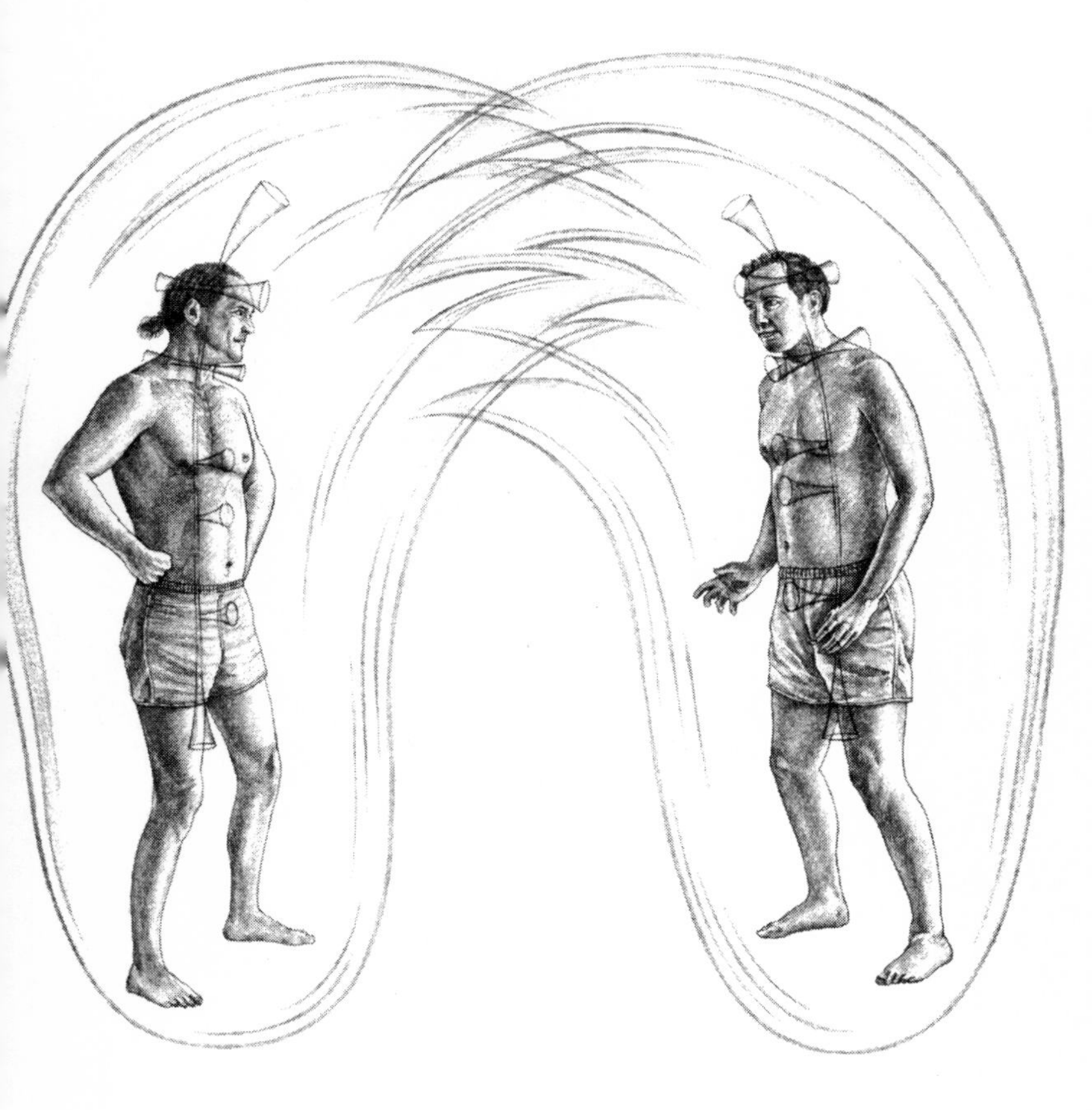

図15-17　サイコパス防衛に対して「押す」

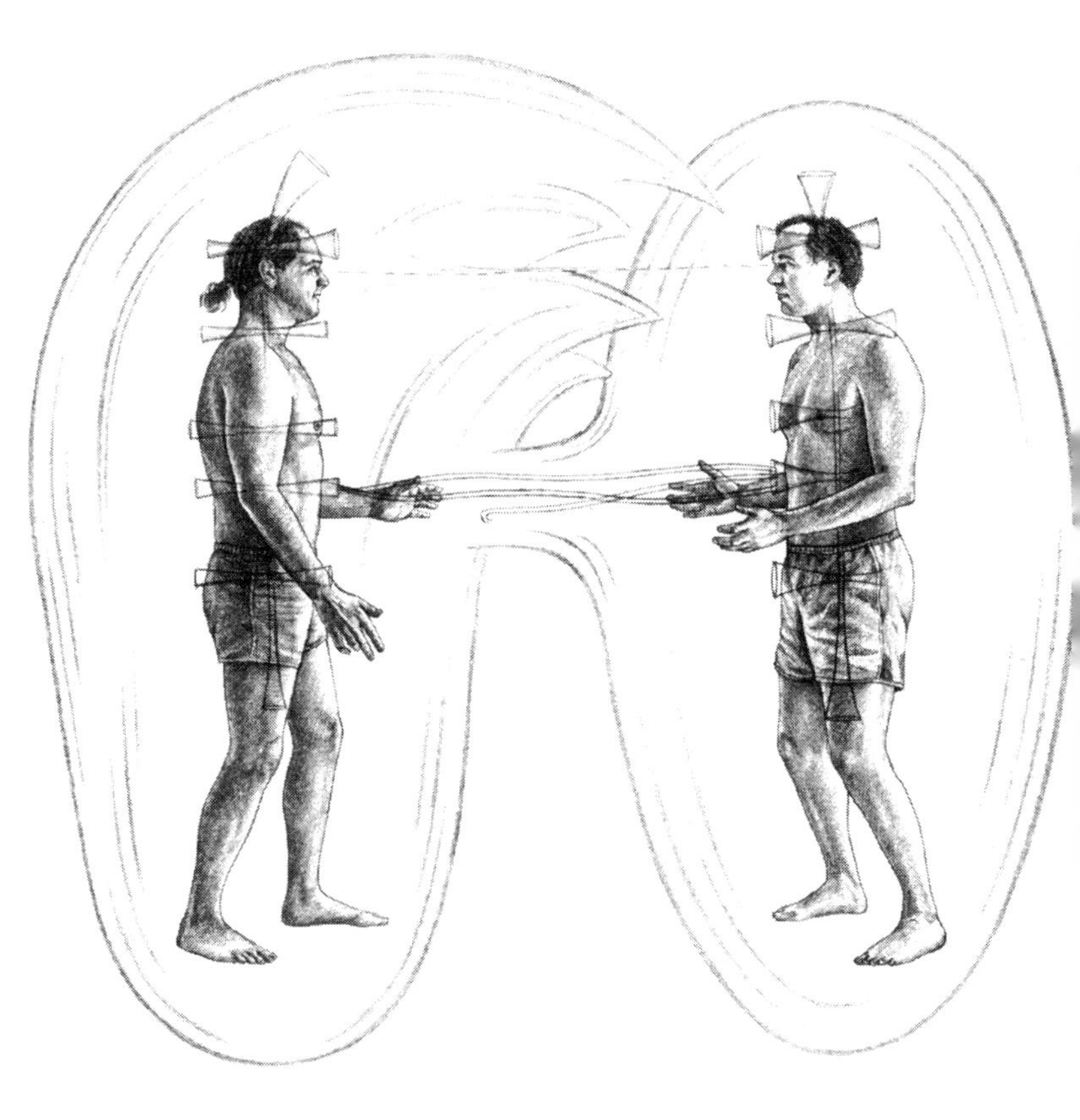

図15-18　サイコパス防衛に対して「引く」

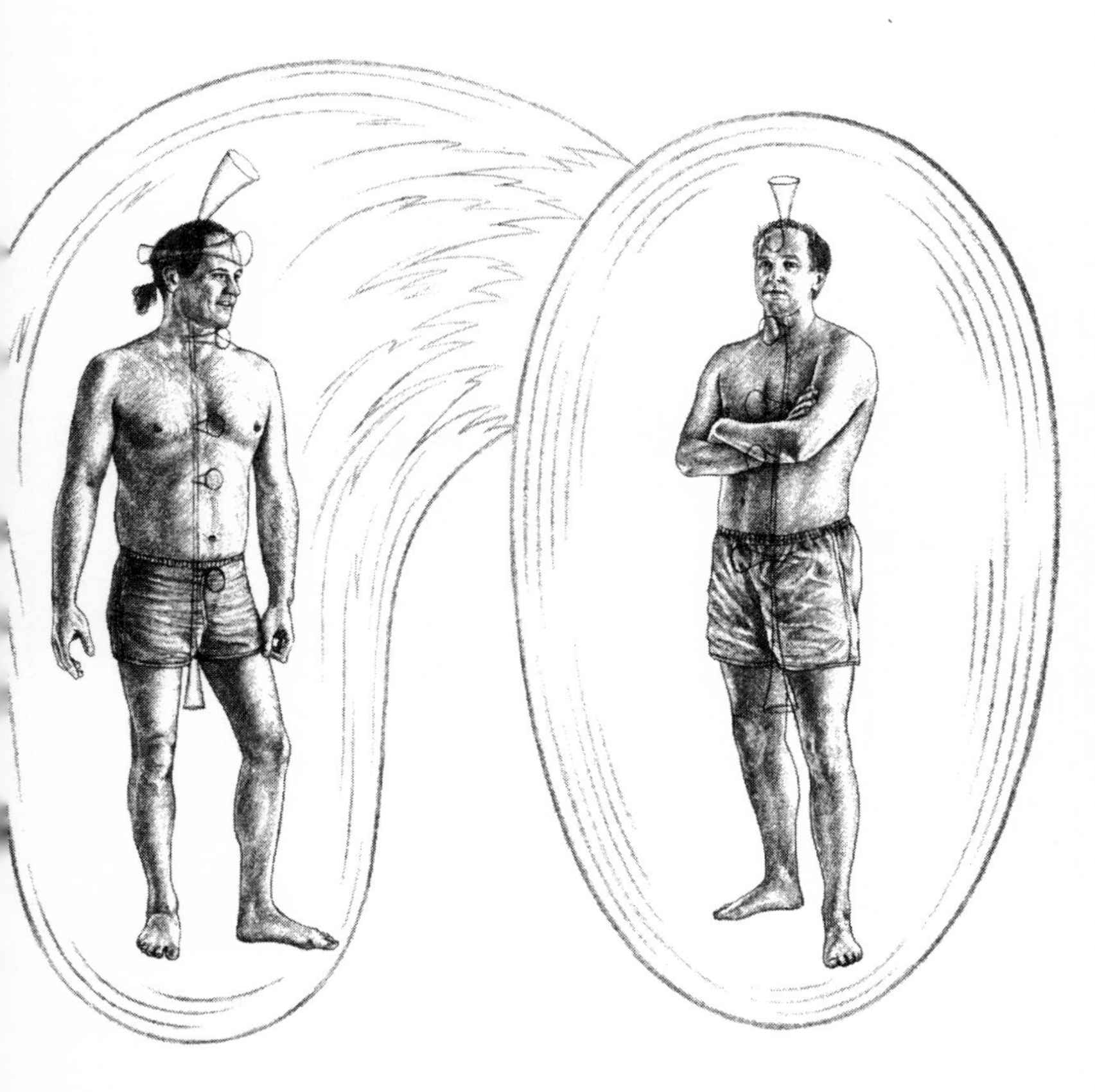

図15-19　サイコパス防衛に対して「止める」

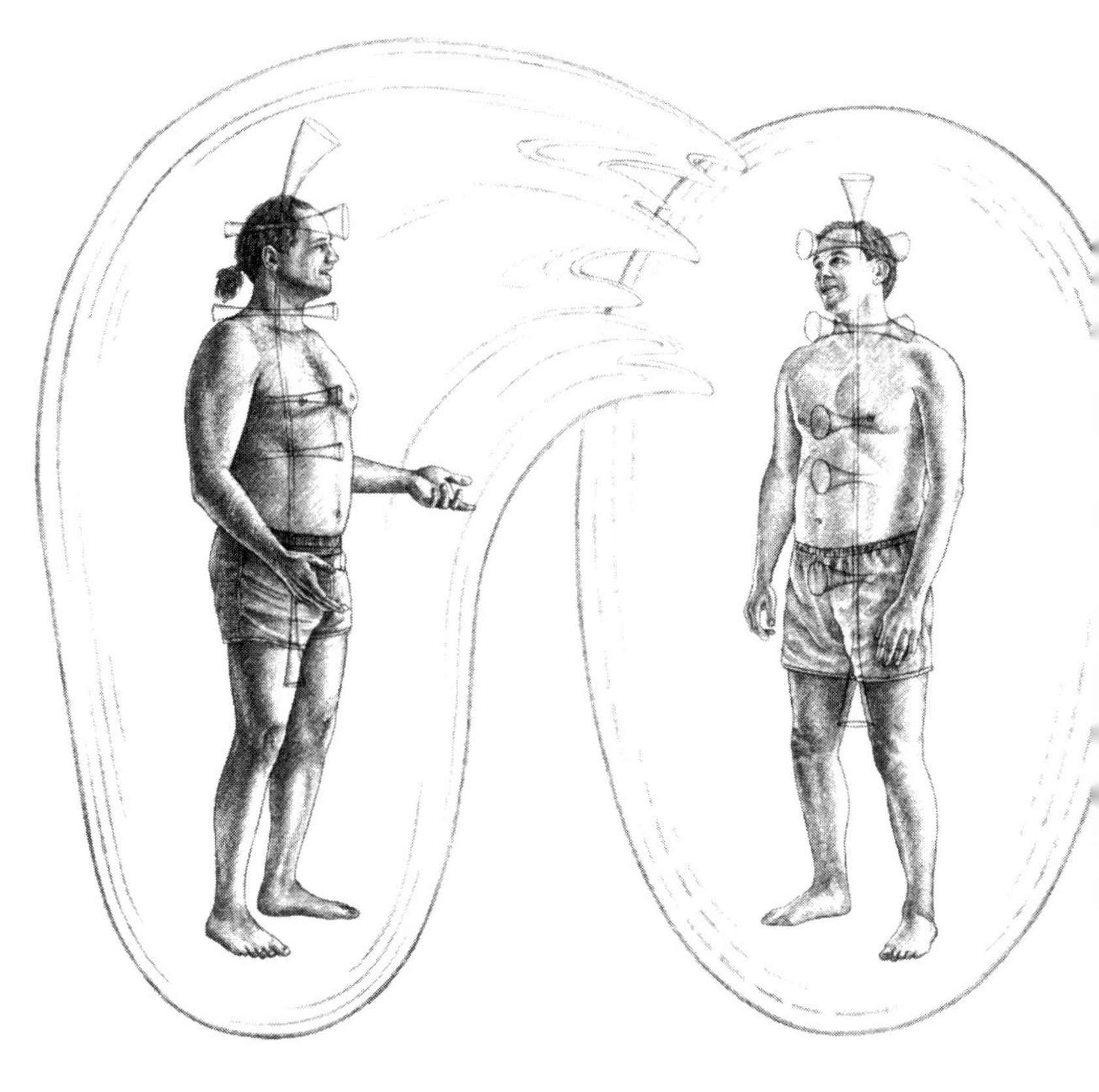

図15-20　サイコパス防衛に対して否認して「傍観する」

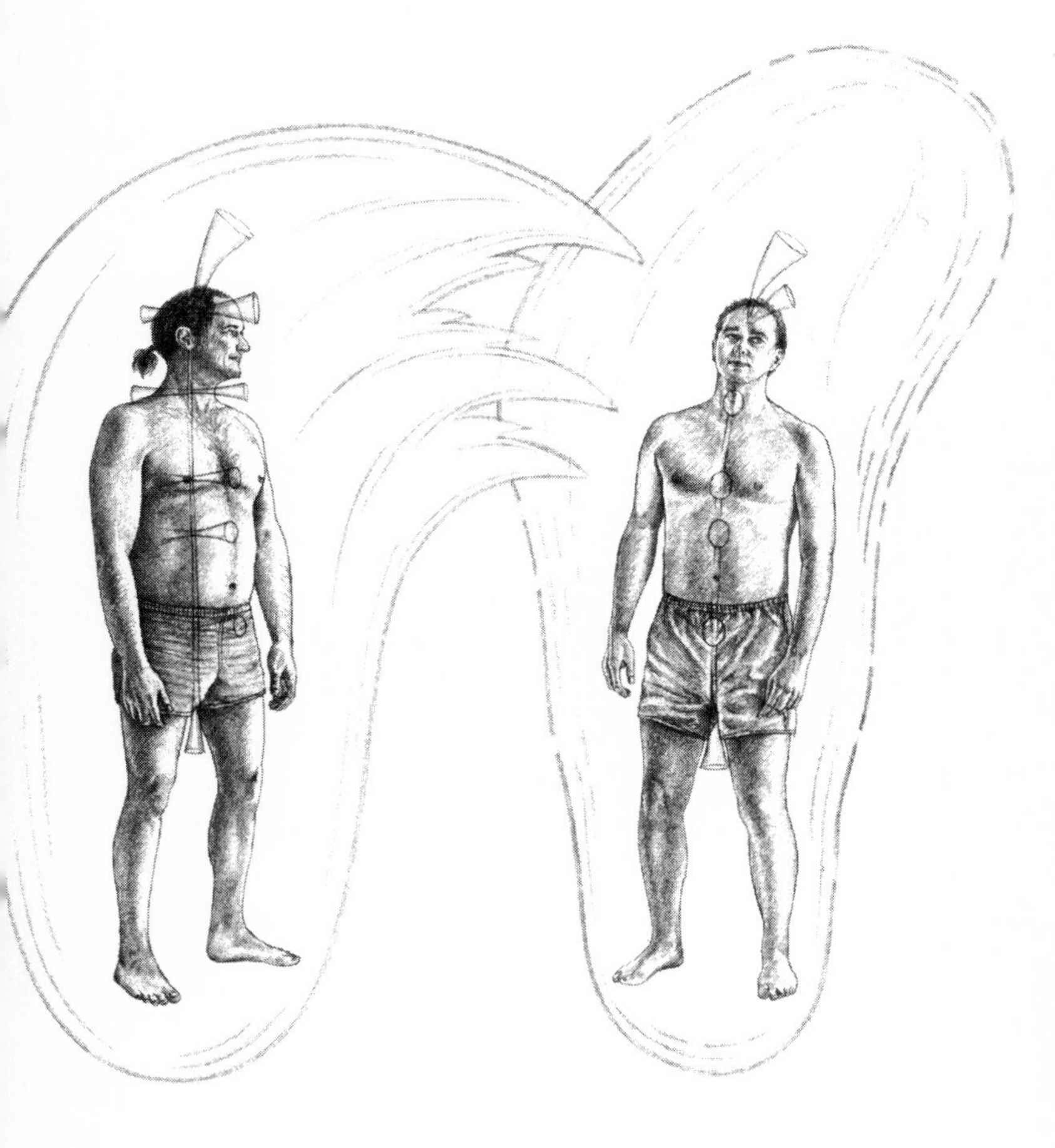

図15-21　サイコパス防衛に対してエネルギーレベルで体を去る

く鋭い。下げるためには大地に意識を集中し、自分を支えてくれる足元の地面がどれほど心地よいかを感じる。あるいは自分を落ち着かせ、穏やかでやすらいだ気持ちにしてくれることをなにか考える。たとえば自然の中での散歩、好きな音楽、あるいは安心感を抱かせてくれる人のことを思い浮かべ、その人が自分の隣に立っていると想像する。自分のスピリチュアルガイドでもよい。自分のエネルギーのパルスをゆったりとなめらかに保ち、大地のパルスに合わせ、その状態を維持する。自分のエネルギーのパルスを穏やかな波のようなものにして、調和誘導を通して相手に伝わるのを待つ。たとえば静かな湖で天気のよい日に小舟にのってゆられているのを思い浮かべる。ただし相手の言葉に耳を傾け続けるのを忘れないこと。相手のためにそこにいてやり、相手の美しいコアを見る。探してそれと認め、相手に伝える。相手が落ち着き、自分も安全だと感じられるようになったら、自分の大地と同じパルスにさらにハートのエネルギーを加える。相手を今あるがままに受け入れよう。

ポジティブでヒーリングをもたらすような対応をするとどうなるか

以上のステップまたはその一部を実行できたら、本当の自分を受け入れてもらうことの方が競争や議論よりはるかに大切であると相手に気づかせる手助けをしたことになる。このタイプがこちらを認めることができないのは、第一に自分自身を認めることができないからだ。したがって、こちらがただそこにいて相手をありのままに認め受けとめる時、相手は受け入れられるためになにかをする必要はないと感じることができる。

そして相手は自分の言い分に耳を傾けてもらえたと感じる。たとえこちらが向こうの意見に同意していなくとも。あるいは、向こうはこちらが同意するものと決めてかかるかもしれないが、それは問題ではない。相手にとっては、言い分を聞いてもらえたと感じることが必要なのだ。これによって、次に会った時に相手はより安全だと感じることができ、自分の言い分を通すことはそれほど重要でなくなるだろう。自己の善良さは議論に勝つことにかかっているのではなく、こちらに自分の真の姿を認めてもらうことにかかっているとわかってくる。「相手はこっちが悪者じゃないと知っているし、それにこの人間も悪者じゃない！　自分が怒鳴りちらしていた間も愛情を込めてこちらを受け入れてくれたじゃないか」。こうして相手は新しい経験をする。コミュニオンだ。

いったんコミュニオンを経験したら、相手はこちらの神聖なエッセンスを認め、信頼することができるようになってゆく。それができれば、さらにこちらを信用し、人間関係に働く高い意志をも信用し始める。そしてこちらをコントロールしようとすることもやめられるようになってゆく。以前はそれが、このタイプが自分は安全だと感じる唯一の方法だったのであるが。

そして自分の個人レベルでの人生の使命は、自己と他者の中にある善良さに身を委ねることだと認め始めるだろう。世界レベルでの使命はおそらくなんらかの大義のために働くことだが、それを達成するには他者と対等の立場で働くしかない。他者の中の神聖さを認め、信頼し、育むのを助けることによってのみ、戦士から王になることができるのだ。王や女王は同時にすべての者のしもべであるからだ。

こんど家族や友人が議論を吹っかけてきて、こちらを咎め、どれだけ悪いかあげつらおうとしてきたら、まず膝を曲げ、自分のＨＥＦ（ヒューマンエネルギーフィールド）をテフロンにして、相手のエネルギーをしばらく受け流そう。相手の行動は長くは続かないはずだ。これがたがいに現実にもどる最適の方法である。そしてもちろん、現実の世界はずっと心地のよい場所だ。

自分自身がサイコパス防衛から抜けだすには

自分が裏切られたと感じて誰かを攻撃的に追いつめようとしているのに気づいたら、ちょっと立ち止まろう。おそらく状況は思っているほど悪いものではなく、自分が過剰に反応しているのだ。自分と相手の人間性を感じるよう努めよう。膝を曲げ、深呼吸をし、内面深くに意識を集中する。自分の中には恐れがないだろうか。傷つき、裏切られたと感じているだろうか。これは以前にも起きたことがあっただろうか。しばしば起こるパターンではないだろうか。自分の善良さを防衛しようとしているのではないだろうか。エネルギーは上半身に集中していないだろうか。もしそうなら、気を落ちつけて、足が地面についているのを感じよう。意識を大地に向け、足にエネルギーが上がってくるにまかせる。やがて足が熱く感じられるだろう。そうしたら自己のコアスターに意識を集中し、「私は安全だ。私は善良だ」と繰り返す。

マゾキスト(マゾ質)性格の防衛システム

マゾキスト性格が抱える主要テーマ

まず、バイオエナジェティクスやコアエナジェティクスで使われる「マゾ」という語は、フロイトの定義する「マゾヒスト」とは違うことに注意する。マゾキスト性格の抱える主要テーマは、自己を侵犯され支配されることだ。おそらく多くの過去生を上から支配される逃れようのない状態で過ごしており、自分が望む形の自己表現、自己主張をできずにいただろう。過去生では多分投獄されたり、奴隷にされたり、強い政治的または宗教的支配を受けたりしている。当時の規範を越えた自己表現や自己主張は危険で、服従せざるをえなかった。

その結果、心の奥では自由を求めているが、それに手をのばすのを恐れている。どうしたら自由になれるかわからないのだ。自由のないことに非常に怒りを覚え、自分が自立できないでいることについて他人を責め、しかし他人に左右される状態に捕われたままだ。どうしたら抜けだせるかわからずにいる。

このタイプが生まれることを選んだ家庭は次の牢獄になり、両親は次の支配者になる。母親は支配的で、同時に犠牲的なまでに子供の世話をした。子供はプライベートな空間を与えられず、肉体さえも自分のものでなかった。生活のあらゆる面を支配され、それは食事や排便機能にまで及んだ。そしていかなる自由な自己表現にも罪悪感を感じるよう仕向けられた。なにかを感じると、特に自己のセクシャリティを感じることに対して恥ずかしい思いをさせられた。個人化する機会は与えられなかった。

親はバイオプラズマのストリーマーを使って自分のエネルギーで子供を包み、溺れさせ、あるいはエネルギーの鉤や第三チャクラのコードを使って支配した。同時に子供を深く愛し、誠実で愛に満ちたコードで自分と子供の第四チャクラどうしを結んだ。

こうして一方または両方の親が子供を自分の一部として扱った。子供に与えられるものはすべて親の手でコントロールされ、子供が生みだすものも、思考、アイディア、創造活動などを含めてすべてコントロールされた。親が子供の創造のプロセスに介入した。子供がなにかを創りだすと、親はそれを即座にとりあげ自分のものとしてしまう。たとえば、子供が絵を描けば親が言う。「見て、うちの子が描いたの！　××の絵よ！」。親は創造されたものを子供自身に定義させるかわりに、自分でそれを解釈し定義してしまう。

思いだしてほしい。人がものを創りだすことのスピリチュアルな目的は、その人の本当の姿を映しだして自己のエッセンスを知るのを助けることである。しかしこのタイプの子供の親は、創りだしたものの中に自己を認めるという子供の創造活動の途中に介入した。別の言葉を使えば、この行為により親は自分の顔を子供の作品に貼りつけた。そこで、子供が自分の作品を自己の鏡としてのぞき込んでも、見えるのは自分ではなく両親のエッセンスとなってしまった。実質的に親は子供のエッセンスを盗み、子供は自分と親のエッセンスを区別できなくなってしまう。この盗みを実行する別のごく簡単な方法は、子供の話しかけた言葉を親がとりあげ、途中から言葉を継いで結んでしまうことだ。

マゾキスト性格が恐怖に対してとる防衛行動

支配され、恥ずかしい思いをさせられ、自己のエッセンスを盗まれることを恐れる結果マゾキスト性格がとる防衛行動は、肉体の奥深くに逃げ込み、肉体をぶ厚い要塞として自分を支配しようとする侵入者を入れないようにするというものだ。さらに自己の内にあるものを外に出さない。どうせ盗まれるか自分を辱めるために使われるのだから、内側に閉じ込めておこうと考える。こうして中にあるものが外にあまり出されないので、このタイプのＨＥＦ（ヒューマンエネルギーフィールド）は非常にチャージされ大きくなる。しかし幼い頃に多大な精神的侵犯をこうむっているので、ＨＥＦの境界は未発達で、しっかりしていない。しかしふんわりとして構造のない奇数層のレベルのＨＥＦの方が、しっかりとした構造の偶数層のＨＥＦより強くチャージされ、発達している。しっかりした境界を築くには、構造レベルである偶数層が発達していなくてはならない。したがってこのタイプのＨＥＦは外部からの影響を透過させやすい。不幸なことに、大きく強く重たい体と、実は透過性が高いにもかかわらずサイズは大きいＨＥＦとの組合せは外部からの影響に強い人という印象を与えるが、しかしその印象は誤っている。他人からの精神的なエネルギーはまっすぐにＨＥＦに入り込んで強い影響を与え、本人は自己のより奥深くに逃げ込む。こうした子供は成長過程のある時点で、両親が自分を支配するのに使う第三チャクラのコードを破壊しようとする。マゾキスト防衛を用いるタイプはおおむねコードを内部に引き込み、からまった塊にして第三チャクラの中に埋め込む。

マゾキスト性格は自立心を欠き自分で行動することができない。自己の内部深くに隠れたままでいるか、外に出る許可を他者から得ようとする。許可を得ようとする場合は、ストリーマーを送ったり第三チャクラのコードを相手の太陽神経叢につないだりして、なんらかの形で関与させようとする。このタイプは「私はこの問題について君と話したい」と言うかわりに、「私と君はこの問題について話しあうべきだ」という言い方をする。あるいはセラピーグループなどでいっしょになると、自分一人で問題に取り組むのではなく、つねに誰かほかの人間といっしょに取り組みたがる。図15―23にマゾキスト防衛を示す。

マゾキスト防衛がもたらすネガティブな影響

この防衛行動の結果、このタイプは物質世界を自立を禁じられた牢獄のように感じる。受動的な行動と自分のことに他人を関与させようとする態度は、つねに相手から支配される状況をもたらす。

このタイプは自分の内面にあるものを閉じ込めたままにする。まるで時間とは止まっているものであるかのように現在にだけ生きており、未来はほとんど眼中にない。自己表現を学べなかったために創造力は内面に停滞している。自己を押しだして表現する力がないため、表現に詰まって他人に言葉を継いでもらう状況に陥る。こうしてさらに自己の考えを生みだし形成するのが阻害される。

この問題は集団の中にいるマゾキスト性格によくみてとれる。自分の考えを話す番がくると、このタイプは考えの一部だけを未完結の文で口にし、そして黙り込む。自己の内部にもどり、考えの残りを引っぱりだしてまとめて表現しようとしているのだ。この沈黙はつまり創造の一過程なのだが、子供の頃は親がここで子供の考えをとりあげて定義してしまった。この沈黙が起こるとたいてい、集団の中のその沈黙に耐えられない人間が助けようと言葉をはさむ。創造を途中で断ち切られて、マゾキスト性格の

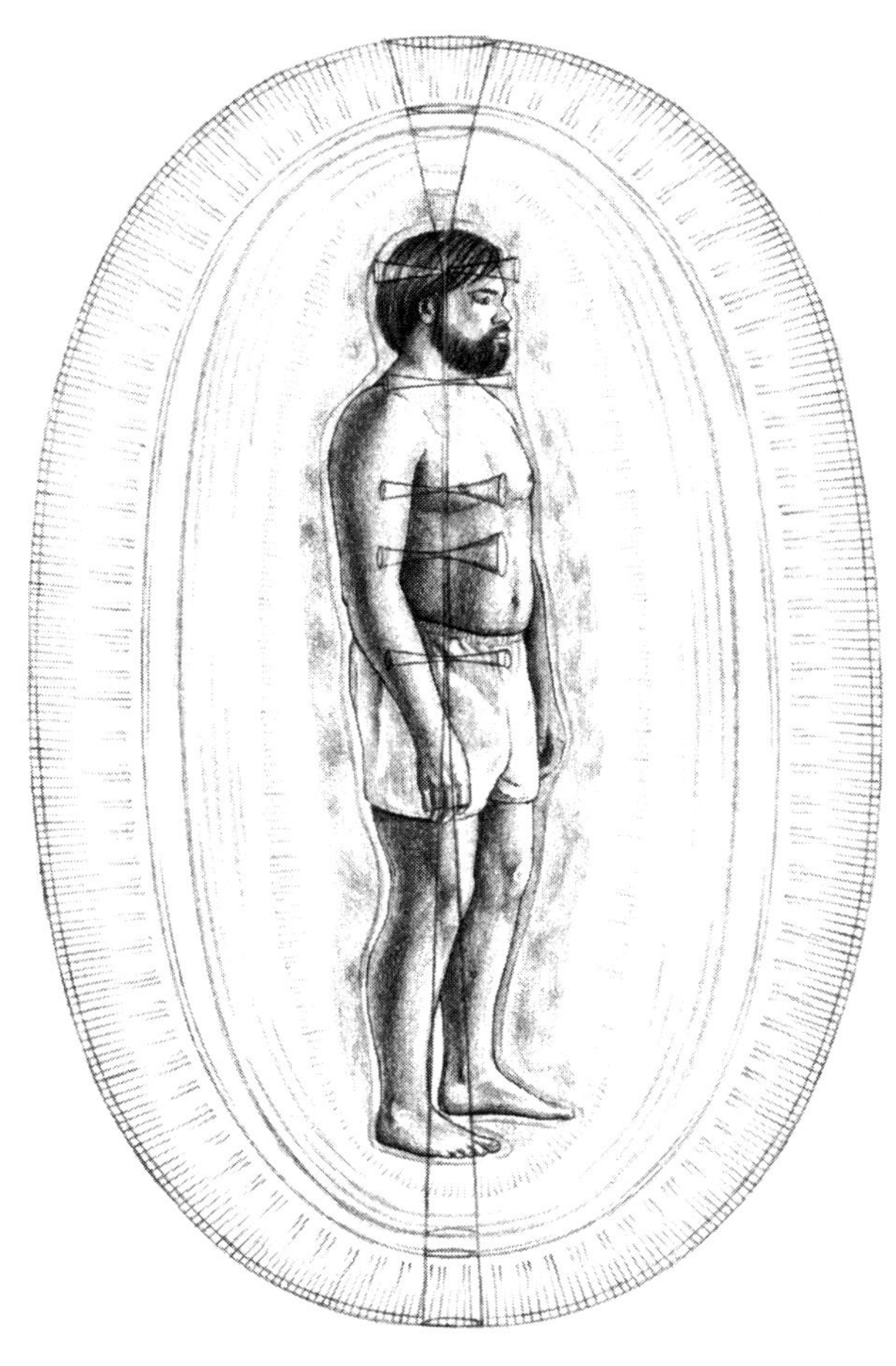

図15-23　防衛状態にあるマゾキスト性格のＨＥＦ

人間は内面深くに逃げ込んでしまい、自分の考えを持ってもどってくるのにいっそう時間がかかる。そこでふたたび誰かが言葉をはさみ、このタイプはさらに奥深くに引きこもりますます混乱する。やがてほかの皆の意見がまとめられて討議され始め、このタイプが言いたかったことに誰も耳を傾けなくなる。そしてこの苦痛に満ちた経験で、またもや人に支配されていると感じることになる。

不幸なことに、時間がたつにつれて、このタイプは自己の内になにがあるのかを忘れてしまう。あまりにも長く閉じ込めてきたからだ。そして不明確でまとまりのない考えや妄想に満ちた大きな世界を内面に創る。こうしたものを明確にする唯一の方法は、外に表現することである。しかしそのプロセス自体が阻害されてきたので、どうやって外に表現できるのか、創造行為を行なえるのかがわからない。そこで自己の牢獄に閉じこめられたまま、孤独のうちに屈辱を感じつつ自分をここに閉じこめる世界に対し激しい怒りを覚えている。誰かに鋭い鉤を引っ掛けて相手を挑発し、争いに巻き込んで自己の怒りを表現する機会をつかもうとするが、あまりうまくはゆかない。このような挑発はやはり一種の許可を求める行為であり、したがって自立を表明することにはならないからだ。

マゾキスト防衛をみわけるには

長い間をおかずに考えを表現できるかどうかを観察する。また無意識に自分の考えをこちらに定義させようとしていないかどうか注意する。なにかを求めておきながら、それが与えられると受け取るのを拒む態度をとりはしないだろうか。こちらを自分のことに関わらせようとしながら、自分に構うなと言いはしないだろうか。「私の」問題であると言わず「我々の」問題であると言いはしないだろうか。しゃべったり人と交わるやり方が、自分と他者の違いを区別できないことを示してはいないだろうか。接していて、こちらの太陽神経叢はどんな感じがするだろう。相手がこちらの腹をつかみ、そこにエネルギーをねじ込んで内部をもつれさせようとしている感じがしはしないだろうか。会話が重苦しいことに注意する。極度に真剣なものである。無力感や屈辱感に満ちている雰囲気が感じられないかどうか気をつける。私はあなたに支配されており、あなたなしにはなにもできないと言っているような雰囲気のことだ。マゾキスト性格はアドバイスを欲しがる。それなしには動くことができず、しかしどんなアドバイスも間違っていて役に立たないと言う。マゾキストタイプはこちらのアドバイスをなにもかも却下するのに対して、オーラルタイプは与えられるアドバイスをすべて受け取り、もっともらいたがる。

マゾキスト性格の人間的およびスピリチュアルなニーズ

求めておきながら受け取るのを拒むという自立の欠如を示す態度の下には、自己充足への欲望があることを覚えておこう。マゾキスト性格のニーズは、まず、自分が自己の人生を望むように生きる自由を持った個人であると認めることである。また、自分の本当の姿を主張し表現するというニーズ、自分のあらゆる感情を感じとって表現するのを自分に許すというニーズと、それを行なう方法を学ぶというニーズ、たっぷりの時間と安全でプライベートな空間を持つというニーズがある。そういうところでは自己を表面に出し、物質世界の鏡の中に映しだされる自己を見ることができる（14章で、物質世界は自己が映しだされる鏡であることを説明した）。そして自己の内にあるすべての未形成の考えを表面に出し、明確で実際的な概念に移し、自己の人生に適用するというニーズがある。スピリチュアルなレベルのニーズは、自己のコアエッセンスを自分のものと認め、個人化された神を内に認めることである。

マゾキスト防衛に対するこちらのＨＥＦのネガティブな対応

では、この防衛タイプに対する非建設的対応とはどのようなものか、やはり四つのエネルギーモードからみてみよう。

自己の内部深くに逃げ込んでいるが、同時にこちらの気を引くことによってつかみかかり、それから押してくる相手に対してどうするだろう。そして次にはまたこちらをたぐり寄せ、それから咎めだててこちらがどう感じているかを言いたてたらどうするだろうか。まるで本人が感じているかのように言ってよこされたら。腹を立て、拒絶のエネルギーを投げつけて相手を厳しく「押す」だろうか。押して突き放すと相手はこちらをいっそう恐れ、これまでやっていたことをさらに続けるだろう。すると次に会った時に相手とつながるのがいよいよ難しくなる。会話を始める前に自動的に自己の奥深くに閉じ込もってしまうからだ。図15―24は、こちらが怒って「押す」時にHEF（ヒューマンエネルギーフィールド）にどういうことが起こるか、相手はどうするかを示している。

それとも相手が内面深くに入ってしまったら、みすてられたように感じ、しがみつこうとエネルギーの手をのばして相手を引っぱりだそうとするだろうか。まさにこのタイプの親がやったことではないか。相手はさらに深いところへ隠れてしまい、出てくるまでにいっそう長くかかる。そうしたらどうするだろう。いっそう強く「引く」だろうか。図15―25はこのやりとりを示す。

それとも「止める」モードに入ってエネルギーの流れを止めるだろうか。そしてこちらも自分の中の奥深くにもぐってしまうだろうか。すると相手は相手の内面に引っ込み、こちらはこちらの内面に引っ込んでしまっていることになる。このはるかな距離を越えてコミュニケーションをとろうとするだろうか。こうなった時にたがいにさみしく感じないだろうか。あるいはエネルギーを「止める」モードにしている間もそこにい続けて、ひたすら待つのだろうか。おそらくは、相手が閉じこもるのをさっさとやめて出てこないかといらいらしながら。相手は出てきはしない。その結果は図15―26にあるとおりだ。

それとも否認して「傍観する」だろうか。ひたすら事態を傍観し否認して、相手に引っかき回されたりしていないふりをして会話を続けるだろうか。そうなった場合にどんな気持ちになるだろう。疲労を感じるのか、無力感を覚えるのか、混乱するのか、暗い気持ちになるのか、体が動かなくなって休む必要を感じるのか。本来の目的は達成できたのだろうか。おそらく達成できていないだろう。図15―27を見よう。

それともエネルギーレベルで体を抜けだすだろうか。その結果、こちらはどこかに去ってしまい相手は自己の内に閉じこもっているという、誰もコミュニケーションをしていない状態になる。図15―28はこの組合せを示す。どちらも相手につながっていない。

どうすればマゾキスト防衛にポジティブでヒーリングをもたらすような対応ができるか

図15―29（巻頭カラーページ）は、こちらのＨＥＦ（ヒューマンエネルギーフィールド）を使ってマゾキスト防衛に入っている人に安全だと感じさせ、コミュニオンにもどってこさせる方法を示している。まず思いださねばならないのは、相手は無意識のうちにこちらに向こうの境界を侵犯させようとしている、ということだ。こんどこそは子供の頃にされたのと同じ侵犯を克服してついに勝利を手にしようというわけだが、しかしうまくはゆかない。したがってまずなすべきことは、この無意識のうちの効果のない作戦にのらないことだ。もしこの作戦がうまくゆくものであったならば、問題はとうの昔に解決できていたはずだ。

マゾキストタイプは自己の境界をすっかり侵犯され続けてきたのだから、そのような子供時代の状況を再現しないようにすること。充分に注意をしてエネルギーのストリーマーや第三チャクラのコードで相手の境界を侵犯しないようにする。いかなるバイオプラズマのストリーマーも出してはならない。相手の前に立ってはならないし、向こうの第三チャクラにこちらの第三チャクラのコードを送ってはならない。こうしたことを防ぐには、しっかりとした蓋を自分の第三チャクラの上に思い浮かべ、必要ならその上に手を当てるとよい。これは非常に重要なことだ。相手がバイオプラズマのコードを送ってきたら、自分のＨＥＦはテフロンでできていると思い浮かべ、そのコードを地面に滑り落ちさせる。

エネルギーのストリーマーとコードをコントロールできるようになったら、自分のＨＥＦのパルスの周波数をコントロールする。相手の横に立って、充分な空間を与えるようにすること。たがいの第七レベルが重ならない程度の距離をとる。その距離を感じることができない時は、一メートル前後離れる。これで相手は充分な空間を得るはずだ。もし充分でなければさらに離れる。

自分のＨＥＦの周波数を相手のＨＥＦの周波数に合わせる。そのために、自分が相手になったと想像する。それから自分のＨＥＦを相手のＨＥＦの外側の縁にわずかに触れるところまでそっと広げる。相手にはこれが感じられるはずだ。もし向こうから近寄ってきたら、こちらのとった距離が離れすぎていたとわかる。それも仕方ない。距離は向こうに決めさせよう。この状態は相手にとって心地よいはずだ。触れているのは自分のＨＥＦに似ている別の個人のＨＥＦで、しかも侵犯してこないからだ。これで相手は落ち着くだろう。受け身のままこの状態を続ける。こうしてマゾキストタイプは相手も自分と同じように感じているという安心感を得て、閉じこもった状態から出た時の自分の空間も確保できる。

ＨＥＦをシンクロナイズさせたまま立ち、たがいのコアエッセンスに敬意を払おう。同時に自分自身のエッセンスを感じて、それが自分のＨＥＦに満ちてくるようにする。この状態から起こりうることとして、たがいに同等の立場で立っているうちに、双方の第三チャクラからコードがのびて二人の中間で

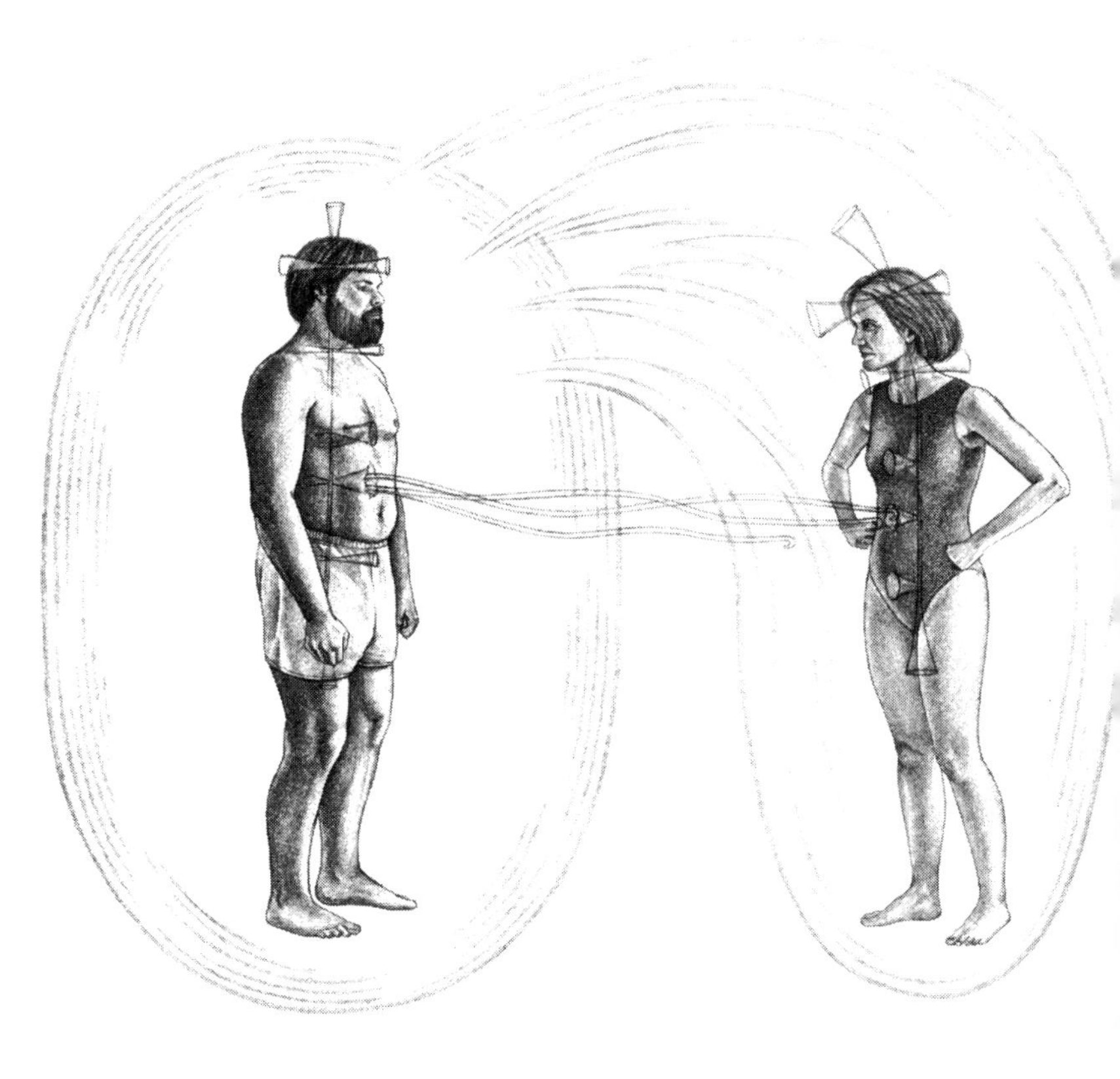

図15-24　マゾキスト防衛に対して「押す」

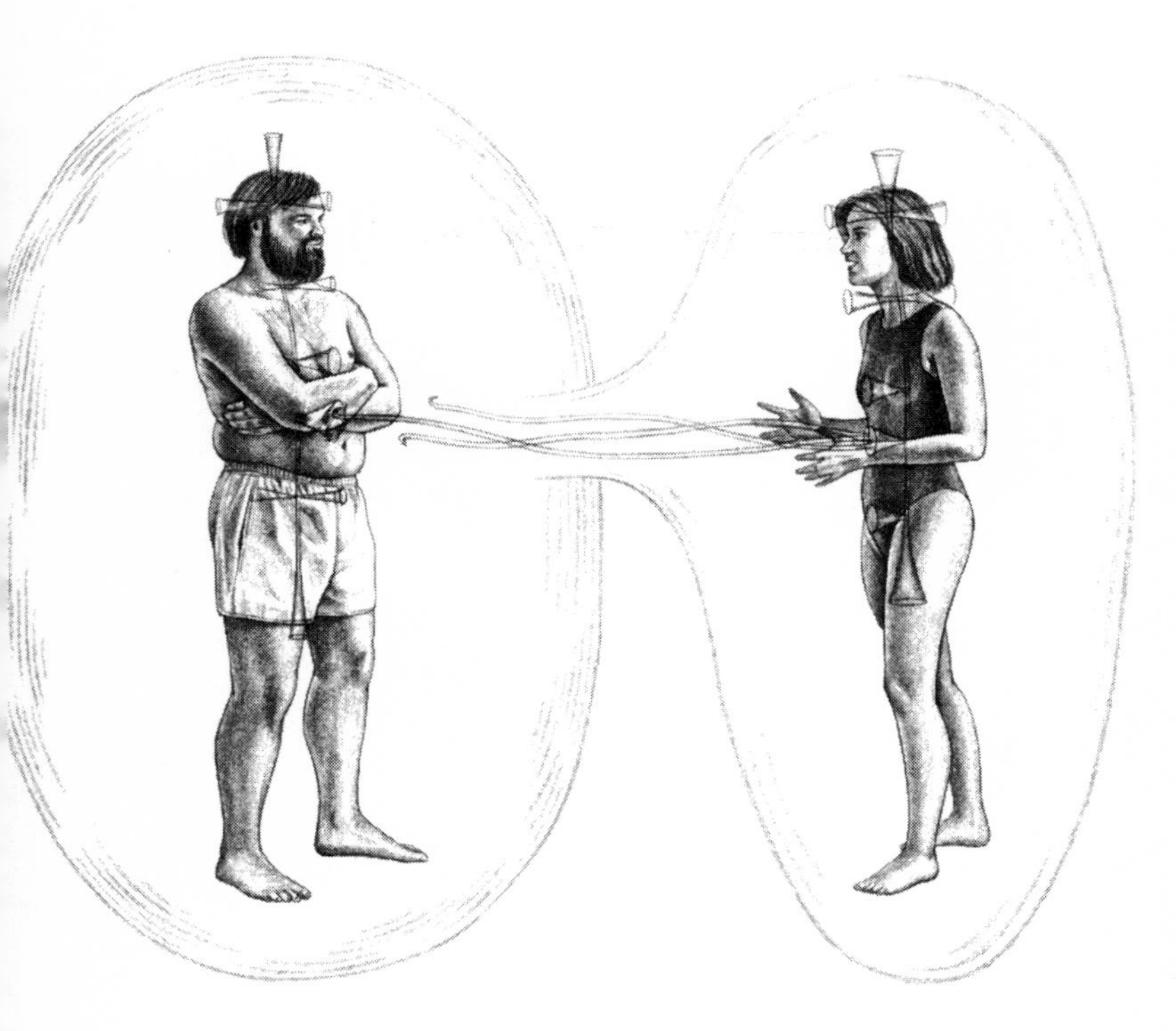

図15-25　マゾキスト防衛に対して「引く」

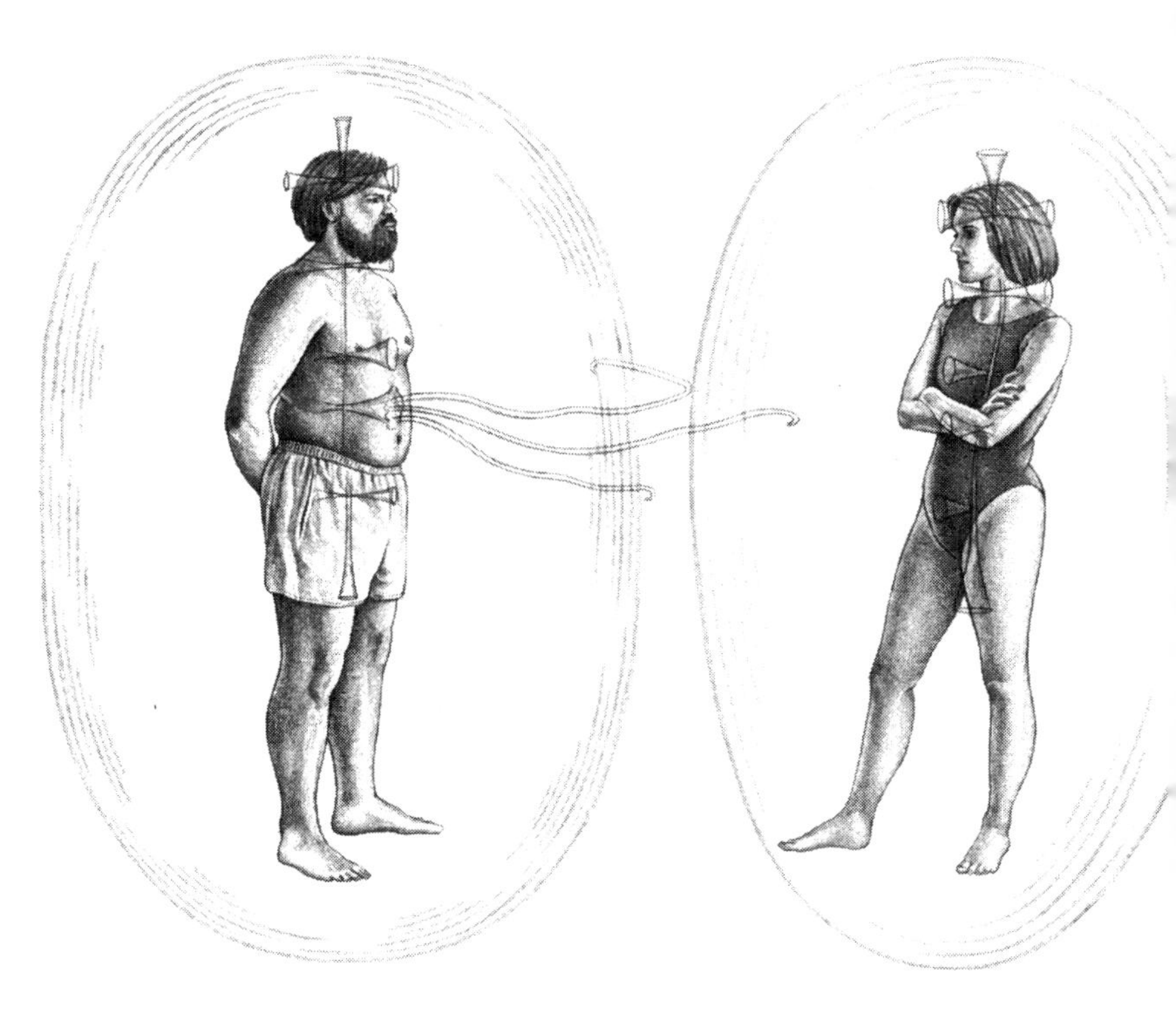

図15-26　マゾキスト防衛に対して「止める」

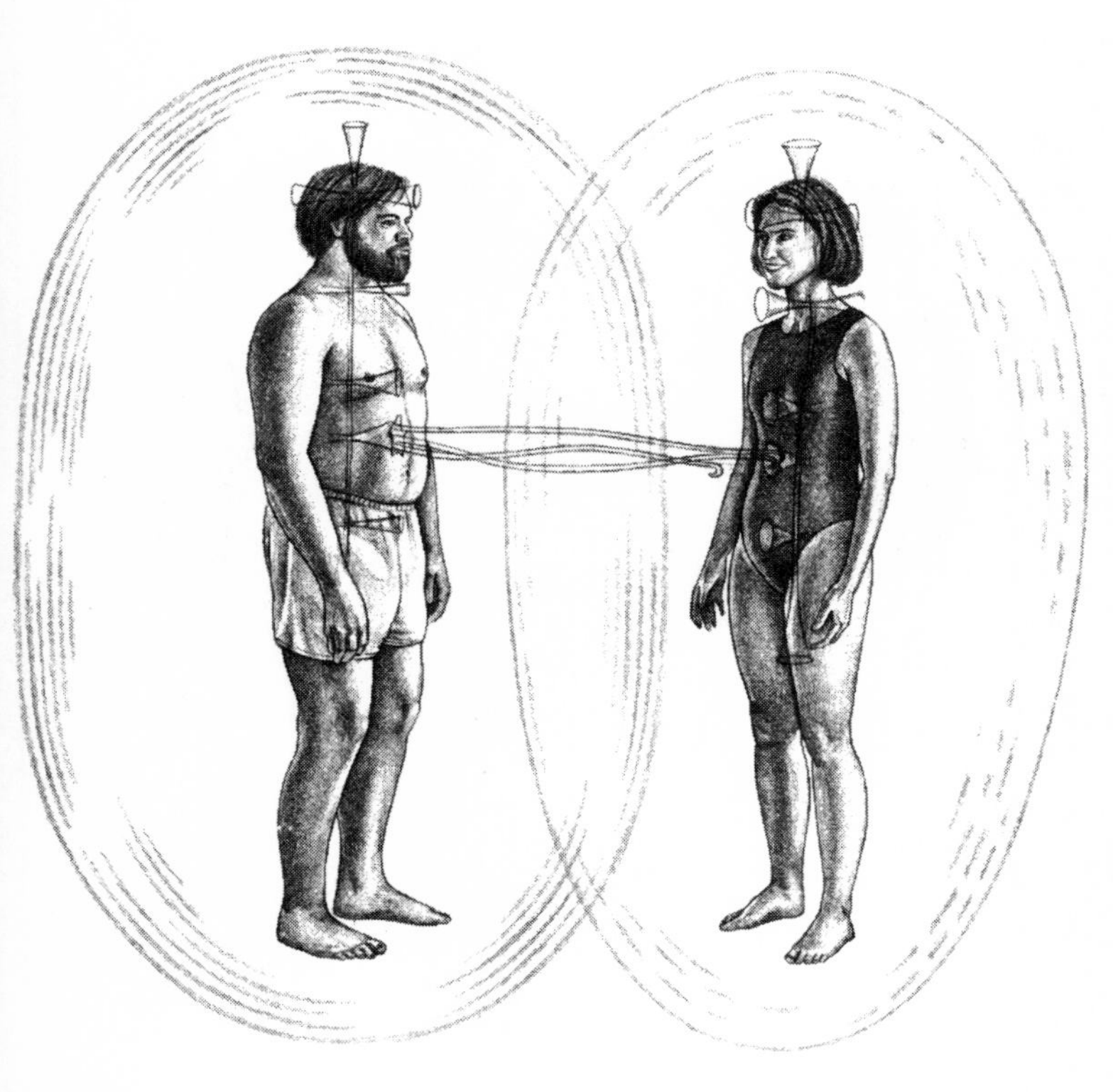

図15-27　マゾキスト防衛に対して否認して「傍観する」

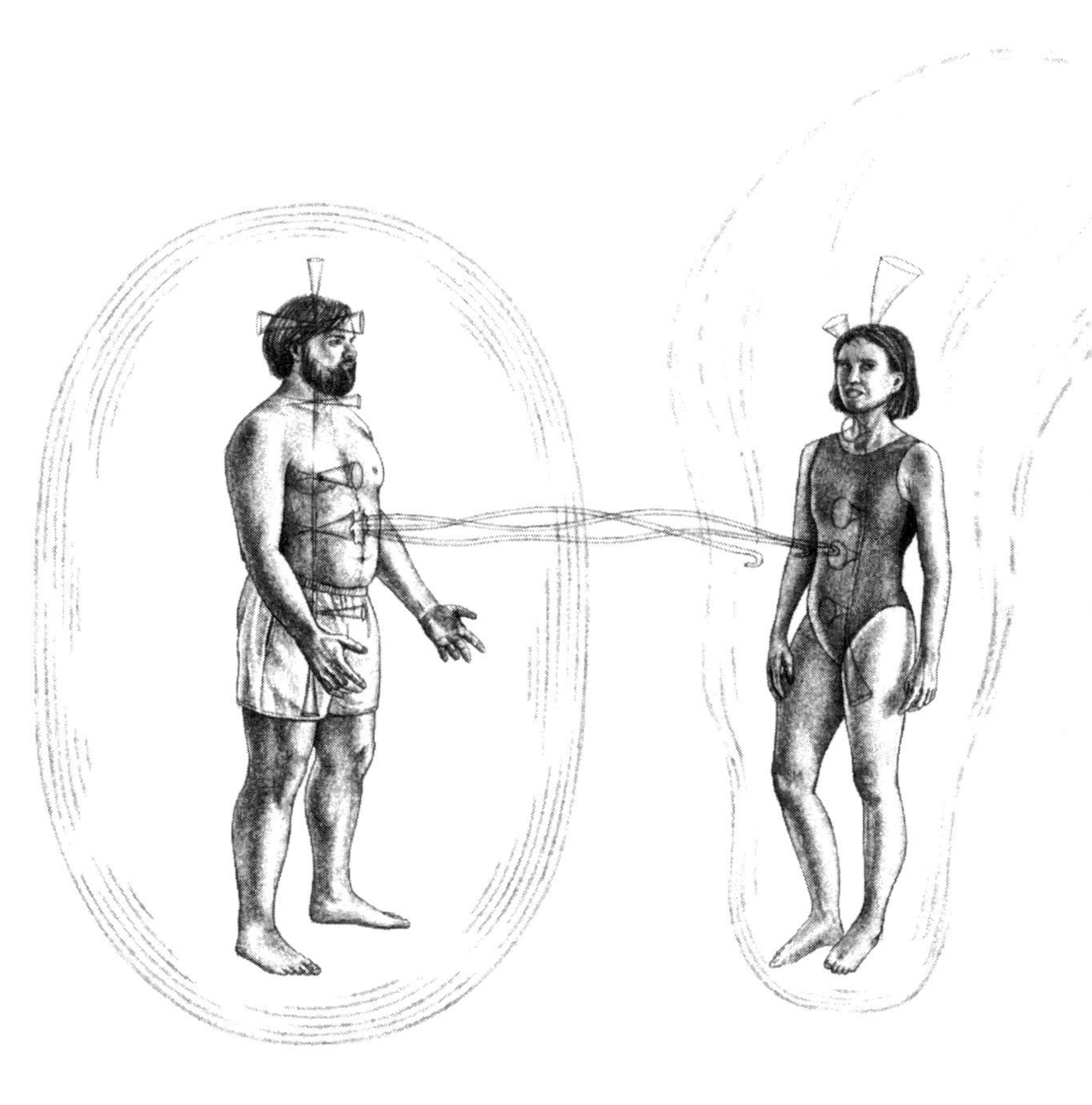

図15-28　マゾキスト防衛に対してエネルギーレベルで体を去る

出会うということがあるかもしれない。これが真のコミュニオンである。たがいに支配したりされたりすることのない結びつきを双方が感じるだろう。ただしこれを意図的に行なおうとしてはならない。自然に起こるにまかせること。

ポジティブでヒーリングをもたらすような対応をするとどうなるか

以上のステップまたはその一部を実行できたら、世界は自分を支配するだけの場所ではないとマゾキスト性格の友人に気づかせる手助けをしたことになる。すると、相手が自己のエッセンスを経験し、それがこちらのエッセンスとどう違うかを経験するのを助けたことにもなる。相手はきちんと扱ってもらえたと感じる。自己表現に必要な場を存分に認められ、自分自身や次の新たな考えをみいだすのに必要な空間をつぶされはしなかったのだから。こうして相手は自己の内から展開してゆく創造というものを学ぶ。そして自分自身を解放して望むように人生を創造できるようになるだろう。

次に家族や友人が、アドバイスを求めながらそれを却下して自由を欲しがる態度をみせたら、充分にそれをみつけられる空間を相手に与えよう。最高の贈り物、すなわち真の自己という故郷への道を与えることになる。その道は自分の本当の姿を認めることへ、そして自己のコアのエッセンスへと続く。永遠にかわることのない現在だけに生きるのをやめ、過去に学んだことに基づいて未来へと進んでゆくことができるようになる。現在の出来事をつねに変化する開かれつつある瞬間として経験するようになるだろう。人間関係を通してはじめて、マゾキスト性格は自己のコアと他人のコアをくらべて自己のかけがえのなさをみつける機会というものを得られるのだ。

自分自身がマゾキスト防衛から抜けだすには

自分がこの防衛を使っているのに気づいたら、まず膝を曲げて深呼吸する。地面にグラウンディングし、大地からのエネルギーが第二チャクラまで上がってくるのを受け入れる。自分が抱え込んでいる膨大なエネルギーを解放して、HEF（ヒューマンエネルギーフィールド）に流れさせる。そのために、自分はまわりのものすべてと結びついていると感じるにまかせる。手を第三チャクラの上に置いて自分自身を保護する。第三チャクラを通して他人にコードをのばしているのに気づいたら、コードを引きもどして相手を放し、エネルギーを自己の中心にもどす。そしてコードを自分のコアスターにつなぐ。そのためには、そうなった状態を思い浮かべて感じるようにする。そうすれば意識が自分のコアのエッセンスに向く。意識をそのままにして、自分自身の内面にある強さに焦点を合わせる。そして「私は自由だ、私は自由だ」あるいは「私は自分で自分の人生を管理する」と繰り返す。

自分は複雑な存在であり自分の考えも複雑なものであって、育てるには充分な時間が必要なのだと知ろう。ちょうどはめ絵ができあがってゆく時のように、一つピースが埋まるたびに全体がはっきりしてくる。日記をつけて自分の考えを書きためることを強く勧める。考えが一ピースずつ自分のペースで出てくるにまかせよう。その時には意味が通らなくても構わない。直線上に並ぶようには出てこないはずだ。人の心はそのようには機能しない。もっとホログラフィーに似た働き方をする。全体を見ることができるまでに二年以上かかることもある。その間は日記をほかの人に見せてはいけない。自分の考えがまとまる前にほかの人間に解釈させるべきではない。横道にそらされるだけだ。日記という物質レベルの鏡に映しだされた自己をよく見たあとで、そして自己の用意が整ったあとではじめて、誰かにその考えを示す。自分自分自分に敬意を持ち自分を尊重しよう。あなたはそれに価する。

リジッド性格が抱える主要テーマ

リジッド性格の主要テーマは確かな存在感である。こうしたテーマを抱えている原因は、このタイプが自己のコアエッセンスと切り離されていて外部の世界を完璧に整えることにのみ全力を集中するところにある。あまりにも完全に分離しているために、コアエッセンスというものが存在するということにすら思いいたらない。多くの過去生で、生きのびるために、完璧で欠点や弱さがいっさいないようなみかけを装うことを強いられた。おそらくなにかを管理する仕事に携わっていたし、今の生でも多分そのような役割を果たしているだろう。

成長の過程で、自己の内面の世界を完全に否定されてきている。家庭内の少しでもネガティブな要素のある出来事はすべて速やかに否認され、たとえ偽りのものであろうとポジティブな世界にのみ注意が向けられた。家族の間でなにが起ころうとも、たとえば喧嘩、病気、アルコール中毒、その他の不幸な出来事があっても、次の朝にはなにもかもきれいにぬぐわれている。完璧な朝食が出され、一分の隙もない服を着て学校に出かける時間だ。この家庭の哲学はよいことにのみ注意を向け悪いことは無視するというもので、これは子供が目撃した事実を否認するため、子供は無意識のうちに考える。「心配することなんてなにもない。昨夜のパパとママの喧嘩は本当は起きなかったんだ」、「ママはガンなんかじゃないんだ」、「悪いことは全部僕の想像なんだ！」。これを成り立たせる唯一の方法は、ネガティブな出来事を身をもって経験している真の自己を否認することだ。「あんなことは起こらなかったんだから、経験したやつだって本当はいなかった。そんなことを想像しただけなんだ」。つまり、現実を感じないこと——本当ではないのだから。

両親の採用するやり方は、マゾキストタイプの子供の親とは違って、直接子供の自己の境界を侵犯したり恥ずかしい思いをさせることで支配したりするようなものではない。この家庭では環境全体がコントロールされて幻の完璧さが創りだされる。子供はこの偽りの完璧さの中で育てられ、またこれに沿って行動するよう教えられる。みだしなみを整える、きちんと歯を磨く、しっかり宿題をやる、時間どおりに寝る、朝ご飯はちゃんと食べる、等々。

リジッド性格の世界を要約すれば、外面は完璧だが内面の心理的世界は否定されており、コアエッセンスは存在していない。リジッド性格の化粧板あるいはメッキ張りの下には、漠然とした恐れがある。なにかが欠けており、人生は自分の横をただ通りすぎてゆく、という恐れだ。しかし確かな恐れではなく、「まあ、人生とはそんなものかもしれないね」といったものだ。

リジッド性格が恐怖に対してとる防衛行動

この世界は自分にとっては無意味で満たされない場所だという恐れを抱くリジッド性格の防衛行動は、いっそう完璧になる、というものだ。仕事の成績もよく、配偶者も家族も完璧。収入もよいし、みだしなみも完璧でぴったりマッチしている。行動はあらゆる点で適切だ。肉体もバランスがとれ健康。このタイプの人間はHEF（ヒューマンエネルギーフィールド）を大変よく制御できるし、HEF自体もバランスがとれていて健康だ。ほとんどのチャクラもよく機能している。人間関係ではチャクラからのコードを通してほかの人間と適切に、軽く結びついている。他人に対してストリーマーをのばすこともめったにない。

しかし、完璧であろうとすることで、内面に非常に大きな乖離を二つ創りだしている。まず、感情の反応を引き起こすいっさいの外からの影響をコントロールするため、内面の心理レベルで経験することが外部世界から乖離している。さらに、コアエッセンスが深いレベルで自分自身から乖離している。実際、このタイプは自分のコアエッセンスというものが存在していること自体を知らない。図15―30にリジッド防衛を示す。

リジッド防衛がもたらすネガティブな影響

こうした防衛行動のせいでリジッド性格は自己をさらに不確かな存在と感じ、世界はいっそう意味のない場所になる。誰もがこのタイプの一見して完璧で問題のない人生を羨むが、本人には助けを求める先がない。かわりに、まわりの人々が自分の相談事を持ち込む。なんでもできるようにみえるからだ。事実たくさんの仕事を背負い込み、うまくこなし、感情的に崩壊したりすることも決してないが、だからといって本人がおおいに満足を得ることは絶対にない。というのは、それをやっている人間が自分であるとはどうしても感じられないからだ。このタイプは自分を空白であると感じる。

時間は直線的に前進し続けるもので、繰り返して経験することはできないと感じる。時にはこの行進する時間の中でなすすべもなく流されているとさえ感じるだろうし、また時には、時間は人生のすべてとともに単に自分の横を通りすぎてゆくと感じる。心理学的にみると、内面ではさまざまなことを感じているが、それが外まで現れない。そのため、自分がそれを感じているのかどうかさえ確かでない。

コアエッセンスというものの存在についてまったくなんの手掛かりも持っていない。聞いたこともないか、単に誰かのおめでたい空想であると思っている。ほかの人間の助けなしに自己のコアに触れることはとうていできない。子供の頃に自己のコアが存在すると認めてもらったことが一度もないからだ。

図15-30　防衛状態にあるリジッド性格のＨＥＦ

自分のコアがどのようなものか想像してみることさえできない。このタイプの人生で欠けている唯一のもの、それは自分自身である。

自分自身を本物として経験したことがないのでその結果、ハートとセクシャリティを統合できない。愛情とセックスが同時に機能しない。存在しない理想の人間を愛するので、そのような完璧な相手がみつかるまで短期的な性関係しか持たない傾向がある。恋愛関係はしばしばエロスの初期段階の間しか続かない。すぐに相手の不完全さが目に入りだし、相手は自分の理想でないと感じ、それで終りとなる。あるいは別の種類の否認状態に入り、恋人や配偶者との関係は自分たちの関係の外ばかりに注意を向けるようなものになる。つまり、個人として深く親密な関係を維持できない。自己の内面のコアエッセンスにアクセスできないせいだ。そこで外部に注意をそらしてくれるものが必要になる。

リジッド防衛をみわけるには

誰かがリジッド防衛を用いているかどうかをみわける最もよい方法は、その人の人間として確かな存在感をチェックしてみることである。その人に話しかけると、話の内容を個人的に受け取っていることを感じさせるうけこたえをしてくるだろうか。それとも会話から完全に離れて、自動的に反応しているだけだろうか。なにもかもうまく処理できるが、それでいてどこか人間味がないという印象を受けないだろうか。なにもかも順調というタイプではないだろうか。あるいはどんな問題であれ完璧で適切に処理できる人間ではないだろうか。すべて完璧に道理にかなっているのに、人としてのつながりを感じられない相手ではないだろうか。表面に見えているのが相手の全体像だと信じられるだろうか。このように話している相手に確かな存在感が欠けているとしたら、おそらくリジッド防衛タイプだ。

リジッド性格の人間的およびスピリチュアルなニーズ

リジッド性格の人間的ニーズは、適切であることよりも本物であること、否認から抜けだして内面の感情を外に表現すること、完璧であろうとして自己をコントロールすることをやめること、そして完璧さの下にある恐れに踏み込んでそれを癒すことである。このタイプは自分は本物ではないのではあるまいかと恐れており、自分の本当の姿を知らない。したがって、本当の自分をみつけるというニーズ、時間を単なる直線的なものとしてでなく、今ここにあるものとして経験するというニーズがある。スピリチュアルなレベルのニーズは、自己のコアエッセンスの存在を知って経験することだ。自己の人間的ニーズを満たす唯一の方法も、コアエッセンスを経験することである。いったんこれを行なえたら、なにもかもが一つにまとまる。

リジッド防衛に対するこちらのHEFのネガティブな対応

この防衛に対してこちらがとる可能性のあるネガティブな対応を、ふたたび四つのエネルギーモードを中心にみてみよう。

会話を交わしていて相手に確かな存在感が感じられない場合、どうするだろうか。相手が本当にはそこにいないので腹を立て、もっとエネルギーで「押す」だろうか。相手はこちらをいっそう恐れ、さらに完璧にふるまおうとするだろう。こちらの問題がなんであるのかを訊ね、助けてくれようとするかもしれない。恐れを否認するにはうまい方法だ。それに応じてこちらが問題を打ち明けたりしてしまうと、次に会った時に相手と結びつくのがますます難しくなる。会話をこちらに押しつける構えをとるからだ。図15―31は、こちらが怒って「押す」時にＨＥＦ（ヒューマンエネルギーフィールド）にどういうことが起こるか、怒りに対してリジッド性格がどう対応するかを示している。

それともみはなされたと感じて相手にしがみつくだろうか。「引く」モードに入るだろうか。そうすると相手は二重の内壁をさらに強固にし、いっそう距離をとり、いよいよきちんと道理にかなったふるまいをみせるだろう。そうしたらどうするだろうか。さらに「引く」だろうか。相手はその事態を否認するのでこちらは混乱するだけだ。図15―32はこの場合のやりとりを示している。

それとも「止める」モードに入ってエネルギーの流れを止めるだろうか。止めて自己の内部深くにもぐってしまうことで、会話の空々しさから逃れようとするだろうか。あるいは相手から注意をそらして、耳を傾けているふりをしながらなにかほかのことを考えるだろうか。そうなると、相手ははるかかなた、こちらもはるかかなたということになる。こうなった時にたがいにさみしく感じないだろうか。あるいはエネルギーを「止める」モードにしている間もそこにい続けて、ひたすら待つのだろうか。それでは双方が偽りの状態にあることになる。その結果は図15―33に示されている。

それとも否認して「傍観する」だろうか。ひたすら事態を傍観し否認して、会話を続けるのだろうか。まるで本当に会話が成立しているかのように。そうして時間を無駄にするのだろうか。それで本来の目的は達成できたのだろうか。相手とコミュニオンに入れただろうか。相手についてもっとよく理解することができただろうか。連帯できただろうか。おそらくそうではないだろう。図15―34を見よう。

それともエネルギーレベルで体を抜けだしてしまうだろうか。それでは、不確かな存在である人間がそこにいない人間ときわめてそつなく会話しているということになる。図15―35はこの状態を示す。

どうすればリジッド防衛にポジティブでヒーリングをもたらすような対応ができるか

図15―36（巻頭カラーページ）は、リジッド防衛を用いている人が自分のコアエッセンスの存在を感

じるのを助ける方法を示している。このように対応するのはこれまでの中で最も難しい。というのは、自分と相手のコアエッセンスを経験するには非常な能力が必要とされるからだ。しかし練習すればきっと学ぶことができるだろう。

このタイプはバランスのとれた強いＨＥＦ（ヒューマンエネルギーフィールド）を持ち、自己の境界もよく発達しているので、それに気を配る必要はない。したがって近くに立つ。おそらく、こちらが心地よく感じるよりも近くに立つのを向こうは好むかもしれない。またストリーマーやＨＥＦの周波数を調節する必要もない。しかし愛に満ちた優しさと受容の態度でそばに立つのはおおいに望ましい。そのために学ぶ必要があるのは、自己のコアエッセンスを感じ、それを自分のＨＥＦ全体に満たすことだ。具体的なエクササイズが17章に載っている。

自分のＨＥＦをコアエッセンスで満たしたら、自分のコアエッセンスを感じながら同時に相手のエッセンスも感じる。そのためには相手のコアスターに意識を集中する。コアスターは体の中心線上、へそから四センチほど上にある。そこに意識を集中すると相手のエッセンスが経験できるはずだ。それがどんな感触かわかったら、相手の胸の上方に手を当て、そこに相手のエッセンスを感じる。他者のエッセンスを感じることは自己のエッセンスを感じることを通してしかできないから、自動的にそうしているはずだ。手を相手の胸に当てたまま自己のエッセンスを、相手のエッセンスに触れるか触れないかのところに保つ。そしてそのままの状態で自分がどんなことを感じているか言葉にする。たがいのエッセンスの違いを感じるよう励ます。これは非常に精妙でデリケートな作業だ。この状態で相手のためにそこにい続けるには非常な忍耐がいる。こちらがエッセンスを引っ込めると、相手も引っ込めてしまう。この経験は相手のために非常に重要なことであるのを忘れないようにして、必要なだけの時間をかけよう。

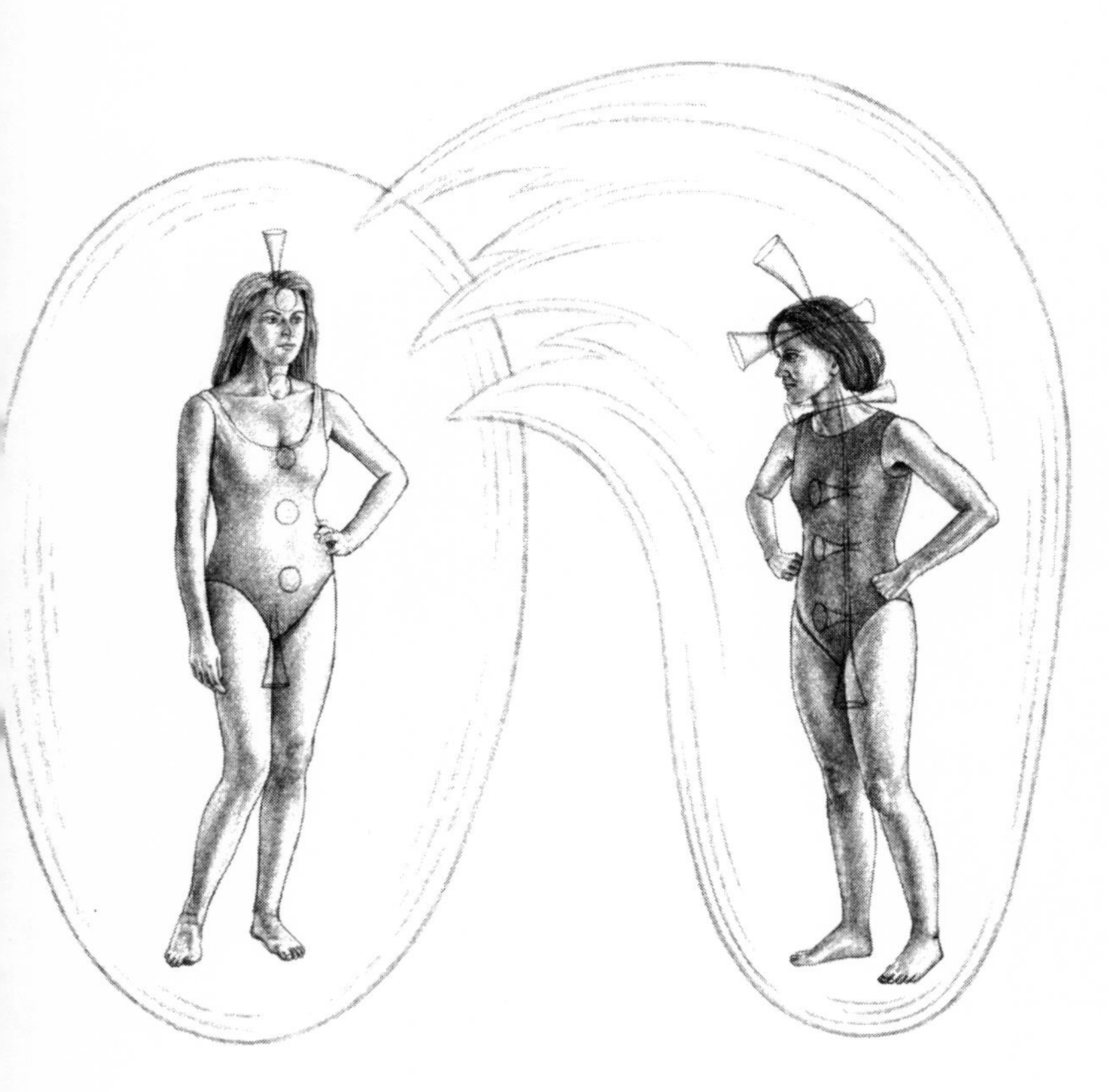

図15-31　リジッド防衛に対して「押す」

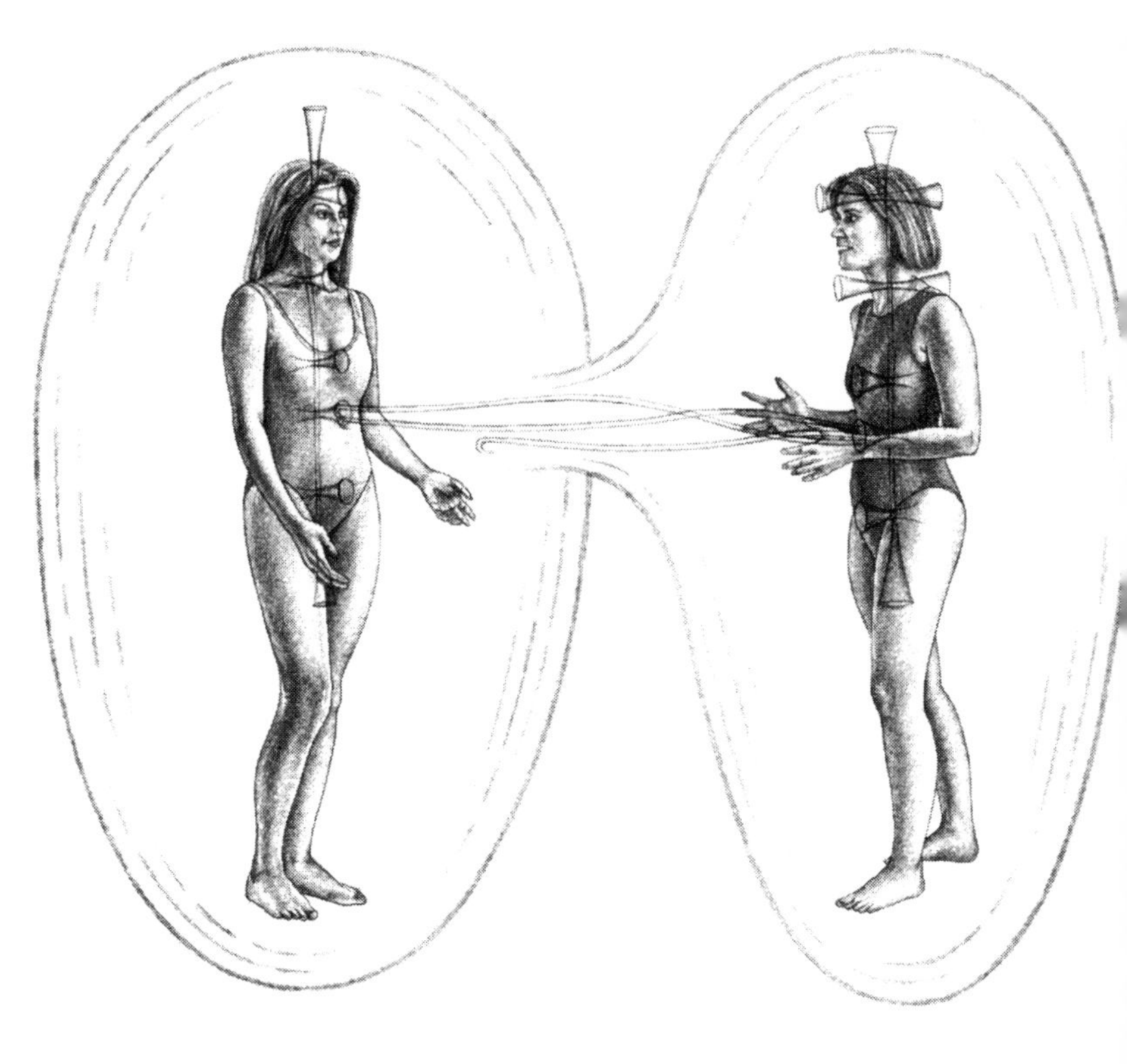

図15-32　リジッド防衛に対して「引く」

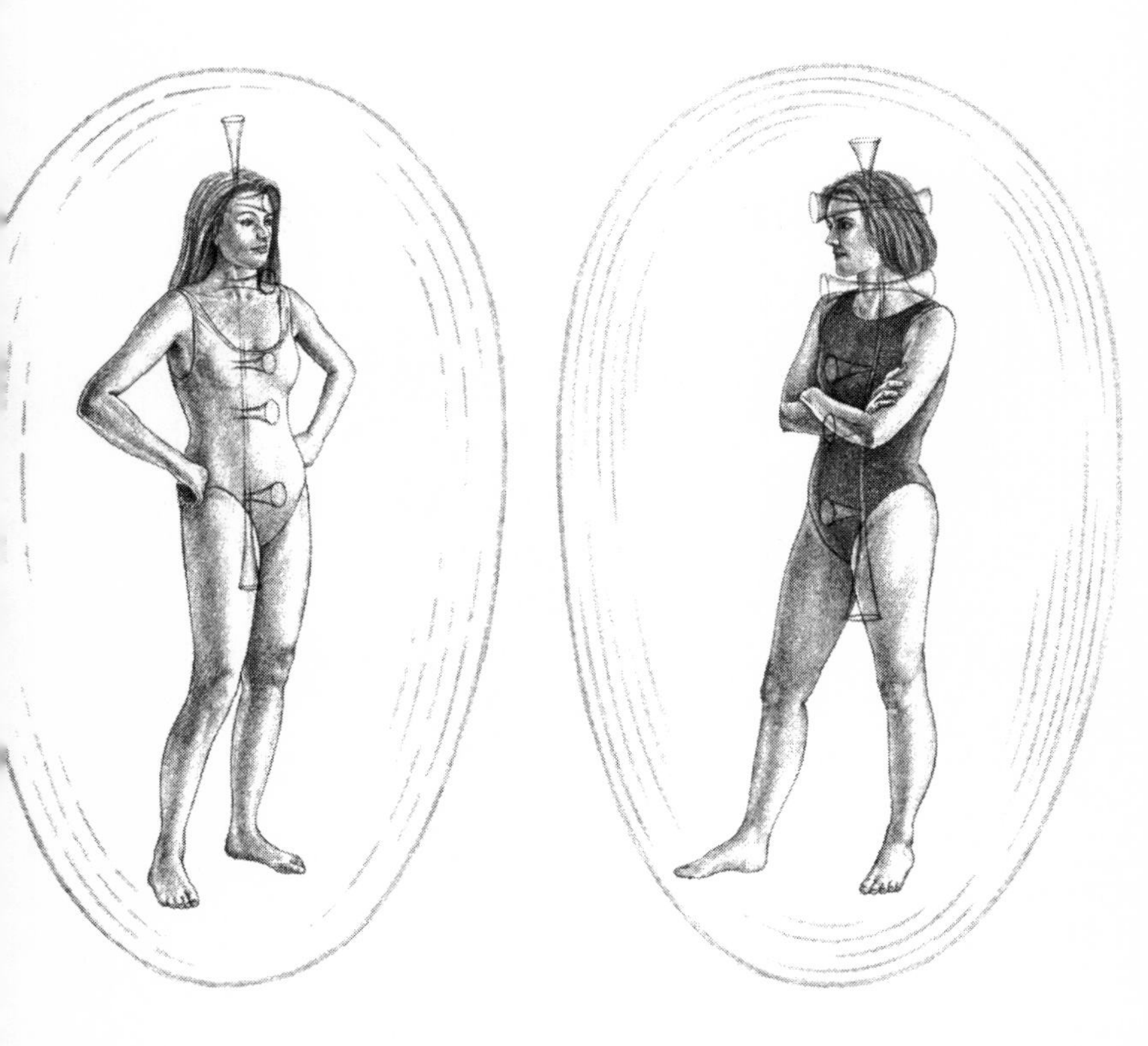

図15-33　リジッド防衛に対して「止める」

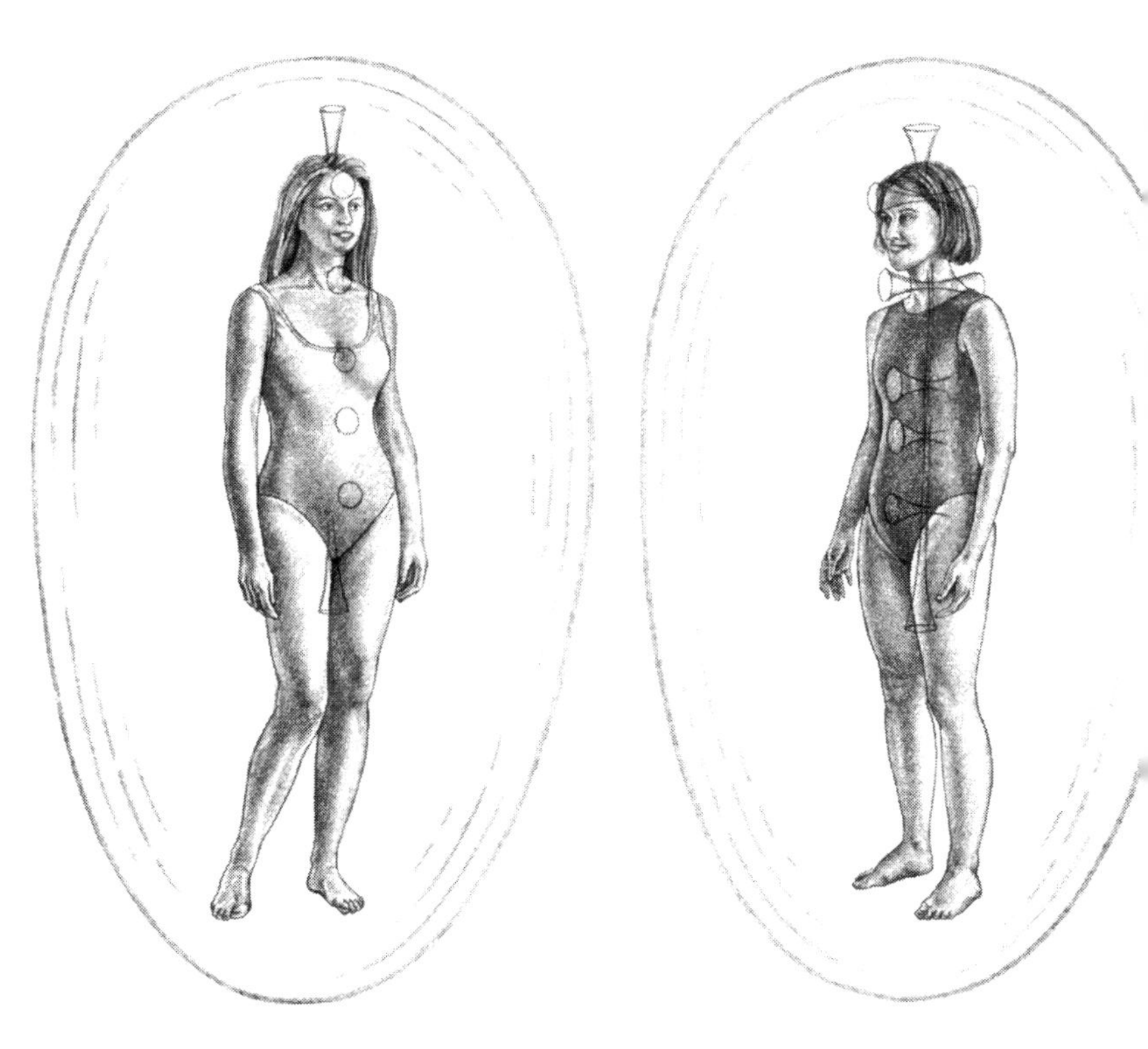

図15-34　リジッド防衛に対して否認して「傍観する」

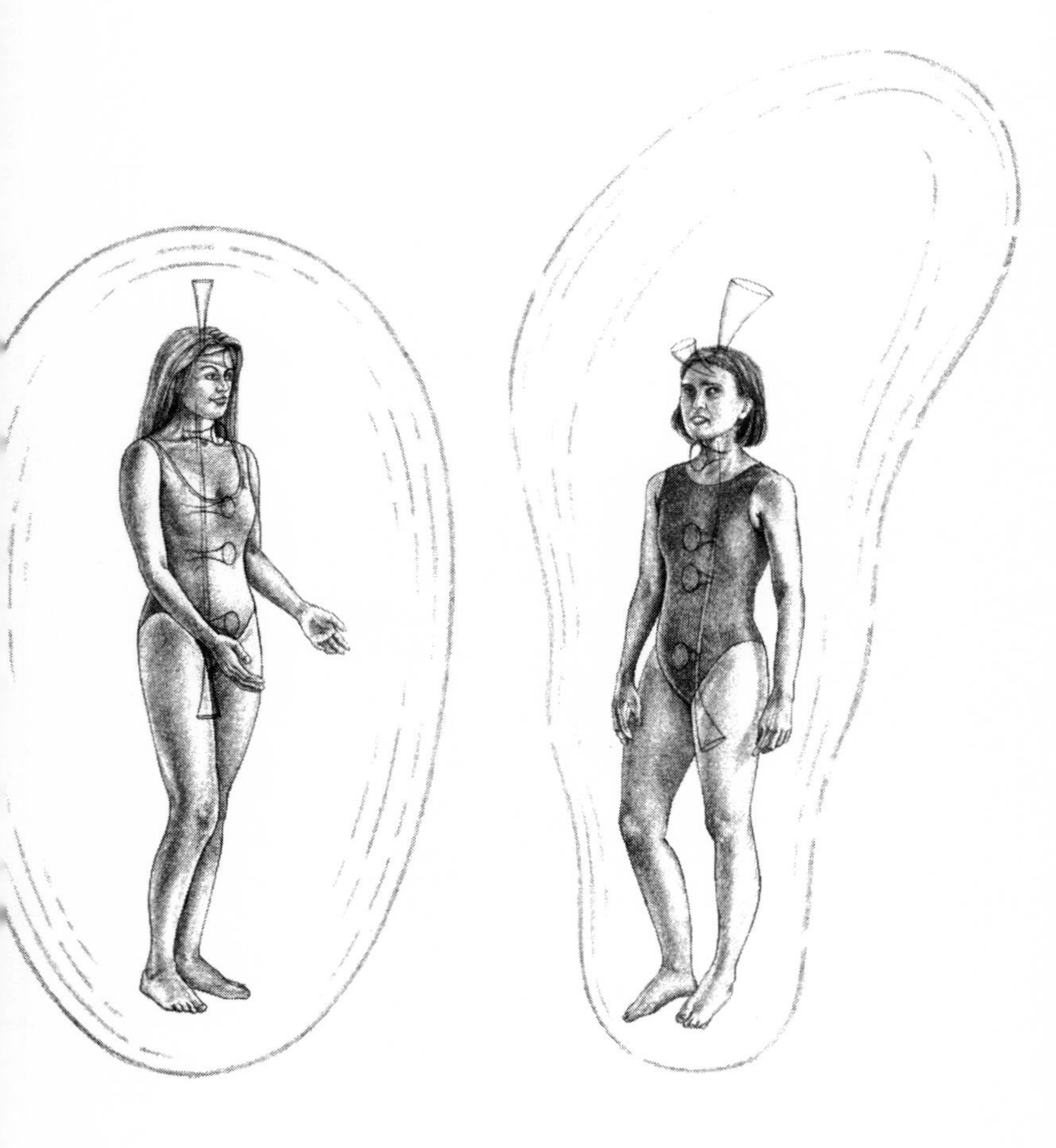

図15-35　リジッド防衛に対してエネルギーレベルで体を去る

ポジティブでヒーリングをもたらすような対応をするとどうなるか

以上のステップまたはその一部を実行できたら、相手が自己のエッセンスをみつける手助けをしたことになる。おそらく、ごく幼い頃以来初めての経験だろう。このタイプは自己のエッセンスを確認してもらった経験がないし、エッセンスを経験するフレームワークを持たない。育った環境にそもそもなかったのだ。それで、相手のためにこちらが鏡をかかげて自己の個人性をみいだすことができるようにしたのだ。リジッド性格の人間が個人性をみいだすにはエッセンスを経験するしかない。

これを行なうとすべてがかわる。相手は途切れることのない時間の行進から抜けだして、すべての時間を包括する「今」の中へと入れるようになる。感情を感じているのが自分だとわかるようになるので、自己の感情を外に表現できるようになり、おかげで確かな存在になれる。自分らしく生きてしかも確かに存在することが可能になるだろう。また自己のセクシャリティとハートをコアエッセンスを通してつなぐことができるようになる。コアエッセンスはその両方に存在するからだ。そして自分というものを持つようになり、自分の本当の姿を知るようになるだろう。

次に友人が会話の途中で完璧主義の裏に隠れる態度を示したら、最初はネガティブに反応してしまっても仕方がない。しかしそれに気づいたらすぐ深呼吸をし、膝を曲げ、大地にグラウンディングする。自己のコアエッセンスを感じ、自分のＨＥＦ（ヒューマンエネルギーフィールド）にそれを入れて満たす。相手のそばに寄り、胸に触れてもよいか同意を得たら、なにをしたいのかを説明する。これはすばらしい贈り物になるだろう。コアエッセンスを通して別の人間に触れまた触れられるコミュニオンを通してしか、地上での最も大切な目的を果すことはできない。それは自己の内に個人化された神を認めることである。

自分自身がリジッド防衛から抜けだすには

自分が会話から浮きつつあるのに気づいたら、会話をやめて自己の中心を探し、コアスターに意識を集中する。自分自身を感じることができるまで、そこにとどまる。それからそっと会話にもどる。「私は本当の存在だ、私は本当の存在だ。私は光だ」と繰り返そう。その効果に驚かされるだろう。

HEFで観察したある夫婦の喧嘩と仲直り

HEF（ヒューマンエネルギーフィールド）とHEFのやりとりがわかるよい例を、ある晩友人夫婦を訪問中に観察したことがある。友人夫婦はそれぞれの防衛に入って衝突したが、やがて癒しに満ちたシンクロナイズ状態に入っていったのだった。私が訪ねた時、二人は何日かある問題について膠着状態を続けていた。それぞれ自分の立場を私に話しだし、私は二人のHEFのやりとりを目撃することになった。以下はこの晩に起こったことである。

夫はオーラル防衛を使っており「もっとたがいに親密に接していっしょに過ごす時間が欲しいし、二人にとって必要なことだろう」と苦情を言った。妻はサイコパス防衛に入り「そんなことはもう充分やったわ」と言った。彼女は巧妙に問題があるのは相手の方だとほのめかし、夫にもっと説明させようとした。そして夫が説明しようと試みるのを表面上は聞いていたが、エネルギーレベルでは遠ざかっていった。最初は自分のHEFを後ろに引き、それからエネルギーのバイオプラスマの流れを切り離し始めた。この流れは二人のハートどうし、第三チャクラどうしをつないでいたものだ。

これは夫を混乱させた。妻は真面目に聞いているようにみえる。しかしエネルギー的には、自分が彼

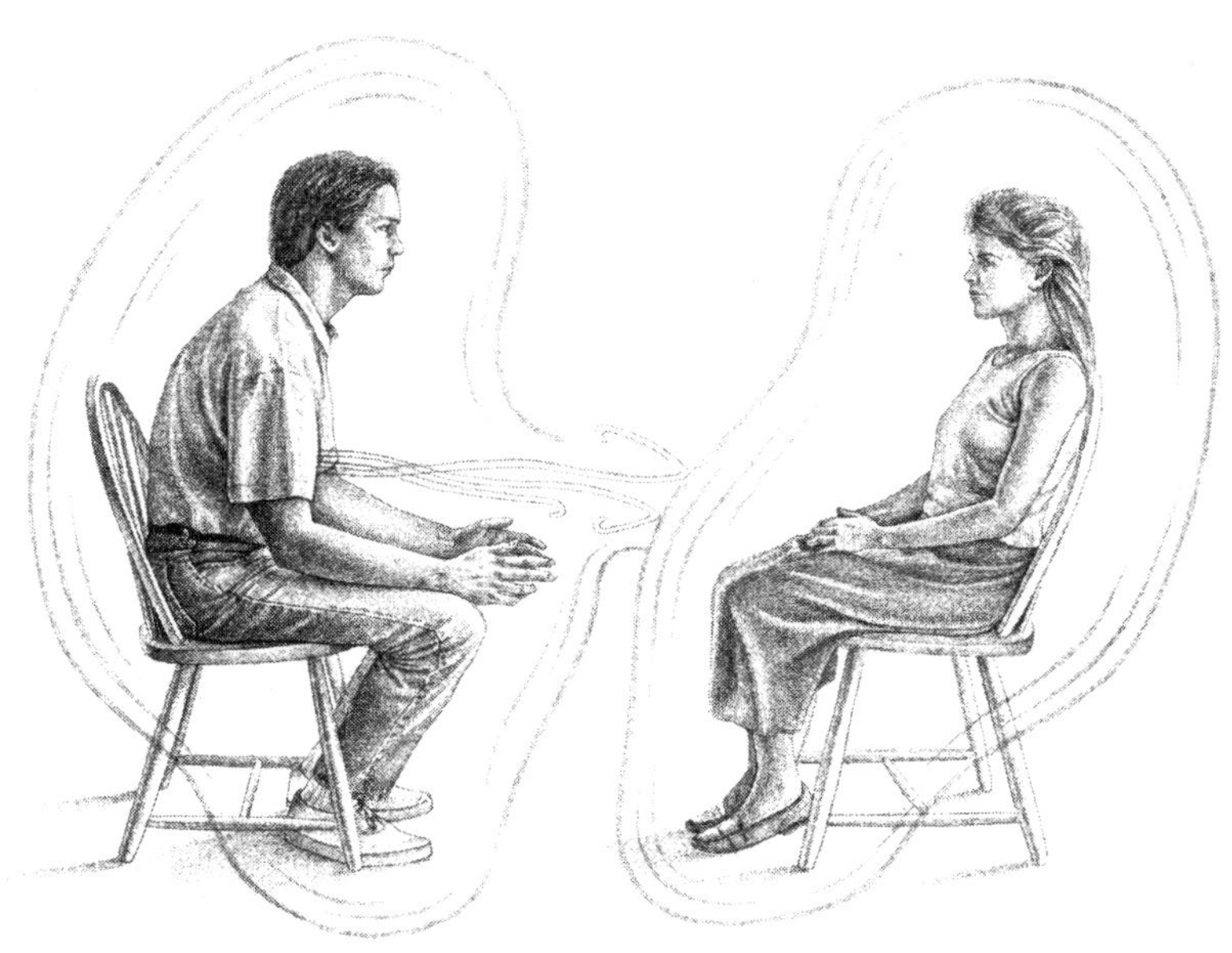

図15-37　防衛に入った二人

女のエネルギーを引きつけようとしているちょうどその時に、遠ざかってしまうようだった。図15―37にこの状態を示す。

　夫は自分の状況を説明しようとすればするほど、オーラル防衛に入っていった。いっそう混乱し、自分の話が本当なのかどうか確信が持てなくなった。妻はサイコパス防衛をエスカレートさせ、ＨＥＦを相手から切り離した。自分のエネルギーを後ろに引き、攻撃的なストリーマーを体の後ろから頭の上を越えて相手の頭の上に送り始めた。そうすることで相手を押さえつけて支配し、相手の真実を否定し、なおかつ攻撃的態度で相手とつながりを保って自分の安全を感じようとしていた。こういうことをしていると自分では気づいていなかった。

　夫の言葉に対する彼女のＨＥＦのり

アクションは、夫の言葉や夫がもっと親密さを望んでいることに恐れを抱いていると示していた。そしてサイコパス防衛を使って夫を支配しようとした。そのためにエネルギーを後ろに引きながらも相手に耳を傾けているようにふるまい、自分で自分の恐怖を感じないようにした。この結果、夫は自分の言葉が事実かどうか疑い始めた。「問題なんてないのかもしれない。全部自分のでっちあげかもしれない」。妻の防衛は、そのような問題は現実にはないのだと夫を説得して、自分がそれに取り組まなくてもよいようにすることだった。こうして無意識のうちに、彼女は自分の知覚していることを否定した。内面深くでは、夫が正しく、問題は現実にあると知っていたが、それが意識に上るのをブロックしていた。意識レベルでは「相手を助けるために」その言葉を理解しようとしているつもりだった。エネルギーを体の後ろに引いて意志を司るチャクラを働かせ、意志の力で、夫の話に耳を傾けると同時に自分が感情を感じたり無防備な状態になるのは許さないでいた。エネルギーが体の前に動くのを放っておいたら、感情を感じ傷つきやすい状態になる。するともっと親密な状態に移行してしまう。しかしもっと親密になるということはより深いレベルの自己に身をまかせることを意味し、それを彼女は恐れていた。

この段階が続いて、夫は恐れを感じ始めた。それで第三チャクラから長い鉤を出して妻のチャクラに引っ掛け、エネルギーをつかみ、引っぱって、相手が接触を断って自分を置き去りにするのを止めようとした。妻はさらに頭の後ろからエネルギーを送って相手を押さえつけ支配しようとした。図15—38はこの状態を示す。どちらもいっそう防衛をエスカレートさせ、HEFはいっそう歪んでいった。

HEFが歪むほど人はネガティブなイメージ的結論に入り込み、いっそう現実との接触を失って、今目の前で実際に起きていることから切り離されてゆく。この二人の場合、たがいが防衛を強めるほど状況はどちらにも苦痛なものになっていった。真の自己はますます覆い隠され、防衛だけがその場に存在した。

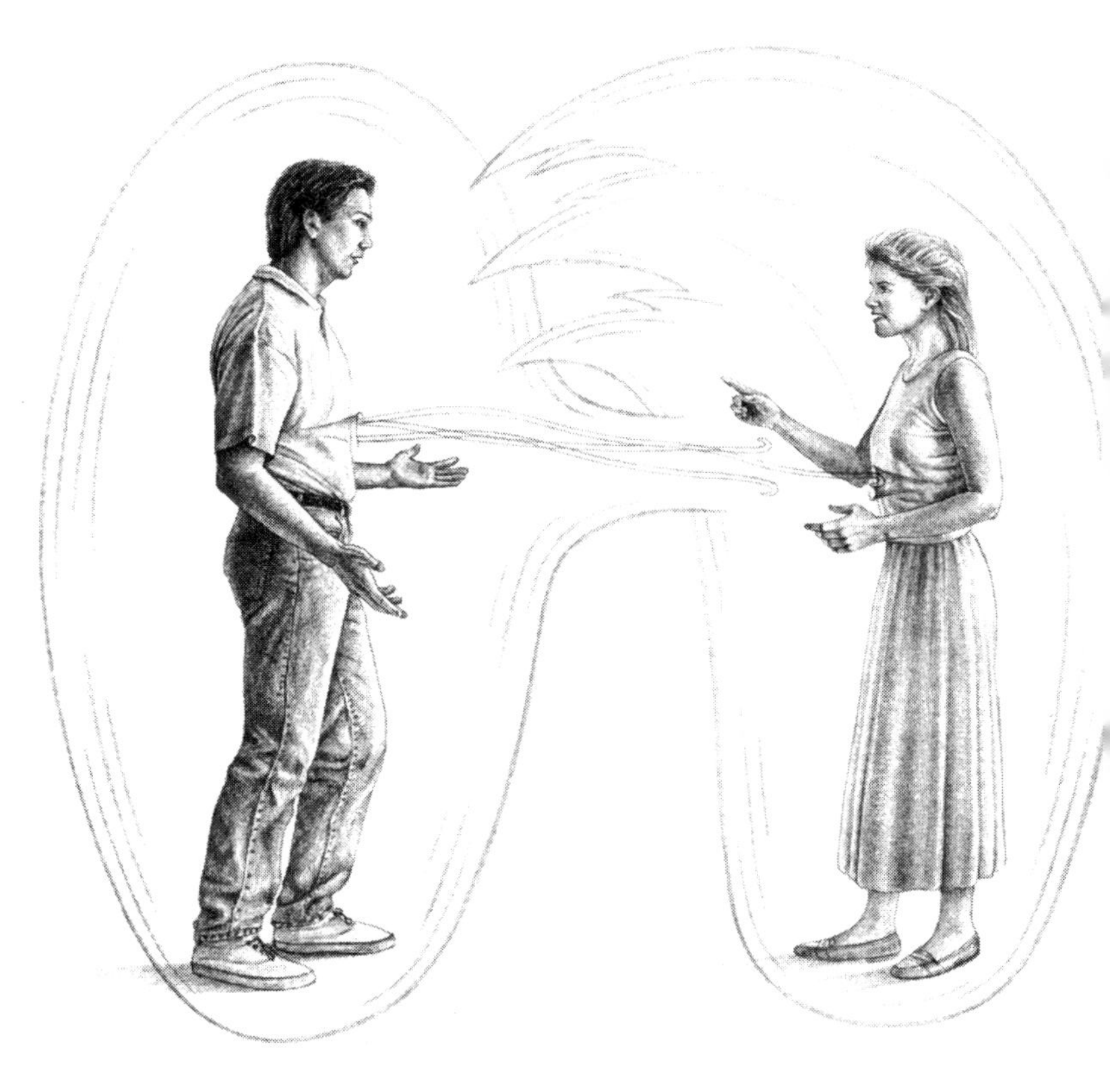

図15-38　防衛をエスカレートさせた二人のＨＥＦ

この時点で私は、彼らのHEFがどうなっており、それがどのように不快な感情をもたらしているか説明した。二人は自己のHEFを本来の状態にもどし始め、自己のコアに意識をもどし、大地にグラウンディングした。二人がこれを行なう間、私は二人のHEFをリーディングしてそれぞれが自己の中心をみつけるよう導いた。二人がそれを達成し、グラウンディングした時、ハラインをまっすぐにして強めさせた。それから二人いっしょにHEFの各レベルを浄化し、バランスを整えてチャージするようにさせた。私は二人のHEFをリーディングしながら二人を導き、コアエッセンスをハラレベルを通してHEFの各レベルへともってくるようにさせた。これが完了する頃には防衛はとり払われ、HEFはコヒーレント（整合）状態になり、部屋は二人のエッセンスに満たされていた。

それから私が目撃したのは、二人の人間のHEF間に起きるさまざまな現象の中でも、それまでで最もすばらしいものだった。二人の間を流れていた多彩色のバイオプラズマが溶けさった。あとに残ったのはコヒーレント状態のHEFを持った二人で、それぞれの周波数でパルスを打ちながらたがいに完全にシンクロナイズしていた。エネルギーの流れを交換することなしに、コミュニオンに入っていたのだ。相手のエネルギーに左右される様子はまったくみられなかった。ただ、受け入れ、認めあい、どちらも喜びに満たされている、そのような自己の表現だけがあった。この美しい光のダンスはしばらく続き、全員が陶酔感に満たされた。この状態が図15―39（巻頭カラーページ）に示されている。

私がこのようなすばらしい光景を目にしたのは、あとにも先にもこの時だけである。思うに、人間関係においてごくまれにしかみられない状態で、すべての人が求め、この状態に向かって努力するようなものなのだろう。将来は普通にみられるようになるのではあるまいか。人が自己を信じることを学び、自己の存在のコアを信頼し、たがいに敬意を払って尊重しあい、たがいの存在に深い喜びを覚えるようになった時、自ずとそういう状態になっているだろう。

「許しを通してのヒーリング」について

この章を、これまでヘヨアンから与えられた中で最もパワフルなヒーリングメディテーションで締めくくりたい。これは「許しを通してのヒーリング」と題され、深い黙想に導いてくれる。そうして、過去の人間関係から持ち込んできた内面の傷を癒すことができる。このような傷にヒーリングをもたらす最も重要な要素は、許しである。

人はたいてい、自分が他人を許せないでいるということには気づく。しかし自分自身を許せないでいるということにはあまり気づかない。誰でも、自分を傷つけた人間を許すことができた時には大きな違いが生まれると知っている。しかしほとんどの場合、苦痛を伴う状況は「誰が自分を傷つけたか」というふうに思いだされ、咎めを負うのは他人である。

他人を咎めるという態度は実際には表面的なもので、内面深くでは通常、自分では認めたくない罪悪感に苦しんでいる。多くの場合、こちらが「傷つけられた」と感じる相手はこちらとは違う形で事態を経験しており、こちらが傷ついたことさえ気づいていない。実際、時には相手は相手でこちらが謝って許しを求めるべきだと考えている。このような状況では、人は二元論の世界に閉じ込められている。「許し」の行為はそれを越えて人を愛へと引き上げる。

このメディテーションでヘヨアンは、許しについてのより広い視野を与えてくれる。そして「相手が自分にこんな仕打ちをした」と咎める態度とその奥にある罪悪感を超越するのを助け、なぜ許しの行為にそのような働きがあるのかについて一元論の立場から解答を与えてくれる。

このメディテーションを始める前に、自分の人生でまだ許すことができないでいる人々のリストをつくっておこう。このメディテーションは誰かに音読してもらいながら行なうのがよい。あるいはオリジナルのチャネリングテープを私のヒーリングスクールから入手することもできる。あるいは自分でテープに吹き込んでもよい。目を閉じてベッドに横になってテープを聞けば、この経験がより自分のものになり、よりよく吸収できるだろう。

許しを通してのヒーリング——ヘヨアンからのチャネリング

「自己の内に光の柱を感じなさい。自己の中心に光の星を感じなさい。それはへそよりわずか上のところにあります。あなたがここにいるのは偶然ではないのです。あなたは自己の目的に沿って自分自身を、この人生における今この瞬間へと導いたのであり、その目的とはあなたがハートの上に抱く深く神聖な憧憬からくるものです。その憧憬を大切にするほど、人生の道程を喜びに溢れ満ち足りたものとすることができます。それは同時に創造性に富み、許しに満ちた人生です。

今日はあなたが人生でその人との関係に困難を感じているような人を一人選び、許しとヒーリングに向けて自己の意図を整えることに取り組み、祈りましょう。ヒーリングのためには、自分と相手を許すことが必要です。あなたもおそらく知っているように、ヒーリングは人生全体を包括します。いえ、それはいくつもの人生を包括し、そして人生を越えたものでさえあると言ってよいでしょう。あなたは物質世界よりはるかに大きな領域に存在しているのであり、それは時間と空間に縛られていないのです。時間と空間はあなたがこの物質世界という教室において自分自身に課した制限の産物であり、学習のためにそれを自ら創りだしたのです。あなたは自分のレッスンを創り、それに応じて教室を創り、そこでの教師たちを創りましたが、同時にそのすべての主人なのです。あなたはこの地球へ自分のためにやって来たのであり、その目的はあなたの神聖な憧憬の内にあります。

ここで、あなたが選んだ人に関して、以下の質問に答えてください。この人と接するにあたって、あなたはどのように自己の神聖な憧憬を裏切り、それによって自分自身を許すことが必要な状況を創りだしているのでしょうか。すぐに答えるのは難しいかもしれません。しかしこの問いに集中し、祈り、自己のヒーリングに結びつけるなら、理解し始めることができるでしょう。また自己の人生経験を通して、ここで言われたことのいっそう深い理解が、あなたの内なる生の泉から湧き上がるでしょう。

そう、あなたが自らの人生において自己の経験を創りだすというのは真実です。それはあなたが設計したものです。それを自己の内の最高の知恵から設計したのです。そこに痛みがあるのなら、その痛みが自分になにを語りかけているのかを問いなさい。なぜなら痛みは真の自己を忘れることから生まれるからです。痛みは、影の真実を真の真実だと信じることから生まれるのです。影の真実は真の自己を忘れた結果もたらされ、自分が孤立している、あるいは神から切り離されていると信じることからきます。

こう言いましょう。すべての病気は、その形や症状がどのようであろうと、この忘却の結果なのです。あなたがここに、この地上界にもどってきたのは、『思いだす』ためなのです。落胆してはいけません。自己の生命力を思いだすという方向に向けてやれば、その輝きは自己の精神で影と苦痛の中にある部分を目覚めさせることができるでしょう。

肉体の細胞の一つ一つに宿る神聖な光でこうした部分を照らす時、光は影へと射し込み、影は思いだし始めるのです。『思いだす（re-member）』とは、自己の部分（member）をふたたび（re）一つに集めることなのです。この過程を通して、あなたは、自己と肉体の内の切り離されたために病気になった部分を一つにすることができるのです。新しい始まりです。ある程度の苦痛は経験しますが、それは癒える痛みなのです。涙は降り始めた雨のようにあなたの魂を洗い清めるでしょう。泣き声は、何世紀にもわたり抱え込まれたまま自らを顕わす日を待っていたものを解放するでしょう。ブロックは流れだして新たな生命を注ぎ込むでしょう。あなたはいっそうのエネルギーで満たされ、自己の人生が創造性と喜びに向かって変化してゆくのをみるでしょう。まわりのすべての人々、そして宇宙が踊る自然なダンスに囲まれているのをみるでしょう。

しかしそのためには、許しが必要です。まず自己を許すこと。自分自身についてまだ許していないのはどのようなことでしょうか。このメディテーションの最後に五分間を費やして、いつか自分を許す必要のあることのリストをつくりなさい。とても長いリストになるかもしれません。しかし難しいことではないはずです。それぞれの項目をとりあげて、それについて一日に何度か数分間ずつ黙想し、自分を許すよう努めると、心の重荷を軽くすることができます。許しは自己の内の神聖な部分からきます。許しを求めて祈り、許しを経験すると、内にある神聖なる存在と結びついて一つになることができるのです。

次に自分に問いましょう。こうした項目はそれぞれ、どのように自己の精神と肉体に現れているでしょうか。またＨＥＦ（ヒューマンエネルギーフィールド）ではどうでしょう。それをＨＥＦの七つの経験レベルすべてにたどってみなさい。

肉体の痛みと自己の中で自分について許していない部分とは、どのように関連しているのでしょうか。自分がその部分を許すことができないでいるために、許すのが難しいと感じている特定の個人との関係はネガティブなままに維持されてきたのです。ヒーリングはつねに自分の足元から始まるのです。

あなたの内部の、へその上二センチ半から五センチほどのところに、美しい星、コアスターがあります。それはあなたという個人のエッセンスです。このエッセンスは神聖な個性であり、それが自己の存在の中心、自分の本当の姿です。全き平和に包まれた本当のあなたの姿なのです。あなたが母なる地球において経験してきたあらゆる人生において、また人生と人生の間において、そしてそれを超えて。この場所を自己の内に感じなさい。あなたはこの人生以前にも存在していたのです。すべての混沌と苦痛と苦闘がこの地上に誕生する前に、あなたは存在していたのです。そしてまた永久(とわ)に存在し続けるのです。

この存在の中心は、あなたの神聖さの中心です。この場所にいれば、あなたは宇宙全体の中心です。この場所から癒されるのです。あなたは自分の本当の姿を思いだし、ほかの人がその人の本当の姿を思いだすのを助けるのです。すべての行動が生みだされるのは自己の存在の中心からです。それから切り離された行動はたちまち自己の神聖な目的から外れ、苦痛と病気が生まれます。ですから、自己を自らの存在の核にしっかりと位置づけなさい。この中心からこそ、許しもまた与えられるのです。

では、こんどは自分について許しを与える必要のある項目の最初のものを、自己のコアにもたらしなさい。それがなんであれ、自己の創りだしたものが許しを必要とするなら、それは中心から切り離された形で創りだされています。創りだすにつれて存在の中心から切り離されていったのです。あなたのその行動は神聖な目的から外れ、おそらくはごくわずかずつ、影と忘却へと向かっていったのです。ですから、許しを必要とするものをとりあげ、それをコアスターにもたらし、ただそこに保ち、愛で囲み、満たせば、この愛を通してそれを光にもどすことができるのです。自己の中心から生じた本来の目的をまたみつけることができるのです。ひとたびこれをみつけたら、本来の創造活動を再開することができます。本来の目的をみつけて包み込み、愛と光で満たせば、自己の内に許しをみつけることができるからです。このようにして自己に許しをもたらす時間を今、しばらくの間とりなさい。

自己に与えた許しが自らの存在を流れてゆくと、この許しを必要とした特定の状況に関わった相手をも、自分が自然に許すのが感じられるでしょう」。

第6部　より高くより深く

「どの瞬間にも我々には選択の自由があり、どの選択もすべて人生の方向を決定する」。

——オリヴィア・ホブリツェルズ

第6部のはじめに　自己のより高いスピリチュアルな面と自己のより深い次元を統合するヒーリング

私がヒーラーおよび教師として仕事を続けるうちに気づいたのは、スピリチュアル面のニーズおよび自分のより深い真実と結びつくことは、ヒーリングの過程において肉体のニーズと同じくらい重要だということだった。実際、むしろこちらの方が主要で、これなしには人生は三次元世界に限られた非常に制限されたものになってしまう。真の自己と人生の目的を理解するためには、そして人生を安全で恵みと愛に満ちた旅路として経験するためには、スピリチュアルな世界とのコミュニオン（魂の一体化）が、人間とのコミュニオンにおとらず必要だ。

ＨＥＦ（ヒューマンエネルギーフィールド）のより上位のスピリチュアルなレベルと、ＨＥＦのさらに奥深くにある次元とでヒーリングを行なううちに、健康とヒーリングについて私が抱く概念全体がかわった。いや、物質世界における人生というものの概念全体がかわった。私は、ヒーリングとは美しく創造性に満ちたプロセスで、最も自然で普遍的なものであるとみるようになった。人は一歩一歩、この美しい生のプロセスを導かれてゆく。その中で、自己を個人として、同時に宇宙の一部としてみることができるようになる。自分が恵みに満ちて豊かな宇宙の中にみじんの不安もなく抱かれているのを感じて、人生とヒーリングとが一つになる。

以下、まず各自が人生で経験するスピリチュアルガイダンス（スピリチュアルな導き）とその目的をとりあげる。スピリチュアルガイダンスは人を最も自然な形で高いスピリチュアルな現実に導いてくれるが、その現実はＨＥＦの上位レベルで経験するものだ。続いて、人間存在の土台となるＨＥＦのさらに奥深くにある次元についてとりあげる。

16章　スピリチュアルガイダンスの受け方

人生をスピリチュアルな価値観を中心とするものに静かに移してゆくためには、意識をまったく新たに方向づけて、周波数の高いレベルのＨＥＦ（ヒューマンエネルギーフィールド）、すなわち第五、第六、第七レベルにおけるトランセンダンス（超越）的現実へと導く必要がある。こうした意識とエネルギーの高い領域には、物質としての形を持たないスピリチュアルな存在が無数無限にいる。多くの人はこの高いレベルの意識をまったく経験しない。このような人にとっては、こうしたレベルの存在自体が非常に疑わしく、ばかばかしいとかくだらないとか感じる。それでもヒーリングの過程において、意識のレベルの階段を上がってゆけば自然にこうしたレベルを経験するようになり、やがてこのような非物質的存在に出会うことになる。

意識をＨＥＦの第五、第六、第七のレベルに移す時、人は、自己の意志、感情、理性をより高いアスペクト（面）で経験する。各レベルはそれぞれ下位のレベルのテンプレート（鋳型）である。第五レベルの高い意志は「内面の神聖な意志」とも呼ばれ、第一レベルすなわち物質世界に生きる意志のテンプレートである。第六レベルの高い感情は時に「直観」あるいは「神聖な愛」とも呼ばれ、第二レベルすなわち自分自身についての感情のテンプレートである。第七レベルの高い理性は「神聖な理性」とも呼ばれ、あらゆるものの完璧なパターンの理解を与えるが、これは第三レベルすなわち人間的な理性のテンプレートである。こうした対応関係は古（いにしえ）より「天にあるがごとく地にもあり」と言われてきた。

第七と第三、第六と第二、第五と第一レベルが対応して上位のレベルの価値観が下位のレベルにもたらされることにより、下位のレベルを癒す道が用意される。そのためには高いレベルに達する、つまりトランセンダンスする必要がある。物質世界よりも上の現実に達してそれを自己のものとして認めることができるようになると、個人の理性は真実となり、感情は愛となり、意志は勇気となる。これを押し進めれば、自己の真実はさらに知恵となり、愛は無条件の愛となり、勇気は力となる。スピリチュアルな現実を自己のものとし、自らの内に神をみつけることができるようになる。

トランセンダンスへと入ってゆく実際的かつ最高の方法はスピリチュアルガイダンスである。誰でも内面のハイアーセルフ（高い自己）から、あるいはスピリチュアルガイド（守護天使、守護霊、スピリチュアルな導き手）からガイダンスを受けることができる。ガイダンスは通常、はじめはハイアーセルフから受け、やがてはスピリチュアルガイドから受けるというように範囲が広がってゆく。

スピリチュアルガイドからガイダンスを受けたりスピリチュアルガイドとチャネリングすることは、現在、一部の人々の間にひろく普及している活動だ。あらゆることについてガイダンスを求める人も多いが、普通は人生の問題にどうに取り組むか、今日はなにをするべきか、どうしたら問題を解決できるかなどを質問する。病気を治す情報を得るのに使われることもある。人気があるあまり、宝くじを当てたり、試験の解答を知ったり、駐車スペースを探そうとして使う人さえ出てきた。一部の人はガイダンスを誤用して本来の責任から逃がれようとする。約束を無責任に破っておいて、スピリチュアルガイドがそうしろと言ったと主張する。このような人々は、ガイダンスさえあれば倫理に反する行動や無責任な行動を正当化できると考える。現在多くの人が、ガイダンスを使いながら深いレベルでの機能を理解せず、人生で学んでゆく際にガイダンスが与えてくれる大きな利益に気づいていない。

ガイダンスは人生が形をとってゆくうえで欠かすことができない。自己のハートが欲するものを育て、人生の使命をみつける鍵である。ガイダンスは、単にガイドと意志を疎通させたり情報をチャネリングするにとどまらない、人生の過程そのものなのだ。ガイダンスに長期間従ってゆくと、HSP（ハイアーセンスパーセプション、超感覚的知覚）やHSPによって正確な情報を得る能力が発達する。自分自身の人生におけるガイダンスの影響を観察するうちに、私はその働きについて以下のように理解するに到った。

スピリチュアルガイダンスとはどのようなものか

1　ガイダンスは無責任な行動を勧めることはない。むしろ、真の自分であること、自己を裏切らないこと、約束を守ることなどに責任を持たせ続ける。約束をかえる必要があっても、責任を逃れるような形で変更することは許さない。つまり一度結んだ約束があとから自分にとって不健全なものになった場合、変更することはできるが、責任あるやり方で対処するよう求められる。

2　ガイダンスはカルマを解消することはない。むしろカルマに取り組む道具を与え、楽しみながらその浄化を行なう方法を教えてくれる。カルマの秤が均衡を正すのを止めることはできない。ただしこれはカルマによって罰せられるという意味ではない。過去生で学びそこなったレッスンが今の人生にネガティブな影響を与えていること、したがってそれをこの人生で学ぶべきであることを意味する。通常このレッスンは人生の場面場面で、その個人がイメージ的結論や偽りの概念からどれだけ解放されているかに応じて与えられる。

3 ガイダンスに従うと得られる人生経験は、自己の人生の使命あるいはヒーラーとしての役割をみつけ、それに沿って自己を成長させるために必要なものである。

4 人生をスピリチュアルなものにして自己の人生の使命をみつけるには、ガイダンスを受け取ったら代償がどれほど大きなものに思われようと進んで従い、真実に従って生きる必要がある。

5 ガイダンスは受け取る人間にとっていっそう難しいものになってゆき、代償は一見いっそう高いものになってゆく。

6 ガイダンスと信頼は切り離せない。ガイダンスに従うには強い信頼を持つ必要があり、ガイダンスに従うことでさらに信頼が厚くなる。人の心の中には、足を踏み入れるのがためらわれるが、しかし真の自己に形をとらせるためには踏み込まなければならない領域がある。ガイダンスは人をその領域へと導くよう設計されており、最も深い恐れを通して最も深い信頼へと導く。

7 信頼とは、HEF（ヒューマンエネルギーフィールド）を整え、バランスのとれた状態にし、チャージして、ヒーリングの状態にもってゆくような生き方を意味する。自己の内の小さな自我を大きな自我、内なる神に結びつける。自己をありとあらゆるものへ、宇宙へとホログラフィー的に結びつける過程である。

8 ハイアーセルフ（高い自己）から切り離された自我が系統だったガイダンスにわりこむことはほとんどない。というのは多くの場合、ガイダンスがやるようにと指示することの理由を理解できないからだ。

9 切り離された自我の意志を手放してガイダンスを通して与えられる神聖な意志に従い、それに身をまかせてゆけば、他者からいっそう信用されるようになる。

10 ガンダンスは自然にそして系統的に、自己の人生の使命を果たすのに必要な肉体および精神の耐久力を育てる。

11 このような耐久力が強まるほど、よりいっそう愛と力が得られ、支えてもらうことができる。人生の使命はより広範囲に、より効果的に発展してゆく。与えられた問題を解決してゆくと、いっそう重い責任の伴う難しい問題に導かれる。

12 ガイダンスに従うことで、ヒーリングをもたらす生命エネルギーを受け取るヒーリングの器(うつわ)が造られる。生まれる際に選んだ神聖な使命を果すのに必要な器である。ガイダンスは不随意の創造活力をこの安全な器の中に解放する。ガイダンスに身をまかせ、自我をより大きく神聖なスピリット、内なる神にまかせることによってのみ、不随意の生命力は器の中に解放される。この生命力は自己のエネルギーの流れが遮られない時に自然に生じるものをすべて含み、時にポジティブであり時にネガティブである。ガイダンスは系統だててネガティブさを浄化し、よりいっそうのポジティブな生命力が解放されるようにして、このパワフルな生命力の流れを器の中に、その器の処理能力に正確に比例して解放する。したがって器は安全である。

13 不随意の神聖な創造活力に伴う生命力のパワフルな流れを、自我によってコントロールすることはできない。つまり自己の内のポジティブなものは自然に流れ、知恵、愛、他者への心配りは自然に溢れだす。自我の命令によって流れるのではない。自我にできるのは、生命の力が流れるのを止めることもしくはその流れから身をよけることだけである。

14 ガイダンスは個人の手をとりともに歩いて、現実の人間としての弱さと傷つきやすさを受け入れる状態へと導く。この弱さと傷つきやすさは小さな自我からくる。ガイダンスに従いだすと即座に、自分は人生をこの手に握っていないという事実、自我は人生を支配していないという事実、またガイダンスも自我が人生を支配する手伝いはしないという事実に直面する。単純に不可能なのだ。私にとっては、これが「自我を手放す」ということの意味である。なんのために手放すのだろうか。自己の内のより深いところにある力を受け入れるためだ。ガイダンスに従うことは、自分を守ろうとして守ることのできないアウターエゴを系統だてて手放すことである。ガイダンスは人をその人本来の力にふたたび結びつけ、人は神の子になる。この過程において人は別の力をみつける。内なる神の力だ。自己は神の道具となる。自らの内に神のすべての力、知恵、愛をみつけることができるようになる。

15 ガイダンスに従わないからといって罰を受けることはない。またいくらでも時間をかけてよい。時間は幻にすぎないのであるから。ガイダンスを受け取って、三箇月だろうと二年だろうと従わずにいても構わない。しかし人のスピリチュアルな力は、ガイダンスに従うことのできる能力に正確に応じて身についてゆく。というのはガイダンスに従うことで、自然に自己の内のより大きな神聖さに身をまかせることができるようになるからだ。このスピリチュアルな力は自己の使命を全うするのに役立つ。

16 ガイダンスに従うことで、神聖なスピリットが自己のコアエッセンスに加わり力を与えてくれる。この力は自我に蓄積されるのではなく、自己のコアエッセンスあるいは「内なる神聖な火花」を普遍的な神と結びつける働きをする。

17 ガイダンスは人生の焦点を外部の価値観から内面の神聖な真実へと移して、自由と独立をもたらす。

18 ガイダンスを含め、人生で最も価値あるものはみな無料（ただ）である。

私の人生はガイダンスによってどのように導かれたか

自分の人生をふりかえると、あらゆる主要な転機において非常に具体的かつ適切に導かれてきたことに気づく。時にはまったく常識を越えたガイダンスもあった。まわりの反対にもかかわらず、私はそのようなガイダンスを実行した。

ワシントンDCに住み、バイオエナジェティクスのセラピストになる訓練を受けていた頃、ガイダンスにまつわるすばらしい出来事が起こった。それは復活祭の日のことだった。当時知りあったばかりの友人たちが、ウエストヴァージニアで復活祭の朝に奇跡が起こるという噂を聞きこんだ。「いっしょに来ない?」と訊かれたので「もちろん」と答え、考えた末に「奇跡にふさわしい服」として白いズボンとシャツにサンダル姿で出かけた。車で五時間かかって、少し早めにリンゴ園についた。まだ夜明け前だったが、もうテレビカメラも来ていた。奇跡を予言した女性は複数のテレビ局を呼んで、イベント全体に仕掛けを施していた。キリストの生涯やゲッセマネの園なども仕掛けのテーマにとりあげられており、我々は巡礼としてリンゴ園に薔薇を置く役目というわけだった。

みんな予言された奇跡が見たくてそわそわと夜明けを待った。ついに夜が明けて太陽が昇り、たくさんの赤い帯状の光を放ちながら空を動きまわるのを私は見た。「わあ、ファティマの奇跡みたい。あそこでは何千人もの人が太陽が空で踊るのを見たんだったわ!」。それから考えた。「なんて面白い残像効果かしら。太陽をまともに見ると、こんなことが起こるのね」。まわりでは人々が叫んでいた。「見て、太陽が回転してる!」。文句を言う人もいた。「見えない! 眩しすぎる」。それもやはりファティマの奇跡で起きたのとちょうど同じようだった。「空に十字架が見えるよ」と言う人もいた。私には見えなかった。それでおしまいだった。私はリンゴ園に薔薇を置いて家に帰った。その途中、自分につぶやいた。「どうしてこれを奇跡だったことにしておけないのかしら？　奇跡がどんなふうに見えるものなのか、私は知らないのだもの。多分あれは本物だったかもしれない。そうだ、試してみよう」。

翌朝、同じ時間に太陽を見上げ、どんな残像効果が起きるか試した。そもそも太陽をみつめること自体できなかった。眩しすぎるのだ。「面白いわ、こんどは太陽を見ることなんて全然できない。もう少し我慢してほかになにが起こるか待ってみよう。奇跡がどんなものなのか実際知らないんだから」。

いわゆる「奇跡」が新しい現象として現れるのに長くはかからなかった。それから起きたことも奇跡の一部だと私は考えている。私が経験し始めたのは人生の神秘全体がほぐれてゆく過程だったからだ。始まった現象自体は単純だった。太陽が空の特定の角度にある時つねに、明確な言葉のメッセージによって指示を与えられるのだ。たとえば「落ち着きなさい、あなたは頭の中でなにもかも誇張している」。あるいは「あなたのヒーリングの先生が病気だから、今日はヒーリングを受けるのではなく与える必要がある」。声はまるで太陽から聞こえてくるようだった。太陽が私に射し込んで注意を引き、それからメッセージを受けるのだった。太陽は直接私に射し込むのが不可能な時でも方法を探しだすようだった。ある時には、私は幼い娘を抱いて椅子に座っていた。太陽は家の反対側方向にあったが、隣家の窓に反射して我が家の窓から射し込み、私を直角に照らした。このコミュニケーションは何年も続いた。

別の形のガイダンスの例としては、バイオエナジェティクスのセラピストとしての訓練を終え、ワシントンDCで仕事をしていた頃に起こったものがある。私には人々の過去生が見え始めていたが、それをどう扱ってよいのかわからなかった。それで助けを求めて祈り始めた。ある日アサティーグ島にキャンプに出かけた。雨が降っていたので、プラスチックのタープ（防水布）を頭上に掛けて海岸に寝た。夜中に自分の名前が三度大きな声で呼ばれ、目が覚めた。目の前にタープがかかっており、透明なものだったので雲を見上げているのだと思った。タープだったことにふと気づいてそれをはね上げ、声がどこからくるのか知ろうとした。空は完全に晴れていた。それから、驚いてふたたび仰向けに寝袋の上に倒れ込んでしまった。星々が空でたがいに歌い交わしているのが聞こえたからだ。私は自分の祈りに答がきたのを知った。私は名を呼ばれ、答はくるということだった。

それから少ししてニューヨーク州のフェニシアにある「生命の力センター」（現在のパスワークセンター）を知った。そこにワークショップに出かけ、私の祈りへの答はここに移り住むことだと知った。実行するまでに一年かかった。当時の夫はセンターに移りたがらず、私は四歳の娘をつれて引っ越した。それがガイダンスだったからだ。あとから夫もやってきた。

フェニシアに移った後、私はプロセスグループ［訳注：パスワークの方法論に従って感情の浄化を行なう定期的な集まり］に加わり、自分のチャネリング能力に取り組んだ。多くのスピリチュアルなものに関わる情報、たとえば他人の過去生などについて知ることができるようになっていたが、それをどう扱ったらよいかわからなかったからだ。ある時私は足を骨折し、ギプスをつけ松葉杖をついて「怒ってなんかないわ！」と大声で怒鳴りながらどたどたと歩いていた。センターの創設者エヴァ・ピエラコスはパスワークの『ガイドレクチャー』をチャネリングした女性だが、彼女に言われた。「あなたの問題はチャネリング能力が早く開きすぎたこと。内面がまだあまりにも怒りで満ちているので、その能力を扱いきれないのです。あなたのチャネリングを閉じなさい」。私のガイダンスもこれを裏づけた。私は霊能力があることによってたくさんの楽しみを得ていた。特別であることに酔いしれていたし、人生の重要な問題に取り組むのを避けるのに利用していた。しかしその時点でのチャネリング能力の唯一適切な使い方は、自己のプロセスワークのために使うことだった。それでその目的以外にはチャネリングを閉じるようにした。どれだけそうしていなければならないのかはわからず、私のスピリチュアルガイドは単に「必要な期間」とだけ言った。

その誓いを立ててすぐ、私は試された。ある日私はうっかり体を離れ始めた。美しいガイドたちが宝石で飾られたローブをまといそばに立っていて、彼らがどういう存在なのかに非常に興味をひかれたからだ。しかし誓いを思いだし、すばやく自分を体にもどした。自分の霊能力は手放すには非常につらいものだったが、私はそれを手放し、自己のプロセスワークに集中した。次の六年を自己のトランスフォーメーションに費やし、その最初の二年は神聖な意志に集中した。そうするために、自分の行動すべてが神の意志に従うものであるようにした。毎朝起きると自分を神の意志に捧げ、それに従うことができるようにと祈り、瞑想した。パスワークの個人セッションを受け、神の意志の意味を理解しようとした。私は神が自分に次になにをさせようとしているのかについて矛盾を感じ、自分は神の奴隷なのかと疑問に思った。人生のあらゆるものに神の意志の視点に拠って取り組んだ。やがてゆっくりと私は、いかなる瞬間においても、自己の最も深く最も明晰な部分から自分がやりたいと望むことはすべて神の意志でもあることに気づいた。神の意志が私のハートの中で唱和するのもわかるようになった。

次の二年は神聖な愛に集中し、自己のあらゆる行為が愛に満ちるように努めた。毎朝、神聖な愛について学べるよう祈り瞑想した。これによって私は、自分の行動がしばしばあまり愛に満ちていないことに気づいた。個人セッションで、愛を自分の人生にもたらすことができるように取り組んだ。この二年間にものごとはかわり始め、私はより愛情深くなり、人生に愛をもっと表現できるようになった。次の二年間は神聖な真実に集中した。それまでと同様に毎朝祈り、瞑想して、神聖な真実とはなにかをみつけようとした。それが私の人生に果たす役割と、それが自分の人生のどこに欠けているのか、どうしたらいっそうそれをもたらすことができるかを、非常な時間をかけて模索した。あらゆる状況で真実をみつけてその真実のために立ち上がることができるかどうか、自分に問い続けた。この間ずっと精神性豊かな人々と共同生活を営んでいたので、こうした人間の神聖な三つの面を実践する機会にはいつも恵まれていた。

生命の力センターのコミュニティに住んでいた誰もが、このような形で自己トランスフォーメーションに取り組んでいた。スピリチュアルな真実を求めてたがいにコミュニティ運営のために毎日奮闘している人々の、まさに沸き立つつぼだった。この時期、誰もが多くを学んだ。我々は自分たちが光の都市を建設しているのだと考えていた。しかし後に皆が世界中に散らばったあと、実は各自がそれぞれ自分が求めていたものをあそこで得たのだということを知った。我々はその仕事を体現したのだ。全霊をあげてその仕事をし、そうして自己の信じるより高いスピリチュアルな原則に従って生きていた。ついに、六年の深いプロセスワークと苦闘の後、私は自分がふたたびチャネリングをする準備ができたことを知った。私が信用するに足る者となったからだ。人々は素直に私を信用した。というのは私は、どのようなものであれ、ただ真実に身をまかせ従うことができたからだ。もちろんそれは私が自己のトランスフォーメーションをそれで終えたという意味ではない。私の仕事は今も続いており、それは人生の終りまで続くだろう。しかし私は自分が人生のターニングポイントに達し、事態が劇的にかわり始めるだろうことがわかった。そして事実そのとおりだった。

自分がフィンドホーン［訳注：イギリスにあるスピリチュアルコミュニティで、人間とネイチャースピリット（自然霊）が最も緊密に協力して活動しているとされる場所］に行くべきであると知ったので、出かけた。滞在中、ランドルフズリープと呼ばれる自然のパワースポットに出かけた。それはフィンドホーンの近くで、昔ドルイド教徒たちが礼拝を行ない、ネイチャースピリットとコミュニオンをしたという場所だった。私はネイチャースピリットにアクセスさせてくれるよう頼んだが、なにも現れないようだった。その後オランダに行って集中ワークショップを開き、それからスイスにスキーに出かけた。そして自分の頼んだことはまったく忘れていた。一箇月ほどしてアメリカにもどったあと、毎朝五時半に目を覚して、ガイダンスを通してたくさんの情報を書きとめ始めた。小さなネイチャースピリットがどこに行っても見え始めた。彼らは私がセンターの敷地を歩きまわるあとをついてまわった。いつも少し恥ずかしがって一メートルほど離れて歩き、くすくす笑っていた。

ネイチャースピリットとの接触を通し、生命の力センターについて多くの情報を得た。たとえばサンクチュアリ（聖域）をどこに、どんな位置に建てるべきかなどについて、毎日のメディテーションの間に、とても短く美しいメッセージとして与えられた。ある日、私はキッチンでの仕事をしに行くためセンターの上側の道を歩いていた。その時、声が私の名前を呼んだ。無視したが、声はふたたび呼んだ。仕事に遅れそうなのだと答え、私は歩き続けた。

声が三度目に呼んだ時、私は言った。「わかったわ。いったいなに？」。声は草地を通って岩の上へと私を導いた。

「それで？」。

声は言った「座って」。私は座った。

「こんどは？」。

「座りなさい」。私は座ってメディテーションを始めた。

次の一年間、毎日その岩の上で瞑想し、その間、この土地について短い情報をいくつも与えられた。私の座っている岩は「オルターロック（祭壇岩）」だと教えられ、さらに丘のまっすぐ下に見える別の岩と、その両側の二つの岩は「マーカーロック（基準岩）」だとも言われた。オルターロックと最初のマーカーロックの間に線を引く。それから両側の二つのマーカーロックの間に線を引く。二本の線は草地の中央で交差する。その交点のちょうど真上に二本の小さな木が倒れて十字を形づくっていた。一年後、サンクチュアリの建物の場所を選ぶ時になって、サンクチュアリ建設委員会は皆にセンター敷地内の自分の気に入っている場所を示すよう頼み、その中からある場所が選ばれた。

私はそれが間違っているのを知っていたが、黙っていた。メインホールへの帰り道、誰かが私に「あなたが毎日こっそり瞑想している場所を教えて」と頼んだ。私は仕方なく皆をオルターロックへ導いた。全員その上に座って瞑想をし、すぐにこれこそサンクチュアリの建てられるべき場所だと感じた。それから私はおずおずと、昨年から瞑想の間に受け取っていた情報を話し始めた。あとから測量士といっしょにもどると、マーカーロックを結んで引かれる線は、太陽熱を使う建物にとってまさしく最大の太陽熱の得られる角度をなす位置であることがわかった。木の倒れていた場所は、七角形の建物の二つの大きなガラス戸の合わせ目の位置になった。

私は建物の設計委員会の一員だった。地形はでこぼこしていたので、土台を築くのにダイナマイトで岩床を爆破しなければならなかった。爆破の前に鹿を追い払おうとしたが、鹿は逃げようとしなかった。爆発の時に一メートル半から三メートルほど移動しただけで、その後はまたなにごともなかったように草を食み始めた。

センターで過ごした間に、非常に単純な指示に従うという試練を長期にわたって受けた。ガイドたちは「あの木の枯れ枝を鋸で切り落としなさい」といった指示を与えるのだ。時には指示を実行するのに三箇月もかかった。というのは、ばかばかしいと思って反抗したからだ。しかし実行しないでいると新しい指示がこないことに気がついた。実行するとすぐ次の指示がきた。それで、自分が与えられる指示に正確に従うよう訓練されているのだと気づいた。こうして信用が築かれて、第五レベルにスピリチュアルレベルの手術をガイドたちと施すことができるようになる。これは『光の手』で記述したように、HEF（ヒューマンエネルギーフィールド）の第五レベルを修復するもので、ガイドたちがほとんどの仕事をする。この手術は私がまだマッサージ療法士をしていた頃に始められた。

ある患者にスウェーデン式マッサージを施していた時にガイドが現れ、「二本の緑の帯をかかげなさい」と言って患者の体から手を離させた。患者はマッサージを受けに来ていたのだが、私は四十五分間両手を彼女の上にかざし、エネルギーレベルで二本の緑の帯をかかげて座っていた。ガイドたちが帯の下にやってきて手術を行なった。これが第五レベルのスピリチュアル手術の学び始めだった。手術を観察しながらも患者が「マッサージはどうしたの?」といつ言いだすかと思っていたが、彼女はなにも言わなかった。次の週に患者はまた来たが、彼女が訴える症状は普通の手術を受けたあとに患者が経験するのとそっくり同じものだった。私にはガイドたちが膵臓につけた縫い目が見えた。ふたたび私は二本の緑の帯をかかげ、こんどはガイドたちは縫い目をとりさっていった。そしてこんども、患者は私がマッサージをしないことに文句を言わなかった。なにをやっているのか知らないけれどすばらしい気分だと言った。こうして私は第五レベルの手術を初めて学んだ。

ある日、毎朝五時半からしていたガイダンスの筆記を終えたあと、ガイドはタイプライターを買うようにと言った。私はタイプの打ち方を知らなかったが、いずれにせよガイダンスがあまりに速くなって手では書きとれなくなっていた。それでタイプを学んだ。しばらくしてタイプも充分でなくなり、テープレコーダーを買うようにと言われてガイダンスを録音し始めた。こうして知らず知らずのうちに私は一冊目の本を書き始めていた。

初めての著書『光の手』を書きあげるまでに十五年かかった。十二の出版社から原稿を拒まれ、私はどうしてよいかわからなかった。ガイドたちは自費出版するようにと言った。私はその頃もう住んでいなかった持ち家を売って、五万ドルを手に入れた。それまで蓄えた全財産を出版に投じるとはまったく狂っていると皆思った。しかし私は、「これは私のライフワークになるかどうか、今こそすべてをかける時なの」と言った。千部を刷るのに五万ドルかかった。刷り上がる頃には、幼い娘を抱えた私の手元には数百ドルしか残っていなかった。私は知人たちに手紙を書いて自著の出版を知らせた。「原価が一冊五十ドルだから、一冊五十ドルで売ります」。本は三箇月で売り切れ、私はまた千部刷り足した。誰かが出版社に持ち込んでみたらと言ったので私は答えた。「当たったところはどこも断られたのよ」。それでももう一度試してみたところ、こんどはバンタム社が原稿を買い取ってくれた。こうして出版にこぎつけた『光の手』は今では十九の言語に翻訳され、世界中で読まれている。

最初にガイドたちとコミュニケーションをし始めた頃、私は常時そばにいるガイドと、やってきて新しいテクニックを教えては数箇月間で去ってゆくガイドとを特に区別していなかった。ガイドたちの姿はいつでも見ることができた。長年私自身がガイドと働く方法を学んで準備が終わると、ガイドたちはセッション中に、どのように患者にヒーリングを施すか指示を出し始めた。これは私の仕事内容がマッサージとセラピー療法から徐々にヒーリングへと移る間も続いた。彼らは手をどこに置くか、どう動かすかなどを指示し、また患者について、私には知りようのないはずの情報をもたらした。彼らが私に告げるのは、患者の病気の肉体的原因から、心理的原因、その両方がどのように現在および過去の特定の人間関係に関係しているかなどだった。私は徐々に、戸惑いながらも、そうした情報をセッションに組み込み始めた。「こんなこと考えたことはあります……?」という具合に切りだし、ガイドからの情報を付け加えた。

しかしガイドからの情報はあまりに膨大で、私はじきにそれをチャネリングせざるをえなくなった。患者には決してそれがガイドだとは告げず、ただ「いつもとちょっと違う声で話すのは変性意識状態に入るから」だと説明した。何年かたつうちに、ある患者が言った。

「今のはガイドをチャネリングしていたのでしょう?」。

「え？　私が？」。

「ガイドの名前はなんていうんですか？」。

「知らないわ」。

私はいつも患者がヒーリングセッションに連れてくるガイドの方に注意を払っていた。患者はいつも自分のガイドがどんな姿をしているかを説明してほしがるからだ。私は患者のガイドからの情報も私のガイドからの情報と同様チャネリングした。おかしな訛りで話すこともあり、それはどうにも恥ずかしかった。それでとうとう「もっと普通の声で話すガイド一人だけをチャネリングしたい」と言った。患者のガイドが私を通して情報を伝えようとする時には、私はそれを聞いて繰り返すようにした。

ヒーリングの時にはいつも五人のガイドがまわりにいて、彼らは今も私といる。当時スピリチュアルガイドという存在が流行るようになっていて、誰もがチャネリングをするようになっていた。しかし私はまだ自分の中心的なスピリチュアルガイドが誰か知らなかった。それである日、著名なチャネラーで『エマヌエルの書』（邦訳ヴォイス刊）、『エマヌエルの書II』の著者であるパット・ロドガストとヒーリングとチャネリングのワークショップを開いていた時に、ガイドたちに訊ねた。「ヘヨアン」とか「ヘオカン」という名前を聞いたので、「やだなあ。パットのガイドのエマヌエルみたいに、かっこいい名前のガイドが欲しいわ」と言ってしまった。その名前が気に入らなかったのでかえようとしたが、だめだった。それからそんなことを忘れてしまった。六箇月後、またパットとワークショップを開催した。二人で仕事をする時にはいつもその間になにかを学ぶことを二人とも求めた。この時は、フラストレーションを感じていた私は、「どうして誰もが自分のガイドの名前を知っているのに私は知らないの？私だって知りたいわ」と言った。するとワークショップでヒーリングの実演をしている時に、ヘヨアンはふたたび私の上に身をかがめ、こう言った。

「私の名前はヘヨアン。覚えていますか、六箇月前にそう言いましたよ。アフリカ起源の名前で『世紀を越えて真実をささやく風』という意味です」。

私はとても恥ずかしくなった。実際にその名前を聞いていながら、完全に忘れていたのだ。これがヘヨアンとの正式の顔合せだった。それ以来私たちはとてもよいコンビである。私の意識が「バーバラ」の状態では、通常ヘヨアンが自分の右側、わずかに後ろよりに立っているのを「見る」。彼は身長三〜三・五メートルでライトブルーと金と白に輝いている。私が彼をチャネリングする時、バーバラとヘヨアンの意識は融合し一つになる。私はヘヨアンに「なる」。この時、私のHEFは直径三・五メートルほどに広がる。一、二時間ヘヨアンとチャネリングしたあと、私はしばしば光の部屋に連れてゆかれる。そこには大きな長いテーブルがあり、多くのガイドたちがまわりを囲んでいる。彼らは未来の計画の大きな青写真を見せてくれる。私は通常その大部分を理解できないが、できるようになろうと努めている。少しずつその読み方を学ぶつもりだ。

私が長年手掛けてきたいろいろなプログラムには、さまざまなグループのガイドたちが加わっている。五年ほど前、私はとても女性的に感じられる別のスピリチュアルな存在をチャネリングし始めた。はじめ私たちは彼女をゴッデス（女神）と呼んだ。というのは神の女性面のように思われたからだ。この存在から出ているエネルギーフィールドは白と金色で、年を追うにつれて大きくなっている。彼女はあまりに大きく、その大きさを語るのは不可能だ。私のスクールの教師で親友のマージョリー・ヴァレリはプロのハープ奏者でもあり、私といっしょにトランスに入るとハープをチャネリングする。部屋よりもはるかに巨大な白い光の壁が我々の背後から押し寄せてきて、その場にいるあらゆる人の意識をもちあげる。そして私はトランス状態で部屋を歩きまわり、ヒーリングやチャネリングを行なう。この状態でのパワーは膨大で、一時間で二百八十名の人間にヒーリングを与えたこともある。

このヒーリングパワーはものすごく、ヒーリングの効果は数箇月にわたり及び続ける。最も顕著だったのは、オメガインスティテュートでのワークショップに来たある女性のケースだ。彼女は心臓と両肺の移植を待っており、酸素吸入器を持ち運んでいた。ゴッデスは彼女に五分ほどヒーリングを与えた。これと、彼女自身の自己を癒したいという望みが合わさって、病気からの回復が可能になった。血液中の酸素レベルは上昇し始め、酸素吸入器を外した時の方が高いほどになった。移植用の臓器は結局手に入らなかった。彼女は後に結婚し、西部の方に引っ越した。最後の便りでは、医師は移植は片肺だけでよいと言っているということだった。ゴッデスが彼女に触れてから三年がたっている。

数年がたち、我々がゴッデスと呼んでいるヒーリングエネルギーは男性的エネルギーと女性的エネルギーのバランスがとれたものになってきている。私は最近ガイダンスで、実は聖霊であると告げられた。私は今や自分の気恥ずかしさと戦って、自分は聖霊をチャネリングしているのだと主張せねばならない。どういうわけか「神の女性面」と言った方が私には受け入れやすい。これは私自身が取り組まねばならない課題だ。最近サンタフェで開催したワークショップで、新しい一団のガイドと出会った。彼らは自分たちを「光の評議会」と呼び、非常な力を持っているようだ。彼らは輪になって座り、それぞれの足元にはろうそくが置かれている。世界中にヒーリングセンターを建設する大きな計画を持っているようだ。私はそれがどのように実現してゆくのか興味津々である。その時がくれば実現するだろう。

以上、ガイダンスが私の人生にどのように働いてきたかを述べた。ガイダンスのあるものは奇想天外だったり、とっぴょうしもないものであったり、明らかにばかばかしいものであったりしたが、それを実行してゆくことで私は信頼を学んだ。言われたことを正確に実行するかどうか、与えられた情報を私見を交えずに正確に伝達するかどうか試され続けている時には、信頼が必要だった。そしてこれが、私がやがて治療方法や治療期間などの具体的情報をチャネリングできるようなレベルに達した理由でもある。ガイダンスはＨＳＰ（超感覚的知覚）とチャネリングの能力を開き、ＨＥＦの上位三つのレベルの世界に一歩一歩導いてくれた。私をスピリチュアルな存在としての自己に、またスピリチュアルな領域へと導き、それを現実のものと認識することを可能にしてくれた。また私をたくさんのすばらしい経験に導き、自己の神性についてより広い理解を与えてくれた。

ガイダンスに従い人生のスピリチュアルな側面に踏み込むのは、かならずしも容易なことではない。大変な挑戦である。人はそれを無視し、先のばしにし、あるいはあくまでも現実のものではないと考える。ガイダンスに従うのを学ぶというのは一歩一歩階段を昇るようなもので、やがて自己のより高いスピリチュアルな現実へとたどりつく。ガイダンスに従うことを選ぶたびに、人は自己のより高い神聖な意志を選ぶのだ。これを繰り返すことで、ＨＥＦの第五、第六、第七レベルに対応する、自己のスピリチュアルな現実のより高いレベルを経験し始めることができる。ではＨＥＦのより高いレベルに入ってゆこう。

ＨＥＦ第五レベルと神聖な意志

ＨＥＦ（ヒューマンエネルギーフィールド）の第五レベルは神聖な意志に対応している。あらゆる形とシンボル（象徴）の原型となるレベルである。ＨＳＰ（超感覚的知覚）を使ってこのレベルに入るとすぐ、コバルトブルーの光が見える。最初少し混乱するかもしれないが、それはこのレベルがすべての「形」のテンプレート（鋳型）ないし青写真だからだ。写真のネガかエアブラシの型紙のように、なにもかもが逆になっている。固体であるはずの部分が透明な空っぽの空間であり、空っぽの空間であるはずの部分がコバルトブルーで埋められている。第五レベルでしばらく過ごすとこの反転に慣れ、あまり気にならなくなる。第五レベルは第一レベルのテンプレートなので、第一レベルの線がはまる「溝」からできていると考えることもできる。あるいは第一レベルのエネルギーの線が流れる川床とたとえることもできる。このレベルは第一レベルのテンプレートであり、第一レベルは肉体のテンプレートである。

第五レベルは通常、アメリカ人にとっては理解するのが最も難しい。アメリカ文化では理性がすべてを支配する。なにかをするよう頼まれれば、理由や目的を知りたがる。このような生き方の問題は、理性に拠って理解できるのは自分が定義した現実の範囲内のことでしかないということだ。高い次元のスピリチュアルな現実を経験していないと、自分にとっては真実とならない。そのため手をとってもらって一歩一歩踏み込んでゆかなければならず、しばらくはその風景を認めることもできない。というのは新しい領域だからだ。それがどのようなものであるかについての先入観を手放し、ひたすら経験が形をなしてくるままにまかせなければならない。

私の著書に記述されているようなスピリチュアルな世界に歩いてゆくために、私自身どのようなものなのか理解できないまま、ただ神聖な意志を信頼し従わなければならなかった。理解はあとからやってきた。ガイドたちはたまたま単純で無害な行動から指示を与え始めたのではない。私の理性に合わせていたのだ。私は一歩一歩導かれる必要があった。神聖な意志のおかげで私はそうすることができた。もっとも私の理性はひっきりなしに理解することを求めていたが、理解するために必要な情報は充分ではなかった。必要な情報を集める唯一の方法は、ガイドたちを信じ、言われたことを実行することであった。

神聖な意志にまつわるネガティブなイメージ的結論

神聖な意志は神の意志とも呼ばれるが、しばしばその本当の意味を理解されず、ずいぶん誤用されてきた。神聖な意志を経験するための従来のやり方は、権威に関する問題を反映している。ネガティブなイメージ的結論の重大なものに、神の意志は自己の意志と衝突するというものがある。神の意志は自分が欲するものとはおおいに違っていそうだと思うからだ。自由になろうと思ったらこれに逆らわなければならないと考える。それなのに選択は自由意志によるのだとされている。そこで人は以下のようなジレンマに陥る。「自由意志と言われても、しかし自己の意志の力を使って神の意志を選択するよう自分に強制しなければ——それはやりたくないことなのだが——よくない目にあう」。

そこでまた別のネガティブなイメージ的結論を抱く。「神の意志が恐るべきものであるから、神の意志を実行しなければ罰せられる。それならば、神の意志がなんであるか知らないければきっとそれほどひどくは罰されないだろう。だから知らないでいる方がよい」。

また別のネガティブなイメージ的結論は、「神の意志をかえようとしても自分にできることなどない」。これで、苦痛をもたらしている状況をかえるためになにかをする責任からうまいこと逃れられる。神聖な意志はまた、理解できないことをすべて説明する手頃な道具ともなる。「神の意志は理解しなくてもよい！　それは人のあずかり知らぬものだ。実際、理解しようとするなど罰当たりかもしれないじゃないか！」。

キリスト教とユダヤ教では、「神の意志」は人々を支配するのに使われてきた。その理屈は、神の意志はごく少数の人間しか知らないのだから、残りの者はその少数の人間の言うことを聞かねばならないというものだ。つまり、その少数の人間はほかの人間のイメージ的結論の表裏をひっくり返して、おそらくは無意識のうちに、自己の意志が神の意志であるかのようにふるまってきた。彼らは信者が抱いている神についての根幹的イメージを、自己の利益のために使った。「神の意志」は人を殺め、領土を奪う言い訳に使われた。事実、歴史を通して、異人種間でたがいにやってきた残虐行為の理由として使われてきている。

自己の欲望は神の望みに反するものだったとすれば、自己の問題を神に転嫁することができる。欲しいものが手に入らなかった時には、神が与えてくれないのだと言えばよい。これでは力を自己の外に置くことになる。このようなシステムの下では、必要なのはある特定の宗教上の掟に従い善良であることだけだ。そうすれば、神は欲しいものを与えてくれる。善良さについてのネガティブなイメージ的結論は、退屈で、実行が難しく、決して無償ではないというものだ。これでは神はまるで「おりこうさんにしていればアイスクリームをあげる」と言う親のようではないか。人々が神聖な意志という概念を遠ざけるのも驚くにあたらない。

神聖な意志についてのネガティブなイメージ的結論はまた、意志とはなにかについての混乱をもたらす。ほとんどの場合、人はものごとをなすには意志の力が必要だと考える。ものごとを成し遂げるのは難しいことだと信じているからだ。いつもなにかを、あるいは誰かを、自分の行く手から押しのけたりとり除いたりする必要がある。別の言葉を使えば、意志についてのもう一つのネガティブなイメージ的結論は、「障害と戦うために必要なもの。神の意志は障害にうち勝つ力を与えたもう」。このような旧来のシステムでは、うち勝つための戦いはつねに自己の外部で行なうものとされる。

実際、こうした神聖な意志に対するイメージ的結論はすべて、人を他人ばかりでなく自分自身から切り離す。「神の意志」を実行しているがそれは自分のやりたいことと違っているのなら、その人は自己から切り離されている。そして他人からも切り離され、そこで戦いが始まる。

自己の意志を神の意志に合わせるためには苛酷なまでに努力しなければならないと信じる人は、自己の意志をあまりよくないものと考えている。このような考えはどこからくるのだろうか。それは自分が切り離されているという考え、そして自分にはどこか悪いところがあるという考えからくる。しかしこのような古い宗教的価値観の遺産は時代遅れであり、もはや役に立たない。これは上から支配をする古い権力体制の下に存在するものだ。裏にあるイメージ的結論は、人間が責任を果たすため、善良であるためには神を必要とするというものだ。しかしこれは事実だろうか。ヘヨアンはこう言う。

「そうしたものはすべて幻です。あなた自身が圧力をかけることで、それを押し返す抵抗力を創りだすのです。そのような抵抗がなくなったなら、あなたの意志はいったいどうするでしょう?」。

自己のハートの内にある神聖な意志と結びつく

自己の内にある力と責任に基づく新しい在り方へと人類は移行しつつある。次のような可能性を考えてみよう。すなわち、意志とは抵抗を克服するものではなく、道を探し当てるものではあるまいか。これが意味をなすような新しい形而上学をみてみよう。

自己の内に善良で責任感ある神が存在し、それがより大きな普遍的神と共時的に生きており、ホログラフィーのような仕組みでその一部になっていると認めるなら、自己の内なる意志は神のそれと同じものである。ひたすらに同じものなのだ。戦う対象も、圧力をかけるべき対象もない。意志のめざすものを達成するためにとるべき行動があるだけだ。意志は行動をもたらす。

人が必要としているのは、自己の善良な意志とはなにかを知ることである。それはどこからくるのだろう。どうやって自己の内にそれを認めることができるのだろう。それが正しいものだとどうしたらわかるのだろう。それはどんなふうに感じられるのだろうか。

再度、3章（上巻）で紹介したM—3形而上学をとりあげよう。この枠組みの中では、すべての物質は意識あるいは心、精神、理性から生まれる。したがって物質的生命は精神あるいは理性から生まれる。理性の方が物質より先にあったのだ。理性が実際に肉体を創りだしたのだとすれば、理性には目的があったはずだ。普遍的理性がそれを成し遂げた目的は神聖な目的である。神聖な目的のために人間は創造され、その目的が人の一生の使命だ。神聖な意志は神聖な理性を行動に移す。

物質世界は普遍的ないし神聖な理性によってつねに創造されつつある。目的は前進する。いわば、生きているのだ。人の人生をひろく覆うだけでなく、今、この瞬間にも機能している。そしてこの瞬間における人の目的はつねに人生の目的につながっており、これはどのような状況に置かれようともかわらない。自己の内面の神聖な意志は、あらゆるほんの一瞬の間にも、あらゆる大規模な時間の尺度においても機能しており、また小さな行為にも大きな長期的プロジェクトにおいても機能している。ホログラフィー的に機能して神聖な目的達成のために働く。

自由な意志と神聖な意志の関係

意志についての人の理解に混乱が生じるのは理解しそこなっていることがあるからで、それは自由な意志による選択をする場合は必ず内面の神聖な意志に従うかどうか試されている、ということだ。自由に選択をするその選択が自己の内面の神聖な意志に従っている程度に比例して、人は真の自己を表現し行動に移すことができる。この意志は内面からの力に基づくもので、なにかに反対する力や他者を抑えつける力に基づくのではない。自己責任に基づくもので、責任転嫁に使われるものではない。あらゆるものにとっての自由に基づいているが、他者を支配するものではない。神聖な意志の内には、他人を責めたり、自己の外部に戦わなければならないものがあるという幻を存在させたりする余地はない。

人生の中で苦痛や問題を感じている部分では、人は恐れを行動に移しているのであり、内面の神聖な意志に従っているのではない。おそらく人生でなにをやりたいのかについて混乱しているだろう。恐れから行動し、ほかの人を喜ばせるだろうと考える行動をとる。ここではまだ人は、欲しいものを手に入れるには外部のなにかと戦わなければならないという視点に拠って行動している。したがって自己の真の意志に従おうとはしない。本当に自分がやりたいことをやらない。あからさまな外部の抵抗を創りだしてまで、自分がやりたいことをするのを邪魔させる。しかし本当に戦っている相手は自分自身であり、他人は単なる「身代り」にすぎない。たとえば、時に他人が抗議するように計算した言葉を発する。それによって、本当はやりたいのだがそれに飛び込むのが怖くているなにかから逃れようとするのだ。もちろん、自分がそんなことをしているとは、決断をする時には決して気づかない。まわりの人間の抗議にだけ注意を向けて、それを自分がしなければならないと知っていることから注意をそらすのに使う。しかし長期的にはこれは決してうまくゆかない。幸せは、自分にとって正しいことをしない限り手に入らない。

たとえば、私にとって一冊目の本を書きあげるのはとても難しい仕事だった。私は絶え間なく自分自身と戦っていた。疑い、必要な仕事を避けるのに時間をたくさん費やし、多すぎる仕事に一度に手を染めて書き物をする時間がないようにした。自分がやっているのはとても大切な仕事であり、世界は本当にこれを必要としているのだと認めるのが怖かった。ほとんどの人は私が本を書いていることさえ知らなかった。自分の考えたことを本にして出版するつもりだと話した相手はほとんど皆、ばかげた思いつきだと考えた。「いったいまともな頭を持った人間が、これまでの蓄え全部を使って、十二の出版社が採用しなかった原稿を出版しようとするかしら?」と私に訊ねた。しかし私はこれを世に出すのが自分の神聖な目的だと知っていたので、実行し、信じた。自分自身で出版するのは非常な信頼を必要とする行為で、大きな力を与えてくれるものだった。それが私の人生をかえた理由は、私は自分の仕事が愛からなされたと知っていたからだ。

一瞬一瞬の自己の神聖な目的はつねに普遍的全体と整合している。それを知らない人たちからは、やろうと決断したことに抗議を受けるかもしれない。しかし決断をし、成し遂げるのはひとえに自己の責任だ。自己の神聖な意志が実行するようにと求めることは、通常、容易な方の解決策ではない。多くの場合、実に難しい。かつて私が当時の夫を残して生命の力センターに移り住んだ時のように。しかしあれを実行していなかったら、私の人生はまるで違ったものになっていただろう。

自分が神聖な意志に従っているかどうかをみきわめる質問

自分の意志はほかの誰かの自由とぶつからないだろうか?
自分は誰かをコントロールしようとしてはいないだろうか?
自分の意志は誰かを責める気持ちからきていないだろうか? そのために自分が権威とみなすものに対して反抗的になってはいないだろうか?
自分の意志は誰かの意志と競合しないだろうか? そのせいで内面の抵抗が表に出てはいないだろうか?

もし以上の一つでも当てはまるなら、まだM—1形而上学に基づいて考え、あるいは行動していることになる。

今この瞬間の自分の意志は、自己の人生の目的につながっているだろうか？

自分の意志は自己責任をうながす方向に自分を導き、そうすることで自由へと導いてくれるだろうか？

自分の意志は、自己のハートと愛を開くのを助けてくれるだろうか？

それは自分に、魂が最も深く憧憬を抱くものを満たすように行動する力を与えてくれるだろうか？

以上のいずれかに当てはまるなら、視点はM―3形而上学に移りつつあるといえる。それはよい方向に働くだろう。

自己の目的から逸れないように毎日行なうアファメーション

自己の人生と健康がスムーズに流れ続けるようにするには、自己を意識的に内面の神聖な意志ないしポジティブな意志に合わせる習慣を身につけるのがよい。「自分はなにを達成したいのか？」という質問は、自己の健康についてだけでなく、人生全体にあてはめられる。すでに述べたように、自己の人生での目的はこの瞬間の目的とシンクロナイズし、ホログラフィー的につながっている。ある瞬間において成し遂げたいと望むことは、直接、人生でのより大きな目的につながっている。かならずしもいつもそのようにはみえないかもしれないが、そうなのだ。

たとえば自分の人生の目的がヒーラーになることなら、今現在どのように自分の健康を管理しているかということは重要である。自己のHEFに影響し、ヒーリングを与える能力に関わるからだ。あるいは言葉を通して自己表現をすることが目的なら、今この瞬間において自己の真実を語ることは、その目的から逸脱しないようにしてくれる。飢えた人々を救済することが使命なら、自分自身と食べ物の関係、また身近な人々にどのように滋養を与えるかがとても大切である。今この時に自分のまわりにいる人々に滋養を与えることは、より大きな使命に向かう前の練習であり、その遂行に直接関係している。今現在、なにをどのようにどれだけ食べるかに気を配ることも大切だ。あるいは人生の目的がただ生きることと自体に喜びをみつけることなら、今この瞬間の人生に対する取り組み方が目的達成へのとても重要なステップとなる。半分水の入ったコップを見て「もう半分空だ」と感じる人は、「まだ半分も入っている」と感じる人よりも生きることの喜びから遠ざかっている。あるいは心の奥深くで自分が多くの人々の優れたリーダーとなるべきだと感じているなら、現在、身近にいる最も力の弱い人々に対してどのようにふるまうかが非常に重要だ。そのような人々を今、愛と尊敬を込めて扱わないなら、リーダーシップを身につけることはできない。この瞬間の使命とは、一瞬一瞬の行為の中に含まれるより高い法則を実行することである。より大きな人生の使命とは、実際には、この瞬間瞬間に人生のより高い法則を実行してゆくことの積み重ねの結果にすぎない。本当の仕事は、自分がどこにいようとも、人生がなにをもたらそうとも、今この瞬間、自己の目の前にある。

この瞬間における自己の目的が本来の目的からずれているために人生に痛みと病気をもたらしているなら、自己のより大きな目的から逸脱しないように修正し、人生に健康やバランスのとれた状態を創りだすようにしなければならない。

自己の意志が高い目的から逸れないようにする方法としてアファメーション〔訳注：目的に合わせたポジティブな短い文章を繰り返し読みあげること〕がある。神の意志に従うという考えが外部から押しつけられた意志を実行する苦闘と感じられるなら、神は規則を課す存在だという権威についてのネガティブなイメージ的結論を引きずっている。しかし実は、神の意志は自己のハートの内にある。神の意志が自己のハートを通して語るのに耳を傾けよう。

以下は、私が自分のチャネリング能力を閉じ、内面のパーソナルプロセスに取り組むようにと言われてから二年間、毎日数回用いたアファメーションだ。私はこれを、小さな自我の意志を自己のハート内の神聖な意志へと昇華させるのに使った。神の意志は自己の外から課せられた規則であるという意識をとり払う効果のある、すぐれたアファメーションである。エヴァ・ピエラコスによりチャネリングされたパスワークの『ガイドレクチャー』からとったものだ。

神の意志に自己を合わせるアファメーション

私は自己を神の意志に委ねる。
私は自己のハートと魂を神に渡す。
私は人生で最高のものを受け取るに価する。
私は人生で最高の目的のために奉仕する。
私は神の神聖な顕現である。

ガイダンスの受け方

ガインダンスの受け方は実際にはごく簡単だ。またできるだけシンプルな形で開始するのがよい。グループで行なっても一人で行なってもよいが、訓練中は両方の形でガイダンスを受ける経験をすることが大切だ。まずノートと鉛筆を手に、メディテーション用の姿勢で座り、意識的に自己を神聖な意志に従わせる。

心の中で次のように言うのもよい。「私は自己を神の意志に従わせる。ただ真実だけを、それがどのようなものであれ、知りたいと望む。私はこの答に対する個人的利益を手放す。神（またはキリスト、釈迦、アラー、あるいはその他自分にとって意味のあるスピリチュアルな存在）の名において、私は知ることを望む」。質問を紙に書き、答がくるのを待つ。これは自動筆記ではないから鉛筆は自動的に動きだしはしない。そうではなく、テレパシーを通して聞く。答が心に浮かんだら、判断を加えずになんでも書く。その内容をばかばかしいとか間違っているとか思うことがあるかもしれないが、とにかく書く。書き終わったら少なくとも四時間は読まずにおく。それから読んで、分析する。

重要なのは、練習中は心に浮かぶことをすべて書きとめることだ。そうするうちに、自分の心がこしらえたものと実際にテレパシーを通して聞いたものとを区別できるようになる。この二つには、情報の質、言葉のスタイル、調子にはっきりとした違いがある。真のガイダンスはつねに愛に満ちたもの、自分を支えてくれるもの、価値判断を下さないもの、誠実なものである。誠実さを裏切ったり嘘をつかせたり名誉を傷つけたりするようなことはない。

グループで練習する場合は、まず誰か一人が質問をし、全員がガイダンスにより答を得る。終わったらすぐに読みあげて答を比べあう。いろいろな点で一致し、またたがいに補足しあうものであることにきっと驚くだろう。自分の答が間違っていると思っても、発言するのを恐れてはいけない。練習を始めたばかりの頃はガイダンスを受ける能力を明晰に保つことを学ぶ時期だ。批判されたらその言葉の中に真実の種子をみつけるようにし、次のガイダンスセッションに持ち込もう。その批判に関連して浄化する必要のある要素を自己の内にみつけたら、セッションに持っていって、ガイダンスに影響を与えた自分の偏見をみつけるようにする。これは難しい仕事であり、たいてい、心理的洞察とスピリチュアルな真実をみつけるのに優れた誰かに助けてもらう必要がある。私自身、つねに別の人間から援助を定期的に得ることが必要だった。自分に対して正直であるほど、自己の受け取るガイダンスも明晰になる。

これまで長い年月ガイダンスに従ってきたことで、私はおおいにむくわれ、また数えきれないほどのスピリチュアルなレベルの陶酔を経験した。ヒーラーとして仕事をしていた頃、私は言ったものだ。「これはすばらしい特権よ。毎日天使といっしょに仕事をして、愛の状態の中にいられるのだから」。これは私を第六レベルの神聖な愛にもちあげる非常に効果的な方法だった。

HEF第六レベルと神聖な愛

第五レベルと異なり、第六レベルは我々に大変馴染み深い。人は日の出や夕陽の美しさにインスピレーションを受け、太陽が水に反射したり月の光が湖に映ったりするのに心うたれる。星は人を夜空の藍色へと導き、畏敬の念で満たす。聖堂の音楽や寺院の詠唱を聞く時、スピリチュアルな陶酔感に導かれる。まるで自己という故郷に引きもどされたように思われ、ありとあらゆるものに愛を感じる。こうした経験はそれぞれの人に固有のものだ。言葉はスピリチュアルな感情の深さと広さを伝えることはできない。詩は扉へと導いてくれるが、人は自分で敷居を越えて中に入らねばならない。

第六レベルは美しく眩いオパールの光の線が、卵型にあらゆる方向に放射しているように見える。虹の全色を含む、HEF(ヒューマンエネルギーフィールド)中で見た目におそらく最も美しいレベルである。このレベルに意識を向けると、人はスピリチュアルな陶酔感に導かれる。

どんな人もこのレベルを定期的に経験する必要がある。これは呼吸のようなものなのだが、知らない人が多い。しかし肉体に滋養を与えるのが欠かせないのと同じように、魂に滋養を与えることも欠かせない。魂が養われないと、人は人生について皮相な見方をするようになる。人生は障害物競走のようなものに思え、充実感が得られない。この「なにかが欠けている」という感覚を物質的富で代用しようとする人も多いが、うまくはゆかない。第六レベルのニーズを満たす唯一の方法は、第六レベルを経験することだ。つまり、自己をこのレベルにもちあげ、毎日の生活の中でこのレベルを経験することに時間とエネルギーを使う。

それは定期的にメディテーションをすることや、毎朝、日の昇る頃に海岸や山を散歩することかもしれない。あるいは定期的に自分の選んだ宗教の礼拝に出かけたり、詩を読んだり、クラシック音楽のコンサートに行ったりすることかもしれない。純粋にこのレベルを時間をかけて味わい、注意を集中させる。静かな中でメディテーションをするのが自分に合わないなら、スピリチュアルな音楽をかけながらやってみよう。

自己ヒーリングにおいて自分が果たすべき役割は、自分自身にこのような魂の滋養を与えることだ。どんな音楽が自分をこのレベルまでもちあげてくれるだろうか。自分を高めてスピリチュアルな経験をさせてくれるのはどのメディテーションだろうか。これ以外にどんな方法があるだろうか。

これを定期的に行なうと、自己の中に眠っている膨大な部分を目覚めさせることになる。それは自分が知ることのできる最高の美しさと愛に満ちた部分であり、やがてそれは自己の通常の一部と感じられるようになるだろう。

第六レベルでは、自分と他者に対して無条件の愛を経験する。代償を求めることなく、相手の幸せをあらゆる意味で大切に感じる経験であり、愛を条件をつけずに与え、相手をまったくありのままに受け入れることを意味する。また相手を尊重し敬意を捧げるような形で愛を与え、相手が自分と異なることに深い喜びを覚え、そして相手が自身の優れた部分を実現するのを支えてやることを意味する。それは他者の内にある生命の源を、神聖さの源として認めることである。

欲求は大切なものである

HEF（ヒューマンエネルギーフィールド）の偶数層は感情のレベルであり、それぞれ各種の欲求が存在している。第二レベルは自己感情のレベルで、自己について気持ちよく感じ、自己を愛し、幸せになりたいという欲求がある。第四レベルでは欲求は他者との関係に関連し、親密さ、愛に満ちた家庭、親しい友人などを求める。第六レベルではありとあらゆるものにきずなを感じて神につながる欲求となる。スピリチュアルなコミュニオンへの欲求である。

ある特定の精神的グループや宗教団体は、欲求は望ましくないとか、問題を引き起こすからコントロールするか止める必要があるなどとする。世界の主要な宗教はいずれも、人間が当然経験するものの一部を望ましくないものとして拒絶してきた。たとえば、性的欲求、特定の選ばれた人間を通さず直接神につながりたいという欲求、自己の本当の姿を知りたいという欲求、自己の過去の経験を思いだしたいという欲求、天使とのコミュニオンを経験したいという欲求、善悪を知るという欲求、真実を知り、それがどのように創りだされ、自分がそれにどのように関わるかを知りたいという欲求などである。それぞれの宗教はこうした欲求のあるものを悪とか危険とか、あるいはばかげているものとみなした。

ヘヨアンはしかし異なる視点を持っている。彼は、問題は主に、真の欲求それ自体ではなくそれを歪曲または誇張するところにあると言う。欲求とはすべて、より深い欲求、すなわち本当の自分がより深い次元で抱いているスピリチュアルな憧憬につながっている（この次元については17章参照）。このスピリチュアルな憧憬は一生を通して人を導き、歩むべき道をはずれないようにしてくれる。地上に生まれてきた目的を完遂するのを助けてくれる。少し前に、あるメディテーション中に、個人の欲求がどのように役立つか、そしてその欲求に耳を傾け、明らかにして従うことがなぜ必要であるかについてヘヨアンが説明してくれた。以下に挙げるのがその短いレクチャーで、真の欲求が歪められ誇張される原因について説明している。そして真の欲求を歪んだ欲求と区別し、歪んだものをどのように癒すかについても語っている。歪んだ欲求は多大なフラストレーションと満たされぬ思いをもたらす。

個人の欲求をスピリチュアルな憧憬に結びつける――ヘヨアンからのチャネリング

「自分自身のヒーリングの目的を省みて、そこから今、なにを受け取りたいのかを明らかにしなさい。それをさらに、スピリチュアルな世界から与えられるより大きな計画に結びつけなさい。自己の使命がスピリチュアルな世界が与えた使命から逸れることのないようにすれば、仕事はずっと軽く容易なものになるでしょう。ヒーリングの段階を経てゆくにつれ、あらゆる出来事のより深い意味を理解することができるようになるでしょう。自分が選んだ目的に腰を据えて取り組み、自己の人生の使命に合わないような個人的欲求を手放すことができるようになるでしょう。

すべての欲求をネガティブなものとみなす組織や団体がありますが、それは違います。そうではなく、欲求のあるものは、人生の計画の内にある自己の深いスピリチュアルな欲求を単に歪曲ないし誇張してしまったものだということです。満たされない思いやフラストレーションは、あなたがこの生で果たそうとしているより深くスピリチュアルな使命が果たされていないところからきています。意識の表面にある欲求が満たされていないところからきているのではありません。ですからあなたの仕事は、この歪んだ形で表面に現れている欲求を自己の人生の計画に遡って理解することです。そして深いレベルの欲求、つまりスピリチュアルな憧憬に、その計画に従って形をとらせることです。

あなたの真のニーズはどのようなものでしょうか。以下に挙げるのは、真の感情を感じ、自己のニーズを満たしたいという憧憬が自分自身を満たすのを可能にする方法です。この方法によって、そのニーズを満たすことができるのです。まず、リストをこしらえなさい。自分自身のためになにを創りだしたいと望みますか。答はシンプルで大切なものに限りなさい。このビジュアライゼーションを行なう際、欲するものをこちらのスピリチュアルな世界から与えてもらおうという態度ではいけません。むしろ求めるものを自己存在のコア深くに植えつけ、それが自己の内面の泉から形をとることができるようにするのです。明確で自己の人生の使命にぴったり合った欲求を抱いた時には必ず、それを内面の創造性の泉にもたらしなさい。

自分自身の内により深く踏み込んでいき、自己の意識をより大きな存在のレベルに拡張する時、あなたは偉大な救済の計画とそれを指導するスピリチュアルな世界の組織とのつながりを直接体験するでしょう。膨大な数の人々が関与している計画があります。この計画は時間とともに、地球上により広く、確かに、いっそう明らかになって、広がっていきます。

今日あなたが見たことは即座には理解できないかもしれません。理解は三年、七年、十年、あるいは十五年後にやってくるかもしれません。この教えを自己の内面の神聖な場所に置いておきなさい。自己の神聖な目的について日記をつけなさい。年月がたちあなたの道がはっきり見えてきた時に、昔起こった時には意味をなさなかった、あるいは理解できなかったことをふりかえることができるようにするためです。このような出来事は、後に人生の使命というパズルの大切な一片になるでしょう。このような日記はあなた個人のヒーリングの過程における個人的ガイダンスとすることもできます。私たちはあなた方が内面の力と光を認め、そして自己をその力と光について責任あるものと認めるのを助けたいのです。力と光はすでにあなたの内にあるからです。

それではこれから、あなたが抱えている傷について、そしてその傷を感じずにいようとする意図についてのより深い理解へとあなたを導きましょう。それはこの本の1章（上巻）で触れたものです。この意図はネガティブな意図と呼ばれます。それはあなたの役に立たぬものであり、逆にさらに痛みを人生にもたらすのです。これについて理解することは、あなたとあなたのトランスフォーメーションの過程全体についてより大きな理解をもたらします。トランスフォーメーションとは、自己の内部に踏み込み、そこにある風景を発見することです。あなたはすでにこのような風景を横切ってきました。内面の暗闇のトンネルを通過してきました。それはいっそうの光へとつながっています。このプロセスを通して、あなたはより大きな愛、誠実さ、力、純粋さを自己の内にみつけるのです。内面の世界は外面のそれと同じくらい大きいことを発見し、もう一度こう問うでしょう。『私の本当の姿とは?』。

人生のはじめに、予期しなかった痛みがやってきました。あなたはその痛みに反応して止めようとしました。しかしそのために、内面の創造をしようとする衝動をも止めてしまったのです。その痛みとは、熱いやかんに触れた時の単純な痛みだったかもしれません。あるいは両親からの怒りの視線だったかもしれません。痛みの感じられた瞬間、内面の創造力を止め、影で覆ったのです。それによってあなたは自分を自己の中心から切り離し、そして切り離された部分はあなたの本当の姿を忘れたのです。

個人的なトランスフォーメーションを経て内面の風景を発見していくうちに、あなたは自分の本当の姿についての記憶をとりもどすでしょう。原初の愛とスピリチュアルな憧憬は自己の感情の中に抱かれており、原初の勇気は意志の中に、真実は理性の中に、今も抱かれているのです。自己のスピリチュアルな憧憬をあなたはじかに感じていないかもしれませんが、これは内面の影を通って、個人的欲求という形で現れてきます。人間的レベルの個人的欲求に悪いことはなにもありません。それは内面の神聖な憧憬、原初の創造に向かう衝動を反映するものであるからです。

人間ならではの、人との交わりや愛や安心を得たいという欲求も自己の道をみつけて人生を自分の望むように創りだしたいという欲求も、美しいものです。ただおそらくあまりはっきりしたものではなく、また歪められてもいるでしょう。安全だと感じられないせいでお金をたくさん欲しがっている人もあるかもしれませんが、お金があっても安全だと感じることはできません。あるいは完璧な配偶者を望んでいるかもしれません。あなたを完璧に理解し、さからったりしないで面倒をよくみてくれるような配偶者です。しかしこの欲求の下にあるのはなんでしょう。大人としての責任の放棄でしょうか？ 変化に対する恐れでしょうか？ このような相手とでは、たがいに考えを交換して成長することはできないでしょう。このような類の『完璧さ』は人間の置かれた現状では機能しません。物質世界における自己の目的を中和させてしまいます。

人生における真の欲求を満たそうと願うなら、自分の中にある、内面の泉に由来する原初の創造行為を覆い歪めている部分をみつけることです。そのためには、影と歪みを浄化し、自己の個人的欲求を、自己という存在のコア深くに抱かれている原初のスピリチュアルな憧憬にシンクロナイズさせましょう。双方は直接つながっているのです。明確で歪みのない個人的欲求は、より深くにある憧憬を個人的レベルで表現したものです。あなたの味方であり、人生の核心へと導いてくれます。

あなたが今感じている欲求はどのようなものですか？ あなたはおそらくその欲求を自分勝手なものだと考えているでしょう。そうかもしれませんし、そうでないかもしれません。こう自問してみればよいのです。「この個人的欲求は、人生を通して自分を導いてくれる原初の憧憬にどのようにつながっているだろうか？」と。あなたの仕事はただ一つ、この二つをつなぐ道を浄化し、個人的欲求が原初の創造衝動の純粋な表現になるようにすることなのです。

この問題について地上では多大な混乱があり、そこから多くの痛みが生じています。というのはある組織や団体においては、欲求は罪とみなされているからです。唯一の罪は真の自己を忘れることであり、人は自分でその「罪」という幻想の中に自らを置くのです。あなたの欲求を、人生において光を必要としている部分として自己の最も神聖で大切な部分に抱きなさい。自己の個人的欲求からより深い魂の憧憬へと到る方法をみつけるためにメディテーションをしなさい。思いだすのです。あなたは地上に形をとりつつある偉大なる救済の計画につながっていることを。あなたが自分自身を癒すにつれて、地球もまた自らを癒すのです」。

第六レベルにおいて、人は信頼と希望を経験する。

ヒーリングの過程の中で最も重要なのは、自己の内に信頼と希望を築くことである。信頼を築くとは、自己と内面の源に対する信頼、自分自身のケアをする力や自分が望み憧憬を抱くものを人生に創りだす力を自分が持っているという信頼を築くことである。希望とは、よりよい人生に対する希望であり、もっと健康になれるという希望であり、新しい世界秩序に対する希望であり、人類と地球に対する希望である。信頼は人を一歩一歩導いて誰もが通る暗いトンネルを抜けさせ、憧憬は満たされるという希望に導いてくれる。

誰の人生にも信頼を失う時期がある。これが起こるのは、トランスフォーメーションの途中、内面のトンネルの最も暗い場所にいる時だ。なにもかもがうまくゆかず自分が敗北したと確信する時、人はようやく信頼と希望に身を委ねることができる。それまでは、そのような信頼と希望が自己の内面にあると知ってさえいなかったとしても。

以下の美しいヒーリングメディテーションは、一九八八年七月デンヴァーで行なったレクチャーの中で与えられた。信頼と希望について語っており、個人的な痛みに対するヒーリングを人生の使命へと結びつける。自己の信頼が試されている時に使うと大変よいメディテーションだ。

信頼と希望に導かれて――ヘヨアンからのチャネリング

「光が自らの内を通り、自分を高い世界へとつなげるにまかせなさい。同時に両足をしっかりと大地につけておきなさい。というのはあなたが最も自然に立っている時、あなたは天上と自己のスピリチュアリティ、そして大地すなわち物質世界での故郷との間の掛け橋となるからです。この真実をあなたの日常の個人的なレベルに浸透させればそれだけ、真の自己――自分の本当の姿、自分がここにいる目的――から逸れることなく生き始めることができます。私たちがこのコミュニオンに加わるにつれ、部屋のエネルギーが灼熱の白にかわるのを感じなさい。目を開いて見なさい。耳を傾けて聞きなさい。感覚を開いて自己の存在を感じとりなさい。私たちはあなたが想像したものではありません。私たちはあなた方の兄弟であり、ともに働くために、平和と癒しを地球にもたらすためにやって来ているのです。

ここにいる誰もが、生まれてくる前に、そうすることに同意しました。あなたは大きな希望と信頼を携えて地上に来て、肉体をまとったのです。この惑星にやって来て奉仕したいという憧憬は非常に大きく、あなたはこの惑星上に存在する痛みの一部を自ら引き受けて癒すことに同意しました。その痛みを自己の肉体と精神に受け入れ、それによって痛みを愛にかえることに同意しました。

ですから私はこう言いましょう。あなたは美しい未来へのより大きな希望をハートに抱き、さらに自分自身ばかりでなくこの惑星のトランスフォーメーションにもつながる道を一歩一歩導くことができるという信頼を持って、生まれてきたのです。

もう少し詳しくこの仕組みをみてみましょう。私たちはそれを普遍的神性とのつながりと呼びます。あなたは偉大な知恵と力、膨大な量の愛を携えて生まれてきました。それはあなたが自分で持てる、あるいは受け取れると想像しているよりもはるかに大きなものです。この愛と知恵と力を携えて、癒しをもたらすためにここにやって来たのです。体は母なる大地の体からのもので、みごとに設計されています。天上からは、最も深い内面の憧憬を満たす完璧な組合せのエネルギーシステムを持って来ました。それこそがここに生まれてきた理由です。すなわち、ほかのどんなことよりもやりたいと望むことのためなのです。小さな箱にひそかにしまってハートの奥深くに閉じ込めてある、常識をはるかに越えた夢——それこそがあなたが生まれてきた理由です。

ですから今、その小さな箱をとりだして開き、中をのぞいてごらんなさい。恥ずかしがってはいけません。自分が見ているものがエゴイスティックなものだと考えてはいけません。そうではなく、真実そのものなのです。あまりにとっぴょうしもないと考えてはいけません。あなたにとっての唯一の限界は、自分自身に課した思い込みの体系だけだからです。その中身が、今この瞬間に行動に移すにはあまりに通俗的だと考えてはいけません。すべての行動を自分の存在からのものとするのは役に立たないと考えてはいけません。この瞬間にあなたがなにをしていようと、それが最も神聖な行動です。信頼に基づく行為です。

まだ箱を開けていないのなら、今そうしなさい。現れたものにきっと喜びを覚えるでしょう。この開いた箱を自己の内の神聖な場所に捧げ、それについて瞑想しなさい。一日に二回、五分の時間をみつけることはきっとできるでしょう。朝起きた時、また夜寝(やす)む前に実行して、この目的から自己を逸さないようにしなさい。もし気恥ずかしく感じるなら、人には内緒にしておきなさい。それについて語りたいならば自由にそうしなさい。しかし語る相手には、自分の努力を理解し支えてくれる人を選びなさい。なぜならあなたには成し遂げるべき仕事があるからです。その仕事について説明しましょう。

まず自分の人生をみわたしなさい。子供時代にもどって、これまで感じたものの中で最も深いところにある痛みをみつけなさい。その痛みを種子の状態でみつけなさい。すべての人がこのような痛みの種子を自己の内に抱えています。

みつけたならば、その種子がどのように育っていったかたどってごらんなさい。それがどのように自分の人生のあらゆる瞬間、あらゆる領域に浸透しているかをみつけなさい。くる年もくる年も、自分がこの痛みをどのように抱えてきたかをみつけなさい。形は確かにかわりましたが、また異なる領域では異なる形で表現されてはいますが、同じ痛みなのです。

そしてこの痛みが、あなたの内にあるばかりでなく世界にも反映されているこの痛みこそが、あなたが癒すためにここにやってきたものなのです。

あなたは果敢にこの痛みを自らの肉体と精神に受け取ったのです。逃避は役に立ちません。逃避しても痛みを癒すことはできません。ただヒーリングあるのみです。

この痛みをとりあげ、愛と受容で優しく包みなさい。生まれたての赤ん坊のように、自分の本当の姿を忘れてしまった子供のように扱いなさい。これは『希望』の子、明るく輝く未来の子供であり、この子の痛みを癒すことのできる『信頼』を持っているのは、癒し手であるあなたなのです。あなたの自己ヒーリングの第一ステップは、この痛みが自分のものであり、癒すのは自分であることを受け入れることです。それはあなたの個人的使命であり、あなたはそれを自分のため、そして地球への奉仕として自由意志で受け入れました。あなた方がヒーラーとなるにあたって誓ったように、自己についてあくまでも正直で、自己を愛し、敬意を払い、内面、天と地、そして四方に存在する神聖な知恵に従うのです。

私たちの存在をこの部屋の中に感じなさい。この重荷を一人で背負う必要はないのです。つねにガイダンスは与えられます。『信頼』によって自らの肉体を癒しなさい。それを習慣にしなさい。苦痛が起こるまで待ってはいけません。信頼を抱いて実行しなさい。

この子供の痛みを、自己の内の神聖な場所、内面のヒーラーの愛の隣に置きなさい。ヒーラーの一方は『希望』、一方は『信頼』です。この二つがあなたのエネルギーの型をつくり変成させて、あなたと地球は光になるのです。この部屋にある愛を感じなさい。光である自分を感じなさい。自己のまわりにある光、先達の光を感じなさい。肉体の細胞一つ一つに宿る光を感じなさい。本当の自分の姿でいなさい。それがあなたが進んで引き受けた仕事のすべてです。自分の本当の姿、求められているのはそれで全部です。自分の本当の姿、それだけが唯一必要とされたことです。自分の本当の姿でいなさい」。

HEF第七レベルと神聖な理性

陶酔感の最も高いものは、純粋で神聖な創造性溢れる思考であると言われる。これが第七レベルの与えてくれるものだ。第七レベルで創造者は最高の喜びを経験する。このレベルにおいては、完璧なパターンの存在を知り、自己が神であることを理解できるからだ。人は創造の完璧な普遍的パターンを通して自分自身の金の糸を編み、このレベルを構成する生きた脈動する金の網をいっそう完璧なものとする。これはすべての人の生まれ持っての権利である。誰にとっても最も自然で普通の状態だ。この経験に身を委ねるほど、人は生き生きと、健康に、より人間らしくなる。このレベルなしに人間は存在することはできない。これを簡単なメディテーションを通して毎日自分に与え、日常生活に統合するだけで、ずっと幸せに、陶酔感と愛に満ちて存在することができる。自分自身を過小評価してはいけない。このレベルはすでに自分の中にある。問題は自己の意識をそれに向けているかどうか、自分の本当の姿でいるかどうかだ。

第七レベルに達するメディテーション

この簡単なメディテーションを毎朝起きがけに十分間実行するだけで、一日がどれだけスムーズにゆくようになるかにきっと驚かされるはずだ。まずメディテーション用の姿勢で座る。背中をまっすぐにし、背中上部をもたせかけてはいけない。支えが必要なら尾骨の下にクッションなどをしく。そして息を吸うたびまたは吐くたびに、「心を鎮め、自らが神であると知れ」と繰り返す。心がさまよいだしたら、この言葉に引きもどす。

神聖な理性のレベルは人を存在する理由へと導いてくれる。HEFの第七レベルは神聖な理性であり、完璧なパターンを知っている。意識をこのレベルにもちあげる時、あらゆるものが不完全でありながらそのままで完璧であるという明晰な理解が得られる。自己の存在をこのレベルにもちあげることによってのみ、このことが理解できる。ほかのレベルの視点からみれば、逃げ口上あるいは現実味を欠いた単なる楽天主義のようにしか聞こえないかもしれない。不完全なものがどうして完璧でありえるのか、というわけだ。

この第七レベルからは、地上での経験は学校でレッスンを学ぶようなものだと理解できる。主なレッスンは愛を学ぶことだ。完璧で問題のないものを愛するのはたやすい。困難と苦痛の中にある時こそ、自己と他者を愛することを学ぶ必要がある。したがって、地上の不完全さは愛を学ぶのに完璧な状況となる。どのような状況でも愛することを学べれば、その時人が与える愛は状況自体をかえることができる。

第七レベルでは、HEF（ヒューマンエネルギーフィールド）は非常に強く眩(まばゆ)い金ないし白金の光の線からできている。その線は全体を一つに保持する役目を持ち、驚くほど強靭である。メディテーションで意識をこのレベルにもちあげると、力に溢れている、安心できる、受け入れられているという感覚を人生で味わうことができる。すべては完璧で、ものごとが完璧な秩序を保った状態で機能しており、どんな出来事にも、それがなんであっても、その裏により高い理由があるのがわかる。悪いことが起きるのは自分が悪いから、罰せられているからではない。多くの出来事はより大きな秩序に基づいて起こるのだが、人がそれを理解できないだけなのだ。なにが起ころうとも、それがどれほど意味をなさなくとも、あるいはネガティブな意味しか感じることができなくとも、愛することについてのレッスンとなる。まったくどのような場合でも。

あらゆる困難な状況からより高い神聖な理由を学ぶことは、自分に起きていることに取り組む助けとなる。困難を経験することを通して神聖なレッスンを学んでいるのだと知ることができれば、くぐり抜けるのはずっとやさしくなる。たとえそのレッスンとはなんであるのか知らなくとも。たいていの場合、レッスンがなんであるかわからないのは、学んでしまうまでは理解できないものだからだ。

受け入れがたい出来事も、ヒーリングの過程あるいは学ぶべき人生のレッスンに身を委ね、より高いレベルに自己をもちあげて理解すれば、受け入れられるようになる。以下はこのような二つの例である。

ステファニーの心臓を癒すことで家族のハートが癒される

一九八五年、私は三歳の子供とその母親にしばらくの間ヒーリングを与えた。ステファニーという名のこの少女は先天性の心房中壁欠損症で、直径二センチ半ほどの穴が開いており、七月に心臓の開胸手術を予定していた。母親のカレンは自分自身数回の手術を経験しており、ステファニーが手術に伴う痛みを経験するのを恐れていた。なんとか手術を避けたいと考えて、娘をヒーリングに連れてきた。

セッションのたびに、カレンはヘヨアンに「娘は本当に手術を受けなければいけないのでしょうか、それを避ける方法はないでしょうか」と訊ね続けた。私もまた手術を避けたいと感じていた。カレンがこの質問をするたび、私は神経質になった。誤った予測は与えたくなかった。手術の時期が近づいた頃のあるセッションで、ヘヨアンは、カレンと私からもうたっぷり苦情を聞いたといわんばかりに突然言った。「よろしい、ついてきなさい」。

気がつくと私はヘヨアンの後ろについて病院の通路を走っていた。彼は手術室のドアを開け、私を手術台に近寄らせて言った。「見なさい」。

私はステファニーの切り開かれた胸を見下ろしていた。手術はうまくいっていた。それから場面がかわり、時間を先に進んで回復期になった。ステファニーの状態は良好だった。手術の一日か二日後にはもう病室で椅子に座っており、元気そうにみえた。彼女が椅子から飛びだし、病室に入ってきた両親のところへ走り寄るのが見えた。次にまた場面がかわり、ステファニーは十三歳で思春期に入りつつあり、美しく健康そうで、輝いてみえた。鏡の前に立って自分の胸の傷跡を見て、それを好奇心に満ちてはいるが気に病む気配もなく調べていた。傷は彼女を自己のハートと愛に結びつけるのに役立っていた。

それからヘヨアンが言った。「どうだ、これがそんなに悪いことかね？」。

私は自分の見たことをカレンに伝え、彼女の恐れはしばらくの間静まったが、当然、次のセッション時にはまた恐れる状態にもどっていた。

その頃は私もまだ、ヒーリングの間まったく中立の状態でいるのは難しかった。私自身娘がいたので、同じ母親としてこの手術を避けさせてあげたかった。娘を出産する時に帝王切開を受けたが、その経験がつらいものであったので、自分が手術に対して偏見があるのも発見した。手術が自分の赤ん坊の生命を救ったものであったにもかかわらず。自分自身の偏見とカレンからの圧力のために、チャネリングの回路を明晰に保つのは難しかった。ようやくＨＥＦ（ヒューマンエネルギーフィールド）の上位のレベルにまで自分をもちあげてヘヨアンに到ることができ、以下のガイダンスを受け取った。

「あなたが愛について学ぶべきことは、相手を自己の愛のエネルギーフィールドの内に抱きながら、同時にその相手が人生を自ら予定したとおりに経験するようにさせることです。あなたは自分の子供をカルマから守ったり救ったりすることはできないのです。カルマとはこの場合、子供自身が選んだ人生の計画を意味します。あなたの子供の魂は賢明であり、美しい使命を持って生まれ、それを達成する方法を正確に選んでいるのです。そしてそれを瞬間、瞬間、自分自身で選び続けているのです。彼女は物質世界において真剣に生きることを、呼吸を一つするたびに改めて誓っているのです。あなた方二人（バーバラとカレン）と同じように。

ですから、このより広い視点に拠って議論に入ることができれば、このチャネリングを受け取るのを邪魔している雑音も減るでしょう。二人とも、自らの内にある深い知恵へと意識を移してごらんなさい。そうすれば、自分がその知恵の視点からみて手術を経験することを選んだのをみつけるでしょう。そしてその経験を通して、それぞれ大きなレッスンを学んだのです。あなた（バーバラ）においてはそれがヒーラーとなる道を開きました。それ以前には大きな苦痛や病気を経験したことがなく、病気の人々に対する深い共感が欠けていたのです。

そしてカレン、あなたにも同じことがあてはまります。あなたは手術を経験するまで、誰かに親身にケアをしてもらったことがなかったはずです。その経験によってあなたは自己のハートを開き、他者からケアをしてもらい、またケアをしてやり、人生に身を委ね信頼する道が開かれたのです。それなのにあなたがこう言っているのを耳にします。『信頼する？　冗談ではありません。私は信頼したんです。それでなにが起こったかみてください！』。私はこう言いましょう。なにが起こったかを実際にみてごらんなさい。あなたは二人の美しい子供たちを授かった。親身なケアを受けることができた。あなたと夫、あなたと親戚の人々の間の親密さはおおいに増した。

今のあなたは他者のことを気遣ってやれる。苦痛についてもよりよく理解している。間違いなく、自分の娘がこの手術を受けるのを助ける準備ができているのです。それがどのような経験か知っているからです。ですから自分にこう問いなさい。自分が手術を受けた時、ほかの人に頼みたかったことはなんだろう。喜びを与えてくれたのはなんだったろうか。病室の花か? みんなに見舞ってもらうことか? 優しく撫でてもらうことか? なにが心を軽くしてくれただろう。どのような経験が入院をより心地よいものにしてくれただろう。

この子が手術を受けることになったなら、どのようにいっしょにいてやれるかを考えなさい。ちょうどお産の時にそうしたように病院をよく選び、入院中はいっしょにいてやりなさい。ともにその経験をくぐり抜け、感じるのです。娘を自分の愛のエネルギーフィールドに包んでやり、起こることはすべて神の意志であり、またこの娘自身の意志であると知りなさい。そして彼女の内に宿る魂の知恵に敬意を払いなさい。その選択を尊重し、支えてやりなさい。彼女自身が選んだレッスンを学ぶのを助けてやりなさい。彼女が手術を経験することを選んだとしたら、それは彼女がこの家族を、また愛とハートを、ますます信頼するようになっていることの表明だと知りなさい。

矛盾しているように聞こえるかもしれません。しかし考えてみなさい。手術を経験する方が、家族、愛、ハートに対する信頼をいっそう必要とするのではないでしょうか。

バーバラは多分こう議論するでしょう。『でもどうして手術を避けることができないの、なぜ?』と。私たちは単にこう言うだけです。一方の選択が他方に比べてよいわけではない、ただ学ばれるレッスンが異なるのだと。

揺るがぬ尊敬と勇気を持ち続けることを忘れてはいけません。この子は非常に勇気を持っています。

そしてこう言うのです。『ねえママ、私はこれを実行するの、そしてこれは私とママの信じる気持ちを強いものに育てるでしょう。これはママへの贈り物なの。世界は、たとえ痛みがあっても安全なところだから。世界は孤立があってもなお愛に満ちているところだから。世界は混乱があってもなお美しいところだから。私はこれを自分の行動を通して表現するわ。それは物質世界に対する完全な信頼の表明なの。これはママへの贈り物なの。だからママ、私はママのハートを癒すために生まれてきたの。ママが私のハートを癒すために生まれてきたように』。

カレン「今の美しい言葉にとても心うたれました。私の夫は、娘が手術を受けたとしたら引き起こされる心理的な問題があるかどうか知りたがっていたのです。でも娘はなにもかもわかっているようですね。この経験は娘にとってよりは、夫と私にとっての方が難しいことのようです」。

ヘヨアン「今のはステファニーの内面の、より広くて深い知恵を反映する言葉です。しかしもちろん、彼女の意識のすべての部分がそれを覚えているわけではありません。手術を受けて麻酔から覚めればもちろん痛みを感じ、痛いので『ママ、お家に連れて帰って』と言うでしょう。そしてあなたはすぐにはそうできない。しかし彼女といっしょにいて、『世界は安全なところなの。ママは覚えているわ、あなたがそう教えてくれたから』と語りかけることができます。

同じことはあなたのご主人にもあてはまります。この子を自らの知恵から守ろうとしても無駄です。この子の選ぶより深い知恵に従いなさい。そうすればあなたもそれによって強くなることができるでしょう。彼女が自己の強さを忘れた時には、あなたの強さを分かち与えてやりなさい。それはまさに贈り物の返礼です。家族一人一人の間にどれほど美しい調和が存在するか、みることができるでしょう。なんとすばらしい家族でしょうか！」。

カレン「これ以上質問はありません。ただガイドの方にお礼を言いたいのです。ハンズオンヒーリングを行なうよう示唆してくださったこと、そしてそれ以外にも与えてくださったすべての援助のことで。このひと月、娘に自分の手でヒーリングをしてやるのは本当にうれしいことでした。娘も好きで、今では毎日のちょっとした儀式になりつつあります」。

（この数箇月前、ヘヨアンはカレンに、ステファニーに対して毎晩就寝時に手を当てて簡単なヒーリングを行なうよう指示を与えていた。カレンはこの時点までそれを続けており、それによって親子の間の親密さがずっと増した）。

ヘヨアン「そう、美しいコミュニオンでしょう?」。

カレン「それから今日のことで、ほかに知っておくべきことがあればうかがいたいのです」。

ヘヨアン「ハートは強められ、彼女の信頼も強められています。そしてあなたが今回の結果を知るまでにはさらに時間が必要です。そのことはお気の毒ですが、我々はあなたの魂の知恵を尊重します。なんといってもこのトンネルを通り抜けた時には、非常な喜びが待っているのですから」。

バーバラ「このトンネルの中になにがあるか見ようとしてるの。（トンネルをのぞいて）まるでレゴブロックでこしらえたものみたい。ほら子供も大人も遊べる、結構楽しいおもちゃがあるでしょう。トンネルの中にそんなものがあるわ。

ガイドたちはまだ言うことがあるみたいに立って待ってる。でも彼らから言うことはないようだわ。あなたの方でもっと質問があるのかしら?」。

カレン「感情が溢れそうなの。そのトンネルを感じることができるんです。先月から通り抜けてきた経験はほとんど、親から離れることにまつわるものでした。ようやく今、両親が私のそばにいてくれることはできないという事実を受けとめています。そしてトンネルと言われた時に、感じました。自分が大人になって家族のためにそばにいてやるべきで、そして両親への依存から本当に離れる時がきた……もっとも頼りたくても親は私のためにそこにいてくれたことはなかった。両親に対してあんまりいろいろな感情がありすぎて、なにを質問していいかわかりません」。

ヘョアン「あなたが子供時代の経験についてそのような痛みを感じていることに同情します。またその経験が、子供としての視点からみて完璧に望みどおりのものではなかったことにも。けれどもすでに語った通り、そうした経験はあなたの内面の知恵によって選ばれたのです。あなたが母親としての自分をみてすばらしい不思議をみてとるなら、また自己表現の能力や、母親としての役目を通し自分に与えることのできる非常に大きな自己表現のための空間をみるなら、自分の行なった選択の意味について理解するでしょう。誰もあなたに『母親はこうふるまわなくてはいけない』と言ったりはしていません。あなたの娘が母親になった時にも、あなたは娘に対してそのようなことを言ったりはしないでしょう」。

カレン「本当にそうです。自分の持っている自由を忘れていました」。

ヘョアン「ですから、忘れないでください。病院にいる間も、誰にもあなたがどうふるまうべきかを指示させてはいけません。完全に自分自身であることが必要です。誰かに抱きしめてもらう必要があるなら、そう頼みなさい。誰も完全に『大人になる』ことはないのです、少なくともこの点については。必要な時に誰かに支えてもらうというニーズは本物であって、また美しいものであります。それは人々の間に親密さ、いっそうの愛、コミュニケーション、強さを創りだします。ニーズとは、育ちつつある『強さ』であると言うことができるでしょう。恐れを認めることは愛をみつけることです。自分が道をみうしなったと認めることは、故郷への道をみつけつつあるということです。ニーズは真実の言明であり、自分が道のりのどのあたりにいるかを語るものです。キリストは十字架についた時、自らの不信を口にしました。不信に陥った瞬間があり、それを表に現したのです。すると続いて信頼に満ちた瞬間がきました。ですから、完全に自分自身でありなさい。どの瞬間にも自分の本当の姿でいなさい。そのことがいっそうの勇気と強さをまわりの人々にもたらすでしょう。あなたの愛しい夫にもっと頼りなさい。彼はとても強いのですよ」。

カレン「本当だわ！」。

ヘヨアン「時には自己の強さを忘れることもありますが、あなたがもう少し頼るようにすれば思いだすでしょう」。

カレン「夫に負担をかけるように感じるので頼りたくなかったのです。驚きました。ありがとうございます」。

ヘヨアン「お礼の必要はありません。そして私たちがつねにいっしょにいることも忘れてはいけません。手術が行なわれることになった時にはそこにいて、ステファニーが体を出た時にはその魂を優しく抱いてあげましょう」。

カレン「ええ、わかっています。あの子は手術を受けなくてもよいかもしれないなどという可能性に頼りたくないので、なんとか心の準備をしなくてはと思うのですが……」。

ヘヨアン「くぐり抜けられます。人は皆、人生のトンネルをなんらかの形でくぐらなければならないのです」。

　ガイダンスを通してますます明らかになってきたのは、手術はおそらく行なわれ、その結果家族全員が一つにまとまり、物質世界で生きることへの信頼を学ぶであろうということだった。夫婦は二人とも非常に精神的な人で、手術はスピリチュアルな観点からはなにか正しくないことであるかのように感じていた。しかし一連のガイダンスを通して、それは事実でないことが明確にされた。最後のセッションで、ヘョアンはカレンにこう語った。手術のすぐあとに夫は新しい仕事をみつけ、一家はブルックリンから引っ越すだろう。それはニューヨークから一時間ほどの小さな町で、生活は新しい形をとり始めるだろう。これはすべて、ステファニーの手術により始まった家族のヒーリングがもたらした、この一家の大きな変化と成長の結果である。カレンは、夫はここ一年以上仕事を探しており、ニュージャージーに引っ越したいのだと言った。ヘョアンは今はまだ引越の時期でない、なぜなら今起こりつつある家族のヒーリングを完了させる必要があるからだと言った。ステファニーがヒーリングを今の家で終えることが重要だった。そうすれば、引越の時にすべてを古い家もろともあとに残して、彼女は新しい家で新しい生活を始められるだろう。

一九九二年、本書を書いている時点で、カレンにヒーリングの結果を訊ねた。一家は幸せで快適に暮らしていた。カレンは、人生は想像をはるかに越えてよいものになっていると言った。またヘョアンが私を連れていって見せてくれた手術室の様子についても、そのとおりだったと確認してくれた。出来事はヘョアンが言ったとおりに展開した。ステファニーは七月に心臓手術を受け、回復は非常に早かった。二、三日後にはもうとても元気で、看護婦が管をはずすとすぐ椅子から飛びだして、病室に入ってきた両親のところに走って来た。

カレンは、ステファニーは三つの感情的トラウマを入院中に経験したと言った。病院スタッフがステファニーを両親から離して検査をした時、実際に手術を受けた時、そして手術後に管を外す時だった。そして家で眠った最初の三晩、三つの悪夢をみたという。一つのトラウマごとに一つの悪夢で、その後は怖かった記憶も残らず、病院での経験に関して問題はなにも起きなかった。

家族は八月に休暇に出かけた。これをヘョアンは予告していたのだが、その時には夫婦は自分たちが休暇をとることになるとは信じなかった。休暇から帰ると、夫にニュージャージーでの仕事の口があった。それは以前、就職したかったのだが給料が安すぎてみあわせた会社だった。こんどは会社は給料を彼の要求に合わせて上げてきた。それから家を買うまでに二日しかかからなかった。十月には家族はニュージャージーに移り住み、夫は新しい仕事に就いた。

カレンは、ステファニーのヒーリングの経験は家族としての進化に非常に重要なステップだったと言う。手術から数週間後、ステファニーは別の子供のようになっていた。それまではいかにも弱々しかったのが、手術後はエネルギーがしっかりと体に入り、血色もよくなった。彼女は今は十歳になり、自分を「ハートチャイルド」と呼ぶ。美しい詩や音楽をこしらえるし、歌うことも好きだ。演劇にも興味を持っている。

カレンはこの経験を通して、宇宙の共時性をよりいっそう信じることを学んだという。ふりかえれば、あらゆることが完璧なタイミングで起きたのをみることができた。たとえば夫は一年も仕事を探していたが、転職はヒーリングが完了するまでしなかった。いったん家族のヒーリングが完了すると、なにもかもがスムーズに流れ始め、新しい生活は自然に新しい形をとった。

カレンはこう言う。「私はあの、より大きな計画を信じることを学んでいます。どんなことにも努力は必要です。でも努力をしても抵抗にあい続ける時には、ほかになにかが起きているのだと知る必要があります。単に自分が抵抗しているというのではないかもしれない。タイミングがよくなかったり、その前になにかが完了する必要があったりするのかもしれないということです。というのは私たちの場合、家族のヒーリングがいったん完了すると、なにもかもが即座におさまるべき場所におさまったからです。家を探すのにかかったのは二日だけで、この家はみつけた翌日に買いました。持ち主が値段を下げたばかりで、ちょうど私たちに買えるぎりぎりの額でした。なにもかもが時計仕掛けのようでした。私はステファニーとの経験からそれを信頼することを学んだと感じます。そして同じようなことが起こり続けています。ものごとがあるべき形にある時には、スムーズに流れるのです。川上に向かって漕ぐ必要はないのですね」。

アンディが家族をふたたび一つにまとめる

二番目の例は、高い視点に意識をもちあげトランスフォーメーションさせることで、受け入れがたい考えを受け入れられるようになる可能性を示す。これは悪性黒色腫で死につつあった二十五歳の若者の話である。ここでは彼をアンディと呼ぶ。

アンディは車で三時間の所に住んでおり、美しい母親に連れられヒーリングにやってきた。医師によればあと一年しか生きられないということだった。進行性のガンはすでに全身に広がり、脳を侵しつつあった。やがて、ヒーリングを受けながら、同時に腫瘍を縮めるために定期的に放射線療法が行なわれるようになって、彼は痛みを感じ始めた。

誰もアンディに本当のことを話していなかったが、彼は内面深くで知っていた。アンディについてとても目立ったのは、死についてあまり心配していなかったことだ。これは彼が私のところに来始めた、まだ肉体の痛みのなかった頃からそうであった。最初にやって来たその時から、肉体での生にしがみついていなかった。彼は物質世界に生きていること自体についてあいまいさを感じていると認め、スピリチュアルな世界についてもっと知りたがっていた。私はヘヨアンをチャネリングし、彼らはよい友人になった。

やがてアンディはスピリチュアルな世界の方が心地よいと感じるようになり、自分のガイドとコンタクトをとろうと試み始めた。また人間どうしの愛、特に彼の家族どうしの愛についていっそう心にかけるようになった。時に彼は「自分はもう死んでしまうのか」と考えたが、そのたびに死に対する定まらない感情と、同時に大きな冒険を待ち望むようなある種の好奇心を感じた。

じきに予知的な夢をみるようになり、彼は否認状態から完全に抜けだした。「自分のガイドに会いました。僕が死ぬのは確かだ」と言った。夢の中でガイドは彼にだんだん近づいてきて、ついに彼と融合したという。それからこの一つになった状態で自分の葬式と、そこで人々が棺桶を地中に下ろすのを見た。彼はそれから一箇月ほどで逝った。

私はとても悲しかった。この若者がほかの人々にたくさんのことを教えることができたはずなのを、私は知っていた。彼が死んだことで自分が失敗したと感じられてならなかった。彼自身はそれで構わないと考えていたにもかかわらず。しばらくして彼の家の近くで講演を行なった時に彼の兄弟と母親がやって来た時も、二人に会うことはためらわれた。私は彼を「救えなかった」ので、家族は私についてあまり快く思っていないと考えたのだ。しかし驚いたことに、二人は私に非常に感謝し、アンディのヒーリングは家族全員に大きな癒しをもたらしたと語った。ヒーリングの過程を通して常にアンディが真実と愛に身をまかせていた姿は、とても深いレベルで家族の心を開き、家族全体がかわったのだ。

アンディの兄弟は、二十五年前にアンディが生まれた頃に家族の間にとても大きな亀裂ができていたことを語った。家族は二つに分裂し、たがいに何年も口もきいていなかった。その状態は、アンディが自己のヒーリングの過程で家族にその傷を癒すようにと主張し始めるまで続いた。彼が死んだ日、家族は愛情深く寄り添いあい、それ以来一つにまとまっている。

家族は、アンディの人生の使命の一つは、家族にヒーリングをもたらすことだったと確信している。アンディの人生全体が、家族にとってのとても大切な人生のレッスンだったのだ。彼らはアンディが自分たちとともにいてくれたことに、そして彼が与えてくれたすべてにとても感謝している。

第七レベルのヒーリングメディテーション

背中をまっすぐにして座るか、床などの上に横になり、体をリラックスさせる。ゆっくりと呼吸をし、さらにリラックスする。意識を内面に向け、「しなければならないこと」を頭から追い払う。自己の内側に耳を傾け、感じとる。

まず今の肉体の状態を感じとる。気になる体の部分に意識を向ける。その部分をありのままに愛を込めて受け入れることで、体全体に統合する。

次にその部分が完全で完璧な状態であるのをイメージする。それが強く美しく輝く金色の完璧なグリッドで構成されているのを見る。自分の手から出ている金色の光でそれを撫で、完璧な状態にもどしてやる。それがすんだら、このトランスフォーメーションが行なわれたことに感謝を捧げる。

これを一日数回行なう。ほんの一、二分しかかからないはずだ。

ＨＥＦの全レベルを統合するヒーリングメディテーション

以下の簡単ではあるが深いリラックスをもたらすビジュアライゼーション（視覚化、イメージ化）テクニックは、ヒーリングを必要とする体の特定部分とＨＥＦ（ヒューマンエネルギーフィールド）の全レベルにヒーリングエネルギーを与える。私はこれを「ボディトラベル（体巡り）」と呼んでいる。これは以下の四つの主要なステップからなる。深くリラックスすること。自己を愛し、スピリチュアルガイドにつながりを持つこと。肉体の特定部分にヒーリングを施すこと。そしてヒーリング状態を維持したまま深いリラックス状態から出ること、である。

静かな音楽を流す。耳に聞こえる指示に従って触感と視覚イメージを働かせると、非常に深いリラックス状態に入ることができる。基本的に触感的なタイプの人なら（つまり筋感覚や手触りを通してものごとを経験する質（たち）なら）、肉体感覚に訴える言葉によく反応するだろう。たとえば、羽根ぶとんに横になっているとか、ボートの上で優しく揺られているなど。基本的に視覚的なタイプなら、美しい空、山、湖などを言いあらわす言葉によく反応するだろう。深いリラックス状態をもたらすには五感を全部使うのがベストである。

リラックス状態に入ると、調和したエネルギーの流れが体の中に創りだされ、ヒーリングが促進される。そうするとビジュアライゼーションの第二ステップに進むことができる。自己を愛し、自分のガーディアンエンジェル（守護天使、スピリチュアルガイド）からの助けに自分を開く段階である。

次の第三ステップでは、具体的に癒したいことをとりあげる。できるだけシンプルなものにし、意識を集中させて全身の完全な健康状態に向ける。あるいは特定の器官や細胞に向けてもよい。たとえば、人によっては白血球が不要な腫瘍細胞を食べてしまう様を思い浮かべたりする。ヒーリングエネルギーが体の不健康な部分へ流れ込んでゆくのを感じることができるだろう。大切なのは、この状態を、さしあたって必要なヒーリングが完了したと自分で感じるまで続けることだ。

ビジュアライゼーションの第四ステップは深いリラックス状態から出ることだが、ヒーリングはそのまま続けるようにする。リラックス状態からもどるのに充分な時間をかけ、その間「いつでも望む時にこのヒーリング状態にもどることができる」と自分に言いきかせよう。またビジュアライゼーションを終える際には「こうして始まったヒーリングはすべてのプロセスが完了するまで続く」と言いきかせよう。こうすれば、ヒーリングパワーを自己のエネルギーに毎日さらに流し込むことができる。

以上の基本に従って、好きな音楽、イメージ、身体感覚を用いて、自分のためのビジュアライゼーションをこしらえよう。以下は私が効果的だと感じるボディトラベルである。好きな静かな音楽をかけ、長椅子、ベッド、ふとんなどに横になり、ゆっくりと呼吸する。

ボディトラベル

心地よい場所に体をのばして、きつい服などをゆるめる。

体が静かに横になっているのを感じる。温かさとエネルギーが体のそれぞれの部分に流れてゆくのを感じる。足に注意を向けると、足は重く温かくなる。そこから順に体の上の方へと意識を移動させてゆく。それぞれの部分が重く、温かくなり、深くリラックスしてゆく。緊張が体から蜜のように床の上に流れ出るのを感じる。緊張は床にとろりと流れだし、地面に吸い込まれてゆく。大地深くに沈んでゆく。呼吸がしだいにゆっくりとして、心地よい健康なペースになる。こう繰り返し自分に言いきかせよう。「私の気持ちは穏やかで、どんな音も気にならない。私の気持ちは穏やかで、どんな音も気にならない」。

自分がとても小さな金の光になって、体のどこへでも入ってゆけると想像する。この小さな自分は左肩に入り、そこの緊張をすべてほぐす。自分にこう言いきかせよう。「左肩が重く温かい」。次に右肩に移る。小さな自分に、肩の緊張をほぐすような道具を与えよう。たとえばホースで水をかけたり、筆で撫でたりするのもよい。自分にこう言いきかせよう。「右肩が重く温かい。私の気持ちは穏やかで、どんな音も気にならない」。小さな自分は右腕にもどり、胸に移り、さらに体全体をまわって、それぞれの部分をいっそうリラックスさせてゆく。体が重く温かく感じられる。

時間をかけて、全身をまわろう。

これよりもさらに深くリラックスしたいなら、美しい花の咲いている草地を歩いているのを想像する。

花を見る。その美しい色と形を見て、香りを嗅ぎ、柔らかな花びらを感じとる。草地を歩きながら、そよ風が顔に当たる。自分の好きな果物の樹があるので、一つとって口にする。そよ風が草地を囲む木々の葉をそっとゆする。小鳥が歌っているのが聞こえる。見上げると美しい空とふんわりとした雲が見える。木陰の草の上に寝ころび、雲の形がかわってゆくのをみつめる。

自分自身を、自分の人生を、肉体を、心地よいものと感じる。自分を愛しく感じる。自己の全部、人格、精神、肉体のすべて、人生のあらゆる面を完全に愛することができるようになる。自己のさまざまな面、普段は嫌い拒んでいる部分さえも、優しく愛を込めて受け入れられる。ネガティブな部分をも愛を込めて受け入れ、それがその原初の神聖な形にもどってゆく様をビジュアライゼーションする。原初の形がどのようなものだったか知らなくてもよい。ネガティブな部分も、歪みが溶けてその本来の形を思いだすうちに、ゆっくりと自動的に原初の神聖な目的、真実、感情を現し始めるからだ。こうして自己の人生のより深い意味を認めることができるようになる。

自分に対する愛を感じる過程で体のすべての部分を愛し、痛みがあれば消してゆく。次に体の中で特に気になっている部分があれば、特別の愛をその部分に送って優しく受け入れてやる。次は不要な細胞や微生物をとり除く番だ。そのような細胞や微生物に対して「そこにいるのは不適切だから、どこかほかへ行ってほしい」と語りかけるか、あるいは積極的に戦いを仕掛けてもよい。どちらでも自分に合っていると感じる方を選ぶ。ホースできれいな水をかけてとり除きたい物をすべて流しさると想像してもよい。特定の器官の機能が低下あるいは昂進しているなら、バランスのとれた状態にもどるように語りかける。思う存分想像力を発揮して、楽しみながらやろう。

時間をかけて、病む部分をすべて巡回する。

体の各部分のヒーリングが終わったら、HEFの各レベルに順に移ってゆく。エネルギーと愛に満ちた受容をそれぞれのレベルにもたらす。レベルを上がってゆくのは、ラジオをチューニングしてより高い周波数の局に合わせてゆくようなものだ。あるいはエレベーターに乗ってもう一つ上の階で降りると想像してもよい。目盛りをちょっと高くセットすれば、上に行ける。

HEF第一レベル　肉体感覚のレベル。美しい青色のグリッド状の、細胞を統合しているエネルギーである。ここに意識を向けると、自分が肉体より少し大きく感じられる。というのはこのレベルは肉体より少し大きめに広がっているからだ。このレベルをより明るく輝かせたら、次にこのレベル上の七つのチャクラそれぞれに意識を向ける。

チャクラは次のような位置にある。一番目は股間つまり会陰部。二番目は恥骨のわずかに上で、体の前後にそれぞれある。三番目は太陽神経叢のあたり、肋骨のわずかに下で、やはり体の前と後ろにある。四番目は体の前では胸の中央、後ろでは肩甲骨の間に、五番目は喉の前後に、六番目は頭の前（額）と頭の後ろ（後頭部）に、七番目は頭頂にある。第一レベルではチャクラもすべて青い光の網状である。それぞれのチャクラを（体の外から見て）右まわりに回転させる。後ろのチャクラも、外から見ての右まわりである。それぞれのチャクラの位置に時計を想像して、その青い時計の針を回転させるとイメージしてもよい。

HEF第二レベル　感情のレベル。このレベルでは多彩色の雲がたくさん体のまわりを動いている。それが動くのを楽しみながらいっそう明るく輝かせ、自分自身への愛が流れるのを感じるようにする。このレベルではチャクラはそれぞれ色が違う。一番目は赤、二番目はオレンジ、三番目は黄色、四番目は緑、五番目は青、六番目は藍色、七番目は白だ。

HEF第三レベル　知性のレベル。明るくデリケートな黄色をしている。このレベルを強めるには、明晰さ、適切さ、統合性を感じるようにする。自己の境界はさらに大きくなり、少なくとも体のまわり十五センチのところまで広がっている。レベルを一つ上がるたびに、意識はより高い自己受容と自己理解の領域に入ってゆく。このレベルでもチャクラを右（時計）まわりに回転させる。チャクラはいずれもデリケートな明るい黄色である。

HEF第四レベル　このレベルに意識を移すと、ふたたび色が自分のまわりを流れるのを感じることができる。それぞれのレベルは体の内部を貫き、たがいに重なるようにして体の外に広がっていることを思いだそう。このレベルは第二レベルに比べていくぶん濃い感じがし、液体のようだ。このレベルではいっそうの愛を感じることができる。他者に対する愛を感じると、それが自分の中を流れるのを感じることができる。それぞれの色を強め、流動体のチャクラをそれぞれ右まわりに回転させる。チャクラの色はそれぞれ異なり、第二レベルの色に似ているが、それに薔薇色の光がかかっている。

ガーディアンエンジェルやスピリチュアルガイドに意識をつなげ、援助を求めよう。

こうした存在に助けを求めるのは、自己のより大きなスピリチュアルなつながりを通して得られる助けは、たいていの人が気づいているよりさらに大きなものだからだ。個人のガーディアンエンジェルが、ヒーラーの介在なしに患者にヒーリングを与えることも多くある。自分にもこのような援助が得られるのだと気づくことで、自分は支えられており一人で苦闘しなくてよいのだと感じることができるだろう。スピリチュアルガイドからの助けを借りて、さらに高いレベルに意識を上げる。

HEF第五レベル　まず自己の内にある神聖な意志を感じとり、そのテンプレートが自己のまわりと内部を貫いているのを感じる。このレベルはコバルトブルーの青写真のように見え、第一レベルのテンプレート（鋳型）となっている。これがどれほど自分を強め、形を与えてくれているかを感じる。このレベルは通常、最も馴染みにくいレベルだ。背景の空間がコバルトブルーの固体状で、通常固体であるはずの部分が空っぽの空間になっているからだ。このレベルでもそれぞれのチャクラを回転させる。チャクラは透明な空間に繊細な線で構成されている。

HEF第六レベル　ここまで上がってくると、スピリチュアルな陶酔感を感じ始める。自分がろうそくのまわりの眩い輝きのように感じられる。このオパール状の多彩色の光の流れを、いっそう強く輝かせる。自己の境界は少なくとも体のまわり六十センチに広がっている。それぞれのチャクラは色が異なり、第二レベルの色に準じるが、オパールの輝きを帯びている。

HEF第七レベル　最後の第七レベルは金色のグリッド状である。この精細な金色の光の糸の強さを感じよう。これは自分を金色の卵状に包み込んでいる。自分を守ってくれるこの金色の卵の外殻の強さを感じ、それをさらに強める。修復の必要な箇所にはエネルギーを送る。金色をしている各チャクラを右まわりに回転させ、その力強さを感じとる。このレベルでは自己の境界は肉体のまわりに九十センチ前後広がっている。このレベルの経験を楽しみ、自己の神聖な理性のやすらかさに包まれて憩う。この意識が広がってリラックスした状態に好きなだけとどまるとよい。自己ヒーリングにとてもよい。そうしたければ寝てもよい。

通常の意識にもどろう。

意識をもどすには以下の方法がやりやすい。まず「ゼロまで数え終わったら、はっきり目が覚め、意識は明晰で、自信に満ちていて、同時に深くリラックスした状態になる。私のヒーリングはなおも続いていく」と自分に言いきかせる。それから六、五、四と数えてゆく。一つ数えるたびに、この深いヒーリング状態にいつでもすぐもどれるのだと自分に言いきかせる。もう一度、「ゼロまで数え終わったら、はっきり目が覚める。意識は明晰で自信に満ち、同時に深くリラックスした状態になる」と繰り返す。最後はこう言う。「ゼロ！　私ははっきりと目が覚めている。意識は明晰で、私のヒーリングは続いている！」。

17章　「意図」と「ハラ次元」

人の行動はすべて、それを行なう瞬間の「意図」に基づいている。たとえば、ある一連の言葉には普通一定の意味があるが、伝え方によってはその意味をまったくかえてしまえる。人は言葉を感情のエネルギーで満たし、伝え方によって真の意図を伝達する。「愛している」と言う時、愛を込めて言うこともできれば、嫌悪や懇願を込めて、あるいは「実は嫌いだ」と伝える調子で言うこともできる。

このように人は言葉の伝え方によって、それを伝えた瞬間の意図を伝達する。「愛している」と愛を込めて言う時には、言葉は正確に思っていることを意味する。ところが嫌悪を込めて言う時には、嫌悪感を直接言葉にすることなく相手に気づかせることを意図する。懇願を込めて言う時には、真の意図は愛を伝えることではなくてなにかを受け取ることだ。偽りを込めて言う時には、相手を愛してないと伝えることを意図する。これ以外にも種々の意図があるだろう。

それぞれ言葉は同じでもそれに伴うエネルギーが異なっており、HEF（ヒューマンエネルギーフィールド）でも異なって見える。違っているのは、言葉の裏にある意図である。意図がHEFにエネルギーを創りだし、そうして実際のメッセージを伝える。その結果、意図された行為が達成される。つまりメッセージが伝えられる。

意図については、12章で「なぜできないかという言い訳」についてとりあげた時にすでに触れた。なぜできないかという言い訳を並べても望む結果を得ることはできない。なぜできないかという言い訳は異なった意図に基づいているからだ。それは本来の目的を達成するという意図ではなく、望んだことを達成できなかった言い訳をこしらえるという意図に基づいているからだ。なぜできないかという言い訳は本来の目的にまっすぐ向かっているふりをしてそれを覆い隠すが、実はまったく異なる目的に合わせている。このように、なぜできないかという言い訳を自分に許す時には、種々の意図が入り交じっている。

13章では人間関係で健全な契約を創りだすことについて述べ、人間関係においては目的が非常に混乱しがちであることをみた。そして人間関係における自己の意図を整理すると、強い力とトランスフォーメーション（変容）をもたらしうることもみた。

ヘヨアンからの世界の平和のために各自ができることについてのレクチャー（13章参照）は、個人の望みや欲求がさまざまな目的から生じていることを示した。望みや欲求のあるものは恐れを鎮めることを目的とし、あるものはより深いスピリチュアルな憧憬ないし高い欲求からくる。恐れを鎮める目的で行動する場合には、意図が錯綜していたり目的が矛盾していたりする。これは人生における自然な創造のプロセスを阻害し、人は望むものを創りだすことができない。人生において、健康やヒーリングを含めて望むものを創りだすのに困難が伴う場合、必ず意図が混乱していたり目的が交差していたりする。つまり、望むものを創りだすにはどうしても、混乱している意図をみわけてよりわける必要がある。自己の真の意図を明確にすれば、自分が本当に欲しいものと調和しないものを整理できる。人が本当に求めることは必ず、最も高いスピリチュアルな憧憬にまっすぐ向かっている。個人的望みや欲求がスピリチュアルな憧憬ないし高い欲求にまっすぐ向かっている時、人の目的はまっすぐに整合し、宇宙の創造原則は邪魔されずに働く。自己のスピリチュアルな欲求を満たしつつ、一歩一歩、スピリチュアルな視点からみた人生の最も大きな目的、人生の使命を果たすべく導かれてゆく。

ＨＥＦの観察とヒーリングを長年行なううちに、意図を変化させると、ＨＥＦのエネルギーバランスもバイオプラズマのストリーマーを流れるエネルギーの種類もまったくかえてしまえることがわかった。15章では数々の例を挙げて、人の用いる典型的なエネルギーレベルの防衛システムは裏にある意図によって影響を受けることを示した。しかし、ＨＥＦに生じる大きな変化は見ることができるのだが、意図そのものに対応する特定の要素をＨＥＦにみつけることはできなかった。

ヒーラーがヒーリングで「意図」に直接働きかけることはできないものかと私は思案した。意図はなぜ、どのように、このように劇的な変化をＨＥＦに起こす力を持っているのだろう。人間の意図はどのように機能するのだろう。ＨＳＰ（超感覚的知覚）やＨＥＦという視点からみて、どのような役割を健康やヒーリングにおいて果たすのだろう。意図はＨＥＦ中にあるのか、それ以外のところにあるのか。ＨＥＦのさらに奥深くに、まったく別の世界が、より深い次元が存在するのだろうか。ちょうどＨＥＦが肉体より奥の次元に存在するように。

こうした質問に対する答を得るのに、私は少々圧力を必要とした。私にその圧力を加えたのはヒーリングスクールの学生だった。そのおかげで、私は意図がどこに存在するか、なぜこれほどまでにＨＥＦを変化させる力があるのかをみつけた。ヘヨアンはさらに、ハラ次元において意図を用いて健康やヒーリングや日々の生活に直接働きかける方法を教えてくれた。

ＨＥＦより奥の次元へと私が導かれたのは、一九七八年のことだった。クラスである学生が「ハラ」

についてチャネリングしてほしいと頼んだ。私は戸惑った。マーシャルアーツ［訳注：拳法、空手、柔道、太極拳などの武術］を学んだことがないので、ハラについてほとんど知らなかったからだ。

著名な哲学者でサイコセラピストであるカールフリート・デュークハイムの本でそれについて読んだことはあった。デュークハイムは東洋を旅していた時にこれについて学んだ。「ハラ」は日本語で下腹部のことを指す。同時にその場所だけでなく、強さ、エネルギー、集中的な力がその部分にあることを意味する。ハラはスピリチュアルなパワーの中心である。数世紀にわたり東洋の武術家たちはマーシャルアーツを発達させてきたが、その鍛練の中心はパワーをハラに集中させ、鍛えることであった。ハラは闘う時に力を引きだす源である。下腹部のハラ部分に丹田と呼ばれる中心点がある。これは昔から体の中心と考えられてきた。丹田はハラのパワーの焦点となる。マーシャルアーツでは、すべての動きはここから発せられる。

デュークハイムの本で知っていたことに加えて、HSPを使って体の中の丹田を観察する機会もあった。ほとんどのアメリカ人では丹田はとても色が薄く、エネルギー不足である。しかしマーシャルアーツをしばらく鍛練した人では、とても明るい金色の球となる。実際、人によっては非常に強い金の光の線が頭から爪先まで通っていた。

何度も頼まれ、私はついにチャネリングすることにした。それが新しい冒険の始まりであった。それをこの章でとりあげる。ここで学ぶことは各個人のヒーリングプランにとってもとても重要である。というのは、ハラという概念はヒーリングを本来の位置、すなわち人間の進化におけるパワフルな創造行為にもどすことができるからだ。以下はヘヨアンがハラについて語ったことだ。

「ハラはHEFより深い次元に存在しています。これは意図のレベルにある、肉体における力の領域であり、丹田もハラに存在します。ハラは母なる大地から肉体を形成する、いわば一つの『音』です。この音によって肉体は物質として形を保っているのです。この音なしには肉体を保つことはできません。音をかえると、肉体全体が変化します。肉体はゼラチンのようなものであって、この音によって形を維持できます。この音は地球の中心部が響かせる音でもあるのです」。

私はよろめくほどの衝撃を受けた。「ああ、いったいこんどはなにを言ってしまったのだろう」というつものリアクションから回復すると、私はこの新しい情報をどう応用できるのか模索し始めた。この音が肉体を物質次元に保っているのなら、それに直接ヒーリングを施せばきわめてパワフルなはずだ。肉体がゼラチンのようなものだという考えは、肉体を変化させるには何年もかかるという一般的なものよりずっと魅力的だ。このゼラチンのような肉体という概念をヒーリングで行なうビジュアライゼーション（イメージ化）に使うというアイディアがすぐ出てきた。

その後のいくつかのチャネリングでヘヨアンは、ハラレベルには意図が存在することやハラレベルはHEFが形成される土台であることを説明した。これをさらによく理解するために、物質世界とエネルギーフィールドの世界の関係を思いだそう。

物質世界は三次元に存在し、物理法則に従って機能する。人の物理的な肉体は人格に影響を受けるが、人の心の一刻一刻の変化に対する肉体のリアクションが出てくるまでにはたいてい時間がかかるもので、時には数十年かかる。

目で見ることのできる物質世界と、HSPで見ることのできるエネルギーフィールドの世界には大きな違いがある。意識を物質世界からエネルギーフィールドに移すには、より深い、私が四次元と信じている次元に飛躍しなければならない。私はエネルギーフィールドは四次元に存在すると考える。エネルギーフィールドはバイオプラズマと光の物理法則に従って行動する。エネルギーレベルでは、時間は物質世界とはおおいに異なる。現在にいることもできれば、多くの人がタイムライン（時間線）と呼ぶものに沿って移動し、過去の経験に、それが今起きているかのように入ってゆくこともできる。HEFは肉体より人格のさらに深くにある次元に存在する。HEFは人格内で瞬間瞬間に起きていることに対してリアクションを示す。このリアクションははっきりと、即座に起こる。あらゆる考え、感情、その他の経験は、即座にHEFに、エネルギー意識体の形や色の動きとして現れる。

人がどのようにエネルギーと意識を経験するのかは、エネルギー次元と物質次元とで異なる。エネルギーと意識は物質レベルでは二つの異なったものに見えるが、エネルギーレベルでは二つに分けることができない。そのエネルギー意識体を人間がどのように経験するかは、その周波数すなわちパルスのレベルによる。2章で説明したように、人は意識をHEFのあるレベルから別のレベルに移すことができ、したがって人間としての意識の異なるアスペクト（面）を経験できる。しかしHEFの中で、あるレベルのエネルギー意識体と人間が経験することから別のレベルのものに移っても、あいかわらず四次元にとどまっている。

ところが、HEFの次元からハラ次元と意図に移るには、飛躍的跳躍をしなければならない。意図は、HEFよりさらに深く、人間存在のより基本的な次元に存在する。ハラ次元が第五次元に相当するかどうかは、私にはわからない。それを決定するには充分なリサーチが必要なので、現時点では予想しないことにする。

私が「ハラライン」と呼ぶものは、自己の意図に合わせてはっきりとかつ即座に変化する。HEFが思考や感情に対応して即座にはっきりと変化を示すように、意図の変化はハララインの位置および整合状態の変化に対応している。

図17―1（巻頭カラーページ）は、健康な人間の整合されているハラライン（を示す。三つの主要なポイントがあり、私がハラインと呼ぶレーザー状の線でつながれている。ハラインの起点は肉体の頭の一メートルほど上で、ここに私がIDポイント（個人化のポイント）と呼ぶものがある。これは非常に小さな漏斗のように見え、直径が五ミリほどの大きい方の口が頭に向いている。IDポイントはその個人が「無」ないし未顕現の神から最初に別れて個人化した点を示しており、人はこれを通して内なる神と直接結びつく。

ハララインはそこから、胸の上部、私がソウルシート（魂の座）と呼ぶポイントにつながる。これは時に「高いハート」と呼ばれてチャクラと混乱されるが、チャクラではない。ソウルシートはあらゆる方向に広がる柔らかな光の光源のように見える。通常、直径二・五ないし五センチほどだが、メディテーション中には四、五メートルにも広がることがある。人はここに人生を通して人を導くスピリチュアルな憧憬を抱いている。自分が「なりたい」、「やりたい」と望むあらゆることが、人生の瞬間瞬間における最も小さなことから、人生全体にわたる最も大きなものまで、ここにみつかる。

ハララインはそこからさらに、下腹部にある丹田につながっている。丹田はへその二・五ないし三センチほど下にある。直径は二・五ないし三センチで、大きさはかわることがない。中空のゴムボールのように見え、「膜」で覆われている。ヘヨアンが言うように、丹田が出す音の響きこそ物質世界に肉体を保持する特定の音であり、地球の熱く溶解したコア（核）のたてる響きに調和している。ヒーラーはこのポイントから大地の力の源にアクセスし、大量のヒーリングエネルギーを汲み上げることができる。

音こそが物質世界で形を保持する要素であるという概念は9章でとりあげた。丹田の場合、その特定の音は通常の聴覚で聞きとることの可能な単なる音以上のものであり、HSPの知覚範囲にある。本当はそれ以上の意味があると私は考えているのだが、それがなんであるのかまだわかっていない。私がこれまでに聞いたことのある普通の可聴音域の中で最も近いものは、ある空手の師範が手刀でレンガをかるがるとまっぷたつに割った時にたてた掛け声だった。

ハララインは、丹田からさらに地球のコアの中心へとのびている。そこで人は地球に、そして地球の中心部が響かせる音に結びつく。ここでいう音は単なる音ではなく、おそらく脈動する生命の源自体だ。地球の核にハラインを通して結びつくことで、ヒーラーは自己のフィールドのパルスを地球の磁場と同調させ、地球のフィールドからエネルギーを引きだすことができる。

健康なハラインは体の中心を通ってまっすぐにのびる。形がよく、エネルギーに溢れていて、大地のコアにしっかりと根づいている。ライン上の三つのポイントもそれぞれバランスがとれて形もよく、レーザー状のラインでたがいにしっかりと結ばれている。図17―1に示したようなハララインを持っている人は健康で、自己の目的をしっかりと把握しており、自らの人生の使命にまっすぐに向かっている。この線がしっかり保たれていれば、ホログラフィーのような仕組みで、そのような人はこの瞬間にもその人の一生のあらゆる瞬間にもそのような状態にある。今手掛けている小さな仕事に完全に打ち込むと同時に、それをとりまくさらに大きな仕事にも関わることができる。そしてやるべき仕事をやるべき時に成し遂げられる。それが時間全体と使命全体にいかに結びついているかを知っているからだ。

ハララインが整合されていると、人生および宇宙全体とシンクロナイズしている。ハラレベルが健康だと、普遍的な目的とシンクロナイズできているので、自己の統合性、力、目的を感じることができる。そういう時には毎日がすばらしい。あらゆるものが本来あるべき形でスムーズに流れてゆく。

自己のハラに整合しているという感じは、人をとても自由にする。この状態では「敵」は存在しない。二人の人間がそれぞれのハララインを普遍的な目的に整合させれば、二人も自動的にたがいに整合する。したがって二人の目的もシンクロナイズしてぴったり合う。また二人の目的はホログラフィーのような仕組みでつながる。各瞬間の目的はそれぞれ、あらゆる目の前の目的およびすべての長期的な目的に結びつく。

一方、敵対する人どうしはたがいのハララインをどうしても整合させられない。というのは、ハラインを整合させるためには普遍的な目的に整合していなくてはならず、その状態では「敵」は存在しないからだ。自己のハラインを整合させている人は誰でも、整合したハラインを持つほかの人間と自然にぴったり息が合う。

したがって、ハラインがどの程度整合されているのかは、その人がどの程度自己の目的と軌を一にしポジティブな意図の中にいるかに正確に比例する。またハラインが整合していない程度に応じて、その人はネガティブな意図の中にいる。このように単純明快だ。

問題は、自分のハラインが整合しているかどうかがどうしたらわかるかということだ。HSPが発達していれば、それを使ってハラレベルを見て、形がよいかどうか、整合しているかどうか、チャージされているかどうか、バランスがとれてうまく機能しているかどうか見ることができる。HSPが発達していなければ、ハラインの整合している人は誰が正しく誰が間違っているかという議論はしないということを目安にする。ハラインが整合している人からみれば、議論したり戦ったりするべき敵は存在しない。

他人と議論しているのに気づいたら、自分のハラインは整合していないと気づこう。相手も負けずに議論してくるようならば、やはりその相手も整合していない。ただしこれは、ハラインの整合している人は単に「あなたが正しい」とだけ言って立ち去るということではない。そうではなく、このような人にとっては議論をしたり異議をとなえたりしなければならないことが、単に存在しないのだ。自分が議論をしているのに気づいたら、まず自己の内に意識を向け、ハラインを整えよう。

「正しいか間違っているか」という議論をする人は、自己の内に矛盾する目的を抱えている。すなわち、一部は正しい線上にあるが、別の部分はそうでない。これがハララインにも現れる。1章で触れた「ハイアーセルフ（高い自己）、ロウアーセルフ（低い自己）、仮面」の概念を使えば、精神のある部分はハイアーセルフの、別の部分はロウアーセルフの視点に拠って、また別の部分は仮面の自己の視点に拠ってというように、ばらばらに機能している。人はこのような状態にあるのが普通で、ハイアーセルフだけから、すなわち完全に整合されたハララインから行動するということはあまりない。

自己の中でこうして自己どうしが反目しあっていると、対外的には他人との議論という形で現れる。矛盾する目的を持っている場合も、なにかを創りだしたり達成することが難しいという形で外に現れる。するとなにかを先のばしにしたり、いいかげんな仕事ぶりになったりすることになる。また同じ目的のためにいっしょに働いている人たちの間に誤解、混乱、競争、約束違反が生じる。

たとえば社員全員の目的が、できる限り質の高い仕事を期限内に最適な方法で完遂することだとすれば、それはおそらく達成される。しかし社員の中に一人、上役の仕事を奪おうという目的を持つ者がいたら、そのネガティブな意図が仕事の質をかえる。その結果、意図しなくとも上役の足元をすくうことになる。

健康とヒーリングにハラはどうかかわるか

健康とヒーリングにおいても、自己の目的から逸れずにいるかどうかは外に反映するという原則はやはりあてはまる。どれほどその目的から逸れずにいるかに正確に比例して、人間に可能な範囲で、健康を回復あるいは維持できる。

ハラインやライン上の各ポイントの歪みは、人類の非常な苦痛を描きだしている。人類は自らが感じているこの痛みを理解できない。ハラレベルの機能不全は意図と人生の使命に関連している。多くの人が、自分にとって真実の世界を創りだすのは自分自身であるということを知らず、ましてや理解していない。人生の目的あるいは使命という考えも理解できない。自己の意図が人生に大きな影響を与えることも理解できない。このような人は、意図の変化がHEFと創造エネルギーの流れにもたらす、微妙だがパワフルな変化にも気づかない。

重い病気あるいは長期にわたる病気ではつねに、ハラインの機能不全が明らかに見られる。訓練されたヒーラーはハラインに直接ヒーリングを施すことができる。すると、患者の意図の中のより深い問題、すなわち今この瞬間における自己の目的と人生の使命に影響を与える。これが実際のヒーリングセッションではどのようなことを意味するかという例を挙げる前に、まずハラインとそのポイントに起こりうる異常について挙げておこう。

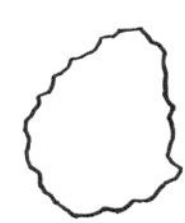

図17-2　丹田の異常

丹田の機能不全

丹田の機能不全にはいくつかのパターンがある。位置がずれて、前すぎるか後ろすぎたり、右か左に寄ったりしていることがある。形が歪んでいることもある。丹田を包んでいる膜が裂けたり、半分引き裂かれていたり、さらにひどい状態になっている場合もある（図17—2）。

丹田の機能不全の結果としてよく現れるのは、慢性の腰痛である。丹田が前に片寄っていると、下腹部が後ろに引かれる。このような患者は、人生において自分にとって適切であるより速いペースで前に進もうとしている。丹田が後ろに寄っていると下腹部は前に押しだされ、このような患者は自己の人生の使命からあとじさりしている。いずれも肉体レベルでは腰痛として現れる。

丹田は肉体を物質世界に保つ特定の音、あるいは響きが存在する場所なので、それが裂けたり引き裂かれたりするとその音が外れ、肉体と精神が非常なダメージを受ける。このような状態になった人が、数時間ヒステリー状態に陥ったままだった例を私はみている。あるいは体が極度に弱まり、何年も健康を回復できない。このような状態で足が萎縮し始めた例もみている。

このような場合、どのような治療や運動をしても、損傷を受けた丹田が修復されなければなんの役にも立たない。したがってヒーリングは丹田を正常にもどすものでなくてはならない。そのためには、丹田を修復し、ハラライン上の適切な位置にもどし、ハラインを通して大地につなげ、チャージする。ハラヒーリングができるほど高度のヒーラーならこれを直接患者に行なえるのはもちろん、遠隔ヒーリングで行なうこともできる。

自分の丹田を癒すなら、優秀な教師の下でマーシャルアーツを学ぶのもよい。丹田の鍛錬は効果的だ。マーシャルアーツは優秀な教師から学んで正しく行なうことが大切である。さもないとヒーリングの効果は出てこない。

丹田が修復されれば、肉体の運動によってハラインの整合性を効果的に維持できる。運動をするなら、肉体をはっきりと意識することに意図を集中させて行なう。

ソウルシートの機能不全

ソウルシートの機能は暗いエネルギーの雲で覆われると損なわれてしまう（図17―3参照）。こうなると、人生で今、あるいは将来、やりたいことを感じる力がなくなる。人生でやりたいことというものをまるで感じない。このような人は通常、胸を引き気味にして、「諦めてる」、「どうでもいい」、「人生は退屈で無意味だ」といった態度を示している。深い悲しみを抱いているのだ。

ヒーラーがこの暗いエネルギーの雲を浄化し、ソウルシートの光を強めて広げ、まわりに流れるようにすると、患者の示すリアクションには通常二通りある。一つは、突然生まれかわったような気がして、自己のスピリチュアルな憧憬に気づき、それに従って人生を新しく創り直し始めるというもの。もう一つは、やりたいことをしてこなかったために人生の時間を無駄にしたと嘆き悲しむ状態に入るというものだ。しばらく嘆き悲しんでいるが、このような人にとってもやがて人生が新しい意味を持ち始める。生に対して新たに愛しさを感じるようになり、自分が人生でできることを考えて大きな興奮に包まれ始める。

多くの人が、愛する人を喪ったあとに、暗いエネルギーの覆いをソウルシートのまわりに創りだす。これは喪失の感情を麻痺させる働きがある。しかしまた、嘆き悲しむ感情が自然に流れるのも止めてし

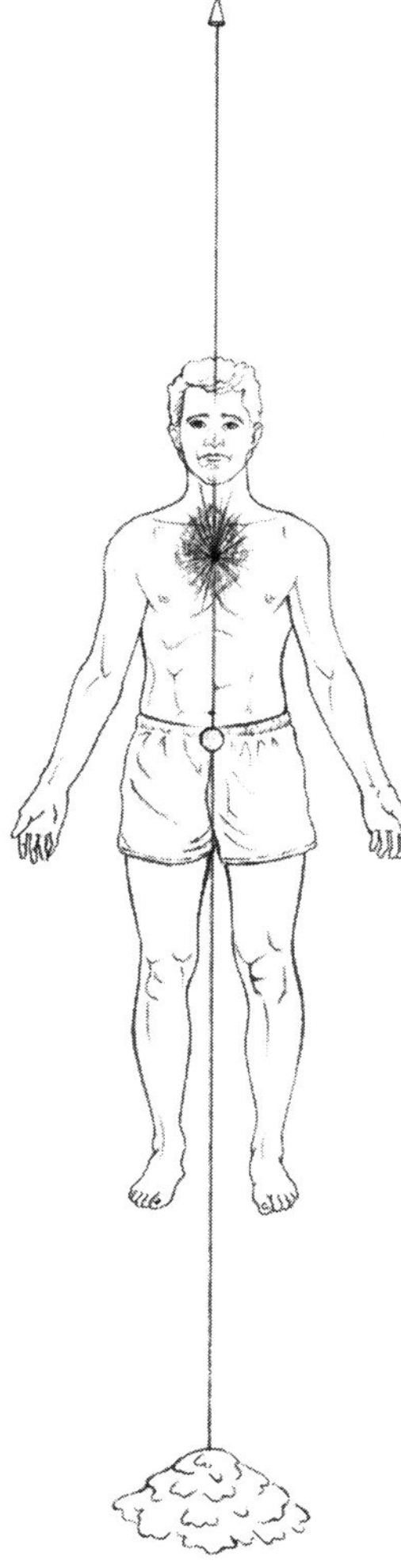

図17-3　暗く覆われたソウルシート

まう。たとえば、ある夫婦が共通の大きな計画を持っていたのにそれが完成されずに終わった場合、残された方は、その計画をそのまま進めることが死んだ人への忠誠だと考える。不幸なことに、すべて計画というものは「生きた」ものであり、つねに変化し展開し続けるものであるから、うまくはゆかない。残された配偶者は嘆き悲しむ感情をブロックしているために、計画を生きた形で変更することができない。嘆き悲しむのを拒むことで計画の中のあらゆる生命力を凍らせてしまう。そしてしばらくたつと、計画はそれ以上進まなくなる。残された配偶者はその計画を残すことだけに夢中になるので、博物館の仕事のようになってしまう。

これを癒す唯一の方法は、愛する人をなくしたことを嘆き悲しむことである。そうすることで計画は凍りついた状態から解かれ、ふたたび展開し始める。これはどの時点で行なってもよい。それによってほかの人々がその計画に加わることが可能になり、新しい人生と友人や伴侶がもたらされる。どのようなことにも遅すぎるということはない。こうして計画はやがて達成されるが、以前考えられていたのとは異なる形になるだろう。というのは、異なる道具や人々がその達成に加わるようになるからだ。

IDポイントの機能不全

頭の上方にある漏斗形のIDポイントは、形がゆがんだりエネルギーが詰まったりすることがある(図17―4参照)。これが起こると人はIDポイントから切り離される。すると人生に対して皮肉な態度をとるようになる。神を理解することも「神を知る」こともないからだ。このような人はおそらく、神を信じるような人間はよほどおめでたくて、人生について幻想を抱いていると考える。組織宗教も人間を支配する方法でしかなくなるが、それはこうした人にとっては存在しない神というものを定義しているからだ。このような人は個人的に神を経験したことがないので、神についての記述や定義を比べたり確認したりすることができない。無神論者か不可知論者かもしれない。そしてM―1形而上学を受け入れ、神の存在についての問題を無視する。

ヒーラーがこのポイントを浄化してふたたびつなげると、患者は子供時代に実際に神に結びついていた頃の記憶をとりもどし始める。また、神との新しい結びつきを、組織宗教のように他人の手による神の定義や規則に従うのではなく、個人的な経験を通して発達させ始める。

ハラインとライン上の各ポイントの機能不全

私の視点からみれば、理想的な状態のハララインを持った人はほとんどいない。ハララインをいつでもまっすぐに整えておける人間には会ったことがない。ほとんどの人は、全然整合させていない。一部の人は一日の三割程度、整合させている。ごくまれに一日の半分以上、整合状態に保つことができる人がいる。何年も鍛練を積んだマーシャルアーツの達人たちはほとんどの人が、ラインのうち丹田と地球

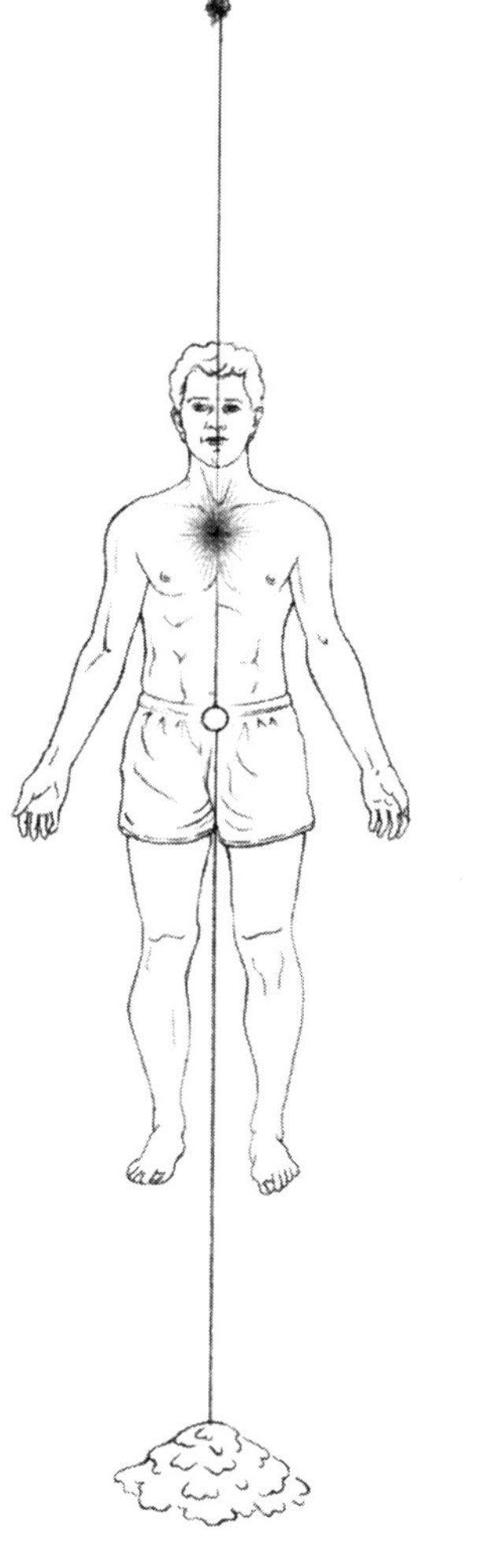

図17-4 ブロックされたIDポイント

がつながる部分を保つことはできる。一部は丹田とソウルシートの間のラインをまっすぐ保つこともできる。しかしそれから上の部分を保つ方法は知らない。ハラライン全体がまっすぐにつながった状態を長時間保つには、何年もの訓練が必要だ。

むしろほとんどの人はハララインが常時まっすぐつながっていない状態にあり、そのために非常に苦しんでいる。ハラレベルで歪みが生じていると、ハララインと各ポイントがずれていたり、各ポイント間、あるいは大地との間が切れていたりする。図17―5は、アメリカ人に最もよく見られる歪みの例を示している。すなわち、次のようになっている。

- 丹田が中央より右に寄っているために、過度に攻撃的な傾向がある（体の右側のエネルギーは一般に男性的／攻撃的である）。
- ハララインが大地につながっていないため、ポジティブな形で活用すれば役に立つ攻撃性を支える土台がない。このような人は危険であり、理不尽に攻撃的であるかもしれないが、同時に真の力を欠いている。また他者とともに「地に在る」という結びつきも欠いているため、地球上のほかの住人と関係を結ぶのが難しい。
- 丹田がソウルシートにつながっておらず、肉体的存在としての自己が、人生を通して導いてくれるはずのスピリチュアルな憧憬と結びついていない。したがって自分の生まれた目的がわからず、感じられず、もちろんそれを達成できない。
- ハララインがＩＤポイント、すなわち各個人の内なる神につながっておらず、スピリチュアルな事物や宗教と個人として結びついたという経験がない。

このような歪みのせいで、多くの人が大地や地上の生命や神や自己の目的やまた自分自身からも切り離されている。これは感情レベルとスピリチュアルレベルの両方に非常な痛みをもたらす。自分がなぜここにいるのかわからず、人生に目的があることも信じられない。そして地上にいることが非常に心地悪い。つまり「人生はくだらない、そして最後には死ぬだけ」。しかし、これもまたハラヒーリングによって癒すことができる。

アメリカ以外の国の人々のハララインはまた異なっている。異なる文化圏ではハララインは異なる歪み方をする。同じ文化圏の人々はハララインの歪み方が似ており、したがって似たような形で苦しむ。残念ながら、世界中の異なる文化について違いを観察するだけの充分な時間や機会にはまだ恵まれていない。しかしヘヨアンは、これが多数の国際紛争の原因であり、ハラレベルを癒すことを人類が学んでゆけば地上の人々の間に平和が生まれるだろうと言っている。

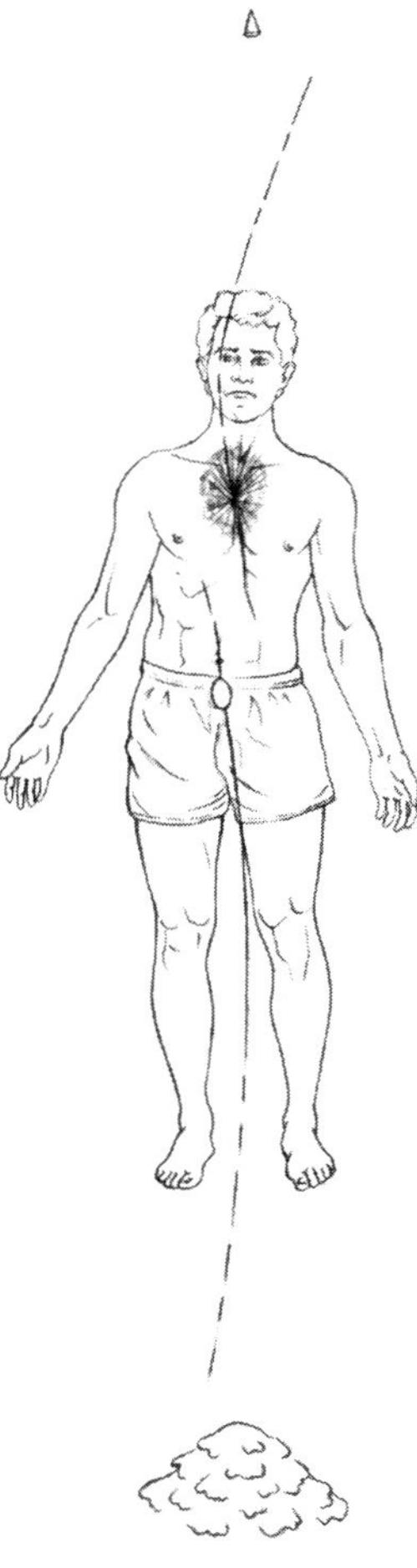

図17-5　ハララインの歪み

ヒーラーがハラレベルの状態を確認すれば、ヒーリングを行なって、図17―1のように整合していてバランスもとれ、チャージされている健康な状態に回復させることができる。そうすると患者はしっかりと自己の人生で歩むべき道にもどり、普通、短期間のうちに人生が大きく変化する。本来歩むべき道にもどってゆけば、まわりの環境の中でその道程と調和しないものは変化するか抜け落ちてゆく。それには所有物、仕事、住む場所、友人や恋人、配偶者なども含まれる。

ハラヒーリングは高度のヒーリング技術であり、非常な訓練と練習を必要とする。患者のハラインを修復するには、ヒーラーは自己のハララインをまっすぐに保ち、三つのポイントを正しい位置に保ち、かつ大地にしっかりとグラウンディングしていなくてはならない。これができていないでハラヒーリングをすると、患者が病気になったり、混乱状態に陥ったりする。私はこの技術を、まだ修得する準備のできていないヒーラーに教えることを許されていない。つまり、ヒーラーは自己のハララインを一時間ゆるぎなく保つことができなければならない。もし少しでもずれたら、一分以内に元の状態を回復できること。そのためには数年間練習する必要がある。

ハラヒーリングの結果どのようなことが起こるのかを示すよい例として、あるプロのミュージシャンのケースを挙げよう。ここでは彼をトマスと呼ぶ。彼のＨＥＦ（ヒューマンエネルギーフィールド）は非常に暗く、濃密で低いパルスのエネルギーが停滞していた。ＨＥＦの状態から、何年も鬱状態であるのがわかった。彼は怒りに満ちており、典型的なマゾキスト性格のタイプだった。したがって、もし私がＨＥＦに手を入れてそれを浄化したとしても、うまくはゆかなかっただろう。というのは、それこそまさしく彼の両親が彼にやったことであり、その結果そもそも問題が引き起こされたからだ（15章「マゾキスト性格の防衛システム」参照）。ハラレベルでは、彼の丹田は押し込まれて体の後ろに寄っており、ソウルシートとつながっていなかった。これは彼が自己の人生の使命を押さえ込み、しりごみしていることを示していた。また頭上のＩＤポイントにもつながっていなかった。

彼を解放する鍵は人生の使命に改めて従わせることだとわかったので、私はハラレベルのヒーリングのみに集中した。四、五回のセッションで続けてハラヒーリングを行ない、ハラインとライン上のすべてのポイントをまっすぐに整えた。この結果、ＨＥＦもまっすぐになって浄化されてゆくのを観察できた。ＨＥＦが浄化されることで鬱状態は去り、心理的な問題が意識の表面に上がってきたので、それに取り組むことができるようになった。彼はセラピーで直接こうした問題に取り組んだ。

それから四年後、彼はその経験を以下のように語っている。

「ヒーリングの前は、とにかく生きること自体がとてもつらかったんです。鬱状態に陥るほどに。たくさんのことをひたすら隠して、目の前のことには本当は取り組みたくなかった。とても落ち込んでいました。ヒーリングに行った主な理由は、自分のエネルギーをとりもどすためでした。ヒーリングセッションのたびに、いろんな葛藤、ごたごた、変化が起きました。家族、父、母との問題にも、セラピーを通して取り組み始めたんです。人生や親に関する、まあありふれた問題だとか、すごい怒りとか。その直後に結婚が破綻し、おまけに仕事や経済上の問題がいっぺんに起こりました。

あまりにたくさん、苦闘、痛み、混乱、悲しみがあって、たどりついた結論は、自分がこの地上に生まれてきた目的はこれを全部解決することだ、というものでした。ものごとを単純にしておけるなら、これが自分がここに今生まれてきた理由だと思いだせれば、それでいいんだ、と。

そうして切り抜けることができたんです。体重は十キロほど減りました。三年前からすばらしい女性と恋愛中で、別れた妻やその家族とも関係は良好です。解決する必要のある問題はなにもなくなりました。もっとお金を稼ぐ方法を身につけるのに、コンピュータの学校に通い始めました。でも今でもプロのミュージシャンだし、演奏もすれば学生にも教えています。

ヒーリングから受け取ったものの中でいちばん重要でなによりも記憶に残っているのは、自分のエネルギーの中にしっかりといるという感じです。今では自分のエネルギーを保つことができるし、自分のためにする必要があると感じることを実行することができます。もっと音楽を教えたいし、もっと音楽を通して自分を表現したい。自分の中にある音楽を、それにジャズとかニューエイジだとかレッテルを貼らずに、表現したい。自分の中にあるものを引きだしたい。それが今取り組んでいることです」。

自分の人生の目的に向かって

ハラレベルをまっすぐに整えることとは、自己を人生の目的にぴったり合わせるようにすることだ。以下のエクササイズは自己のハラインをまっすぐにし、ハラインやこのライン上のポイントに歪みがあればそれを癒すのを助ける。自己のより大きな目的に自分を向かわせる。これを毎朝練習して自己ヒーリングを行ない、そのたびごとになにを達成したいかを決意するとよい。その結果にきっと驚かされるだろう。ハラインを整合させることに慣れれば、常時使うようになる。それによって、より大きな人生の使命にまっすぐ向かいながら、目の前のどんな小さな仕事にも取り組めるようになる。これは自己ヒーリングという仕事にも応用可能である。

自己の意志を人生の目的に合わせるエクササイズ

体の中心線上、へそから二・五から三・五センチ下の位置にエネルギーの球を思い浮かべる。このポイントがあるのは体の表面ではなく体の真ん中で、肉体の重心にあたる。これが丹田で、この音が肉体を物質次元に保持する。ハララインと丹田は普通金色をしているが、このエクササイズ中には丹田は赤くなる。

足を九十センチほど開いて立ち、図17―6のように膝を深く曲げる。足を外向きに開いて、膝はねじらないようにする。背骨をまっすぐのばす。頭頂の髪の毛をつまんで引っぱって頭のてっぺんのちょうど中心を感じるようにする。自分がその髪の毛で吊るされていると想像しよう。これで体は大地に対してまっすぐ垂直になる。

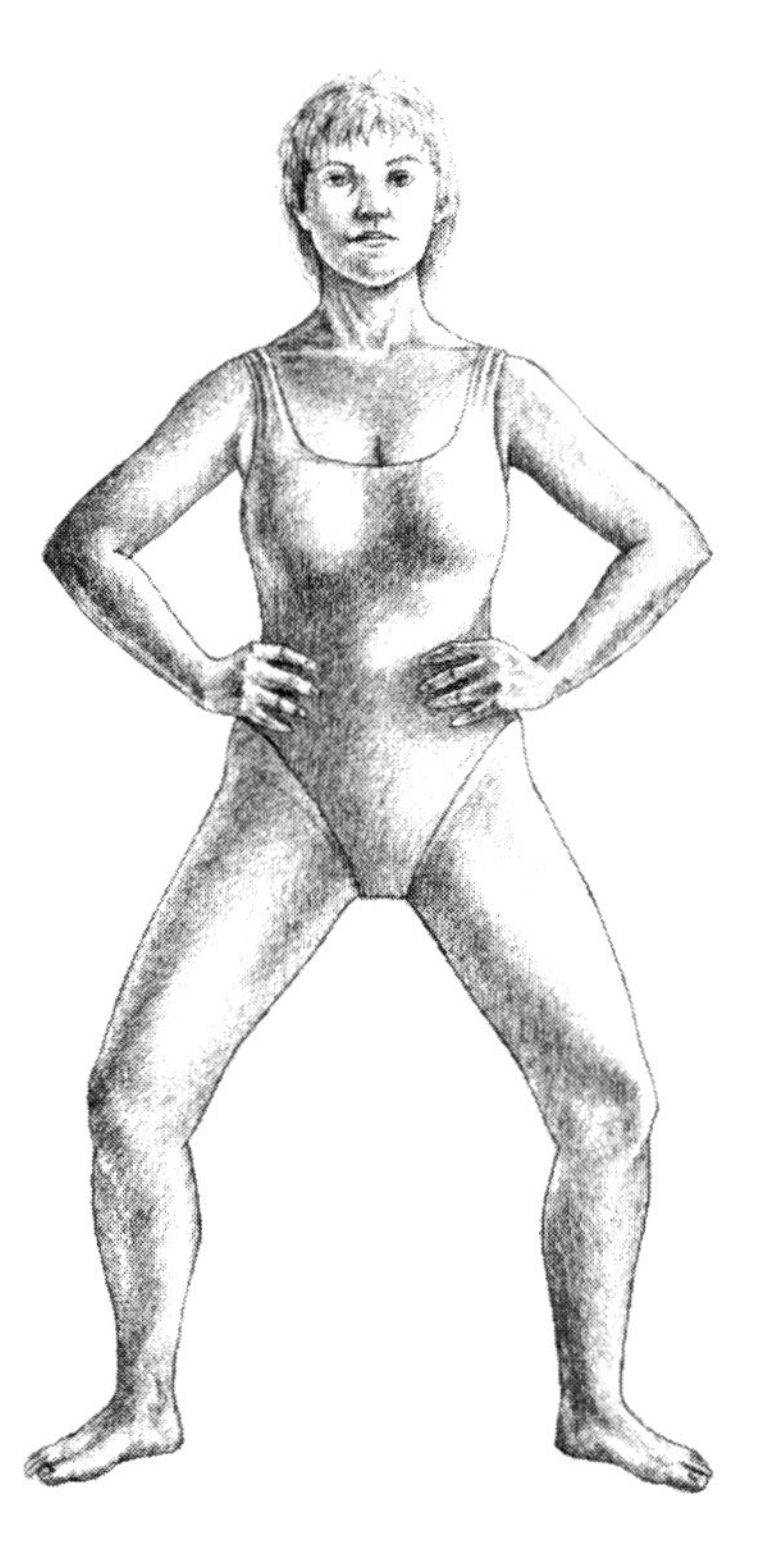

図17-6　ハラスタンス

図17－7のように両手の指先をそろえて丹田に向ける。丹田を体の中に感じ、それが熱くなるのを感じる。真っ赤に灼熱させよう。丹田とつながるとすぐ全身が温かくなる。温かくならなければ、まだつながっていない証拠だ。成功するまで練習しよう。成功したら、意識を地球の熱く溶けたコアに向ける。図17－8のように両手を丹田の前で三角に合わせ、指先を下に向ける。地球のコアと自分の丹田がつながっているのを感じる。この頃までには体が燃えるように熱くなり、汗が出始めるだろう。マーシャルアーツの達人の掛け声にも似た音が聞こえるかもしれない。ＨＳＰが開いていれば、丹田の赤い色が見える。また丹田と大地をつなぐレーザー状の線も見えるだろう。私はこれをハラレーザーラインと呼ぶ。見えなければ想像してみる。しかし見えるかどうかと丹田が機能しているかどうかは関係ない。

図17－9のように右手の指先を丹田に向けて当て、左手は手のひらを体の右側に、指先を下に向ける。左手は丹田の真上に置く。この姿勢を、姿勢が安定するまで保つ。

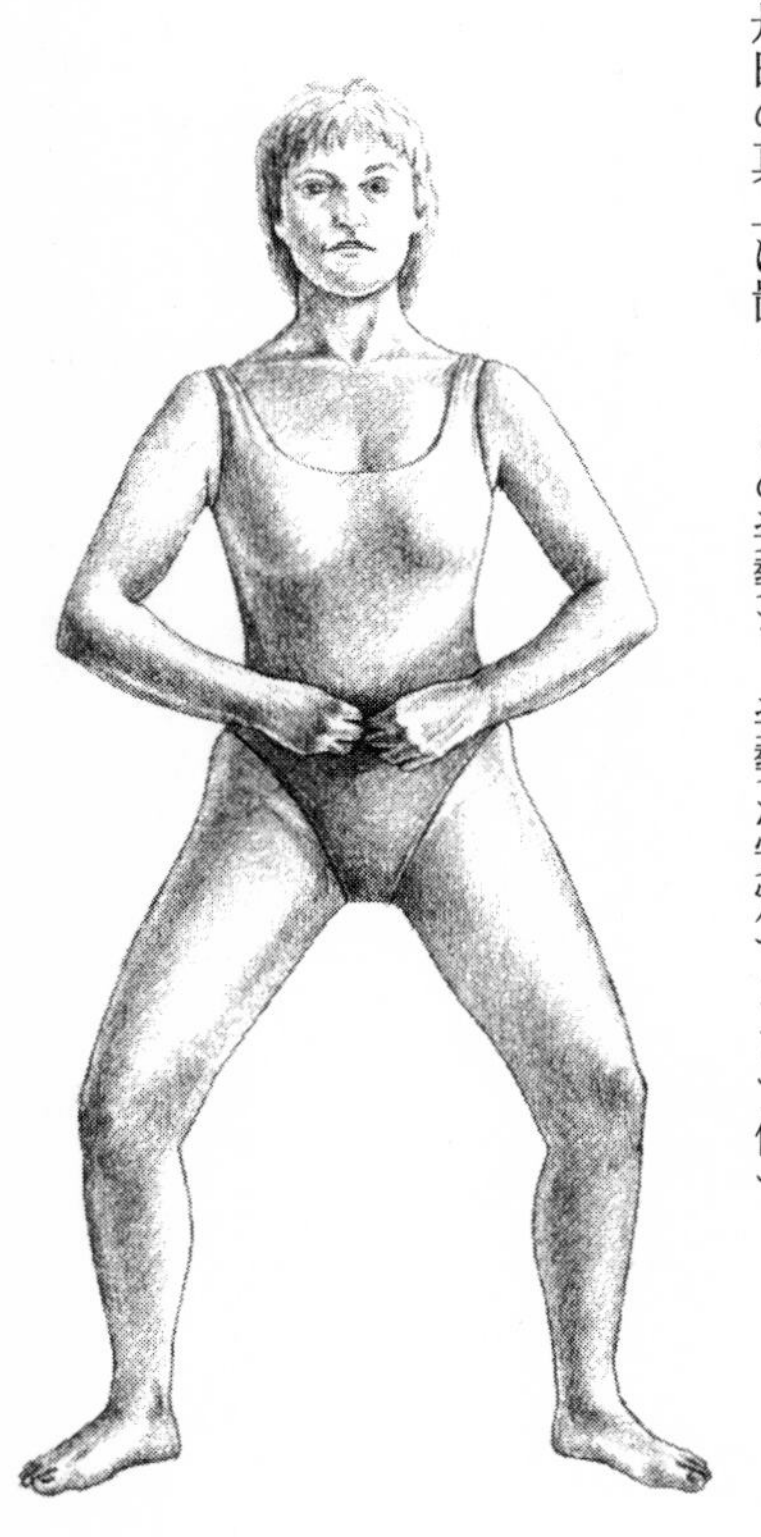

図17-7　指の先を丹田に向ける

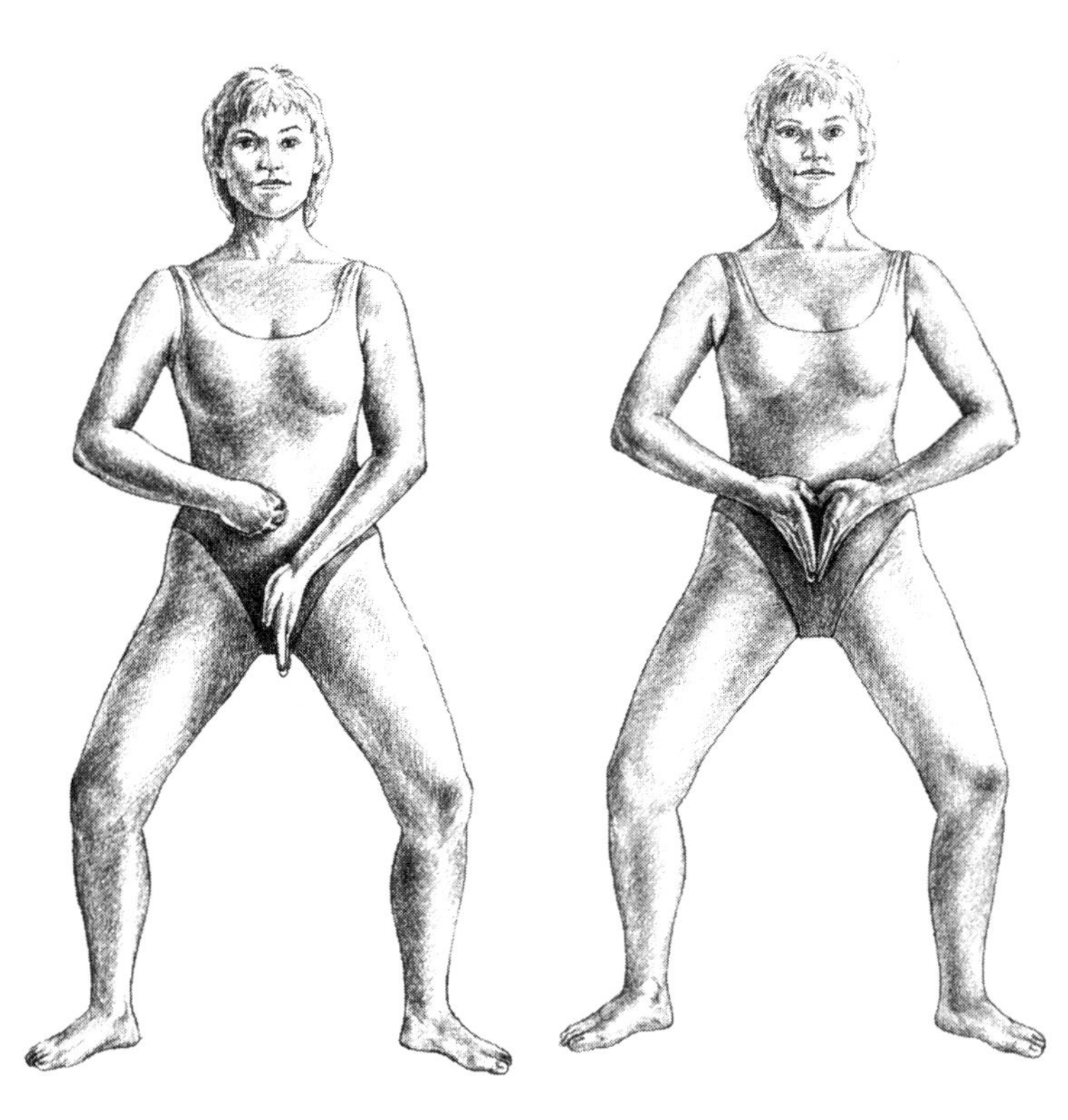

図17-9　右手の指先を丹田に向け、左手は指を下に向けて丹田の上に置く

図17-8　手でつくった三角形を下に向ける

次に意識を胸の上部の体の中心線上、首の付け根のへこみから十センチほど下に向ける。ここには柔らかな光の球がある。この光は人の魂の歌を、すなわち人が宇宙のシンフォニーに届けるその人だけの音を運ぶ。その人が自己の魂の生涯の目的を達成するよう一生導いてくれる憧憬を運ぶ。両手の指先を、図17—7で丹田にしたのと同様に、胸の中にあるこのソウルシートに向ける。

ソウルシートとつながったと感じると、胸の中で風船が膨らんでゆくような感じがするかもしれない。とても安心させられる甘いものが感じられる。この甘やかで神聖な憧憬が自己の内に安住しているのを感じよう。それがどのような憧憬かわからなくとも、感じることはできる。ろうそくのまわりの淡い光のようにも見え、青紫色をしている。この光を胸に広げよう。

次に図17—10のように右手の指先をソウルシートに当て、左手の指先を下に向けながら丹田の前に置く。まっすぐにのばした左手の手のひらを体の右側に向ける。ハララインがソウルシートから丹田を通り、大地の中心にのびているのを感じる。これを強くしっかりと感じることができたら、次のステップに移る。

左手はそのままにして、右手を頭の上に上げ、図17—11のように中指がIDポイントを指すようにする。IDポイントは頭上一メートルほどのところにある。ハララインが、ソウルシートから頭を通っているIDポイントにのびているのを感じる。IDポイントは漏斗の形をしており、広い方の口が下を向いている。小さい方の口は実際には小さな渦である。これは三つのポイントの中でも感じるのが最も難しいが、試してみよう。できるまでに少し時間がかかるかもしれない。この渦は神性な存在ないし「ありとあらゆる存在そのもの」から最初に個人化したポイントを示す。すなわち、人が神と一体の状態から別れて個人となる点である。ハララインをIDポイントに通すことができると、突然形のない状態に転じる。ハララインが渦を貫くと、コルクがびんから抜けるような音がHSPレベルで聞こえるかもしれな

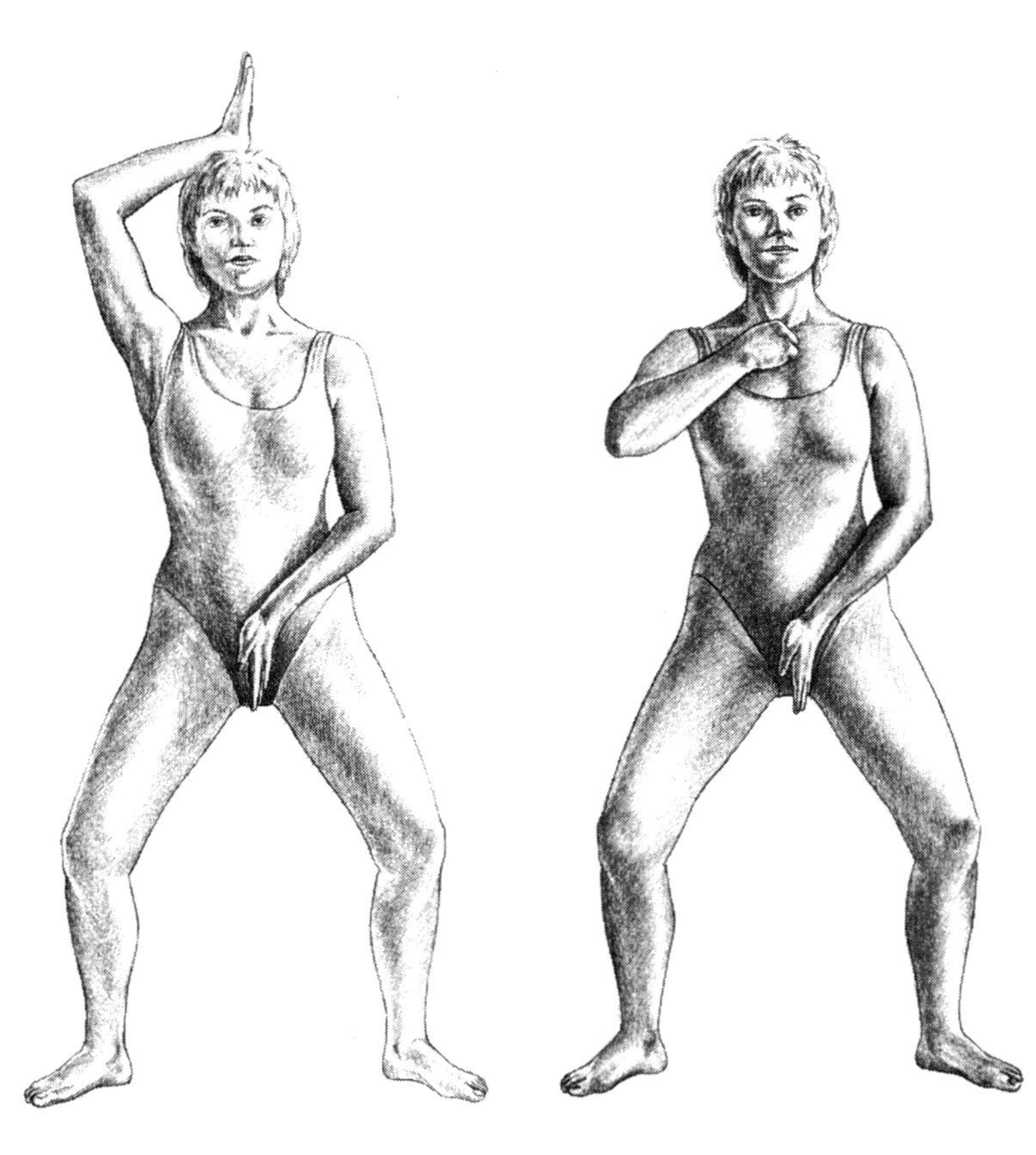

図17-11　右手をＩＤポイントに向け、左手は指を下に向けて丹田の上に置く

図17-10　右手は指の先をソウルシートに向け、左手は指を下に向けて丹田の上に置く

い。ただちに変化が感じられるはずだ。つながりが確保されるやいなや、数千倍のパワーが得られるからだ。突然自己の内面はなにもかもが静かになり、自分が力の掛け橋であるように感じる。これでハラ
ラインがまっすぐになった。

ハララインが安定するまで数分間待つ。それから図17―12のように右手を下げ、指が上を、手のひらが体の左側を向くようにしてソウルシート上に置く。左手は下を向けたまま、手のひらが体の右側を向くようにして丹田の上に置く。

ハララインと三つのポイントを感じとり、それを意図によってまっすぐにする［訳注：意図は意志とは違うことに注意。意志はHEFのレベルの機能である］。それがまっすぐで明るく強くなるように意図し、実際にそうなるまで意図を保ち続ける。体をまっすぐにし、自分が頭の中心の髪の毛でぶらさがっていると想像する。臀部をわずかに引き、膝を深く曲げ、足を九十センチほど離した状態で、膝を痛めない

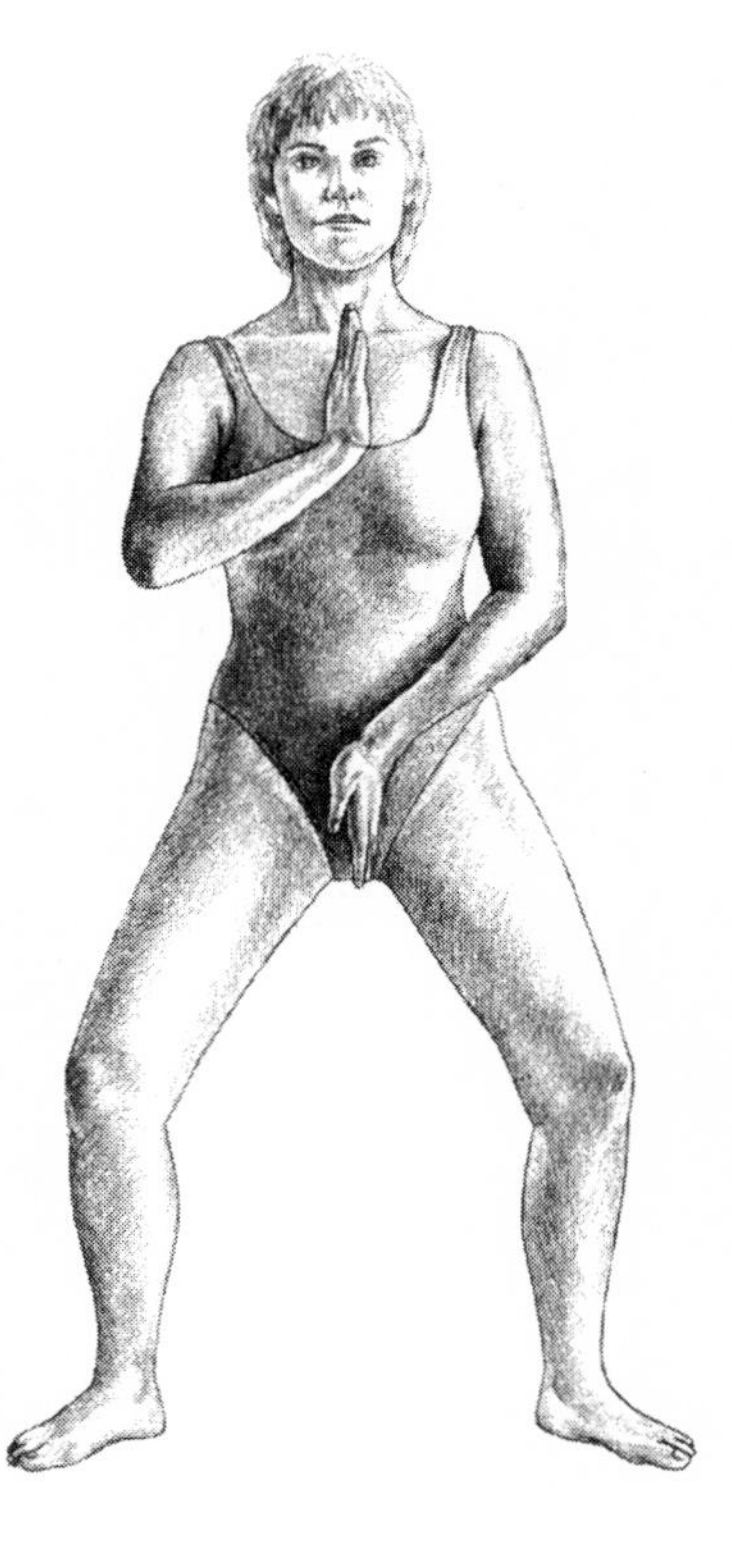

図17-12　右手は指を上に向けソウルシートの上に、左手は指を下に向け丹田の上に置く

ようにつま先を少し外に向けて立つ。ポイントがすべて強くしっかりとしてチャージされているかどうかを視覚、触覚、あるいは聴覚で確認する。弱い部分があれば、それがどこかを記憶にとどめる。ヒーリングの必要な部分なので、その部分により長く集中する。可能な限りハララインをまっすぐにし、ポイントを強める。

ＩＤポイント（神から別れて個人化の始まる点）、ソウルシート（魂の神聖な憧憬）、丹田（肉体を母なる大地から引きだす音）がまっすぐに並んでいる時、人は人生の目的にぴったり合っている。その目的がなにかは知らなくとも、この状態にとどまる限り、行動は自動的に目的とシンクロナイズしている。

集団のハラライン

ハララインを整合させるテクニックは、グループで使用して、その目的を整えるのに使うこともできる。ある個人があるグループに属する場合、その個人の真の目的は、ホログラフィー的にそのグループ全体の目的と結びついている。各メンバーがハラを整合させると、瞬間瞬間の個人の目的が自己および集団全体のより大きな目的に合っている状態に全員が入る。13章で触れたように、個々人の目的は、地球の進化に従ったより大きな計画の一部である。であるから全員がシンクロナイズしている状態となり、その集団は共時的に機能するようになる。そして先に説明したように、この枠組みの中では敵対関係は存在しえない。部屋中のエネルギーがシンクロナイズするのを感じることができる。部屋は、各自が今さしあたっての仕事に取り組もうとする力で満たされる。誰もが自分の役割を持っており、各部分の目的は全体の目的と結びついている。メンバーの意志をまずグループ内で正しい位置関係に調整しておくことで、グループがどれほどスムーズに機能するかは驚くほどだ。これが達成されると、そのグループの集団意志が生まれる。

ハラを整合させるテクニックはどのような組織にも応用できる。自分のヒーリングチームやリサーチグループ、政治的組織とかビジネス上の組織などに適用して、チームの目的を整えることができる。あらゆる場合に有効だが、特にビジネス交渉において効果がある。というのは、二元的視点ではなく統一的視点が導入されるからだ。誰もがハラを整えて普遍的目的との結びつきを保てば、誰かが勝って誰かが負けるという状況は存在せず、取り引きはスムーズなものになる。

かつてこのことについて、デンヴァー市の「誰もが得をする」会の朝食会で三十分スピーチを行なったことがある。この組織はビジネスや企業のトップの集まりで、「敵に勝つ」式ではなく「誰もが得をする」スタイルのビジネスをモットーとしていた。参加者にハラの整え方を教えると、ほんの数分で部屋のエネルギーは集団の目的にシンクロナイズしたものになった。この企業リーダーたちは、これまで私が教えた中で最も速くこのテクニックを学んだのだ。

組織で働く場合に、これを仕事を始める時のメディテーションとして使うことを勧める。組織内で意見の食い違いが起きたら、それはたがいのハラの正しい関係が失われた証拠だ。正しい関係をとりもどすためにこのメディテーションを繰り返そう。

一方、リーダーのハラが整合されていると、そのまわりにいるほかの全員がそれぞれの目的にシンクロナイズするのを助けることになる。私はこのことを自分のヒーリングスクールでいつも活用している。まず自分自身のハラを整え、次にいっしょに仕事をする教師たち、それからさらに人数の多いトレーニングプログラムに参加している実習生たちのハラの準備を整える。私はこれをグループハラの設定と呼ぶ。これを行なうには最初のステップが非常に重要だ。リーダーはまず自己のハラを整える。すなわち、先に挙げたハラを整えるメディテーションを自分で行なう。

私はリーダーとして、教師たちとのミーティングの前にまずこれを一人で行なう。次に教師たちがミーティングに集まった時、同じことをグループで行なう。これでチーム内の各個人の目的を、チームの目的にシンクロナイズさせる。次に教師チームが手伝いの実習生たちとミーティングする時、同じようにして、このさらに大きいチームの目的を整える。

次の日の朝早く、クラスの始まる前に、教室にいる全教師と実習生が再度この目的統一を行なう。この一つの目的に向かうエネルギーは次に、学生たちが入ってくる前に教室中に広げられる。学生が席についたら、私はもう一度このメディテーションを指導して全員のハララインを整えさせる。こうした過程を踏んでおくと、クラス期間中に解放される膨大な量のエネルギーを調節する助けとなる。

グループハララインが形をとってくると、パワー、力強さ、目的が教室内に築かれるのが感じられる。これは見ていて美しいものだ。それぞれの人のラインが大地につながりまっすぐになっていて、明るさを増してくる。そして部屋の中に蓄積されるパワーによって、自分のハラを整合させるのに手間どっている人も助けられる。そして教室中がシンクロナイズされると、全体の目的を描きだす大きなグループハララインが教室中央に形成される（図17―13〈次ページ〉参照）。

このようにして、全員がクラス期間中目的に合った状態でいる。シンクロナイズした状態がくずれた時には、目的に合わせてグループを統一する方法を繰り返せばよい。グループハラにまっすぐ結ばれる過程は、ホログラフィー的に機能するものの中で私の見た最高のものに数えられる。個人性と個人の目的を維持しながら、同時に自己を包むより大きな集団との結びつきを維持することができる実に具体的な例だ。このようにして、個人は集団の愛、支援、パワー、知識に結びつくことができる。私はこれが、私のヒーリングスクールがこんなにも大きな成果をあげ、学生たちがこんなにも多くを学び、急速な変化を経験することができる理由だと信じている。

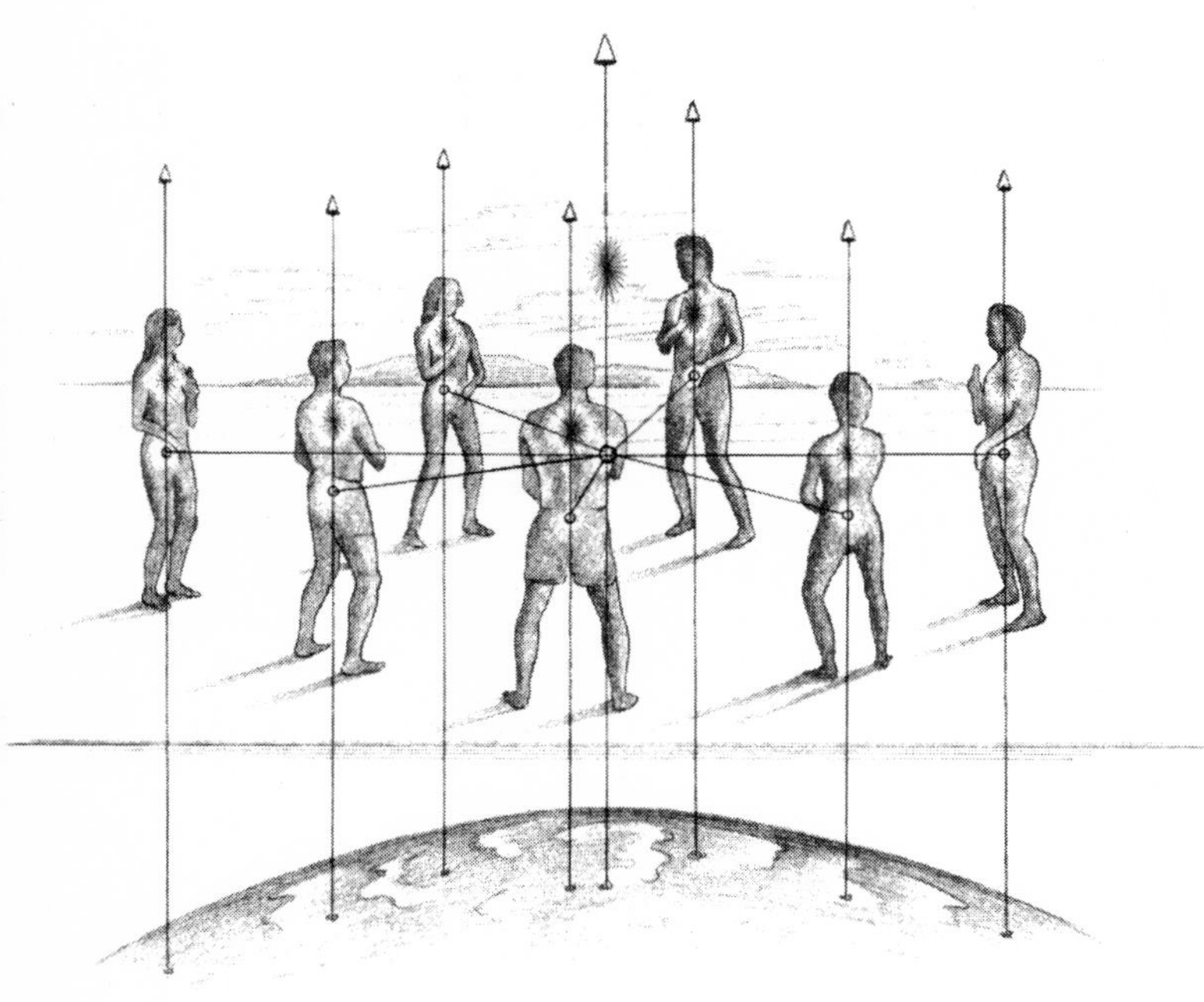

図17-13　グループハラライン

メンバーをグループの目的に結びつける

グループでこれを実行するには、輪になって座る。立っていてもよい。先に挙げたエクササイズに従って各人のハララインを整合させる。必ず全員がいっしょに行なうこと。一つのポジションから次のポジションへ同時に移る。

各ステップごとに、全員が完全にしかるべく状態を整えるまで待つ。完了すると、部屋のエネルギーが変化するのが感じられる。ちょうどオーケストラがチューニングを終えた時のように。しばらくたつとグループのエネルギーが安定するのが、HSP（超感覚的知覚）レベルの触覚、視覚、または聴覚で感じられるだろう。この状態を維持すれば、輪の中央にグループハラインが形成されるのがわかる。個人の体をレーザー状に貫くハラインによく似ており、グループの目的を描きだしている。このグループハラインは美しい金の光の線で、同じ三つのポイントがある。グループハラインの丹田と各人の体の中の丹田とは車輪のスポーク状に結ばれている(図17—13参照)。

部屋のエネルギーがどれほど強く安定したものになっているか感じよう。これで全員がグループとして仕事にスムーズに取り組むことができる。

同一人生中の転生とハラインのトランスフォーメーション

『光の手』の中で私は、現在の人生で同じ肉体に再転生する現象について語った。これは自己の人生の使命を完了した後に、次の使命へと肉体を去ることなく移行する場合に起こる。HEF(ヒューマンエネルギーフィールド)レベルで、背骨に沿ったVPC(垂直パワー流)のまわりに形成される「繭」について述べた。その後の観察で、ハラレベルにおいてその繭の中でハラインが溶けてふたたび形をとるのを見た。こうして新しい人生の使命を再転生後の生に向けて形成できるので、新しい肉体で一からやり始めずともよい。古いハラインが溶けて新しいものが形成されるまでに、通常二年ほどかかる。

ハラインが変化する時にはライン上のポイントも変化するので、同一人生中に再転生する場合、通常なんらかの肉体上の問題が起きる。丹田がゆらいで溶けると、肉体は混乱する。現れる肉体の症状はいろいろありうるが、どれも医学的には診断がつけられない。さもなければ、生命に関わるような病気になったり、臨死体験をしたり、肉体が一度死んで蘇生するという経験をしたりする。

同一人生中の再転生は、経験する本人にとって実に混乱するものである。というのは自己の感覚、自己を識別することを可能にしたすべてのもの、そして自己の目的までをも失うからだ。時には死ぬような気がすることもある。深い個人的変化を遂げる時期となる。なにも確かではない時、黙想しひたすら待つ時であり、時にはそうした時期を黒いベルベットのような暗黒の中で迎えるが、その暗黒には形をとらない生命が満ちている。自己の内で働いているより大きな力に身をまかせる時だ。

その後、再転生中に、新しいエネルギーがコアスターからハラレベルに汲み上げられて新しいハララインが形成されるが、それは自己が選んだ新しい使命に対応するものだ。もちろん、過去の生どうしも過去の生と現在の生もたがいに関係があるように、新しい使命は旧来のものに関連している。同じ肉体への再転生は、スピリチュアルな方面に目覚める道をたどる人の数が増えるにつれ、ますます広まりつつある。

同一の肉体への再転生が完了するのにかかる二年の間に、人生のあらゆるものが変化する。仕事、配偶者や恋人、住居、友人、経済の変化なども含まれる。二年後には通常、人生はとても違ったものになっている。同じ肉体への転生は一生に二回以上起こりうるが、私の知る限りではごくまれである。

以下は、このプロセスの結果人生がどのようにかわるかを示すよい例だ。かりにレイチェルと呼んでおこう。レイチェルは辣腕の会社重役で、大きな金融機関の人事部門のトップだった。最初は、十八箇月前から悩んでいた慢性浮腫の治療にヒーリングにやってきた。

二週間間隔で三回ヒーリングを実施したあと、ヘヨアンはこれ以上ヒーリングは不要だと言った。浮腫は二箇月ほどで完治した。

ヒーリングの間、ヘヨアンは彼女の肉体の状態についてはまったくコメントしなかった。かわりに人生という織物について、その金の糸をいっしょに編むことについて語った。レイチェルは私のスクールに入学し、数年後には運営を手伝うようになっていた。その間、私は彼女の丹田が変化し、二年間の再転生プロセスを通過するのを見た。彼女は自分の経験を以下のように語る。

「なにが起こってるのかわからなかったわ。二月の自分の三十八歳の誕生日に、長かった髪を切ったの。それまでいつも長くしてたんだけれど、自分のどこかを、どうしてもかえなくちゃいられない気がして。そして数日後、サンフランシスコでの入門ワークショップに行って、あなたに会ったんです。私がホテルの会場に入ると、あなたは一目見るなり『あら！　あなたの丹田はぐらぐら揺らいでるわ！』と言ったの。

それがなにを意味するのかわからなかった。『同じ体の中に再転生すると起こるの。ハラインが消えてしまうのよ！』と言われ、怖くなったわ。それがなにを意味するかわからなかったから。それからあなたは私をみてVPCのまわりの繭を調べ、それを絵に描いてくれたわね。

六箇月後に繭が溶け始めたけれど、VPCの一部で変化が止まっているところがあって、あなたは私がそれを止めてるんだと言ったの。しばらくして私の腰が悪くなった時には、私のヒーリングに問題が多い理由の一つは丹田がまだ揺らいでいるせいで、それは転生プロセスがまだ継続中だからだって。それまでの人生ではいつも完璧な健康体だったから、これはとてもつらかった。

再転生のプロセスが始まってから、たくさんの過去生を経験したわ。それまではそんなものを個人的に経験したことはなかったのに。それから少なくとも八回か九回、『時間の中断する次元』というのを経験したわ。そこでは二つの時間が重なって、現在起こっていることのまったく外側にあるレベルを感じたり経験できるの。一度は、授業中、壇上に座って学生をながめている時だったわ。会場づたいのバルコニーを見上げて、そこが空なのも、今が一九八九年なのもわかっていた。でも同時にそのバルコニーが群衆でいっぱいなのも鮮やかに経験できた。みんなが正義を求めて叫んでいる、裁判のシーンだったわ。こういった経験が、同一肉体への再転生というプロセスが始まってから起こり始めたの。こうしたことが始まってから二年ほどして、あなたがチャネリングによるヒーリングの最中に私のところに来て、完了したと言った。

結果として、外面的に大きな変化がいくつか起きたわ。一つは、自分の仕事にそれ以上とどまることができなくなったこと。もっとたくさんの時間をスピリチュアルな生活について学ぶのに費やしたくて、それで仕事を辞めてスクールで働き始めたの。長い間辞めたかったのだけど、経済的にとても不安だった。でも再転生のプロセスが始まったら、どれほど不安が大きくとも、それ以上その仕事にとどまるのは不可能に感じられたわ。変化の奥にある衝動が文字どおり私をつき動かしたように。自分についてもっと心地よく感じられる人生に向けてね。それがなにを意味するのかはわからなかったけれど、ただ毎日目が覚めるたびに、もう仕事に行くのは耐えられないと感じ続けるのだけはやめなければならないことはわかったの。

再転生という経験のおかげで、変化は怖いものではなくてむしろよいものだと感じるようになったわ。変化がとてもエキサイティングなもの、待ち遠しいものになった。まるで違ったふうに感じられたの。

それまで、私は驚くほどの健康体だったの。でもこれが始まってから腰を痛めた。生まれて初めて経験した大きな病気よ。再転生が始まってほとんどちょうど一年たった頃だったわ。今は、腰は一年前よりは千パーセントもよくなってて、ただ機能的な痛みがあるだけ。ほかには生理学的な影響はなかった。

この時以来の大きな違いは、自分自身との関係がかわったことね。過去生を経験してから、自分との関係が深くなったと感じるわ。自分が、自分自身についていかに気づくようになったこと。それから、あらゆることにおいて自分の果たす役割に本当に気づいていないかに気づくようになったこと。あらゆる出来事の半分は自分の責任なのだとわかるので、『自分か相手か』というような視点からみて他人を責めることがずっと少なくなったわ。自分の習慣的パターンのことも、そしてそれが自分の防衛を通してどういう行動として現れるかもよくわかってきたし。自己認識は、まったくのゼロからとても大きなものになったわ。今では自分がどういう対応をするかよくわかっている。前よりもずっとよく、人生のいろいろな局面で自分がどういう役割を果たすか知っている。人生というのがなにか自分に起こるものではなく、自分が創造ないし共同創造しているものだと感じるの。どんな経験でも、人間関係もそれ以外のことも、即座にその中で果たすべき自分の役割をみつけるのよ。

どんなことでも、その中の自分の分、自分の責任や役割に気づくわ。たとえば誰かと喧嘩したなら、そのうちのどの部分が自分の方に責任があるか、今ならわかる。どんなことでも両方で分かちあっているというのがわかるの。あらゆることが共有されている。それでずいぶん違った感じがするものよ。家族をとっても、単にたがいに反応しているんじゃないの。HSPで見えるから、たとえば料理とかなにかをしながら母と話をしている時、自分のやっていることがどんなふうに母に影響を与えるか、どんな形でどのように母に影響を与えるかが正確にわかるということよ。その母のリアクションがピンポン玉のように私に返ってきて、それにまた私のリアクションを返すといった具合。

この同一の肉体への再転生が起こって以来、こんな関係が絶えず続いているのに気づくようになっているの。そして人生というお芝居の中の自分の役をみてとれるのよ。この間のクリスマス休暇はすばらしいものだったわ。それは自分と家族のまったく習慣的なやりとりに、エネルギーレベルで気づいていたから。見ていてとても面白かったわ。そして意図的にエネルギーを止めさえすれば、起こっているやりとりを止めて、別のものにかえることができるの。それだけでなにもかもがかわるのよ。

腰痛がまだ残っていることは、自分の行動に責任を持つということにつながるの。自己の内面でなく外部に目を向けたがる傾向に関係していると思うわ。内面に焦点を当てるほど腰痛はよくなるし、たとえばまわりの誰かに受け入れてほしいなと考えて外のものに目を向けると、痛みが出るの。そして自然な感情の反応を表に出さないことにも関係しているのね。自分がまだ内面のリアクションや感情をずいぶん抱え込む傾向があるのはわかっているわ。それにしょっちゅう自分を疑ってしまう。腰痛がいちばんひどいのはそんな時。いつもすぐそれに気づくわけじゃないけれど、気づくようにはなりつつある。幸せな時には腰はあまり痛まないのよ」。

すべてを委ねること、死、およびトランスフォーメーションについて

同じ肉体への再転生を経験する際には、古いものを手放し、死なせ、再誕する空間と時間を確保する必要がある。以下はヘヨアンからのすばらしいメディテーションで、溶けさる必要のあるものを手放すことができる。バックグラウンドミュージックをかけておくとよい。一人でもグループでもできる。人生の大きな変化をくぐり抜けるのを助けてくれるだろう。

すべてを委ねること、死、およびトランスフィギュレーション（変貌）――ヘヨアンからのチャネリング

「神聖な恵みの力を感じなさい。光の力があなたをここに導いてきました。ただ恵みを通してのみ、このヒーリングを経験することができます。今この期間、あなたの人生はとても難しいものかもしれません。しかし必ずや、成長、愛、兄弟愛に満たされた時間でもあるはずです。また、

- 感謝の気持ちを抱く時
- 感謝をささげる時

・前へ、外へ向かう中心点にあるべき時
・許すべきものを許すべき時
・理解の必要なものを理解するべき時
・理解できないものに対して身を委ねる時
・導かれ、また導く時
・ただ在るべき時となすべき時

です。

これはあなたの時間です。あなたはこれを自分のために創りだしたのであり、したがってあなたが自分で選んでこの時を迎えたのです。

この時間をどのように使いたいと望みますか？　これはあなたの時間です。あなたの魂の神聖な憧憬に従う時です。

・生の時
・誕生の時
・再生の時

誕生の苦しみが、暗闇の時間に続いてやってきます。暗闇の中で胎内は満ちゆき、やがて魔法が成し遂げられます。生命が大地から芽吹きます。あなたは満ち足りて新しい形に、新しい生命に生まれかわりつつあるのです。あなたとともに新しい世代が生じ、地上に祝福を与えるのです。平和が訪れ、支配するでしょう。

自己の体の中心にある光の星を感じなさい。これは自己の個人的なエッセンスを現すものです。人はすべてその光の中に生まれついています。あなたは光の生まれ、光そのものであり、光はこの地上を千年にわたり支配するでしょう。すべての人類は一つになるのです。

魔法が、自己と理解しがたいものとを包むにまかせなさい。ただ再生の胎内に在りなさい。死ぬ必要のあるものがその魔法の中に溶けるにまかせなさい。そして地を養うのを。

・再生が起こるために手放さなければならないものはなんですか?

・大地に溶けさることを望むものはなんですか?

そうしたものを、今、置きなさい。大地の中へと、愛と甘い降伏と別れの言葉とともに、甘い思い出を、過去には役に立ったけれども今はもう役に立たないものを清めて、手放しなさい。母なる大地の胎内深くに置きなさい。自分の体からはがれ落ちるままにしなさい。意識から流れださせなさい。思考体から溶けさって大地深くへ、忘却へと流れゆくにまかせなさい。

それからあなたの内、腹部の奥に位置する光の星にもどってきなさい。肉体の中深く、へその三・五センチほど上に、この美しい星があります。かけがえのないあなたのエッセンスです。今はただそこに在りなさい。ただそうしている間に、手放したものは性質をかえられてゆきます。

形を失って死ぬものはただちに無の、形なき生命の中に生まれかわります。形にとっての死は、無の中の形なく満ち溢れる生命への誕生です。

自然のサイクルの中で、溶けさったものに春が触れます。忘れさられたものも、春がくれば、異なる種類の思い出の中に不死鳥のように甦ります。

そして無の内の形なき生命が自らの死に身をまかせる時、形はまた生まれかわるのです」。

18章　神聖なコア

ハラインと意図のレベルに対するヒーリングをさまざまな人たちと行ない、その人たちの人生に大きな変化が起こって人生の目的が明らかになり、満たされてゆくのを見て、私は訊ねたくなった。「満たされているのは誰なのだろう？　この人生の目的を手にしたのは誰なのだろう？　こうしたことをなそうという意図を持ったのは誰なのだろうか？」。意図は自分そのものではない。人格も明らかに自分自身ではなく、真の自己のごく一部を表現している象徴的な要素にすぎない。肉体はもちろん真の自己そのものではない。では真の自己とはなんだろう。どこにいるのだろう。この生命はどこから来るのか。本当の自分とはどのようなものなのだろうか。

私はハラベルのさらに奥に、まだ別の次元があるはずだと考えた。ハラレベルの土台となるような次元、「知る者」の次元が。ヘヨアンは私の好奇心にすばやく応えてくれた。

「ハラ次元の下に、より深いコアの次元があります。コアはかわることなく『今在り、かつて在り、また在るであろうもの』、これこそ創造の力の源、内面の神聖なる泉です。ＨＳＰ（超感覚的知覚）では星のように見える、コアスター（核となる星）です。コアスターの光は各人の永遠にかわらぬエッセンスを象徴しています。時間、空間、物質レベルの転生、魂の概念をも越えた存在であり、生命の源自体のようでもあるもの、各人の内に個人化された唯一の神、すべての転生が生じる源であると同時に完璧な平和とやすらかさの内にあるものなのです。コアの光が顕れるところには健康がもたらされ、ブロックされるともたらされるのが病気です」。

こうして私は新たな冒険にのりだした。コアを探し、発見した。経験し、ヒーリングを行なうすべを学んだ。コアスターに関わる仕事は非常にむくわれるものだった。現在私が行なうヒーリングでは、ＨＥＦ（ヒューマンエネルギーフィールド）、ハラ、コアの三つの次元をすべて同時に扱う。さあ、いっしょに自己のエッセンスという世界へ、自己の中で最も神聖なるものへと入ってゆこう。きっと楽しんでもらえるはずだ。

コアスターは自己のエッセンスの永遠にかわらない源である

ＨＳＰ（超感覚的知覚）を使うと、体の中のコアスターの位置をみつけることができた。文字どおり体の中心にある。コアのエッセンスは体のあらゆる部分にあるが、この中心点に集中すると接触が容易になる。コアスターはへその三・五センチほど上、体の中心線上に位置し、多彩色の輝く星のように見える（図18―1《巻頭カラーページ》参照）。この光は無限に広げることができる。中にはなにものにも遮られていない自己がいるような、身近なものという印象を受ける。これこそ自分そのものと感じられる「自分」なのだ。この人生を通して、この生以前にも、そしてこの人生の後にも、この自分は時間と空間を越えて存在する。この自己のエッセンスは各人異なっている、自分だけのエッセンスだ。これが自己の内に個人化された神性である。

コアエッセンスについて混乱しやすいのは、これが神聖な統一原理、すなわち神の内にも存在するという点だ。自己の内に個人化された神であり、同時に普遍的な神なのだ。このパラドックスは時に理解しがたい。どうして自分が自分自身であり、同時に神であることができるのだろう。神は壮大な存在で、人間の理解を越えている。どうして自分を神などと呼ぶことができるだろうか。神は自分をはるかに越えるものだと知っているというのに。この質問には、コアスターを経験しなくては答えられない。コアスターに意識を向け、これを感じこれを経験して、この神のエッセンスが自分自身と同じものであると発見することによってのみ、この人間的パラドックスを解決できる。

いったん自己のコアエッセンスを経験できたら、あらゆる所にみつけることができる。肉体とＨＥＦ（ヒューマンエネルギーフィールド）とハラレベルのあらゆる部分に、そして人生のあらゆる部分に。宇宙のはるか彼方まで、探しさえすればどこにでも。

コアエッセンスはあらゆる領域に自らを現すが、その程度は異なっている。ハラでもＨＥＦでも肉体でも人生でも、コアエッセンスが最もよく現れている部分は健康で幸せだ。現れ方が最も少ない部分は最も幸せではなく、苦痛や問題のある部分だ。真実はかくも単純である。したがって、本書のはじめにも書いたように、病気は人が特定の形でコアエッセンスから切り離されているという信号だ。自己の内なる神性から切り離され、真の自分を忘れているのだ。ＨＳＰを使えばこのコアからの分離を「見る」ことができる。

コアから切り離されるとどうなるか

コアスターレベルでは、機能不全はほとんど必ず、自己のコアからなんらかの形で切り離されていることと関係している。コア自体に問題があるのではなく、コアとほかのレベルとのつながりに問題があるのだ。なんらかの原因でコアエッセンスが肉体のレベルまで透過していない。それはHEFかハラレベルの問題かもしれない。あるいはコアスター自体が暗いエネルギーの雲で覆われていたり、時には非常に濃い強靭な物質でとり囲まれていたりして、そのパルスや光が顕れることができなくなっていることもある。

コアスターからひどく切り離されている人は、自己の創造性との関係をまったく失っている。内面に神性があることを経験できず、自己を宇宙の中のかけがえのない光の中心として経験することもできない。このような人は自分の本当の姿を忘れてしまっており、ハイアーセルフ（高い自己）とつながることも、自己の内により高い力があると知ることさえも、非常に難しい。

コアエッセンスを活用したヒーリング

明らかなことは、コアスターはこのように重要なので、あらゆるヒーリングのどこかでコアスターからのエッセンスを上のレベルに汲み上げるべきだということだ。ハラレベル、HEF、肉体のどの部分も、なんらかのヒーリングが施されたのであれば、そのヒーリングを終える時にはコアエッセンスに溢れているべきである。これが正しいことは、肉体でもHEFでもハラレベルでも、どこかに異常があるとコアエッセンスもまたその輝きを完全に現すことができないことからわかる。

ヒーリングを施すには、ヒーラーはまずHSP（超感覚的知覚）を使い、肉体、HEF、ハラ、コアスターの状態をチェックする。次に患者の状態に応じてHEFレベルまたはハラレベルから始め、各レベルにヒーリングを与える。これが完了したら患者のコアスターを輝かせ、そのエッセンスを各レベルに汲み上げる。これはハラ、HEF、そして肉体へと順に行なう。次に患者のコアスターを広げ、その人のエッセンスが意図(ハラ)、人格(HEF)、そして肉体のあらゆる細胞に満ちるようにする。次にコアの光を肉体の外へ、患者が心地よく感じるところまで広げる。それは一、二メートルかもしれないし、宇宙の端まで広げられるかもしれない。

コアスターヒーリングのよい例がある。一九八九年十二月、ヒーリングスクールの二年のクラスに西海岸から通っていたある学生が、左足にギプスをし松葉杖をついて現れた。かりにサラと呼ぶことにしよう。サラはスキーで怪我をして左膝の前十字靱帯を傷めたと言うので、HSPで簡単にチェックすると、膝内部の靱帯が裂けており修復する必要があった。またハララインが歪んでおり、問題の核心は彼女のヒーラーとしての自覚の目覚めに関係するのがわかった。それで、クラスでのヒーリングの実演のモデルになってくれるよう彼女に頼んだ。

まず、それまでに彼女にヒーリングを与えた学生全員に質問をして、それぞれのヒーリングの結果を検討した。次に私がHEFにさらに修復を施し、ハラヒーリングをした。それからコアエッセンスを肉体の全細胞に汲み上げた。こうしたヒーリングの結果手術は不要になり、足は驚くほど早く完治した。二年後の一九九一年十二月、彼女にその時のヒーリングの効果について訊ねた。以下は彼女のコメントの抜粋である。

「怪我をした時はヨセミテ山の高い所にいました。スキーは初めてだったので、スキースクールに入りました。一日中滑って、だんだん高いところへ上がっていったんです。転んだ時、膝がぽんと外れる感じがしました。みんなは滑り続けて、それから止まりました。立ち上がるべきじゃないとわかっていたのに、私のためにみんながまた上がってくると悪いと思って、立ち上がって、ゆっくり滑っていきました。びっこをひきひき痛い思いをしながらレンタルスキーを返しました。

その夜はキャビンに泊まったんですけど、とてもつらかった。すごく気分が悪くて、翌朝病院に行きました。車で山を下りてゆきながら吐いてしまいました。顔色はもう真っ青。痛み止めをくれたけれど、『これはひどい。すぐに整骨の専門家にみてもらわないとだめだ』って。とりあえず足を固定してくれました。

整骨医に行くと、足はあんまりひどく腫れていて、そこの最新のレントゲン装置も使えないほどでした。医者は私の足を押したり動かしたりして調べていましたが、非常に重症だと言いました。どうしても十日くらいのうちに手術が必要だということでした。そして五日したらまた来るようにと言われましたが、私は二日したらヒーリングスクールが始まるから東海岸に行きたいのだと言いました。

医者は私の顔をじろっと見て、『冗談じゃない。行くなとは言わないが、飛行機に乗るのはすごくつらいよ。まあ好きにしなさい。私には悪い冗談としか思えない』。

旅行は実際にはだいじょうぶでした。航空会社が車椅子を貸してくれたし、機内では座席を三つ使うことができて、かなり快適でした。それにクラスメートのトニーといっしょで、荷物は彼女が面倒をみてくれました。

トニーはヒーリングスクールにもどる前、医者に行った直後にヒーリングをしてくれました。その時に私、実際にHSPで見たんです、彼女がHEFで糸みたいな紐を二本つなげるのを。十字靭帯は、膝の内側の本当に十字形をしたちょうつがいなんです。彼女はそこにぶら下がっていた、HSPで白い蛇のように見える糸をつなぎ、もとにもどしました。ヒーリングはかなり痛くて汗が出るほどでした。

ヒーリングスクールに着いてからは、三人のクラスメートがヒーリングをしてくれました。誰かが第一レベルのエネルギーを流してくれたけど、自分がそれに飢えていたのを感じました。初めて『肉体エネルギー』という言葉の意味を本当に理解したと思いました。それからマーティンたちが毎日ヒーリングをしてくれて、膝は少しずつよくなっていたけれど、まだすごく痛くて、全然体重がかけられなかったんです。

それからステージの上で先生からヒーリングの実演を受けることになったんです。先生はまず、私にヒーリングをしてくれた人たちに、HSPでなにが感知できたか、どんなヒーリングをしたかを、上がってきて話すように言いました。それから私にコメントするよう言いました。そしてハラヒーリングを始めてくれたんです。私たちはそれについて全然知りませんでした。先生は私の足元に立って、みんなに話しかけながらヒーリングをしていたんですが、私はすごい感覚が足を通り抜けるのを感じました。『なんだかわからないけど、ものすごい!』と思いました。

すごい感覚が足をかけあがり、全身を通り抜けて、ものすごい効果を感じました。そして先生は言ったんです。『そうそう、これはハラレベルのヒーリングです』。私は横になったまま、すごくパワフルな感覚が体を通り抜けるのを感じていました。ちょっと体から抜けだしたと思います。それから先生はコアスターヒーリングを完了しました。これも私たちにとっては初めての技術でした。前に見たことがなかったので、なにをされているのかわかりませんでした。

そのあとしばらく体に入りきることができませんでした。一時間か二時間、横になっていたと思います。起き上がった時には、両足で歩けるようになっていました。左膝に体重を全部かけることはせずに、ちょっとびっこをひきながら部屋を半分横切ったところで、『まだだめよ! 松葉杖を使って、ヒーリングが安定するまでもう少し待ちなさい』と言われました。

そのあとはとてもいい気分で、ギプスもいらなくなっていました。膝だけじゃなくて全身がすばらしい感じだったんです。今までなかったようなしっかりとした感じ。その時から大きな変化が始まって、いろんなことが起こりました。私はずっとヒーリングについて懐疑的でした。そして自分はここにいるべきなのか、ヒーリングというのが本物かどうかを疑っていました。そうしたらあんな大怪我をして、手術が必要だと言われたのにヒーリングが驚くほど効果的だったということは、私にとって大きな意味がありました。ヒーリングで膝は本当に癒されたんです。まるであの事故は、本当に基本的なレベルで、ヒーリングによってなにができるかを私に知らせるものだったみたいだわ。なにもかもがかわり、私はしっかりとヒーラーとしての道を歩み始めました。怪我は私をヒーリングに結びつけるよう助けてくれたんです。そして多くのことが明確になり、焦点が合い始めました。

医者のところにもう一度行った時、膝が治っているというので驚嘆されました。二週間ほどの観察期間を置いて、水泳を始めました。膝の強化のためです。自分で第一レベルのヒーリングも頻繁にして、特に膝をチャージしました。

この経験の深い意味ですか？　それまでよく体の左側に怪我をしていました。それは私の女性的な面に大きな関係があったと思います。まわりに対して自己を開いて、受け取るということを学ぶ必要があったんです。それで女性原理の問題について取り組み、自分の内面の少女についてたくさんの夢をみました。すべてを委ねて受け取れるようになる必要がありました。たとえば、自分の内にあるあの懐かしい場所へ帰ることについて。調和のとれた自己の内面の真実へと、『真の生』と呼びたいあの場所へと帰ることについて。また、自分の足で立つことや、自分を信じることや、人になにか与えることができると信じることについてもそうです。あの事故の直後から、ヒーラーとしての自覚がはっきり生まれました。ヒーリングを学ぶことは『故郷』に帰る道を歩み続けることです。というのは、人にヒーリングを与えるには、自己の内のあの場所に帰らざるをえないから。それを自分で実際にどうやっていくか、自分への挑戦なんです」。

自己のコアへの通路を開く

では、少し時間をとって、自己の意識をコアスターのある場所に向けてみよう。その場所は体の中心、へその三から四センチ上にあたる。いくらもしないうちに、穏やかにリラックスできて、自分が光に満ちたパワフルな存在に感じられ、気分がよくなるだろう。コアスターレベルでＨＳＰ（超感覚的知覚）を開くのはすばらしい経験だ。最初にまず自分のコアスターが見え、そのかけがえのない輝きが目に入る。次に、人のたくさんいる部屋なら、部屋中に星が満ちているのが見える。それぞれが異なっており、明るく輝いて、たとえようもなく美しい。まるで「全知全能なるもの」として知られるコアの光で満たされた空間で、星々がたがいに歌い交わしているようだ（図18―2《巻頭カラーページ》参照）。

一日にほんの数分（五分でも効果がある）、自己の存在の中心にあるコアに意識を集中すると、人生はかわる。人生において意識的な変化の道が開かれ始める。そして、いつも行きたかったが行けなかった場所へと自己を導いてくれる。驚きに満ちたすばらしいスピリチュアルな昂揚感を経験するかもしれない。あるいは、これまでの人生でずっと直面するのを避けてきた問題が表面化するかもしれない。経験され、癒されるために目の前に現れるのだ。そして、ずっと人生で望んでいたが創りだせないできたものを創りだし始める。

コアへと通じる内面の通路を開くと、自己の内にある愛、真実、勇気が表面に出てくるのを助ける。これを経験することはヒーリングに欠かせない。この内面の通路を開くことで、ヒーリングエネルギーが自動的に四つの次元すべてに汲み上げられるからだ。そしてその創造エネルギーを、自己あるいは他者のヒーリングに使うことができるようになる。外面の人格とコアスターを結ぶ通路を開いている人からは、ヒーリングエネルギーが自然に流れだす。このような人のそばにいるとヒーリングエネルギーを容易に感じられる。穏やかにリラックスしており安全で満たされていると感じる。

ハイアーセルフ（高い自己）の手で人格からコアへのつながりはすでに自動的に開かれている。ほとんどの人は、自分のハイアーセルフの存在について気恥ずかしく感じる。覆いをとりさられたように、無防備であるように感じられるのだ。だから、ハイアーセルフについて知るために時間を割こう。自己のどの部分がすでに明晰で純粋で愛に満ちているだろうか。そうした部分に気づくにつれ、それをさらに表現できるようになる。やがて他者への愛や気配りを恥ずかしがらずに表現することに慣れるだろう。

コアスターは自己の神聖な源である。この源への通路を開くと、自動的に、自己を外からとりまく愛とエネルギーの神聖な源、すなわち私が普遍的神性と呼ぶものへとつながる。自己の内面の神性、すなわち個人化し局在化した内なる神を受け入れることによってこそ、普遍的神を知ることができる。別の言い方をすれば、神へと通じる内面の通路を開くと、神へとつながる外部の大通りが開かれる。あるいは逆に、外部から自己をとり囲む神性に身を委ねることで、内面の神性へと導かれる。一方は他方なしにはありえない。

人の行動もポジティブな意図も、すべてコアスターから発している。喜びがその原動力であり、創りだされるのは楽しみと満ち足りた充足感のみだ。

ここにみいだせる創造の通路とは、コアエッセンスが物質次元に広がる通り道である。創造の力がコアスターから汲み上げられると、非常な喜びがもたらされる。コアエッセンスが物質世界への途上でまずハラ次元に顕れると、ハラライン上の三つのポイントの中心に湧きだす。三つのポイントがすべてまっすぐに並んでいれば、すでに意図は自己の最も高い部分につながっており、神聖な意図とシンクロナイズしている。別の言葉を使えば、神の意志と自己の意志が一つになっている。続いてコアエッセンスをこの神聖な意図に湧きださせると、個人のエッセンスを自己の意図ないし目的を通して現すことになる。個人化された神聖な目的を現すのである。

コアエッセンスがＨＥＦのレベルまで湧きだしてくると、各チャクラの中心に湧きだして広がってゆき、ＨＥＦ全体に真の自己のエッセンスをゆきわたらせる。すると、神聖なエッセンスを人格を通して現すことになる。

コアエッセンスが肉体のレベルに湧きだしてくると、まず各細胞の核とＤＮＡの中に湧き上がる。そして全身に広がり、神聖な光が明るく輝いて、文字どおり皮膚を通して眩く広がり、まさしく輝いて見える。これが、自己の神聖なエッセンスが肉体を通して表現されている状態で、見ていてとても美しい光景だ。その人のエッセンスが部屋中に満ち、そこにいる人すべてがそれを経験して深い喜びを感じることができる。

コアスターメディテーション——ヘヨアンからのチャネリング

以下はヘヨアンからチャネリングされたメディテーションで、自己のエッセンスを自己の存在の全レベルにもたらす効果がある。

第一ステップ：ハラを整える

「意識を丹田に向けなさい。丹田は体の中心線上、へその三センチほど下にあります。そこにある力を、熱を感じなさい。それが地球の熱く溶けたコアの熱と同じであるのを感じなさい。それは地球のコアがたてる音と調和振動しています。丹田がとても熱くなるまで、意識を丹田にとどめておきなさい。

次に意識を胸の、首の付け根のくぼみから六、七センチほど下のところに向けなさい。ここにあるソウルシートは、ハラレベルでみると、胸の中にあるろうそくのまわりにゆらめく淡い光のようです。魂の憧憬、魂の歌がここに住んでいます。これはハートチャクラとは違うものです。ソウルシートにつながったと感じると、胸の中で風船が膨らむような感じがするかもしれません。外見は澄んだ球形に見えます。ここには魂の憧憬が抱かれています。

次にレーザー状の光が、胸のソウルシートから下腹部の丹田へ、そして地球の中心へとのびているのを感じなさい。個人とグループの目的がシンクロナイズするにつれ、部屋の中に強さと静けさが満ちるのを感じるでしょう。

次に意識を頭上のポイントに向けなさい。背骨をまっすぐにします。頭をたれてはいけません。細い糸が頭のてっぺんから出ていると想像しなさい。それが難しければ、頭のてっぺんの中心の髪をつまんで引っぱってみるとよいでしょう。それから心の目を通して、頭上のIDポイントのとても小さな口をみつけます。直径六ミリほどで、頭上八十から九十センチのところにあります。HSP（超感覚的知覚）レベルの聴覚が開いていれば、このポイントから非常にハイピッチの音が聞こえます。ハララインのレーザー状の光をこの穴に通すことができれば、ぽんという音が聞こえるでしょう。このポイントをみつけるのは容易ではありません。小さな渦のようなものです。みつけられたら、自己のはるか上に存在するまったく異なる現実の世界へと通り抜けたような感じがするでしょう。まだ形をとらないありとあらゆるものの内に自己が存在するのを経験することができます。ハララインをそこに通すには、完全に肉体をまっすぐにしなければなりません。

小指の半分ほどの太さのとても細いレーザービームを思い描き、それが頭上の神性から地球の溶けたコアまでを貫いているのを感じなさい。魂の歌を胸に、創造の力を丹田に感じ、同時にハララインが地球の溶けた核までつながっているのを感じなさい。力を感じなさい。これが自己の使命へと向かっている状態です。これが『あなた』であり、天と地の間の掛け橋なのです。

今部屋に満ちている目的とシンクロナイズしている状態を感じなさい。同じラインが部屋の中心にも通っています。それがこのグループのハラインです。あなたの丹田が、部屋の中心にあるグループの丹田にもつながっているのを感じなさい。

このレベルにおいてこそ、あなたの使命と、あなたの属するグループのより大きな使命がシンクロナイズするのです。このレベルにおいてこそ、そのグループの使命が、それをとりまくコミュニティのより大きな使命とシンクロナイズするのです。それがさらに州、国、大陸、地球の目的とシンクロナイズするのです。これが、大きな組織中に内包される組織、さらにその内に含まれる組織の力と真実を結びつける方法です。これがホログラフィーのように機能する全宇宙的連帯への鍵です。自己の使命が難しいものではないかと苦悩したり心配したりする必要はありません。その必要はないのです。あなたがすべてのレベル、コアスター、HEF、ハラ、肉体、の全レベルとまっすぐに結ばれていれば、あなたをとりまく世界ともあなた自身とも、完全にシンクロナイズしている状態にあるからです」。

第二ステップ：コアスターから光が顕れる

「こんどは意識をコアスターに向けます。コアスターはへその三センチから四センチ上にあります。ここに住まう本当の自分の姿のエッセンスは、時間、空間、憧憬や欲求を越えたものです。この場所では、あなたはただ存在するのです。必要なものも苦痛もありません。あなただけが創造者です。創造者として、この自己のエッセンス、コアスターから創造をしようとする時、まず創造エネルギーをハラレベル、すなわち神聖な使命にもたらします。ハラレベルから、あなたはエネルギーをHEFレベルにもたらして、人格すなわち肉体のテンプレートを創りだします。さらにHEFレベルからエネルギーを肉体へともたらして、物質レベルでの人生を創りだします。

創造力は、一つなるもの、すなわちコアスターから、三つのポイント、すなわちハラレベルのIDポイント、ソウルシート、丹田を通り、HEFの七つのレベルを通して、三次元世界の多様な形へと流れるのです。創造の一つのプランが完成したら、エッセンスをさらに三つのポイントへと送りだし、そのプロセスを通してあなたの目的が輝くのです。

自己のエッセンスがコアスターから力強く溢れるにまかせなさい。このエッセンスがハラレベル、HEFレベルへと流れていき、HEFのそれぞれのレベルを流れるにまかせなさい。HEFの七つのレベルは人間の存在の状態を示しており、いわば人間性の七つの層です。その一つ一つに、自己の存在のエッセンスをもたらしなさい。次にそれを肉体にもたらし、細胞の一つ一つを通して結晶化させなさい。肉体の生命と人生の使命に健康、喜び、快さがもたらされるでしょう。肉体、人格、人生はすべて、あなたの神聖なエッセンスの表現なのです。

こうして一つが三つになり、七つになり、七つの封印が開かれてゆくと、人の内なる神を知ることができます。次にはあなたの細胞を見てみなさい。それぞれの細胞の核に、コアスターととてもよく似た構造があるのがわかるでしょう。それは光のポイントであり、自己という存在のエッセンスを輝かせています。それが肉体のあらゆる細胞の内にあるのです。ヒーリングとはつまり、自分自身を自己という存在の真実とつながるよう助けるというだけのことです。それ以上のものではありません。

痛みや病気、怒り、恐れがあるところ、疑い、欲望、忘却があるところでは、コアスターを思いだしなさい。あなたのコアスターの中の光が顕れるにまかせなさい。あなたの肉体の細胞一つ一つの中の光を思いだしなさい。あなたの肉体を思いだしなさい。肉体の部分部分をあなたの体の内にある光の中へ、物質世界に形をとった聖壇へと集めるのです。この光は、あなたのコアスターの、エッセンスの、内なる神の光です。

あなたの使命は痛みに由来するのではありません。創造の欲求から生まれたのです。あなたという存在の中心から流れ出る愛から生まれたのです。ただ、創造行為を行なおうとコアから出た瞬間にコアとのつながりを失い、自分の本当の姿を忘れたのです。ですから、必要なのはあなたの本当の姿の記憶とふたたびつながりを結ぶことだけなのです。人生の使命とは、自己の原初の創造の衝動を思いだしてその創造行為を完成させることです。完成した時には、ふたたび新たな衝動が内面の源から湧き上がるでしょう。

コアスターの内にあるあなたの真の自己のエッセンスを、あなたという存在の全レベルを通して輝かせなさい。コアスターにある原初の創造衝動があなたの人生を導くにまかせなさい」。

コアスターと創造のパルス

最近、創造性についての講義の中でヘヨアンは、創造のプロセスが経る段階について存在の四つの次元の観点から説明した。ヘヨアンによれば、創造のパルスはコアから流れだし、すべての次元ないしレベルを通って物質世界へと湧きだす。それは先のメディテーションで経験したとおりだ。こうして創造のパルスは完璧に顕現されて人生における創造行為となる。たとえば絵を描く、本を書く、家を建てる、科学的発見をする、あるいはなにかを組織するといった行為だ。完成すればお祝いをする。なにかをやりとげたというすばらしい気分になり、「やったぞ!」と声に出す。

しかしヘヨアンは言う。この一見して創造性の頂点にあたる段階において、自己の成し遂げたものをどのように扱うかに注意しなければならない。できあがった作品や発見などは、創造のプロセスの最終産物ではない。物質世界における人生の目的は、創造物を鏡として、自己の内の個人化した神性を認めることなのである。芸術作品、科学の発見、組織などは、最もよく磨かれた鏡である。この鏡は、「ごらん。あなた自身がここにこのように完成されて映しだされている」と教えてくれる。創造物自体は、創造のプロセスの中間点でしかない。

創造のプロセスないし生命のパルスには、四つの段階がある。第一はコアスターの内深くの空虚な無の静けさで、これは静止ポイントである。次にコアから外部に向かって拡張する段階がくる。コアエッセンスが自らを、意図（ハラレベル）、人格（HEFレベル）を通って物質世界へと現す。こうして物質世界においてコアの表現が頂点に達し、磨きぬかれた鏡をのぞく時、次の段階へと移る。拡張期の終わりにくる静止ポイントである。人はここで立ち止まり、自己をみつめる。次に生ならではの創造のパルスは物質世界から自己の内面に向かって、HEF、ハラを通りコアへともどってゆく。ここにおいて、コアの内部深く、人の生にみられる創造のパルスの四つめの段階、つまり最終段階に到る。そしてふたたびコアの内深くにおける静止状態に帰るのだ。

では創造の最終産物とはなんだろう。物質世界で自分が創造した物、すなわち自己を識別するために磨きあげた鏡をみつめた後、人は、自己の創造物を再度、各次元を通って、より深い自己へと持ち帰る。創造力が各次元を通ってもどってくる時、各段階のレッスンも持ち帰られる。このレッスンは、物質世界から感情と精神思考体のレベル、そして純粋思考のレベル、さらに意図のレベル、そして自己のエッセンス深くへと移動する。創造の最終的産物とは、つまり、自己のコアの精製されたエッセンスである。

この創造のプロセスは絶え間なく続いている。人はつねに自己のコアエッセンスをさらに創りだしている。つねにこの創造の波のどこかに位置して人生を生きている。私が思うにおそらく、人はこのパルスのあらゆる部分にいかなる時もいるのだが、人生のどの領域で経験するのかが異なっているのではあるまいか。

脈動する創造の普遍的な波に、人はとりまかれ、ひたされている。人はこの波からなり、この波そのものであり、この波は人である。この波は自己の内を流れ、自己はその内を流れる。終りも始まりもない。人はそれを創造し、それは人を創造する。指図がくるわけではない。ただ生命の創造の波が、つねに外に向かって開いては、内に向かって包み込む。開いてゆく過程で時間が創られ、包み込んでゆく過程で時間が溶けさる。これが著名な物理学者デイヴィッド・ボームが「潜在的秩序」と呼ぶものだ。

創造の波は包み込まれた静止状態から始まり、コアスターから外部へ、上へと広がってゆく。そして各次元を通り抜けて物質世界に達し、宇宙の果てにまで広がる。拡張のペースはやがてゆっくりになり、停止し、静止する。新たなる創造の金の糸が、在るものすべて、顕現された全世界を通して編まれる。波は、この状態で自らと一体となったすべてのものとのコミュニオン（魂の一体化）に到り、愛が創りだされる。愛は残る。それから波は収縮への長い旅を始め、自己を包み込んでゆく。創造の四つの次元を通り、コアスターへともどってゆき、学ばれ創造されたすべてのことを個々の自己の内に持ち帰る。

ほとんどの人は、創造の波の静止期に充分な時間を与えない。静止期には二つある。拡張前の収縮して最も深い自己と一つになっている静止期と、拡張後の広がって自己が他者と一つになっている静止期である。

前者では、静かに一人になって、自分が過去に創りだしたものを真の自己に統合する時間が必要だ。一人になって自己と対峙し、なにもせずにただ自分自身といること。これは自己の中心に帰ってくる時間、なにもせずに力を蓄える期間である。

後者では、自分以外の他者のすばらしさを経験する時間が必要で、そのためには言葉を使わずに静かに過ごすのがよい。これはさまざまな形で行なえる。たとえば、二人一組になって無言でしぐさを交わす、何人かといっしょにメディテーションをする、なにもせずにただいっしょにいる、などだ。

たいていの人は、創造の波の拡張期が非常に好きだ。膨大な量のエネルギーが外部に向かって広がるのを楽しみ、自分をすばらしいと感じる。世界に飛びだしていって、学んだり冒険したりするのを楽しむ。ワークショップやセミナーに出ることや、絵を描くことをエキサイティングだと感じる。この拡張期の後、静止状態に入り、自己を反射する創造の鏡をみつめて昂揚した気分になる。そしてそこに永遠にとどまっていたいと感じ、次の段階に移るのを拒むのだ。

そこから下りて内面に向かうのに抵抗する。しかしここで思いださなくてはいけない。創造の波の収縮期とその後の深い内面の静止期、そこでの沈黙の無の状態にも、同じ時間をかけ、意識を向けることが必要なのだ。多くの人は収縮期を嫌う。大きな拡張を経験し終わったあとは、不機嫌になり鬱状態になる。これは、収縮期も創造のプロセスの自然な一部であることを理解せず、それを尊重し充分に味わうことを知らないからだ。

創造のプロセスの中で、この自己の内面へと収縮が起こる段階に対して、人は実に強く抵抗する。というのは、この段階では自己に対するネガティブな感情の引き金が引かれるからだ。この理由を説明しよう。

拡張期には、大量のエネルギーが自己の肉体とエネルギー系を流れる。このパワフルなエネルギーは、自己の中の暗く停滞したエネルギーブロックに光を当てて、そこに生命と意識をもたらす。その結果、ブロックが外れて動きだし、人は、そこに閉じ込められていたエネルギー意識体を経験することになる。これはヒーリングないし悟りに到る一つのステップである。もっと簡単に言うと、拡張期には人は新しい知識と創造物によって気分が高揚した状態にある。しかしこの新しい知識によってまた、自己の欠点をもいっそう明確に見ることができる。新しい創造物、つまり鏡に注意を向けている限り、それは気にならない。しかし収縮期が始まると、注意が自己の内面に向いて、それまで気づかなかった欠点に気づき始める。問題は、新しく見たり感じたりできるようになったことに基づいて自分に対して決めつけたり自分を拒んだりし始めることだ。この自分に対する決めつけは自分に対するネガティブな感情を強めるから、当然、そのような感情を感じたいとは思わない。

そのため、創造の波がひいてゆくのに立ち会いたくない。波はひいてゆく途中でＨＥＦの第二レベルを通る。これは自己感情のレベルなので、自然、自己に対するネガティブな感情が経験される。これを避けるために人は波の包み込むパルスを止めようとしたり、波から飛びだしたりして、創造のプロセスを妨害する。そして創造されたものから自己を切り離してしまう。価値のないものとして放りだしたり、ほかの人のためだったのだと言って人に与えてしまう。じきにその創造行為自体を、自分ではなく他人のためにしたのだと信じ始める。まるで自己の喜びのためになにかを創りだすのは悪いことで、他人に利益を与えないことだと信じるようなものだ。これはいっそうの苦痛をもたらす。

多くの人が創造活動自体を避けるのは、創造のプロセスをどうやって完了したらよいかわからないからだ。完了するためには、創造したものを自己の内に持ち帰り、達成されたことについて自分自身を讃えることが必要だ。自己を讃え認める過程は、物質世界という鏡をみつめ、そこから自己の内に個人化された神性を認める過程である。これは創造というプロセスで経験するとても大切な段階だ。つまり収縮期を、このようなポジティブな形で経験することを学ぶ必要がある。

ヘヨアンは言う。

「収縮期とは、自己に帰る時、自らの内に永遠に存在する知恵の下へともどっていく時です。たとえば大きな成功やヒーリングを経験した場合、三日後かあるいはそれよりもう少し早く、自然に収縮が始まります。しかしこの収縮をネガティブなものとして経験する必要はないのです。これは、自己の内面に向かい、自分自身を認め、そして次の領域と次の内面の水平線と神聖な自己の内にある次の秘密の部屋をみつけるという経験で、ここからこそ、新しい生を発見することができるのです。拡張を経験したあとに自己の内面へともどって沈黙のうちに座し、信頼を持って新しいレベルから自分の本当の姿を認める時間をとるなら、やがて自然に次の拡張という経験が始まる。このように収縮期の自然な流れを受け入れ、それをポジティブな視点からみることができれば、外面の生活にネガティブな経験を創りだして自分をその中へと追い込む必要はありません。

したがって、拡張のあとで自己の内面をみつめる時間をとれば、自然に内面へと向かうポジティブな流れが起こります。そして人は沈黙のポイントに達するのです。つまり自己の内に存在する黒いベルベットの空間の内に座すことで、その中にはまだ形をとらない生命が満ち、形の内に生まれるのを待っています。この『無』は自己のコアスターの内深くにあって、そこから生命は不死鳥のようにふたたび形をとるのです。新しい自己の顕現ですが、ただし、コアエッセンスの中で以前はまだ自己に加えられていなかった新しい要素が加わっています」。

しかしながら、人はかならずしも創造のパルスを遮ったりせずに自分の中を通すわけではない。経験するのが怖いからだ。それがもたらす経験と変化を恐れ、阻もうとする。この経験は危険なものだと信じているからだ。そして防衛に入って、今この瞬間の経験から身を引いてしまう。

最近ヘヨアンは、防衛に入ることについて、また、その結果どのように人生にヒーリングのサイクルが創りだされるかについて、以下の講義を行なった。

「心を落ち着かせ、自己のエネルギーフィールドをチェックしなさい。そのために、大地に深くつながり、人生の使命にハラインをぴったり合わせて、各チャクラを順に浄化するのです。意識をHEF（ヒューマンエネルギーフィールド）の各レベルに向けて、一歩一歩、自己の存在のコアへと近づいていきなさい。そしてこう自分に問いなさい。『私は誰のために働くのか？　なぜ地球に生まれてきたのか？　瞬間瞬間の短期的な目的ではない、長期的な自分の目的はなんだろう？』。

時空が連続しているという視点からみれば、あなたは一見直線的な形で、それぞれの瞬間に創造行為を行なっています。そうして創造された物は、あなたの意図すなわちハラインにつながるものになります。それぞれの行為は、自分が誰のために働くことを選んでいるかを反映しています。形を現しつつある今この瞬間に完全に存在している時、あなたは自己のコアのエネルギーとその目的とに結びついています。したがってコアからの創造エネルギーも自由に流れ、人生に喜びと楽しみを創りだします。内面の神性のために、自己のコアのために働いているのです。

しかし防衛状態にあって今この瞬間に完全に存在していない時には、この創造エネルギーに直接結びついておらず、自己のコアのために直接働いてはいないのです。防衛に入って『自己を守る』ことを選択する人は、防衛が必要だという幻のために働いているのです。防衛は、形を現しつつある『今この瞬間』から人を引きずりだします。時間を凍らせて出来事をコントロールし、なにかが起こるのを止めようとします。創造の流れを止めようとする意図は『ネガティブな意図』と呼ばれます。これは自己を忘却しようとする意図です。

私がこれを語るのは叱責のためではありません。人生における使命の一つは、自己の防衛を手放して自己という存在の中心にとどまるのを学ぶことです。人が防衛状態に入っても創造活動自体は止まることがないので、学ぶべきレッスンを自分自身のために創りだします。このレッスンは、ごく自然な形で人をふたたび自己のコアへと導きます。このようなレッスンは、ヒーリングのサイクルとみることができるでしょう。

このようにあなたは、失敗しようのないヒーリングすなわち学びのシステムの中にいるのです。あなた自身が考えだしたこのシステムをあなたが咎めるということは、自己のコアの目的、神聖な意図から遠ざかるということです。こうしてまた新たなサイクルが創りだされました。創造活動からはつねに、さまざまなヒーリングのサイクルが創りだされるのです。

ポジティブで明晰な意図とネガティブな意図の間を一瞬一瞬行き来する中で、あなたはまず喜びを、そしてさらにヒーリングのサイクルを創りだして、自分のヒーリングのプロセスを通過してゆきます。一方が他方を支えるのです。いっそうの喜びと楽しみが人生に創りだされればそれだけ、学びとヒーリングの足場は大きなものになります。より多くのレッスンを学ぶほど、ヒーリングのサイクルを信じることができます。人生でより多くを成し遂げるほど、さらなる喜びと楽しみを創りだせます。このように、人生経験を創りだす瞬間瞬間にたどるステップを経て、最終的にはいっそうの喜びと楽しみが必ずもたらされるのです。

今日ここで私が伝えたいことは、ヒーリングのサイクルはかならずしもそれほど苦痛なものではないということです。創造のたどる自然な経過は、拡張、収縮、静止の原則を含みます。この創造のプロセスや、このプロセスをたどるのを助ける方法を理解しないことから、多くの問題が起きるのです。あなたが自己の真実とともにあるならば、目の前に横たわる新しい学びのサイクルはずっとやさしいものになるでしょう。自己の真実とは、今この瞬間におけるあなたの真の姿であり、今この瞬間においてあなたができることであり、そして今この瞬間にあなたがするべきことです。

あなたがどの瞬間にも自分自身とともにいるということができないとしたら、それは不信のせいです。あなたが収縮してゆくことに抵抗しているのは、苦痛なものになるにちがいないと決めこんでいるからでしょう。

こう考えてごらんなさい。収縮期とは自己の内面へと向かう過程であり、その際には拡張期で手にした世界のすべての宝物をいっしょにもっていくのだと。そうした贈り物を自己の内面深くに持っていって内なる祭壇にそなえ、自分が成し遂げたものを自分で認めるのです。

収縮とは、そうした贈り物の中に座っていることであり、学んだレッスンの内に座っていることであり、そういうものをインナーチャイルド（内面の子供）のところにもっていくことです。そしてインナーチャイルドの祭壇に置くことです。ずっと昔に深く傷つけられたインナーチャイルドにこう言うのです。「ごらん、外の世界から持ってきてあげたよ」。子供が母親や父親からおみやげをもらうように、収縮期にインナーチャイルドはおみやげをもらうのです。アメリカ文化における伝統の一つに、両親が旅行に出た時子供におみやげを持って帰るという習慣があります。このおみやげをインナーチャイルドにもあげることができるのです。多くの場合、インナーチャイルドは実際の子供と同じか時にはそれ以上に、おみやげを喜びます。あなたもきっと経験したことがあるでしょう。ですから、そうしたおみやげを内面の自己へともっていきなさい。

あなたが収縮期にあるなら、それをもたらしたのは直前に経験したパワフルな拡張という人生経験または深いレッスンですから、そこから学びなさい。苦痛を感じているなら、それを教師として受け入れなさい。隠れてはいけません。自分を隠そうとして防衛に入ってはいけません。仕事をしなければならないなら、この状態でしなさい。あなたが教師なら、この状態にあるまま教えるのです。自己を隠すと自己のエッセンスが表現されないことになり、仕事は完全なものとなりません。仕事をしている間にも防衛をしていない状態にあることで、やがて喜びという状態に移行することができるのです。

私があなたに実行するよう勧めているのは実に難しいことです。私は、ある意味では、あなたがいつもしてきたことをしないようにと勧めているとも言えます。それはあなたが安全であるとは感じられない時に安全だと感じようとやってきたことです。それはよくわかりますし、今もおおいに同情しています。私たちはここに、あなたのそばにいます。あなたの創造エネルギーの波が満ち、また干く時にも、あなたのそばにいます。あなたもヒーリングのセッション中にきっと経験しているように、ヒーラーがそばにいて、一瞬一瞬、自分の創造の波の満ち干に付き添ってくれる時には、苦痛はそれほどひどいものではなくなります。ただ、生の波が自らを現しているにすぎなくなるのです。

ですから、『あなたは誰のために働きますか?』と私が訊ねたら、あなたが自己の内面に存在するどの神ないし女神のために働いているのか考えてみなさい。あなたが働いている源は、コアスター、すなわち神の真の個人性の現れたものだということを考えてみなさい。次になにをしたらよいのか、どこに行くべきなのか、なにを言うべきなのかと問うなら、自己の存在の中心、コアスターの内へと入っていきなさい。その途上で傷ついたインナーチャイルドに出会ったなら、その子を腕に抱えていっしょに連れていきなさい。

コアスターが自己の内面に広がるにまかせるのです。そのために、ほかの人からの質問に答えたりなにか仕事をしたりするまでに数分かかるようなら、それだけの時間をかけなさい。それが自己の真実の内にとどまる方法です。外部でなにが起きていようと、ただこう言うのです。『私には今、時間が必要です。自分自身に追いつき、自己の創造の波頭がどこにあるかを探す必要があるのです。それをみつけたら、他者とのコミュニオンに入ることができるでしょう。でもその前に、今は自分自身とさえコミュニオンできていないのだから、どうしてあなたとコミュニオンできるでしょう』。

今この瞬間に完全に存在して、自分と自分の創造の波とともにいる時、あなたは最も完璧な状態にあり、世界とシンクロナイズしています。こう考えることがあるでしょう。『日によっては、一日が努力せずともスムーズに流れるのはどうしてだろう』。そのような日には、自己の創造エネルギーの拡張、静止、収縮、静止の波に同調しているのです。もちろん、自己とともにいることができる時には、あなたは宇宙とありとあらゆるものとともに、物質世界とスピリチュアルな世界とに顕現している神聖さとともにいるのです。それが最も自然な状態であり、それこそがあなたの本当の姿なのです。それが私たちの本当の姿なのです。なぜなら私たちはあなたの一部であり、あなたは私たちの一部だからです。

地上世界とは喜びと悲しみの両方が存在する場所であり、スピリチュアルな世界からここに下りていった時、あなたは私が今語った事実を忘れてしまったのです。分裂して二元的になり、スピリチュアルガイドたちをスピリチュアルな世界におきざりにしてしまったのです。私たちガイドとは、あなたがなりつつあるもの、そしてまたすでにあなたがそうであるものと考えてよいでしょう。さらに、あなたはそれ以上でもあるのです。ですから、自己のガイドに敬意を払うなら、そのガイドとは自分自身なのだと気づきなさい。ただ、あなたという存在の中の肉体に転生している部分は、ガイドとして現れている部分よりも物忘れがひどいのです。それがあなたとガイドの間の唯一の違いです。そして私たちはつねにここにいてそのことをあなたに思いださせ、シンクロナイズした状態へと導くのです。それが私たちの仕事の本質であり、それがあなたと私たちが地上にもたらす贈り物です。

あなたが自己のヒーリングの過程に従って進む時には、自分自身とともに歩んでいきなさい。私たちはあなたの隣を、そばを、また内を歩みます。自分という創造の波を通り抜けていきなさい。自己の内なる創造の力がなにをもたらすかを知った時、あなたはさぞ驚き喜ぶことでしょう」。

創造の波のパルスと同調して行なう自己ヒーリング

ヒーリングも健康維持も、創造の波に意識的に気づいてそこにとどまれるようになることを意味する。形を現しつつある今この瞬間のうちに完全に存在すること、一瞬一瞬において真の自己であることを意味する。そうすれば、人生のパルスが創造エネルギーの四段階を流れ上ってゆくのに意識的に従うことができる。また、そのパルスがＨＥＦの各レベルを一つ一つ通ってゆく一瞬一瞬に、ともにいることができる。

この章の終りに、ヒーリングスクールの一九八九年度が終わる頃にヘヨアンが行なったメディテーションを掲げておく。これは意識をしっかりと創造の波とその流れに位置づけ、自己を自己という存在の中心へと導く。自己の中心とは生に満ちた、創造的で自由なものであり、人はそこにおいて生のパルスそのものとなる。

開きゆく自己——ヘヨアンからのチャネリング

「あなたの本当の姿を奏でる自己の内面の音楽に耳を傾けなさい。光が自己の内に、肉体の細胞の一つ一つに湧きいずるのを感じなさい。大地につながり、自分が今ここにあることの目的を感じなさい。今この瞬間にあなたの前に置かれている使命とはなんでしょうか。ここにやってきた理由はなんでしょう。そして、自己という存在が形をとりつつある今この瞬間において学ぶべきことはなんでしょうか。次に来るのがなんであるかと考えるよりも、自分自身を自己の中へ、まさに開きつつある瞬間へと導き、そしてそっと細胞の一つ一つの中に座りなさい。その細胞がある肉体はあなたがなりたいと願う姿ではなく、今この瞬間のあなたの本当の姿です。

拡張、静止、コミュニオン、そして内面への収縮という段階を通りながら、その波にどこまでも乗っていきなさい。その途上で痛みの層をみつけるかもしれませんが、そのまま、インナーチャイルドへとたどりつくまで乗り続けなさい。その子供の手をとったなら、さらに存在のコアへ、自己の個人性深くへとたどってゆきなさい。コアの奥深く、自己の内に存在する大いなる「無」の中へと歩んでいきなさい。この偉大な無を経験するのです。それはあなたの可能性を示すものです。この無の内には、すべての生命がパルスをうっています。振動しています。満ちています。けれども、まだ生まれてはいません。ここには大いなる平和が在ります。この内面の無の内に至福を抱いて座りなさい。この無は空虚ではありません。たとえ人格のレベルからはそのように見えても。この自己の内なる無の中に入っていけばそれだけ、いっそうの生をみつけることができるのです。あらゆる執着を手放して、この内なる中心点の安心と恵みにひたすら身をまかせなさい。

無と見えたものから動きが生じたら、そこから外面に向かって拡張していく生のパルスに乗りなさい。生のパルスは「無」を形をなした生命で満たしつつ、理知で満たしつつ、外へと向かいます。こうして外へ、上へと向かう時、生のパルスが自己のHEFの各レベルを流れ動いていくのを感じるでしょう。やがてふたたび心が機能し始めるレベルがあり、さらにHEFのあらゆるレベルと、そこにおけるすべての個人的経験を通っていきます。あなたは開きつつある生を経験しているのです。これは創造へと到る過程です。この拡張は外部に向かって無限に続いていきます。可能な限り遠くまで、自己の意識をこのパルスに乗せていきなさい。このパルスは宇宙の果てまで届くことができます。それを限るものは、あなたのイメージ的結論だけです。意識をこのプロセスに向けるのです。自己の存在が広がったら、三百六十度全方向に向かって、できる限り遠くまでとどかせなさい。無限の宇宙へと手をのばすのです。

そこにおいてこそ、自己の外部にあると思われたすべてのものとの間にコミュニオンが生まれるのです。融合が起きるのです。その内に座しなさい。そうしてふたたび自己の創造の波が自らの内に向かい始める時には、ただそれに従ってもどっていくのです。

この拡張と収縮はあらゆる瞬間に起きています。幾重にも重なる拡張・静止と収縮・静止のパルスです。パルスには速いもの、ゆっくりのものがあり、意識を通しては決して気づくことのできないパルスもあります。考えることでは理解できないのです。

こうしてふたたび自己の内面に向かって旅を始めると、またHEFの各レベルを通っていくことになります。外の世界で学んだことをこうしたレベル、つまり自己の人格のレベルを通って持ち帰ると、この新しい贈り物が自己の個人性に光を投げかけます。そして自己の中でネガティブなイメージ的結論の内に停滞していた部分にも、光がもたらされます。最初にこうしたことが起きる時には、しばしば苦痛を経験するでしょう。というのは、それが記憶を甦らせ、浄化されていないエネルギーと意識を目覚めさせるからです。はじめのうちは、HEFの感情レベルを通るたびに感情の痛みを経験するでしょう。しかし流れを止めてはいけません。人生で経験したすべての失望、恐れ、悲しみ、嘆き、悲嘆に光をもたらし続けるのです。

光と自己がありとあらゆるものと一つであるという理解を持って内面へと向かうパルスに従い続けると、あなたはやがて痛みと一つになるでしょう。またこの痛みに関係する人々と一つになります。こうして、あなたの人生にこの苦痛を生みだした出来事に関与した人々と自己との間に存在すると見えた二元性が溶けさって、愛が生まれるのです。コミュニオンは愛を生みます。苦痛と恐れの中にいっそう深く入っていく時、このコミュニオンをめざしていくことで愛を創りだすのです。インナーチャイルドに届けられて足元に置かれると、この愛はインナーチャイルドの原初の傷に触れ、傷は癒されます。パルスはさらにコアスター、すなわちあなたの本当の姿のエッセンスへと下り続けていきます。あなたはふたたび無の内に座りますが、内面の光にいっそうの光をもたらしたのです。恵みの母の内にただ座りなさい。この母の恵みによってあなたは偉大な母とコミュニオンの状態にあり、そしてふたたび愛が生まれます。

しばらくたつと、ふたたび外面に向かう動きが始まります。インナーチャイルドは今、満ち足りるまで愛を与えられました。内面の杯が溢れると、この子供は動きだします。愛から生まれたこの子は、自らの足で歩み、個人としての自分自身を、またその肉体を感じます。自分が経験する肉体的感触を心地よいものと感じ、愛します。自分自身に対していっそうの愛を感じることができ、自己とその価値を理解します。自分を価値ある者と感じることで、他者に対する愛をも感じることができるのです。他者を愛することで、逆に他者からも愛を受け取り、また認めてもらうことができます。愛に満ちた形で自己を認めてもらうことで、勇気が生まれます。このようにインナーチャイルドの意識が神聖な意志を通して拡張すると、自己を全体的な存在として経験し、また自らの神聖さを感じて、スピリチュアルな陶酔に入っていきます。これによって、完璧なパターンと神聖な理性の知識へと導かれるのです。そして自己の外に向かって、父なる宇宙の果てまで広がっていきます。そしてふたたび融合の状態に近づきます。内なる自己は、形として顕現した宇宙の中を動いていくのです。その動きにつれてさらなる生命を創りだします。個人となった自己が宇宙のために形を与えた贈り物を携えて。

これが創造のプロセスで、二元性を溶かしさります。そしてあなたは世界を自己のまわりに創りだすのです。拡張、静止、外なる宇宙とのコミュニオンというプロセスを経て。収縮、静止、内なる個人性とのコミュニオンというプロセスを経て。

開きゆく自己——それがあなたなのです。

おわりに

本書では、人が自己の現実を創りだすことについて、またそのことと健康の関係について、さまざまなことを語ってきた。どのように創造エネルギーが自己の創造のコアから発せられるかということや、創造の衝動が喜びから始まることについて説明してきた。創造のエネルギーの波がコアから物質世界に到る過程で通る道筋についてもとりあげた。この創造エネルギーが遮られることなく純粋な形で物質世界に顕れてくると、健康や幸せや喜びや満足感がこの人生に創りだされることも示した。遮られたりブロックされたり、あるいは歪められたりすると、ネガティブな経験と病気が生みだされる。病気とは創造力がブロックされたことの結果である。病気はブロックされた創造性なのだ。

個々のネガティブな経験は人生のレッスンであり、人を自らの真実に導くよう設計されている。個々のネガティブな経験はそれぞれヒーリングの一つのサイクルとみなすことができる。このサイクルが、長い間忘れてしまっていた自己の深いレベルに人を導く。

コアに発する創造エネルギーが自ずとストレートに湧き上がってくれれば、人生にいっそうの喜びを創りだす。いったんわき道にそれると、ヒーリングのサイクルを創りだす。必ずどちらかなのだ。人は、自己のコアエッセンスを喜びと楽しみのうちに完全に表現している。さもなければヒーリングのサイクルにいる。後者においてはいっそう意識的な自己認識がもたらされ、すると、遠回りをしながらもやがていっそうのコアエッセンスを表現することが可能になって、さらなる喜びと楽しみを人生に創りだす。これが九〇年代の新しいパラダイムだ。

スピリチュアルなレベルでみれば、今この瞬間における我々の選択肢には愛と恐れしかない。この選択は、人が意識していてもいなくても、人生のあらゆる瞬間に行なわれている。自己を防衛システムでとりまくか否かという選択であり、他者とつながりつつ個人化するのか、つながることなく切り離されたままでいるのかという選択でもある。愛を選べば、自己のコアエッセンスは光り輝いて顕れる。今この瞬間にそれを選択できないならば、次の選択肢は、自己の置かれた人間としての条件をありのままに受け入れ、新たなヒーリングのサイクルないし人生のレッスンを通していっそう自己についての認識を得ることである。

どちらを選ぶかに優劣はない。さらなるヒーリングのサイクルないし人生のレッスンをくぐり抜けることを選ぶのもまた、敬意を表するに価する選択だ。あなたが物質世界にいるということ自体、ヒーリングのサイクルをくぐり抜けるという選択をした結果なのだ。この世界にいるには勇気を必要とする。それを選んだ我々は誉むべき勇敢な存在なのだ。ヘヨアンは言う。人間がこの世界に存在するのはひとえに、一瞬一瞬、ここにいることを選び続けているからだと。自己の外から神にそう仕向けられたり、過去のカルマに余儀なくされたりしているのではない。我々はこの人間に与えられた条件を選んでいるのだ。人間に与えられた条件により、進化の現段階では、人はつねに自己のコアエッセンスを表現する方を選択し続けることができるとはかぎらない。どうしたらそうできるかをまだ知らない。まだ永遠の愛を学んでいない。しかし間違いなくそれに取り組んでおり、見通しは明るい。人生という旅はくぐり抜けるに価すると決めたので、人はここにいるのだ。あらゆる人が自己を成長させたいと望んでいる。皆が真の自己を学ぶためにここにいる。ごく微視的に見ても、巨視的に見ても。

光をコアスターという源から顕れさせる。それがヒーリングの過程である。真の自己のエッセンスを肉体のあらゆる細胞を通して輝かせれば、我々はいっそう健康に、幸せになる。

付録　1――リチャード氏のヒーリングセッション

ヒーリングがどのようなものかを示す例として、ある医師を対象にしたヒーリングセッションを選んだ。彼をリチャードと呼ぶ。私は通常、患者に問診表に記入してもらい、またセッションの前に問診を行なうが、リチャードは私のヒーリングに好奇心を抱いていたので、自分の健康についての情報を事前にいっさい与えてくれなかった。HSPとヒーリングが正確な情報を与えてくれる有効なものかどうかテストしたのだ。彼はこのヒーリングに満足し、セッションの録音テープを書き起こしたものを自分の主治医、ジョージ・サラント氏に渡した。サラント医師は、医学テストの結果と医学的診断を私がセッション中にHSPを通してリーディングした情報と比較して、手紙をくれた。その手紙も添えておく。

リチャード氏のヒーリングセッションの筆記録

（リチャード氏と私は向かい合って、一・八メートルほど離れて座っている）。

私「下半身をもっと強める必要があります。特に第一チャクラと下腹部。糖の代謝もちょっと弱まっています。甲状腺の機能が低下しているし、肝臓も浄化した方がいいですね。小腸の栄養吸収機能にも問題があるようです。本来可能なよりも効率が下がっています。便秘気味ですか?」。

リチャード「いいえ」。

私「尾骨にもう少し柔軟性が必要です。呼吸する時には後頭部と尾骨が動くものです。尾骨が硬いことが、下半身が本来可能なほど強くない理由の一つです。これについてはご自分の性格構造の面からもきっと取り組んでいらっしゃるでしょう(性格構造とはバイオエナジェティクス療法からの用語で、肉体の物理的構造を心理的構造に関連させる)。しかしこの弱さの一部は尾骨からきています。十分な柔軟性がないのです。これを治療します。第五チャクラと第一チャクラがマゾキスト性格からの影響を主に受けています。私としては第三チャクラの問題を中心に治療します。これは子供時代の経験からきており、サイコダイナミクスの視点からみて言えば、どう他人と人間関係を結ぶかに関係しています。第三チャクラには両親との関係についての古い問題が残っていて、この部分を体の中で最も弱くしています。あなたには体の中を見ることを学ぶのはそんなに難しくないと思います。第三の目がかなり開いていて、たくさんのエネルギーが集まっています。試したことはありますか? なにか見たことがありますか?」。

リチャード「ぼんやりとした輪郭だけです。それだけ。時になにか見えることもありますが、それが本当かどうかはわからない」。

私「それを教科書で見たのか実際に体の中に見ているのかを区別するには、教科書には載っていなかった異常を探すことです。解剖をしたことがあるでしょうから、それで見たものとも区別する必要がありますね。でも体を見続けていくと、じきに以前見たことがないものにぶつかります。これが助けになります。

これが正常かどうか知りませんが、甲状腺の右側が左側より少し小さいですね。ネクタイを外してもらえますか？　ちょっと見にくいので。心臓の生理的機能はどうかチェックしています。ストレスにはどう対処していますか？　長時間働いていますか？」。

リチャード「特になにもしていません。生理的機能になにか異常が見えますか？」。

私「今は特に見えません。もっと深く入ってみましょう……ストレス下にあるのはわかります」。

（心臓をHSPで調べている間がある。まだ、患者に面して一・八メートル離れた状態）。

私「心臓を見ていますが、問題は実際には後ろ側、下側の右心壁ですね。それがちょっと……筋肉が硬くなっているように見えます。後でもっといい言葉を探しましょう。（この時点では相手を心配させたくないので情報を伝えるのを控えている）」。

（リチャード氏は治療台に横になりヒーリングが始まる。しばらく間がある）。

私「今やっていることについて少し説明しましょう。これは『光の手』には書かれていない技術で、HEFより深いレベルでヒーリングを行なうところです。私はこれをハラレベルと呼んでいます。マーシャルアーツの武術家が使う用語で、あなたもご存知なのではないですか。これから丹田と呼ばれるポイントを強化します。

参考のために言いますと、便秘について訊ねた理由は、体液のバランスになにか問題があると考えたからです。

ＨＳＰで見ると、ハラヒーリングを行なうと下半身全部が柔らかくなり、ある意味で溶けてしまい、それから自然に再形成されるのです。右側の仙腸関節がずれていますね。今治しているところです。関節の前の方が押し込まれています……」。

（間）

私「今やっているのは、ここに鍼灸の経絡があって、そこまで上っていて、それをチャージしようとしているのです。……こんどはちょうどこの部分の靭帯をいじります。さあ第二チャクラがチャージされ始めました。

第一チャクラをＨＥＦの金色のレベル、つまり第七レベルで再形成しました。第一チャクラは尾骨にまっすぐ入っており、尾骨と仙骨とを結ぶ関節に収まっています。ここはエネルギー不足で、それが仙腸関節から体の右側、上までずっと続いています」。

（間）

私「今は胆嚢にヒーリングをしています……そこから第三チャクラのあたりに移るところです。肝臓はそれほど悪くはないですね。思っていたよりきれいに見えます。ここの裏側にある部分、肝臓の後ろ側の内部が停滞しています……。

今やっているのは、胆嚢に蓄積しているものを少し吐きださせようとしているのです。HEF（ヒューマンエネルギーフィールド）レベルでは、たまっていたものが放出されました。しかしかならずしも肉体レベルでも放出されるとは限りません。一晩したら反応が出ると（ガイドが言っているのが）聞こえます。普通はヒーリングをしながらこんなふうに説明はしないのですが、あなたは医師なので。

今は第三チャクラに第四レベルでヒーリングをしています。

兄弟がいますか？　それとも十二歳くらいの頃にとても親しかった人が？　その人が亡くなるか、なにか起きませんでしたか？　木から落ちた？　なにかの喪失があったはずです。それが体の中のここにとり残されている。停滞している部分です。兄弟のようですね。このトラウマが第三チャクラの中のこのボルテクスに影響し、それがはねだしてぶらさがっているのです。これは面白い。これと同じ状態は二度ほど見たことがありますが、いつも太りすぎと関係しているのです（リチャードは太りすぎだった）。でも、友人か兄弟に関係した形というのは初めて見ます。これは心理的には父親に関係していますす（第三チャクラの右側）。それからこれはすべて母親（第三チャクラの左側）。私に見えるものからすると、お父さんとの関係はお母さんとのそれよりずっと健全なものだったようですね。ここには（エネルギーレベルで）もっと取り組む必要のある問題があります。

今は、この部分全体を軽く一つにまとめているのです。第三チャクラがここで裂けています、膵臓の近くで」。

リチャード「それは母親との関係からの問題ですか？」。

私「ええ。今はちょうどこの部分に移って、エネルギーレベルで全部を一つに編み直しているところです。長く時間をかければかけるほど、深くまで届かせることができます。今は全体を軽くまとめて、HEFの第一レベルで基本的な編み直しを始めたところです。体の中までエネルギーが編まれるのを感じるかもしれません。それからこの部分を強化しています」。

（間。太陽神経叢の膵臓のあたりにトーニングをして、ヒーリングサウンドを送る）。

私「今度は第二レベルにもっと影響が届いています。第二レベルが軽くなって、というか、甘美な感じになっていきます」。

（ヒーリングを終えて沈黙のうちに部屋を出る。リチャード氏は十五～二十分ほど休む。部屋にもどって行なわれたことについて話す。通常はセッションについてこのように詳細な説明は行なわれない。この場合、リチャード氏が医師であったので、より長く詳しい説明がなされた）。

私「第三チャクラを再形成して、それに対応する体のエネルギーを再活性することで、ハートチャクラのあたりが楽になるはずです。ハートチャクラは二つ分の仕事をしようとしていました」。

リチャード「ハートチャクラのまわりになにか見えますか？」。

私「ええ、言わなかったことがいくつかあります。まず、膵臓の弱さが左の腎臓に影響していました。すべての臓器は深いレベルで、健康のリズムにシンクロナイズしてパルスをうっています（病気の状態ではシンクロナイズしていない）。先月、私はある学生と、肝臓移植を受けた患者の治療をしましたが、すべての臓器のパルスを再度シンクロナイズさせる必要がありました。あなたの膵臓はパルスが乱れていたので、それを肝臓に、そして腎臓に合わせる必要がありました。まるでエネルギー的に引っぱり上げられ、腎臓にくっついているようでした。もちろん肉体的にではありませんが。その箇所をヒーリングした時に元にもどしました。

心臓は（エネルギーが）停滞していました。左側が右側よりもっとエネルギーがあるようでしたが、主な原因は心臓ではありません。下位のチャクラが弱いために、ハートチャクラが過剰に働いて埋め合わせをしようとするためです。私のガイド、ヘヨアンはこう言い続けていました。『患者につながりを結ぶ時には、ハラと下位のチャクラに意識を向け始める必要がある』。深いレベルでの心臓の弱さと停滞の理由は、第三チャクラが裂けて破れていたことです。ここからエネルギーを流して、過剰に埋め合わせようとしていたのです。ここを通る経絡があると言ったのを覚えていますか？

心臓の右側は左側よりエネルギーが少なかったのです。それでエネルギーをそこに動かしました。ですからその部分に停滞感があったとしても驚きません。もう一つは、もし不整脈について心配しているなら、その原因は普通医学的に考えられるものではなく、第三チャクラに関係しています。これは普通の医学的見方でないのはわかります。もちろん、コレステロールとか脂肪といった、一般に言われる要因も見えます。こういったものもいくらかは関係しています。

でも心臓自体は、下部の臓器と体の代謝、それに下位のチャクラに支えられている時には、良好なはずです。ですから私が勧めるのは、下半身を本当に強めることです。第三チャクラと第四チャクラは完全に再形成しましたから、違いが感じられるでしょう。それからハラと丹田にたっぷりエネルギーを入れ、尾骨も修復しました。病院で働いている時は、足に意識を向け、ハラをしっかり感じてそこにつながりを持ってください。ハートと太陽神経叢だけから患者につながるのでなく、ハラを強めるのです。ハートと太陽神経叢のチャクラを使うのはよいのですが、その上にいわばキャップをつけなくては。自分を保護するキャップを想像してください。以上です。

ほかに質問がありますか？」。

リチャード「私の構造は……上が重いですか？」。

私「性格構造的にですか？　そうですね。マゾキスト的なサイコパスです」。

リチャード「それで、流れがないというか、エネルギーが上にかたよっていて胴体に停滞しているのですね？」。

私「ええ」。

リチャード「肉体的には、二年前に心臓発作をやりました。私のハートが二つ分の仕事をしているというのはどういう意味ですか？」。

私「二つのチャクラという意味です。ハート（第四）チャクラは第三チャクラの仕事もしていたのです。心臓の後ろ側の筋肉が……ほとんど老化しているとしか言えない状態でした。でもそれはずいぶん否定的な表現だったので、言いたくなかったのですが、でもこの筋肉がまるで……人間が年をとると筋肉の結合組織が失われて筋っぽく硬くなるのをご存知でしょう？　右側の室の裏側がそんなふうに見えたのです、段ボールのように。それでわかりますか？」。

リチャード「瘢痕組織ですね」。

私「そうです」。

リチャード「心臓専門医が言ったのです、心臓の内壁がうまく動いてないと。硬くなっているのです。瘢痕組織、つまり心臓の筋肉が死んでいるんです」。

私「そちらの側だけ、それとも心臓全体ですか？　上部の方はずっとよいように見えるのですけど」。

リチャード「右心房の底の方の内壁が硬直しているのです。というのは……」。

私「右側の後方に見えます」。

リチャード「（心臓の後部、私が見ているのと同じ箇所を指しながら）これが瘢痕組織で、活発に収縮しないのです。しかしあなたは、問題は本当は心臓より体の下の方にあると言うのですね?」。

私「原因は太陽神経叢あたりの弱さ、糖の代謝機能の低下、この(第三)チャクラ全体が破れていること、そして本来丹田にある自分の力に本当に頼ろうとしないことです。太極拳のような運動は力を再配分してくれるので、大変いいのです。よくないのは、患者とつながりを結ぶのにハートを通しすぎること。というのは体の下の部分の弱さのために(ハートチャクラが)すでに過剰労働になっているからです。これが私が気づいたことです。

で、二年前に心臓発作をやったのですね?」。

リチャード「手術を受けました」。

私「手術? それは見逃しました。バイパス手術ですか? じつは私が見たのは、おかしなものでした。まるで大動脈全体がこっちに(右側に)ぐっと押し寄せられたふうでした。それを(エネルギーレベルで)押しもどしたのです。大動脈に沿ったエネルギー全体を左側に押しもどしました。多分手術の間に移動したのだと思います」。

リチャード「多分そうでしょう」。

私「それで、心臓の右側と左側で(エネルギーに)こんなに差があるんです」。


それぞれの臓器はHEF(ヒューマンエネルギーフィールド)の構造中の適切な位置に保たれているが、手術はしばしば臓器をその位置からずらしてしまう。もし臓器がマトリクス(鋳型)構造に適切にはまっていないと、適切に機能するのに必要な生命エネルギーを受け取れない。これはやがてその臓器の機能異常を引き起こす。というのはエネルギー体は、細胞や臓器が滋養を受け取り成長するためのエネルギーのマトリクス構造として働くからだ。したがって誰でも手術を受けた時には、肉体の臓器をエネルギーレベルの臓器の位置に合わせ、エネルギー体を肉体と再度整合させる必要がある。この例でも、これを患者の大動脈に行なった。

残念ながら、リチャード氏にヒーリングを行なった時点では、私はちょうどヒーリングスクールの仕事と著作の時間をつくるために個人セッションをやめるところだったので、彼の状態をもう一度見ることはできなかった。ヒーリングを続けていたらどのような進展が見られたかがわかれば、さぞ興味をそそるものであるにちがいない。

私はサラント医師に、リチャード氏の健康の医学的所見について手紙を書いてくれるよう頼んだ。私のリーディングと比較できるようにするためだ。以下はその手紙である。

ジョージ・サラント医師からの手紙――リチャード氏のヒーリングセッションについて

これまで、ヒーラーと医師の関係は特に実りのある、あるいは生産的というものではなかったが、組織的医療と非正統的ヒーリング体系の関係の歴史はもっとひどいものだった。私が医学生の頃、教師やクラスメートがヒーラーや他の（西洋医学以外の）医療体系について、嘲笑的でさげすむようなコメントをしていたのを覚えている。しかし私は、この伝統的な態度はやわらぎつつあると思う。患者をほかの医療の治療家やヒーラーに送る医師がでてきているし、自分自身ヒーラーとなる医師さえ現れている。その中ではノーム・シーリー医師、バーニー・シーゲル医師、ブルー・ジョイ医師などの名が（多数の中から）思い浮かぶ。

私はいくつかの理由で自分の患者リチャードをバーバラ・ブレナン女史のもとに送った。リチャード自身、医師であり、私同様、非正統医療であるヒーラーとヒーリングに非常な興味を持っていた。リチャードの病歴は、三十七歳で重症の下位壁心筋梗塞［著者注：心臓発作］を患い、冠状動脈バイパス手術を受けていた。また梗塞により右心房にかなりの損傷があった［著者注：上記のリーディングにそのひどさが示されている］。リチャードの父親も三十八歳で死亡していた。病気の間、リチャードは、自分の感情と状況の泥沼から抜け出る道はないかのような絶望感を味わっていた。そして自分の病気について異なる視点を得ることに興味を持っていた。

我々は、ブレナン女史に会うに際して最高の方策は前もってなにも話さず、彼女がどのようなことをみつけられるかみることだと決めた。彼女のリーディングは実に驚異的であり、畏れいったと言ってもよい。「ああ、心臓発作をやりましたね」とは言わなかったものの、リーディングは有効な、かなり驚くべき情報、つまり虚血により損傷を受けた心筋についての記述をもたらした。つまり冠状動脈梗塞を患った心臓の様子を記述した。心機能の停滞と、心臓の深くにある弱さと詰まりを記述した。彼女のコメントで非常に興味深いのは、心臓の左側が右側よりずっとエネルギーがあるというものだ。事実、リチャードは左右の心室の筋肉に損傷を受けていたが、右心房にも損傷を受けていた。右心房は最もひどく損傷し、女史が見たのはおそらくこれだろう（「右下の室が……筋っぽく硬くなっている」）。解剖学的には、心臓の背部を見ればもっぱら右心房と心室からなっている。誰かの背中を透して心臓を見ることができたなら、もっぱら右心房と心室を見ることになる。そしてこの筋っぽく硬い部分は、まさに彼の損傷した右心房と心室だった。これを知ることができたからには、ブレナン女史が肉体の内部を見る能力を持っているとしか考えられない。

リーディングの他の面も同様に印象的だ。女史は「糖の代謝機能のバランスが少し乱れている」と強調したが、興味深いことに、これはリーディングの二年後まで臨床的に問題化しなかった。リチャードは現在、実際に第二種の真性糖尿病を患っている。病気が臨床レベルに達するまでのこの明らかな遅れは、おそらくエネルギーフィールドの治療に派生するものかと推測してみるのは興味深い。また当時リチャードは知らなかったが、生化学的テスト値の結果から、彼の肝機能はわずかに低下をみせているのが窺えた。肝機能のテスト値はわずかに、ないし中程度に上昇しており、女史のコメント（「肝臓の浄化が必要」）を裏付けている。甲状腺機能低下についてのコメントは裏付けることができなかった。彼の甲状腺機能のテスト結果は生化学的にずっと正常である。

リーディングの他の部分は、内容の大筋は正しいが詳細が不正確である。これらのリーディングのあるものを夢、あるいはある人々がテレパシーで受け取る情報と比較してみるのは興味深い。これらは時にほとんど正しい。つまり報告される情報は全体的には疑いなく有効だが、詳細の一部に食い違いがある。

たとえば、リチャードが十二歳の時に兄弟が死んだのではなく、九歳の時に父親が亡くなっている。しかしリチャードは自分と父との関係は兄弟のようだったと認めている。私には、リーディングのあるものについては特定の部分についてもう少し分析とリサーチが必要だと感じられる。女史は右心房と右心室の解剖学的および生理学的記述については完全に正しかったが、左心室についてはとくにコメントをしていない。これは左心室が胸部で側面方向により押し込まれたようになっており、見にくいためか？　これは検討に価する疑問だ。

バイオエナジェティクス的視点からみれば、リチャードの横隔膜は確かに硬く痙直性である。つまりかなりひどい横隔膜のブロックがあり、これを女史は確かにみつけ、詳しく説明している。心臓の停滞がこのブロックに関係するとコメントしているのは興味深い。

私は、医師がヒーラーの手助けを最大限に活用するためには、心をオープンに保ち、以下のことを心に留めるべきだと思う。すなわち、医師だけが病気についてすべてを語る資格を持つものではない。我我は一種の謙譲さを持ち、心をオープンに保たなければならない。

リチャードはリーディングについて面白いコメントをしている。彼は驚くほど、また深くこの経験によって動かされた。しかし意識的にはリーディングのどこが、あるいはなぜ、そんなに感動的だったのかがわからないでいる。彼は私に、リーディングの数時間後、非常に疲れて一時間ほどの仮眠を必要としたが、それは鍼灸治療の後の疲労に似ていたと語った。

私は医師とヒーラーが、さらにより頻繁に協力し相談しあうようになることを願っている。誰もが、このような協力から多くのことを得られる。

付録2――バーバラ・ブレナン・ヒーリングスクール（BBSH）について

BBSH（The Barbara Brennan School of Healing）は、ヒーリングサイエンスの分野での専門教育機関として、各方面から高く評価されている。一九八二年の創立以来、本校には、医師、看護婦、鍼灸師、物理療法士をはじめ、さまざまな背景を持つ学生が、ヒーリングサイエンスについて学ぶために世界五十箇国以上から集まってきている。

二〇二二年に創立四〇周年を迎えるBBSHは、米国のフロリダ校（四年制とアドバンススタディー【ASBIW】二年制と教職過程一年制全工程受講可能）と英国オックスフォード校（フロリダ校同様全工程受講可能）の他、カリフォルニア校（一年度～三年度）ニューヨーク校（一年度のみ）、フランス校（一年度のみ）、ドイツ校（二〇二一年度開校、一年度のみ）、コロラド校（二〇二一年度開校、一年度のみ）、そして日本校（四年制、ASBIWも将来行う予定）の八校がある。オンラインやハイブリッドを採用して、独特なやり方で学びの場を提供している。

詳細は、ＢＢＳＨの公式ホームページ　www.barbarabrennan.com を参照してください。

日本での問い合わせ先

電話：（ただし、応答は英語のみ）＋1-561-620-8767
Fax: ＋1-561-431-0877
E-mail：bbsh.japan@barbarabrennan.com（日本語でも対応可）
営業時間：月曜日～金曜日、08:30-16:30（アメリカ東部標準時間）
ボイスメールは24時間受け付けています。
アメリカの休日／祝祭日はオフィスは休みです。

訳者あとがき

本書はバーバラ・ブレナンの前著『光の手』に続くヒーリングの実践書である。前著が基本的にヒーラーのための教科書として書かれ、そのため一般の読者にはやや難しく感じられる部分、また実際にヒーリングの教師につくことなしには幾分実習しにくい課題などがあった。これに比べ本書は、あらゆる階層の読者が自己ヒーリングに取り組むための多様なノウハウ、エクササイズなどを満載している。このせいもあって、本国アメリカでもベストセラーであった前著をさらに凌ぐ売行きを示し、また前著同様、各国語の翻訳があいついでいる。現在までに十八か国語で翻訳出版され、著者のオフィス調べでは、世界地図にある百数十か国ほぼ全部の国から読者の賛辞が届いているという。

本書では、前著には含まれていない新しい知識とより高度のヒーリング技術についても触れられているが、とりわけ日本の読者にとって興味深いのは「ハラ（腹）」ラインと「丹田」についての情報ではないだろうか。これは気功や武道関係の人には馴染みの概念だと思うが、ハラや丹田が「エネルギーフィールドよりさらに深いレベルに存在する」ことを指摘し、その具体的形状や色、ハラや丹田の歪みと病気の具体的関係、そしてそれに直接ヒーリングを行う技術などについて取り上げたのは、本書が世界で初めてではないかと思う。

これは、理論研究でも実際の治療能力の面でも、世界のトップヒーラーとして欧米で広く認められている著者にしてはじめて可能となった、いわば世界最先端のヒーリングガイドである。物理学者ならではの科学的視点と、二十年に及ぶキャリアから生まれた豊富かつ詳細な臨床観察、同時に著者の深い人間愛と魂の智恵に貫かれた本書は、日本ではまだ馴染みの浅い「ヒーリング」(肉体・知性・感情と魂を癒し統合するための技術と方法論)についての理解と認識を広めていくための大きな礎となるだろう。

訳者は、著者のヒーリングスクールの四年制課程を卒業、ヒーラーとして認定を受け、同時に同スクールの教師に抜擢されるという幸運に恵まれた。その過程を通し、これまで何十回となく著者の講義を聞き、また本書に書かれてある内容を体験、実習、実践、指導してきた。翻訳にはその経験を生かし、単に言葉として英語を日本語に移すだけでなく、記述されている経験や内容の本来の意味が伝わるよう気を配った。同時にできるだけ平易で理解しやすい表現を用いるように努め、明らかに日本の読者には馴染みのない概念(とりわけ心理プロセスの分野)については、必要に応じ、文意を損ねない範囲で補足的な表現を用いた。著者により使用されている心理プロセス用語および概念はおおくが、パスワーク(Pathwork)およびコアエナジェティクス(Core Energetics)からのものである。今後、本書の補足テキストともなるパスワーク関連の書なども、日本で紹介されていくことを望みたい。

翻訳作業は、ヒーリングスクールの仕事、頻繁な出張、加えて担当患者の治療というせわしないスケジュールをぬって行なったため、完了が当初の予定より大幅に遅れた。とりわけ河出書房新社の川名昭宣編集部長には最初から最後までご迷惑のかけ通しだったが、本当に辛抱強く対応してくださり、まことにお世話になった。編集・校正を担当してくださった海保なをみ氏とともに、深く感謝を申し上げたい。

そしてなによりも、この七年来私の師であり、つねに深い愛と身に余る厚遇を与えてくれたバーバラ・ブレナンに愛と感謝を捧げる。七年前、スピリチュアルな世界一切に対して幻滅の底にいた私の手をひっぱりあげ、もう一度、人間というものを精神と物質のバランスのとれた視点から見ることを教えてくれたのは、彼女だった。

最後に、本書でとりあげられている心理プロセス概念の中で、日本の読者に誤解され易い、または抵抗を覚えさせると思われる点について少し付け加えておきたい。

ヒーリングにおける心理プロセス(「パーソナルプロセス」と呼ばれる)では、一般の心理療法同様、基本を両親との関係に求める。それは、子供が初めて人間関係を学ぶのは両親との関わりを通してだからだ。そして両親との関係が以降のすべての人間関係の原型となっていく。しかしこれは、自分が現在抱えている人間関係上の問題すべてが「両親のせい」であるということではない。「両親が自分を充分愛してくれなかった、必要なものを与えてくれなかった、だから自分はこんなふうだ」と短絡させてはいけない。

心理プロセスの初期にはもちろん、自分の子供時代の環境を主観的にふり返り、親との関係においてどのように自分が傷ついたか、満たされなかったかを見つめ、そこにある感情を探っていくことが必要だ。しかし、いったん子供の頃の心の傷を認めることができたならば、大人としての自我を通し、心理療法士やヒーラーの助けを借りながら、それを癒していくことが可能になる。そしてたゆみない自己ヒーリングの過程に取り組み、やがて自己を無条件に受け入れることを学んだ時、真の意味で自分の両親をも、人間としてありのままに受け入れることが可能になる。「欲しかったものを与えてくれなかった」のではなく、その時点のそれぞれの立場から、親として、人間として、どれほど精いっぱい生きようとしていたかを見ることができるようになる。これは単に「自分を生んでくれた人たちだから有り難い」といった東洋的な「恩」の感覚とも異り、はるかに深いレベルで親を受け入れ、理解し、なにより一人の人間として愛することを可能にする。

そしてこの段階に達することができた時、それまでは不幸なものに思えた過去の子供時代の記憶さえもが、変わってゆく。これは思い込みではない。記憶の質に、エネルギーレベルで実際に変化が起きるのだ。ヒーラーの目にはその変化が見える。そして無秩序で不条理な、ばらばらの過去の経験と思われたものが、どれほど密接につながりあい全体として完璧な形を織りなすかを、肌で感じることができるようになる。その中では両親の「不完全さ」さえもが、現在の自分を完璧に形作るための最高の条件であったことが実感される。

それを単なる頭による理解ではなく、体験を通して自己の内から生きることができるようになった時、自分を取り巻く世界は変わる。一つまた一つと人生の扉が開いてゆき、思いもかけなかったような形で恵みが降りそそぎ始める。決して手が届くことはないと感じていた夢にさえ、実際に手を伸ばすことが可能になり始める。そして「生」自体によって、またこの世界によって、自分がどれほど愛されているかを感じるようになる。これが、ヒーリングのパーソナルプロセスが与えてくれるものだ。

そしてその影響は自分一人にとどまらない。自分自身の中で確かな変化が起きる時、その変化はホログラムのように、まわりにいる人々にも影響を与えていく。自分と家族や配偶者、親しい人々は、つねにエネルギーのきずな（コード）で結ばれていることを思いだそう。このきずなは時間や空間に影響されることなく、人々を結びつけている。この意味で、人が自己のトランスフォーメーションへの道程を歩み始める時、それは身近な人々への最高の贈り物ともなりうるだろう。

そこまでに到る道はかならずしも平坦ではないし、一朝一夕になるものでもない。大部分の人にとってはそれは何年もかかる旅路だ。しかし、それは可能なのだ。そしてそれはまた一人で歩まなければならない道程でもない。本書でも繰り返し指摘されているように、ヒーラー、教師、心理療法士、友人、家族、それぞれから得られる形で支えを求めるべきだ。

とりわけ、本人自身このような深いパーソナルプロセスを経たヒーラーこそは、この旅路のための最良の水先案内人となるだろう。遠からず日本にもこのような形で仕事のできる、真にプロと呼べるヒーラーたちが誕生していくことを願ってやまない。

一九九七年三月

王　由衣